Es wird eine lange Zeit in Frieden
und Wohlstand kommen –
und sie wird eingeleitet von den Frauen

˙ IMPRESSUM

Deutsche Erstausgabe: *Es wird eine lange Zeit in Frieden und Wohlstand kommen – und sie wird eingeleitet von den Frauen;*
ISBN 978-3-9809719-3-5
ISBN E-Buch 978-3-9809719-4-2 (folgt)
Vollenweider Verlag, D 73099 Adelberg, Friedhofstr. 22
www.vollenweider-verlag.de

Titel des US-amerikanischen Originals: *There will be a Thousand Years of Peace and Prosperity and They will be Ushered in by the Women;*
ISBN 978-1-4917-9528-6, ISBN E-Book 978-1-4917-9529-3;
iUniverse, Bloomington, IN 47403 USA
www.iuniverse.com

Copyright ©: Anne Wilson Schaef
Zuerst veröffentlicht von iUniverse, Bloomington, IN, 47403, USA
Translation rights ©2016 von The Sandra Dijkstra Literary Agency
All Rights Reserved

Deutsche Übersetzung: IR Vollenweider und die europäische
Leben-im-Prozess-Gemeinschaft

Layout und Satz: Sabine Koch, Kommunikationsdesign
Umschlaggestaltung: Sabine Koch, unter Verwendung der US-amerikanischen Titelvorlage von Annika Hirmke
Lektorat: Buch 1: Marie-Luise Heller, Buch 2: Kerstin Schlager
Druck: UWS Papier & Druck, Stuttgart

Buchbestellung direkt beim Verlag: Vollenweider Verlag & Versandbuchhandlung
D 73099 Adelberg, Friedhofstr. 22
www.Vollenweider-Verlag.de
oder Ihrem Buchhändler

Anne Wilson Schaef

Es wird eine lange Zeit in Frieden und Wohlstand kommen – *und sie wird eingeleitet von den Frauen*

Die essentielle Rolle der Frauen beim Finden persönlicher und planetarer Lösungen

VERSION I

VOLLENWEIDER VERLAG

INHALTSVERZEICHNIS

Danksagungen

Als Erstes möchte ich den Tausenden von Frauen weltweit danken, die ihre intimsten Lebensgeschichten mit mir geteilt haben. Außerdem bin ich sehr dankbar für die vielen weisen Lehrer und Lehrerinnen, einschließlich jener Frauen, die mich geduldig die Lektionen des Lebens lehrten und dieses Buch ermöglichten.

Danken möchte ich auch den Männern in meinem Leben: Pete Sidley, der alles managt, und Rodney Wilson, der immer für mich da ist.

Ich möchte mich auch bei den jungen Generationen von Frauen bedanken, besonders bei Annika Hirmke, die mich ständig daran erinnern, dass wir Frauen kulturelle Veränderungen herbeiführen können und müssen, für unser aller Wohl.

Was ganz sicher und sehr wichtig ist: Dieses Buch wäre nicht möglich gewesen ohne die geduldigen Stammesältesten weltweit, die mich höchstpersönlich über viele Stunden lehrten und ihre Weisheit, Einsichten und ihr Wissen mit mir teilten. Nur dank ihrer Unterweisungen war ich in der Lage, das Gelernte mit der inneren Weisheit der Frauen zu verknüpfen und die Notwendigkeit und Möglichkeit einer umfassenden kulturellen Transformation für die Menschheit zu erkennen.

Ich fühle eine große und grenzenlose Dankbarkeit gegenüber all den oben Genannten und es ist mir eine Ehre, mit so erstaunlichen Menschen verbunden zu sein.

Zum Titel

Als Anfang der 1970er Jahre Frank Fools Crow, der große geistige Führer des indianischen Lakota-Stammes, mir meinen indianischen Namen gab und mir eine Lakota-Pfeife schenkte, die ich fortan tragen und für die ich verantwortlich sein sollte, sagte er zu mir:

„Dein Name sei ‚Sacred White Eagle Woman (Wian Wambliska Wakan)‘ (dt. Heilige Weiße Adlerfrau). Der Kern des Namens ist Heiliger Weißer Adler. Der Adler fliegt höher als jedes andere Tier, er hat eine umfassende Sicht und sieht mehr. Das ist sehr wichtig für dich, denn du musst eine viel größere Perspektive überblicken. Und, es ist auch wichtig, dass das Wort ‚Frau‘ Teil deines Namens ist. Es ist wesentlich, dass du eine Frau bist und Frau genannt wirst für die Arbeit, die du tun wirst. Vergiss nie, dass du die Heilige Weiße Adler-Frau bist."

In den späteren 1970er Jahren sagte er zu mir: „Es werden tausend Jahre Frieden und Wohlstand kommen, und sie werden von den Frauen eingeleitet werden."

Erst vor Kurzem habe ich die beiden Aussagen miteinander verbunden.

(Und ich hoffe und glaube, dass in den kommenden Jahren sogar noch mehr von seiner Aussage offenbar wird – so wie das bei den Lehren unserer Ältesten geschieht.)

Er sagte auch: „Bei meiner ersten Visionssuche im Alter von neun Jahren wurde mir gesagt, ich müsse den weißen Nationen Heilung bringen." Dann fügte er unter Tränen hinzu: „Ich habe versagt. Und jetzt gebe ich diese Verantwortung an dich weiter."

Ich erinnere mich daran, dass ich damals dachte: „Es ist kein Wunder, dass du versagt hast. Du hast keinen ‚weißen Verstand‘, und ein weißer Verstand kann sehr, sehr trickreich sein."

Als Frau mit der Seele einer Cherokee und einem auf weiße/westliche Art geschulten Geist bin ich deshalb vielleicht diejenige, die bereit ist, sich dieser Sache anzunehmen und die Dinge ein wenig in Gang zu bringen.

Zu diesem Zeitpunkt meines Lebens ist dieses Buch ein wichtiger Teil davon, mein Versprechen ihm gegenüber zu erfüllen und es ist vielleicht ein Schritt in die richtige Richtung, dies hiermit zu versuchen. Wobei ich mir, wie gesagt, sicher bin, dass sich Weiteres zeigen wird.

Hinweis der Autorin

1. Nach sorgfältiger Überlegung habe ich zwei Versionen dieses Buches geschrieben. Beide enthalten die gleichen Informationen.

Das erste Buch ist im Stil einer Frau mit irischen und Cherokee-Wurzeln geschrieben. Es enthält Gedichte, Geschichten, Träumereien und mäandert. Es soll das ganze Wesen ansprechen.

Die zweite Version ist magerer. Sie ist (soweit mir das möglich ist) in einer Form gefasst, die eher der entspricht, wie Bücher in der gegenwärtigen dominanten Kultur geschrieben werden „sollten". Sie soll den denkenden Geist des Lesenden ansprechen und stützt sich mehr auf entkörperlichte Konzepte und Konstrukte. Sie zielt nicht darauf ab, das gesamte Sein der Leserin, des Lesers, einzubeziehen.

2. In beiden Bänden wird Ihnen auffallen, dass ich nicht die übliche, systemische Form des Wortes „Aber" benutze, und zwar aus folgenden Gründen: A. Im allgemeinen Sprachgebrauch ist das, was in einem Satz vor dem „Aber" kommt, eine Lüge, wie z. B. „Ich mag dich wirklich, aber ...", und B. wirft dieses „Aber" unseren Intellekt in dualistisches Denken, eine in der dominanten Kultur übliche Denkweise. Diese reduziert a) unsere komplexe Welt auf zwei grob vereinfachende Möglichkeiten, und b) hält sie unseren Geist davon ab, nach anderen Möglichkeiten zu suchen, und c) macht sie uns glauben, es gäbe nur zwei Optionen.

Achten Sie darauf, was mit Ihrem Verstand und Ihrem Gefühl geschieht, wenn Sie einem „Und" begegnen, wo sie ein „Aber" erwarten.

3. In keinem der beiden Bücher gibt es Fußnoten. Ich empfinde sie als störend. Wenn ich andere Autoren zitiere, mache ich das nicht, um meine eigenen Wahrnehmungen zu bestätigen oder zu „beweisen". Ich zitiere andere, um Ihre Erfahrung zu bereichern. Und da ich schätze, was sie sagen, übernehme ich so weit wie möglich ihre Art des Ausdrucks und ehre und anerkenne ihren Input.

Im Literaturverzeichnis am Ende des Buches liste ich die von mir benutzen Quellen auf. Ich ermutige Sie, so viele dieser Bücher zu lesen wie Sie möchten. Diese Autorinnen und Autoren haben meine Seele in hohem Maße „genährt" und mein Denken gelegentlich herausgefordert. Ich bin sicher, Sie werden die gleiche Erfahrung mit ihnen machen.

Ich danke Ihnen, dass Sie offen sind für das Material, das ich mit Ihnen teile. Ich freue mich über Rückmeldungen von Ihnen.

Vorwort

Die Auszeit, die ich mir zwischen der Veröffentlichung meines letzten Buches *Denk dich frei* im Jahre 2000 bis zu dem Zeitpunkt nahm, an dem ich wieder zu schreiben begann, verbrachte ich damit, an der Genesung von den Auswirkungen des Weißen Männlichen Systems/des Suchtsystems/des Technologischen, Materialistischen, Mechanistischen Systems (WMS, TMMS) zu arbeiten. Während dieser Zeit erforschte ich meine Wurzeln und meine „Einzigartigkeiten" als indigene Cherokee-Frau.

Um den Reichtum meines Wesens auch nur teilweise zu erforschen, musste ich vieles von dem abschütteln, was ich während meiner Ausbildung gelernt hatte und mir im herrschenden System beigebracht worden war. Ich musste zu den Grundlagen zurückkehren und mir ansehen, wer ich war, woher ich kam und was mir wichtig war – innerlich und äußerlich. Natürlich war dieser Prozess für mich nicht leicht und er war auch nicht schnell.

Er dauerte so lange, wie er dauerte.

Als ich aus diesem Prozess herauskam, hörte ich 1. mehr auf meine Intuition und 2. mehr auf die Stimmen meiner Ältesten, 3. hatte ich mehr Selbstvertrauen, 4. erfasste ich mehr meines Wesens, war ich 5. weniger wütend und 6. ruhiger, 7. mitfühlender und erkannte 8. immer größere Zusammenhänge und Auswirkungen des Prozesses als Ganzem. Meine Spiritualität ist gewachsen. Ich bin körperlich gesünder. Und, ich habe weniger Toleranz gegenüber Narren.

Ich kann immer noch im WMS/TMM-System funktionieren und entscheide mich so oft wie möglich dagegen.

Ich bevorzuge den Reichtum des Geschichtenerzählens gegenüber dem Schreiben oder Berichten einer angeblich konkreten „Tatsache" oder eines „abstrakten Konzepts".

Als meine Korrektorinnen und ich also mit der Größe und dem Umfang des Buches rangen, zog ich in Erwägung, es beiseite zu legen, neu anzufangen und ein schmales, konzeptionelles Buch zu schreiben, das weniger Zeit und Kraft zum Lesen erfordern würde. Bei der Auseinandersetzung mit diesen Themen erkannte ich, dass ein Entweder/Oder mir nie gute Dienste geleistet hat und ein „Sowohl-als-auch-und-mehr" sich immer als gut erwiesen hatte. Deshalb habe ich zwei Bücher geschrieben. Das erste wird „sein", worüber ich rede. So, wie es geschrieben ist, bietet es der Leserin die Option, all ihre Fähigkeiten, Sinne, ihre rechte und ihre linke Gehirnhälfte einzusetzen. Ich hoffe, es wird das ausdrücken, was mir über meine anderen Bücher gesagt wurde: „Sie sagen, was ich immer gewusst habe und nicht ausdrücken konnte." Und, es wird gleichzeitig Gefühle, Erkenntnisse, Erinnerungen, inneres Wissen, Gelerntes und Heilung auslösen.

Eine zweite Version des Buches wird die Informationen so klar wie möglich darlegen und entspricht eher dem gegenwärtigen herrschenden Paradigma.

Ich hoffe, Sie, die Leserin, werden beide Versionen lesen.

Als ich mich mit diesen Themen herumschlug, öffnete ich zufällig – so ist das, wenn man im Prozess lebt – Thomas E. Mails Buch *Fools Crow*. Und wie immer, wenn man offen ist für das, was einem das Universum vor die Füße legt, war es genau das, was ich lesen musste. Die einführenden Worte von Mails hatten eine ganz neue Wirkung auf mich. Er erzählte, wie er sich auf seine Treffen mit Fools Crow vorbereitete. Er erzählt darüber, wie er seine Fragen strukturierte – doch das, was er erhielt, waren mäandernde Gedanken und umherschweifende Ideen, keineswegs chronologisch und strukturiert. Er berichtete von der Zeit und Kraft, die er aufwandte, um die Geschichte neu zu „arrangieren" und in einen zeitlichen Ablauf zu bringen.

Wie oft beschweren sich Ehemänner und andere Männer genau darüber in Bezug auf ihre Ehefrauen und andere weibliche Wesen!

Er wies weiter darauf hin, Frank Fools Crow habe größte Schwierigkeiten damit, sich an Dinge wie Details zu erinnern, zum Beispiel an „genaue Daten und die Schreibweise der Namen von Weißen".

Was für Indigene und Frauen definitiv am wenigsten wichtig ist.

Mail beendet diesen Abschnitt mit dem Hinweis, seine größten Schwierigkeiten lägen darin, Frank Fools Crow Auskünfte über Zeremonien, Visionen und persönliche Information zu „entlocken" (Kontrolle, Respektlosigkeit, Manipulation). Indigene und Frauen ähneln sich sehr darin, was für sie wichtig, erinnernswert und privat ist und nahe am Herzen aufbewahrt werden sollte.

Ich sage immer: „Das Praktische sollte im Dienst des Wichtigen stehen."

Für uns ist die Bedeutung viel wichtiger als Daten oder Fakten. Und einige Dinge sind einfach zu heilig, als dass sie mit jenen diskutiert werden könnten, die sie nicht respektieren oder verstehen würden.

Wir wissen, dass es viele Wege zu lernen gibt, und alle haben etwas anzubieten.

KAPITEL I

Ausblick und Einführung
in die Kapitel

Unternehmen wir zu Beginn eine Fantasiereise in den Bereich des Science-Fiction: Stellen wir uns vor, wir Frauen dieses Planeten befänden uns in einem schrecklichen, ziemlich schrägen Science-Fiction-Film, der davon handelt, dass vor Urzeiten unser Planet von einer nicht-menschlichen Spezies eines anderen Planeten besetzt wurde. Diese Außerirdischen wollten ein Experiment durchführen und produzierten Menschen, die den Planeten „bearbeiten" sollten.

Die Außerirdischen waren der Überzeugung, dass die von ihnen geschaffenen Wesen keiner nennenswerten Intelligenz, keiner Spiritualität und keiner höher entwickelten Lebensweise fähig wären. Einfach aus Spaß machten sie zwei Arten jener neuen Spezies und gaben ihnen unterschiedliche körperliche Merkmale, unterschiedliche chemische Funktionsweisen und unterschiedliche Gehirnstrukturen. Sie waren gespannt, ob diese neue Spezies ein ausgewogenes Miteinander entwickeln würde.

Sie konnten sich die Möglichkeit nicht einmal vorstellen, dass diese Geschöpfe sich auf eine Weise organisieren würden, dass sich die eine Art der Spezies übermäßig entwickeln und dann versuchen würde, die andere zu versklaven und ihr einzureden, sie sei minderwertig, weniger intelligent, abhängig und deshalb weniger kompetent. Dass ihr eingetrichtert würde, es gäbe für sie keine Möglichkeit einer höheren Art von Intelligenz oder ein Verständnis für eine umfassendere Art von Spiritualität.

Die Außerirdischen waren glücklich über die sich entwickelnde männliche Dominanz, weil die „anderen" mehr in Berührung mit ihrer wahren Spiritualität zu sein schienen. Durch diese Fähigkeit würden sie schwerer von ihnen zu kontrollieren sein, denn wer aus seiner eigenen Spiritualität heraus lebt, ist nur sehr, sehr schwer zu beeinflussen.

Was ist, wenn wir diese Science-Fiction-Geschichte tatsächlich gelebt haben? Und was ist, wenn – unglücklicherweise – ein Großteil der Spezies die ganze Zeit hartnäckig und unbewusst versucht, diesen Mythos auf diesem Planeten zu leben?

Was ist, wenn aufgrund ihres Verhaltens und des Versuchs, diese Gedankenmuster in die Tat umzusetzen, diese Spezies sehr einseitig geworden ist und unfähig, ihr körperliches, geistiges, emotionales oder spirituelles Potenzial zu erreichen? Eine solche Spezies wäre nicht sehr interessant und bestimmt keine Bedrohung für ihre außerirdischen Schöpfer.

Es gab verschiedene Untergruppen, die einen Teil des uralten Wissens bewahrt hatten, doch sie wurden so sehr an den Rand gedrängt, dass ihr Einfluss nichts bewirkte, und die meisten von ihnen während der Zeit des Kolonialismus vernichtet wurden. Aber <u>wir</u>, wir Frauen, konnten nicht vollständig vernichtet werden, da wir zur Fortpflanzung der Spezies gebraucht wurden.

Was ist, wenn der „dominante Teil" glaubte, Herrschaft und Unterwerfung seien „gottgegebene Realitäten" – natürlich <u>ihrer</u> „Götter" – und sie alle müssten die ihnen „zugewiesenen Rollen" spielen?

Natürlich können wir alle sagen: „Das ist nur Science-Fiction." Und jene von uns, die gern Science-Fiction lesen, sind immer wieder überrascht, wie unheimlich zutreffend der Ausblick auf unser zukünftiges Wissen und unser zukünftiges Bewusstsein ist.

Das Faszinierende an Science-Fiction liegt darin, dass die Verfasser oft den Finger an einem Puls haben, den die Menschheit noch nicht „entdeckt" hat.

Zum Beispiel liegt ein Großteil der Weltraumspiele, die mein Onkel und mein damals fünfjähriger Sohn im Garten hinter dem Haus meiner Großeltern unter der alten Platane spielten (als wir Buck Rogers und seine Begleiterin Wilma waren), heute nicht mehr im Bereich der Fantasie, sondern sind Wirklichkeit geworden.

Natürlich <u>ist</u> dies nur Science-Fiction, <u>Fantasie</u>. Und, es wird für uns nicht hilfreich sein, wenn wir diese Muster nicht sehen und nicht erkennen können, was sie für uns (abgesehen von ein paar wichtigen Ausnahmen!!) in den meisten Kulturen bedeuten, die auf diesem Planeten seit dem Auftreten der Menschen geschaffen wurden.

Es ist Zeit für uns Frauen, die Spinnweben tausender Jahre dominierender Fiktion aus unseren Köpfen wegzuwischen und ein wenig Verantwortung für das Chaos, in dem wir uns befinden, und ebenso für die Entfaltung des zukünftigen Lebens auf diesem Planeten zu übernehmen – wenn es noch ein Leben auf diesem Planeten geben soll.

Es ist Zeit, die Schleier von unseren Augen zu reißen und hervorzutreten, um unser Wissen und unsere Weisheit der Zukunft der Menschheit und allem Sein auf diesem Planeten angedeihen zu lassen. Kompetent zu werden in den Dingen, die Männer tun, wie Männer zu denken, wie sie zu fühlen, wie sie zu handeln und ihre Anerkennung zu erhalten, kann einfach nicht ausreichen. Wir haben die Situation viel zu lange sich selbst überlassen. Wir haben uns lange genug zurückgehalten.

Also, dieses Buch ist nicht auf Männer fokussiert oder wie man sich in einem von Männern dominierten System arrangiert, das sowieso nicht so gut dasteht. Das Thema ist deshalb nicht, was sie tun oder nicht tun. Das Thema ist vielmehr, was wir – die anderen – tun oder nicht tun. Nach Jahrhunderten beginnen wir zu erkennen, dass etwas sehr falsch gelaufen ist und dass wir, wenn wir nicht etwas unternehmen, alle miteinander mitsamt dem Planeten Erde körperlich, emotional und spirituell zerstört werden.

- Dieses Buch handelt davon, dass wir mit unserer Weisheit und unserer Sichtweise zur Zukunft dieses Planeten beitragen können. Es geht nicht darum, einfach das zu tun, was uns passt, uns schützt oder was andere wollen.

Dieses Buch handelt davon, dass wir Frauen unsere Verantwortung übernehmen und unseren Platz in der Zukunft unserer Welt auf allen Ebenen einnehmen wollen. Wenn ich darüber spreche, was wir tun müssen, spreche ich über uns Frauen und BEZIEHE MICH NICHT AUF DIE MÄNNER. Ich spreche über uns Frauen. Wenn wir aus dem dualistischen Denken heraustreten, können wir das erkennen. Das „Wir" bezieht sich nicht auf Männer. Es ist unser „WIR".

Das Ungleichgewicht ist ein untragbarer Zustand und beeinträchtigt uns alle – abgesehen von ein paar wenigen kulturellen Ausnahmen, die die jeweils Herrschenden zu eliminieren versuchten. Ich kann verstehen, warum mein Cherokee-Stammesältester, ein Mann, mit solchem Stolz sagte: „Wir sind eine matrilineare Gesellschaft!"

- Es geht nicht darum, die dominierenden Systeme als „Realität" zu akzeptieren. Es geht darum, die Notwendigkeit zu akzeptieren, für unsere Realität auf allen Ebenen individuell <u>und</u> kollektiv einzustehen.
- Für uns Frauen gehen zum jetzigen Zeitpunkt die Themen, denen wir uns stellen müssen, weit über Frauenthemen hinaus.
- Für uns sind die Themen einfach. Sie sind nur nicht leicht.

- Wenn wir jene Art von Veränderungen vollziehen wollen, die dieser Planet ersehnt und erbittet, können wir das unmöglich erreichen, indem wir neuen Wein in alte Schläuche füllen.
- Wir müssen mit neuen Ohren zuhören und neue Worte sprechen.
- Wir müssen aktiv an einem Prozess teilnehmen, der uns nicht ermöglicht, das Ergebnis zu kennen oder vorauszusagen. Dabei müssen wir mit erfrischender Ehrlichkeit aus unserer tiefsten Wahrheit und Wirklichkeit heraus agieren. Wir werden alle unsere eigenen Anführerinnen sein.
- Es gibt einige indigene Gesellschaften, die aus einem anderen Paradigma heraus gelebt haben. Die meisten von ihnen wissen aus ihrer tradierten Weisheit, dass eine Zeit kommen wird, in der jene Weisheit notwendig sein wird, um den Planeten zu retten. Die meisten von ihnen glauben, dass jetzt diese Zeit gekommen ist.
- Wenn wir jene indigene Realität kennenlernen und erfahren und wenn indigene Menschen unsere Realität kennenlernen und erfahren, sage ich voraus, dass sich beide auf bekanntem Terrain befinden werden.
- <u>Teile</u> der Menschheit wußten schon immer um eine umfassendere und höherrangige Ebene von Teilnahme an der Gesamtheit dieses Planeten Erde. Wir können von dieser Weisheit lernen.

Die zweite Phase der Frauenbewegung wies in die richtige Richtung, als sie sich auf das, was sie das Patriarchat nannte, konzentrierte und sich nicht nur auf spezifische Frauenbelange fokussierte, denn das Konzept des Patriarchats richtete sein Augenmerk auf einen systemischen Zugang zum Aufbau und Erhalt einer Gesellschaft – und nicht auf spezifische Frauenbelange. Dann ging dieser Fokus in den Einzelheiten dessen verloren, was ich in späteren Kapiteln als Symptome und Stopper bezeichne.

- Wir Frauen haben uns jedoch zu einem immer umfassenderen Verständnis hin bewegt. Und, wie der Weg der Menschheit als Ganzes auch, verlief unser Pfad auf dieser Reise ein wenig im Zickzack.

Doch scheinen wir als Menschheit heute einen Punkt erreicht zu haben, an dem wir erkennen, dass das alte Patriarchat einfach nicht funktioniert und dass es selbst in seiner besten Ausprägung die Bedürfnisse der Menschheit, der Natur insgesamt und des Planeten nicht erfüllen kann. Wir sind heute dabei, uns zu einem ganzheitlicheren System zu entfalten, und es ist klar, dass Frauen hierbei die Führung übernehmen und übernehmen müssen.

Lassen Sie mich eine Sache gleich zu Beginn dieses Buches klarstellen: Wir haben kein fertig ausgearbeitetes „neues" System im Kopf, das wir dem Planeten aufzwingen wollen. Dies zu tun, würde bedeuten, den Inhalt der Evolution zu verändern (was für das alte System typisch ist) und entspricht nicht dem *Prozess* des Neuen – diese Herangehensweise funktioniert einfach nicht. Was wir anzubieten haben, ist nicht nur ein neuer Inhalt, sondern, viel wichtiger, eine Veränderung des Prozesses – der Art und Weise – etwas Neues zu tun. Das Geschenk und das Geniale liegen im Prozess des Ansatzes, mit welchem wir eine neue Art und Weise entwickeln wollen, um auf diesem kleinen Planeten miteinander und mit der Gesamtheit der Schöpfung in einer vollkommeneren Weise zu leben. Es ist nicht so, dass wir Frauen das Sagen haben wollen. Es ist einfach nur so, dass wir einen Punkt in unserer Evolution erreicht haben, wo uns sehr klar geworden ist, dass die Art und Weise, wie die Dinge geregelt wurden, kein sehr gutes Modell ist – für nichts.

Unsere erste Wahl wäre es, mit der Ganzheit des Planeten zusammenzuarbeiten, damit es der gesamten Schöpfung besser geht. Die meisten Männer brauchen vielleicht etwas Zeit dafür, einiges an dem Wissen aufzuholen, das wir als Unterdrückte erlangt haben. Und wir hoffen inständig, dass sie dies tun werden, denn aus unserer Sicht ist ein Ganzes, an dem sich alle intensiv beteiligen, viel besser. Der gegenwärtige Ansatz hat uns nicht davon überzeugt, dass „Männer die Antwort haben" – niemand hat sie. Doch instinktiv wissen wir, dass volle Mitwirkung und Beteiligung am Ganzen eine größere Ganzheit schafft.

Wir glauben nicht einen Augenblick, dass wir die Antworten haben. Und, vielleicht, sind wir die Antworten.

Und aus diesem Mitwirken heraus werden sich neue Möglichkeiten ergeben.

Tadel, Schuldzuweisungen, Ausreden sind jetzt unwichtig. Darüber sollten wir als Spezies längst hinweg sein. Es liegt in unserer Verantwortung, zu den inneren Tiefen unseres Wissens und unserer Weisheit zurückzukehren und dafür einzustehen, was wir als richtig und notwendig erkannt haben. In der Vergangenheit waren wir für diese Verantwortung (innerlich und äußerlich) nicht in der Lage.

Jahrhundertelang haben wir Frauen uns insgeheim auf diese Veränderung vorbereitet. Jahrhunderte der Unterwerfung und Unterdrückung haben uns auf diese Zeit vorbereitet. Nun sind die von den Männern unserer Spezies aufgebauten Strukturen, das Wissen, die Institutionen und die Herangehensweise an Wissen und Prozesse nicht mehr von Bedeutung – außer, um auf ihnen aufzubauen und sie hinter uns zu lassen. Jetzt ist die Zeit gekommen, wo wir möglicherweise in der Lage sind, das zu tun, was für uns selbst und für den Planeten getan werden muss.

Dies ist somit ein Buch über uns – starke, standhafte, geniale, zarte, kreative Frauen – wie wir alle. Frauen, die zögerlich, durchsetzungsstark (sogar aggressiv), ruhelos, hastig, wütend, sinnlich, lebendig und müde sind – wie wir alle. Dies ist ein Buch über die Frauen der Welt jetzt, in der Mitte des zweiten Jahrzehnts des 21. Jahrhunderts. Wir sind Denkerinnen und Macherinnen, so unterschiedlich wie Schneeflocken, und wir haben etwas miteinander gemeinsam, eine Wahrheit, die maßgeblich bestimmt, wer wir sind. Wir sind die, die wir sind in dieser Zeit, an diesem Ort und an diesem Punkt in der Geschichte. Aufgrund dieser unbestreitbaren Wahrheit unserer Identität haben wir wahrscheinlich mehr Gemeinsamkeiten als Unterschiede, und wir sind verbunden – verbunden durch unsichtbare Fäden des Bewusstseins, welche weit über Hautfarbe, Religion, Nationalität und Kultur hinausreichen. Wir sind Frauen in und aus dieser Zeit.

Wenn Sie denken, dass an dem bisher Gesagten etwas dran ist, ist dieses Buch für Sie bestimmt.

Wie Eleanor Roosevelt sagte: *„Wenn du die Maßstäbe und Wertvorstellungen eines anderen übernimmst, gibst du deine eigene Integrität auf. In dem Maße, wie du das Deine aufgibst, verlierst du als menschliches Wesen."*

Was wäre, wenn

1. <u>Was wäre, wenn</u> – für das gesamte Leben auf diesem Planeten eine Zeit gekommen ist, in der wir einen grundlegenden Wechsel vollziehen müssen, um als Ganzes zu überleben und weiterzukommen, und dieser Wechsel müsste sich vollziehen in der Art, wie wir denken, wie wir fühlen, wie wir uns selbst und unsere Welt erleben und ebenso auch in der Art, wie wir an der gesamten Schöpfung teilnehmen?

2. Was wäre, wenn – all unsere Fehler und unser Lernen in der Vergangenheit ineinanderfließen, damit wir uns zu einer neuen Ebene des Seins und der Teilnahme an der Ganzheit der Schöpfung bewegen?

3. Was wäre, wenn – alles so ist, wie es sein sollte, und alles, was es dazu braucht, zusammenkommt, um eine lange Zeit des Friedens und Wohlstands zu erreichen, die wir einleiten und für die wir verantwortlich sind?

Was wäre, wenn – als die, die wir sind

1. Was wäre – wenn wir bereit sind, das abzuschütteln, was uns über uns selbst erzählt und beigebracht wurde, was uns über andere Frauen beigebracht wurde – und über Männer, die Menschheit und unsere Wirklichkeit als Ganzes, damit wir uns zu dem entwickeln, was wir alle werden könnten und nach einem lebendigen Paradigma greifen, das das Potenzial der gesamten Schöpfung widerspiegelt?

2. Was wäre – wenn wir in unserem tiefsten Inneren das wüssten, was wir fest und sorgsam versteckt hatten, bis die richtige Zeit dafür da wäre, und dass die Zeit, die die indigenen Völker prophezeit hatten, jetzt wäre, und wir bereit sein müssten, für unser kostbar aufbewahrtes Wissen und dessen Bedeutung einzutreten, zusammen mit all jenen, die bereit und in der Lage sind, als Gleichwertige teilzunehmen?

3. Was wäre – wenn wir nach Jahrhunderten der Unterdrückung und Repression, in denen wir darum kämpften, einfach nur am Leben zu bleiben, darum kämpften, einen Weg zu finden und in Systemen zu „sein", die unserem innersten Wissen fremd sind, und Wege der Anpassung zu finden – wir heute emotional, psychisch, spirituell und intellektuell einen Punkt erreicht hätten, an dem wir bereit sind aufzustehen und unseren verantwortungsvollen Platz einzunehmen für das, was die Menschheit und der Planet werden können, um so unser Potenzial an Ganzheit, Frieden und Wohlstand auszuschöpfen?

4. Was wäre – wenn wir aufgrund des einzigartigen Zusammenspiels unserer (vormals verteufelten) Hormone und der Weise, wie sie und unser Gehirn sich gemeinsam entwickelten und zusammenarbeiten – auf eine ganz einzigartige Weise geeignet sind, neue wissenschaftliche, spirituelle, emotionale und psychologische Ansätze zu entwickeln, die wir <u>jetzt</u> benötigen, um uns in dieses neue Zeitalter von Frieden und Wohlstand zu führen?

5. Was wäre – wenn wir bewiesen haben, dass wir die grundlegende mechanistische Wissenschaft der „alten Knaben" – Newton und andere und selbst die neue Wissenschaft der „jungen Knaben" – Einstein, Bohm und andere – leicht meistern können und jetzt in den Startlöchern stehen, um eine Wissenschaft zu entwickeln, die eine neue Wirklichkeit zum Ziel hat und einen Weg sucht, ein prozesshaftes Universum zu verstehen, das nicht statisch, sondern multidimensional ist, über Dualismen hinausgeht und die Gesamtheit des Bekannten und Sichtbaren und die Gesamtheit des Unsichtbaren und Unbekannten umfasst?

- Was wäre – wenn unsere Realität das ist, was gerade <u>jetzt</u> gebraucht wird, um zu dieser Gleichung von Ganzheit und Teilnahme beizutragen?
- Was wäre – wenn diese Weisheit auf die richtige Zeit gewartet hat, um sich dann in aller Fülle zu entfalten und wir die Führung übernehmen müssen, um zu der Ganzheit zurückzukehren, die wir als Spezies und als Planet sind?
- Was, wenn all die Jahrhunderte unserer Unterdrückung nicht vergeblich waren?
- Was, wenn unsere Weisheit die ganze Zeit auf der hinteren Herdplatte und im Ofen unseres Seins vor sich hinköchelte?
  Was, wenn wir in diesem Prozess des Vor-sich-Hinköchelns in aller Ruhe die gegenwärtige Weltsicht und das gegenwärtige Bewusstsein von innen und von außen wahrnehmen könnten und <u>jetzt</u> bereit sind, der gesamten Schöpfung zu helfen, zu einer neuen Ganzheit zu gelangen?

6. Was, wenn – jede und jeder wüsste, dass alles spirituell ist und dass sich das Spirituelle nicht vom Leben und der Gesamtheit der Schöpfung trennen lässt? Dass alles Prozess ist und im Prozess? Und dass der Schlüssel zu unserer Spiritualität im *PARTIZIPIEREN,* im *TEILNEHMEN* liegt?

Als ich einmal gebeten wurde, über die Spiritualität der Frauen zu schreiben, sagte ich, nachdem ich lange in mich gegangen war, dass ich dazu nicht viel zu sagen hätte, denn Spiritualität ist Teilnahme. Um spirituell zu wachsen und uns zu entwickeln, müssen wir am Prozess unseres Lebens teilnehmen und von den sich immer weiter ausdehnenden Ringen der Wirklichkeit lernen, die unseren Kontext bilden.

Kürzlich schenkte mir jemand das Buch *Conflict, Culture, Change* von dem berühmten siamesischen Mönch (er weigert sich, als Thai bezeichnet zu werden!) Sulak Sivaraksa. Er, der Dalai Lama, Thich Nhat Hanh und andere haben ein internationales Netzwerk der „Engaged Buddhists" gegründet.

Beim Lesen des Buches stimmte ich mit vielem von dem, was er grundsätzlich sagte, überein, besonders mit dem Konzept „einer Sache verpflichtet" zu sein. Seine Grundaussage ist, dass Buddhismus kein „passiver" Zugang zur Spiritualität ist, bei dem man sich nur von der Welt zurückzieht und meditiert. Er betont, dass der Buddhismus es begrüßt, sich für seine eigenen inneren und äußeren „Welten" aktiv zu engagieren, um zunehmend die Person zu werden, die jede und jeder in Ganzheit und Wahrheit werden kann. Auch wir, die wir keine Männer des 21. Jahrhunderts sind, müssen uns unseren inneren Welten (unserem Wesen) und unseren äußeren Welten (unserem Kontext) gegenüber vollständig verpflichten, um uns selbst und unserem Planeten eine faire Chance zu geben, die zu werden, die wir alle sein können. Wir müssen uns auf allen Ebenen verpflichten, engagieren.

Ich wurde an die Aussage von Marianne Williamson erinnert: *„Unsere größte Angst ist nicht, dass wir nicht genügen. Unsere größte Angst ist, dass wir über alle Maßen machtvoll sind. Es ist unser Licht, nicht unsere Dunkelheit, die uns am meisten ängstigt. Wir fragen uns: Wer bin ich, dass ich brillant, großartig, talentiert, wunderbar bin? Tatsächlich, wer bist du, dass du es nicht bist? Du bist ein Kind Gottes. Dein Dich-klein-Halten dient der Welt nicht. Es liegt nichts Erleuch-*

tetes darin, sich klein zu machen, damit andere Leute um dich herum sich nicht unsicher fühlen. Wir sind alle dazu bestimmt zu leuchten, wie Kinder es tun. Wir wurden geboren, um die Herrlichkeit Gottes, die in uns ist, zu manifestieren. Sie ist nicht nur in einigen von uns, sie ist in allen. Und indem wir unser eigenes Licht leuchten lassen, geben wir unbewusst anderen Menschen die Erlaubnis, das Gleiche zu tun. Indem wir von unserer eigenen Furcht befreit werden, befreit unsere Gegenwart automatisch andere.“ – Und ich dachte darüber nach, wer wir heute sind und was es für uns, für diese Frauengeneration, bedeuten würde, sich voll und ganz zu „verpflichten“.

Dies ist kein Buch über Bewusstseinserweiterung im Sinne der vorherigen zweiten feministischen Phase, in der wir uns so dringend über den untragbaren Zustand von uns allen klarwerden mussten, über unsere Bedürfnisse und den wohlbekannten, doch damals noch tot geschwiegenen Sexismus, der unsere Geschichte und unsere Gesellschaft durchzieht. – Doch welches Buch, das etwas taugt, erweitert nicht unseren Horizont, fordert uns nicht heraus und stößt uns nicht auf neues und manchmal fremdes Terrain? Ich hoffe deshalb, dass durch das Lesen dieses Buches das Bewusstsein der einen und der anderen vielleicht erweitert wird.

Es ist kein Buch über eine weitere Phase des Feminismus oder den Krieg gegen die Frauen. Es ist kein Buch über Frauen-Gesundheit, über Geburtenkontrolle oder die Rolle von Frauen oder über die Gewalt gegen oder Missbrauch von und Übergriffe auf Frauen – obwohl ich versuchen werde, viele dieser Themen aus einer umfassenderen Sichtweise heraus zu beleuchten, indem ich die viel größeren Fragen erforsche, bei denen wir uns engagieren müssen, während wir uns den Aufgaben widmen, die vor uns liegen.

Also, nachdem ich gesagt habe, was dieses Buch nicht ist, lassen Sie mich sagen, was dieses Buch ist. Es ist eine Einladung an jede Frau, gleich welcher Hautfarbe, Religion, politischer Überzeugung oder Kultur, hervorzutreten und die Herausforderungen anzunehmen, denen wir begegnen müssen, um die verantwortungsvollen Menschen zu werden, die wir sein könnten, und um die Beiträge zu leisten, die nur wir leisten können, um diese unsere Menschheit an diesem Zeitpunkt der Geschichte zurück auf den richtigen Weg zu bringen.

Wir haben zu viele Jahrhunderte damit verbracht, nicht zu erkennen und nicht aus dem heraus zu handeln, wer wir sind und was wir anzubieten haben, was so einzigartig ist wie jede von uns und so kollektiv wie alle von uns. In Gesellschaften, die durch eine dualistische, reduktionistische Wissenschaft und religiöse Tabus gegenüber Frauen definiert sind, ist es sehr schwierig, ein Buch für und über uns Frauen (nicht über Männer) zu schreiben, ohne dass es als männerfeindlich abgestempelt wird.

Nun, dieses Buch ist einfach nicht mehr an einer ausschließlich männlichen Interpretation der Welt interessiert. Der Himmel weiß, dass wir seit Jahrhunderten eine dementsprechende Gehirnwäsche über uns ergehen lassen mussten. Offensichtlich hat uns diese Sichtweise als Menschheit und als Planet in große Schwierigkeiten gebracht. Und, wir müssen zugeben, indem wir unseren einzigartigen Beitrag nicht akzeptierten und unseren Mund nicht aufmachten, sind wir zu Komplizinnen geworden und mitschuldig am gegenwärtigen Zustand der Menschheit und des Planeten.

Vielleicht gibt es eine andere Weise, mit sich selbst, miteinander und dem Planeten zu leben, und das Wissen darum schlummert in einer großen Anzahl von Menschen, die einen sehr geringen Einfluss auf die Richtung hatten, die die Menschheit über diese vielen Jahrhunderte hinweg eingeschlagen hat. Vielleicht hat sich diese keimende Weisheit leise entfaltet und unter dem Radar entwickelt, und vielleicht muss sie sich nur eingestehen, dass sie einzigartig und präsent und bereit ist, sich zu behaupten. Ich glaube, sie ist bereit dafür, und es gibt eine Menge Beispiele, die in diese Richtung weisen und die in diesem Buch behandelt werden.

Vielleicht ist das eigentliche Problem nicht das Fehlen der aufkeimenden Weisheit und Bewusstheit, vielleicht ist das eigentliche Problem heute, dass wir uns selbst die schlimmsten Feinde geworden sind. Wir haben die Akzeptanz und Anerkennung seitens eines Systems, das uns seit Jahrhunderten nicht wertschätzte, so verzweifelt gesucht, dass wir unsere Kräfte darauf verwendet haben, jenes System zu unterstützen und zu versuchen, den Beweis zu erbringen, wie gut wir damit zurechtkommen.

- Vielleicht, ganz vielleicht ist _jetzt_ die Zeit gekommen, um vorzutreten und die Verantwortung dafür zu übernehmen, wer wir sind und was wir wissen.

Wir stellen vielleicht fest, dass wir einige wesentliche Teile in uns tragen, die wir versteckten und aus unserem Bewusstsein strichen, um „sicher" zu sein. Aber, waren wir jemals „sicher"? Schauen wir uns nur die Statistiken in unseren „zivilisierten" Gesellschaften an.

- Nicht nur wir waren gefährdet, unsere Weisheit und unser Wissen waren noch viel gefährdeter, denn sie wurden oft auf die schlimmste Art, mit der man etwas zum Schweigen bringt, stark geschwächt: Sie wurden ignoriert, was die stärkste Form von Vergessen durch uns und andere sein kann.

Vielleicht ist die Zeit gekommen, uns unsere grundlegende Verantwortungslosigkeit und Feigheit einzugestehen (für welche wir natürlich sehr gute Gründe angeben). Haben wir das erst einmal getan, können wir die Notwendigkeit bejahen, dass wir uns an unsere tiefe Weisheit und unser inneres Wissen erinnern und fordern, dass diese zu Bausteinen für die Zukunft werden.

Und jetzt lassen Sie mich die anderen Kapitel erläutern.

Kapitel II – Eine kurze persönliche Geschichte der feministischen Phasen

Ich werde einen kurzen historischen Blick auf unsere Geschichte auf diesem Planeten werfen und die Annahmen darlegen, die besonders in den Kulturen des Westens und des Ostens seit undenklichen Zeiten über uns Frauen gemacht wurden und werden.

Fest steht, dass wir Frauen während einer langen Zeit der Menschheitsgeschichte mit einem zweitrangigen (oder noch geringeren) Status zu kämpfen hatten und haben.

Ich möchte zu den Konzepten zurückkehren, die ich im Buch *Weibliche Wirklichkeit* formuliert habe, und ihre umfassendere Bedeutung für die Situationen, denen wir uns heute gegenübersehen, darlegen.

Wir werden uns das, was das „F-Wort" geworden ist, anschauen, sowie seine positive und negative Bedeutung vor Augen führen.

Ich bin nun schon lange genug dabei, um alle „Feminismus-Phasen" persönlich <u>durchlebt</u> zu haben, mit Ausnahme der ersten. Meine Mutter und Großmutter, mit denen ich sehr eng verbunden war, haben ihrerseits die Auswirkungen dieser ersten Phase erlebt, was einen großen Einfluss darauf hatte, wer ich war und wer ich bin. Es ist gut, diese Phasen des Feminismus erlebt zu haben und diese Sichtweisen teilen zu können.

Wir werden die Phasen des Feminismus, wie sie heute bezeichnet werden, erkunden und sehen, wie sich die Themen im Laufe der Zeit entwickelt haben, um nach und nach persönliche Belange, zwischenmenschliche Aspekte, Organisationen, das Systemische und das Kulturelle, das Nationale und Internationale und schließlich nun die Menschheit und den Planeten mit einzuschließen.

Ich glaube, dass wir mithilfe des Feminismus heute in der Lage sind, mit unseren Anliegen über Frauenthemen hinauszugehen und auf eine bedeutsame kulturelle Transformation hinzuwirken.

Kapitel III – Die größere Perspektive

In diesem Kapitel werde ich die in Kapitel II erörterten Systeme genauer betrachten und sie tiefer erforschen.

Ich werde einen Blick auf die Fundamente dieser Systeme werfen und erkunden, wie sie sich im Leben dieses Planeten entwickelten und wie sie funktionierten.

Ich werde die westliche Wissenschaft als eine der Wissenschaften auf diesem Planeten genauer anschauen und aufzeigen, wie ihr wachsender Einfluss ein Hauptfaktor für den Zustand der Welt ist, in dem wir uns heute befinden.

Wir werden erkennen, wie Wissenschaft und Religion (beides von Männern dominierte Institutionen) zusammenwirkten und uns in den jetzigen dysfunktionalen Zustand gebracht haben.

Wir werden erforschen, welche Rolle das dualistische Denken dabei spielt, unsere Optionen einzuschränken – genauso wie Materialismus, Reduktionismus und andere Aspekte dieser Art von Wissenschaft dies tun.

Außerdem werden wir prüfen, welche Rolle wir Frauen dabei spielen und gespielt haben.

Und wir werden das Kapitel damit beschließen, dass wir Chancen und Möglichkeiten erkunden.

Kapitel IV – Die Symptome

Kulturell gesehen definiere ich jeden Grund – ob legitim oder nicht –, der uns beschäftigt hält, unsere Zeit und Energie frisst und uns davon abhält, den größeren Zusammenhang in den Blick zu nehmen, als Symptom.

Aus dieser Perspektive würde ich die weibliche Sexualität, Geburtenkontrolle, Frauen-Gesundheit, gläserne Decken und ungleiche Bezahlung als „Symptome" bezeichnen. All diese Themen sind gültig, wichtig und berechtigt und alle müssen behandelt werden. Doch wenn wir und andere sie dazu benutzen, uns von den größeren, transformierenden und systemischen Themen abzulenken, erzielen wir vielleicht einen zeitweiligen Fortschritt und dieser wird, wenn überhaupt, von kurzer Dauer oder Stückwerk sein – es sei denn, wir behandeln diese Themen gleichzeitig als Symptome eines größeren Problems und erkennen jenes größere Problem als das, was es ist. Alle diese „Fortschritte" waren wichtig (und vermutlich ein notwendiger Teil des Prozesses, uns dahin zu bringen, wo wir jetzt stehen). Und, jetzt haben wir einen Punkt erreicht, an dem wir dazu beitragen können, dass die gesamte Menschheit grundlegende Quantensprünge vollzieht. Es ist absolut unerlässlich, dass Frauen ihren Platz einnehmen und ihren Einfluss auf diesen notwendigen Wandel geltend machen und sich nicht durch die Symptome ablenken lassen. Wir Frauen sind gut darin, die Details und das größere Bild zu sehen, und nicht nur, auf dualistische Art und Weise, das eine oder das andere.

Wir als Spezies haben uns mit den größeren systemischen Themen noch nicht auseinandergesetzt. Um dies zu tun, müssen wir uns die wichtigsten Bausteine der heutigen Gesellschaft ansehen: die wissenschaftliche Weltsicht, Religion, Wirtschaft, Materialismus und Technologie sowie die Politik und wie sie aus den Annahmen und einer Weltsicht hervorgehen, die gegenüber dem Menschen, dem Planeten oder der Schöpfung unfreundlich sind.

Wir müssen es so sehen wie in der Medizin: Wenn wir die Symptome behandeln und es uns nicht gelingt, die ihnen zugrunde liegenden Ursachen anzugehen, wird der Patient (die Menschheit) immer kränker.

Symptome führen zu Umwegen. Wenn Umwege in eine Sackgasse führen, kommen wir nirgendwohin. Und, bestenfalls können wir das, was wir auf diesen Umwegen gelernt haben, dazu nutzen, zurück in die Spur zu kommen.

Kapitel V – Die Stopper

Wir müssen uns als Frauen sorgfältig anschauen, auf welche verschiedene Weisen wir die Botschaft verinnerlicht haben, unseren Erkenntnissen, unseren Wahrnehmungen und unserer Weisheit nicht zu vertrauen.

Alle menschlichen Wesen durchlaufen Prozesse und machen Erfahrungen in ihrem Leben, die sie davon abhalten, ihre Erkenntnisse und ihre Weisheit zu erweitern. Diese Stopper (einige davon erkannte Freud als Abwehrmechanismen) sind sowohl bewusst als auch unbewusst. In den vergangenen sechzig Jahren konnte ich mich bei meiner umfangreichen Arbeit mit Frauen auf der ganzen Welt mit diesen „Stoppern" vertraut machen und sie bei anderen sowie in meinem persönlichen und in meinem beruflichen Leben entdecken und erleben. Sie sind sehr mächtig und wirksam.

Und während Frauen einige dieser Stopper mit Männern gemein haben, werden wir besonders jene untersuchen, die einzig bei Frauen vorkommen und wie sie erlernt werden (denn sie sind angelernt und alles, was gelernt wird, kann verlernt werden). Wir müssen diese Stopper benennen und uns mit ihnen befassen, um zu erkennen, wie wir über sie hinauswachsen können.

Wir werden die Auswirkungen unserer TMM-Gesellschaft (technologisch, materialistisch, mechanistisch) anschauen. Wir werden einen Blick auf unsere Wissenschaft und unsere Religionen werfen und darauf, wie sie das Patriarchat und die männliche Vorherrschaft unterstützen und die damit einhergehende Art und Weise, die Welt zu denken und zu sehen.

Wir werden uns mit dem Thema Kontext befassen und wie wir uns selbst zunehmend dem Kontext entzogen haben, um in das System zu passen, das wir alle geschaffen haben.

Wir werden die Rolle untersuchen, die Frauen in der Entwicklung von Systemen gespielt haben, die den besonderen Beitrag der Frauen nicht ehren und nicht respektieren.

Kapitel VI – Die potenziellen einzigartigen Beiträge der Frauen

Wir werden die breite Palette einzigartiger Eigenschaften erforschen, die Frauen, die ihre Kraft voll entfaltet haben, den Einzelnen, Familien, Unternehmen,

Gesellschaften und dem Planeten anzubieten haben, wenn sie mit ihrer uralten Weisheit in Verbindung stehen und aus ihr heraus handeln.

Frauen unterscheiden sich von Männern darin, was sie denken und wie sie denken, und darin, was sie „wissen" und wer sie „sind". Wir haben über diese Unterschiede nicht gesprochen und waren uns ihrer oft nicht einmal bewusst.

Frauen sind prozesshafte Menschen. Wir fühlen uns viel wohler mit einem Universum, das ein Prozess ist, als mit einem, das unsere Wissenschaften statisch zu machen versuchen.

Frauen können sich in die Prozesse um sie herum in einer Art und Weise einbringen, die ihnen vertraut ist und leicht von der Hand geht.

Frauen sind in Verbindung mit ihren Gefühlen und fühlen sich wohler mit ihnen (bis sie es anders lernten). Und als menschliche Wesen sind unsere Gefühle ein unerlässlicher Teil der Gleichung, um uns auf dem Weg zu Weisheit und einer tieferen Spiritualität voranzubringen.

Frauen sehen die Welt auf andere Weise und diese Einsichten sind für den Planeten genau jetzt wichtig. Wir Frauen müssen unserer Intuition und unserer inneren Stimme vertrauen.

Kapitel VII – Die Fäden miteinander verknüpfen und die Zukunft eröffnen

Wir wissen nie, was die Zukunft bringt. Doch wir können sicher sein, dass sie anders sein könnte, wenn Frauen bereit sind, zu ihrer Weisheit zu stehen und nicht zu versuchen, wie Männer zu sein, und sich für all unsere größere Weisheit zu öffnen. In diesem Abschnitt werden wir – anhand einiger praktischer Ideen und ausgehend von „Hinweisen", die wir heute haben – Visionen und Träume davon entwerfen, wie eine Welt aussehen könnte, in der Frauen ihre Weisheit und ihre unverwechselbaren Sichtweisen einbringen.

Wir werden versuchen, das Geschichtliche in einen Zusammenhang zu bringen, und dann beginnen wir zu verstehen, wo wir, von einer höheren Warte aus gesehen, als Frauen und als Planet Erde heute stehen. Wir werden untersuchen, was es bedeutet, Ganzheit zu denken, zu fühlen und zu atmen. Wir werden beginnen heil zu werden und all die Scherben, in welche wir aufgrund unserer reduktionistischen, empirischen Weltsicht zerbrochen sind, wieder zusammenfügen.

Wir werden anfangen, erneut zu lernen, wie wir in immer größeren Sphären von Prozessen in unserer Welt und in uns selbst teilnehmen und mitwirken. Wir werden erkennen, wie wir Möglichkeiten erlernen können, diese aus unseren Erfahrungen geborene Weisheit zu teilen – angeleitet von unseren einzigartigen Erfahrungen durch unser Teilnehmen.

All diesem folgt:

Postskriptum

Und – was die Männer betrifft

Letztlich ist es das, was wir verwerfen und verleugnen, was uns deformiert – nicht, wer wir sind oder was wir wissen und erfahren.

Kontaktinformationen

Ich habe Informationen darüber eingefügt, wie Sie mich kontaktieren und mehr über die Leben-im-Prozess-Heilungsarbeit erfahren können, die ich weltweit anbiete. Diese Arbeit erleichtert das Heilen von persönlichen und kulturellen Verletzungen, die Genesung vom Suchtprozess und das Lernen, in einem neuen Paradigma zu leben.

KAPITEL II

Eine kurze persönliche Geschichte der feministischen Phasen

*Ein kurzer Blick auf die Situation der Frauen auf diesem Planeten mit einem beson-
deren Fokus auf den Feminismus im 20. und 21. Jahrhundert*

**Wenn man in die Zukunft schauen will, ist es von entscheidender Bedeutung,
zunächst einmal zurückzublicken. Mit absoluter Ehrlichkeit und Offenheit.
Zurückzublicken und sich darüber klar zu sein, dass Fehler gemacht und
Lektionen gelernt wurden und manches unabgeschlossen blieb.**

Als ich dieses Buch konzipierte, stellte ich mir vor, ich würde sehr viel Recherche betreiben (was ich auch tat) und dieses Kapitel in einem eher „an-
erkannten", akademischen/wissenschaftlichen Stil schreiben, mit vielen Berichten über unsere Geschichte und den Feminismus, insbesondere darüber, wie sich
diese Geschichte auf die Entwicklungsphasen des Feminismus im 20. und 21.
Jahrhundert auswirkte. Also begann ich mit meiner Recherche und dem Lesen
der Analysen über diese Phasen.

Was für eine großartige Übung!

In der Tat erhielt ich Informationen darüber, wie manche Feministinnen diese Phasen definieren. Dabei stieß ich sofort auf folgende Aussage: „Als ‚Postfe-
ministinnen' wird jene Gruppe junger, konservativer Feministinnen bezeichnet,
die sich ausdrücklich gegen die Feministinnen der zweiten Phase definiert und
diese kritisiert." Meine spontane Reaktion war: „Um Himmels willen! Haben
wir nichts gelernt? Wann werden wir lernen, zusammenzuhalten und aus Unterschieden Schlussfolgerungen zu ziehen?"

Aus echter, vorurteilsloser feministischer Fairness und Neugier heraus las ich
weiter – und weiter – und weiter – ein Buch nach dem anderen – einen Artikel
nach dem anderen – ermutigt durch Bücher wie Marilyn Frenchs vierbändigem
Werk *A History of Women in the World*. Wie sehr identifizierte ich mich mit ihrem Anliegen! Von ihren Motiven war ich sogar noch mehr angetan als von den
geschilderten Tatsachen, die schockierend, wichtig, faszinierend, schmerzlich
sind, – und es ist notwendig, sie zu kennen und zu verarbeiten.

Wie Margaret Atwood in ihrer Einführung zu Frenchs kraftvollem Werk
schreibt, bestand deren Absicht darin, eine Frage, die sie schon lange gequält
hatte, zu beantworten. Die Frage war: Wie konnte es geschehen, dass Männer
am Ende all die Macht hatten – und insbesondere all die Macht über Frauen?

Hatte es dieses Ungleichgewicht schon immer gegeben? (Indigene Völker hätten ihr dazu eine andere Perspektive geben können!) Da Frauen in den meisten Geschichtsbüchern einfach nicht vorkommen, wollte French die Lücken ausfüllen.

Ich fände es wunderbar, wenn jede Frau alle vier Bände lesen würde – mit einem offenen Geist. Und wenn auch nur zur Information. Wie jede von Ihnen damit umgeht, wie Sie sie deuten und darauf reagieren, bleibt natürlich jeder Einzelnen überlassen – und mit diesem Buch ist es ebenso.

Seit Jahrhunderten haben wir männlich definierte weibliche Klone. Nach meiner Überzeugung würde sich keine Feministin, die etwas taugt, einfach nur eine neue Gruppe anders „geklonter" Frauen wünschen, seien sie nun durch Männer oder durch uns selbst geklont. Es ist zu hoffen, dass wir Frauen mit all unserer Unterschiedlichkeit unzählige verschiedene Möglichkeiten für ein geistig gesundes Leben in der Welt entwickeln werden, wenn wir mehr Informationen und mehr Selbsterkenntnis und Klarheit gewonnen haben.

Wie Edmund Burke sagte: „Wer die Geschichte nicht kennt, ist dazu verurteilt, sie zu wiederholen."

Wie wenig wissen wir über die Geschichte von uns Frauen auf diesem Planeten! Wie genau kennen wir die grausame chinesische Praxis, allen Frauen von Stand die Füße zu binden? Wie viel wissen wir über die indische Sitte, die Ehefrau eines Toten auf seinen Scheiterhaufen zu werfen? Wie viel wissen wir darüber und wie sehr kümmert es uns, dass die akzeptierte und systematische brutale Vergewaltigung und Folter von Frauen ein fester Bestandteil vergangener und gegenwärtiger Kriegsführung sind?

Begreifen wir das volle Ausmaß der Tatsache, dass unsere Großmütter, Urgroßmütter und Ururgroßmütter in den meisten Teilen der Welt per Gesetz 1. Haus und Hof nicht ohne ihre Ehemänner oder die Genehmigung dieser Ehemänner verlassen konnten; 2. keinen Besitz haben konnten – selbst ererbter Besitz ging bei Heirat an ihre Ehemänner über; 3. kein Recht auf ihre eigenen Kinder und auch kein Recht darüber hatten, was mit ihnen geschah und ihnen angetan wurde; 4. nicht wählen durften und im Grunde keine juristische und politische Macht oder ein Mitspracherecht hatten, bis sich die Feministinnen der ersten feministischen Phase organisierten?

Selbst Karl Marx sagte: „Jeder, der sich auch nur ein wenig mit Geschichte auskennt, weiß, dass große gesellschaftliche Veränderungen unmöglich sind, wenn sich nicht auch die Frauen erheben. Gesellschaftlicher Fortschritt kann exakt an der gesellschaftlichen Lage des schönen Geschlechts, einschließlich der Hässlichen (sic!) gemessen werden."

Es ist ja so wahr – selbst Weisheit wird durch die Zwänge ihrer Zeit vergiftet! Ich empfehle also, dass wir alle Marilyn Frenchs vier Bücher lesen, damit wir informiert sind und uns erinnern. Damit wir nicht vergessen und nicht zulassen, dass wir unsere weibliche Geschichte durch das gegenwärtige Geschehen aus dem Gedächtnis verlieren. Warum das Rad neu erfinden, wenn ein so perfektes für uns alle gefertigt worden ist?

Ich selbst wollte jedoch verstehen, worum es bei all diesen Entwicklungsphasen des Feminismus ging und wie und wann sie stattfanden. Also las ich weiter, erstaunt über die Tatsache, dass die Schriften von Feministinnen (Menschen wie du und ich) so langweilig und ermüdend sein konnten wie die der Männer, wenn sie auf männliche Weise und in männlicher Sprache geschrieben worden waren. Warum akzeptieren wir noch immer, dass wir, um anerkannt zu sein, in einer Form schreiben und analysieren, die für das vorherrschende weiße, männlich dominierte wissenschaftliche Paradigma akzeptabel ist (nämlich objektiv und akademisch)? (Ich betrat neulich eine wunderbare Buchhandlung in Auckland, Neuseeland, und wollte Bücher von einigen, auch neuer, Maori-Schriftstellerinnen und neuseeländischer Feministinnen kaufen. Ich war schockiert und traurig zu hören, dass die einzigen „feministischen" Bücher, die veröffentlicht worden waren, akademische Studien über Frauen waren! Wie sehnte ich mich nach dem reichen Schatz feministischer Schriften, den wir Feministinnen der zweiten Phase in den 1960er, den 1970er und den 1980er Jahren besaßen!)

Ich las über die Feministinnen der ersten Phase. Ich habe sie immer bewundert. Meine Urgroßmutter war auf ihre eigene Weise eine solche Feministin. Wie unbeirrt ging sie ihren Weg als Medizinfrau, als Frau des späten viktorianischen Zeitalters, als Pionierin. (Sie bestand sogar darauf, dass ich mich wusch und weiße Handschuhe anzog, bevor wir uns draußen auf dem Land zum Kramerladen aufmachten – es war nicht leicht, sich innerhalb von Minuten von einem schmutzigen Wildfang in eine Lady zu verwandeln. Doch sie vermittelte mir in ihrer ruhigen Art, dass ich eine große Vielfalt an Möglichkeiten besaß und die Freiheit hatte, so viele wie möglich auszuprobieren.)

Ich habe die erste Phase des Feminismus nicht durchlebt. Als ich aufwuchs, habe ich nicht einmal davon gehört. Was diese Feministinnen taten, war bestenfalls eine Fußnote wert und wurde in meinen Geschichtsbüchern nicht besonders hervorgehoben. Doch meine Mutter und meine Urgroßmutter setzten sich ein und kämpften empört für Menschen- und Bürgerrechte (und die Rechte von allen und jedem, auch für die Rechte von Tieren und der Natur), bevor diese Begriffe (soweit ich das weiß) überhaupt geprägt wurden.

Als ich Näheres über die „Feministinnen der ersten Stunde" herausfand, erkannte ich, dass ich ihnen dankbar sein musste für all die Vorteile, die ich als Mädchen und als Erwachsene in meinem Land hatte, denn ich stand sozusagen auf ihren Schultern. Erst später, als ich viel älter war, befasste ich mich mit den Einzelheiten der Belange, für die sie sich einsetzten (jene Frauen der nachviktorianischen Zeit! – Toll!). Wie meine Mutter hatte ich das Recht auf Scheidung, auf den Besitz von Eigentum, ich war frei und ungebunden und konnte gehen, wohin und wann ich wollte. Mein Vater gab ihr nie „die Erlaubnis" dazu. Sie und ich wurden in unserer Cherokee-Familie als gleichwertig behandelt. Jene Feministinnen der ersten Stunde hatten dafür gesorgt, dass ich hier in den USA jene Rechte unhinterfragt wahrnehmen konnte. Sie setzten sich für Rechte ein, doch ich bezweifle, ob sie bereit waren, sich gegen das System aufzulehnen.

Ich glaube, ich brauchte viele Jahre, um zu erkennen, dass die Rechte der Frauen in den USA erkämpft und erworben werden mussten – sie waren nicht, wie bei weißen Männern, durch die amerikanische Verfassung garantiert.

Als ich bei meinem ersten Besuch in Australien erfuhr, dass die australischen Ureinwohner erst in den 1960er Jahren als menschliche Wesen anerkannt wurden, war ich entsetzt. Doch hatte ich nicht wahrgenommen, dass Frauen erst nach dem Aufstand der ersten Feministinnen die vollen Menschenrechte zugesprochen wurden und dass dies in vielen Kulturen gängige Praxis ist, und oft immer noch die Realität in meinem eigenen Land, den Vereinigten Staaten von Amerika.

Jene erste Phase war also eine Flutwelle und wir werden viele weitere große Wellen brauchen, wenn wir als Menschheit irgendeine Chance haben wollen, unser Potenzial und, wie ich glaube, unser Schicksal zu erfüllen. Denn schon sehr bald konnte ich erkennen, dass auch die Knaben und Männer durch die gegenwärtige Kultur schwer geschädigt wurden und werden. Diesen Schaden einzugestehen fällt schwer, weil sich <u>ihr</u> Bewusstsein nicht erweitert hat.

Nachdem ich also eine Zeit lang versucht hatte, die nachfolgenden Phasen des Feminismus zu erforschen – die ich alle durchlebt hatte –, kapierte ich es. Kein Wunder, dass mein Gehirn wie benebelt war und ich mich müde und unbeteiligt fühlte. Es waren wirklich nicht die Informationen, die mir zu schaffen machten (obwohl sie sich manchmal etwas bizarr anfühlten), es war die Form und die Vorgehensweise, in der diese Informationen vermittelt wurden – akademisch/mechanistisch/wissenschaftlich! Man schrieb über unsere Erfahrung – meine Erfahrung – in Form des herrschenden kulturellen Paradigmas, das vom männlichen Paradigma und dem vorherrschenden Paradigma der Wissenschaft gestaltet, geführt und kontrolliert wird. Es sind (um mit Morris Bermans Begriff zu sprechen) abstrakte, konzeptionelle Informationen, frei von Gefühl, Konkretisierung und Verbundenheit. Die kognitive – ebenso wie die gefühlsmäßige – Unstimmigkeit in diesen Schriften war riesig, besonders da ich all die Phasen des Feminismus durchlebt hatte. Die analytischen, reduktionistischen, linearen, vereinfachenden, dualistischen Informationen und Annahmen konnten in keiner Weise den Reichtum wiedergeben und vermitteln, den ich beim Durchleben des Prozesses dieser Phasen erfahren hatte. Besonders wenn dieser „wissenschaftliche und akademische Ansatz" beklagenswert unzureichend ist, um die Gefühle, Erfahrungen, Auswirkungen und die Kraft der damit einhergehenden Prozesse darzustellen. Die zum Beschreiben der materiellen Welt entwickelte Wissenschaft versagt kläglich, wenn sie einen wirbelnden, pulsierenden Kosmos von Erfahrungen in leblose, unlebendige Begriffe zu verwandeln versucht.

Vor meinem Vortrag über mein erstes Buch *Weibliche Wirklichkeit* hatte mir die Professorin eines wohlbekannten, ehemaligen Colleges für Männer in Neuengland einmal privat gesagt, sie sei absolut begeistert von dem Buch, es spreche sie persönlich an und sei ihrer Meinung nach brillant und sehr wichtig. Als sie dann öffentlich auf mich und mein Referat einging, verriss sie das Buch. Ich war hinterher geschockt und fragte sie: „Ich dachte, Sie liebten das Buch. Was ist geschehen?"

„Ich liebe das Buch sehr", sagte sie. „Ich halte es für ein großartiges Buch – aber – wenn ich das dort, wo ich lehre, sagen würde, würde man mich angreifen und auslachen. Es wird von uns erwartet, dass wir analysieren und kritisieren. Dass wir ein Buch auseinandernehmen, es herabsetzen und Mängel finden. Solche Leute werden gefördert."

Das war in den frühen 1980er Jahren. Die meisten Bücher, die ich über die Phasen des Feminismus gelesen habe, wurden in den späten 1990er Jahren und im 21. Jahrhundert veröffentlicht. Haben wir nichts gelernt oder sind wir noch weiter in die Glaubenssätze, Denkprozesse und Methodik des dominierenden Systems gerutscht? Manchmal befürchte ich, dass beides zutrifft – ich las sogar eine Rezension über die Schriften einer Frau, die über die Phasen des Feminismus geschrieben hatte – sie wurden als unwissenschaftlich, nicht objektiv und nicht akademisch abgelehnt. Der Verfasser dieser Rezension erklärte weiter, die Beobachtungen dieser Frau seien eher eine Lebenserinnerung und deshalb von keinerlei Nutzen und könnten leicht verworfen werden. (Ich sehe keinen Grund dafür, die eine oder andere dieser Quellen im Verlauf dieses Kapitels zu zitieren.)

Ich frage mich, wer das Recht hat, darüber zu bestimmen, welche Daten wichtiger als die anderen sind? Und wer kann sagen, die einen Beweise seien fundierter als andere – je nachdem, wie sie erworben wurden und aus welchem Glaubenssystem sie stammen? Sicher ist die Leserin klug und klar genug, diese wichtige Frage für sich selbst zu beantworten. Und wenn nicht, steht für sie Arbeit an. Trotz des zuvor Gesagten neige ich zu der Überzeugung, dass Aussagen von Frauen, die über ihre eigenen Erfahrungen sprechen, sehr wohl ihre Gültigkeit haben und mindestens genauso gültig sind wie jede Pseudo-Objektivität, die von den Glaubenssätzen, Denkmustern, Annahmen und Techniken des auf Männer konzentrierten herrschenden Systems durchsetzt ist. Ich glaube auch, dass die Erfahrungen, Einsichten und das innere Wissen der Frauen in sich gültige Informationen sind – sicherlich ebenso gültig wie eine Annahme oder Interpretation, die auf dem herrschenden System basiert. Sie sind einfach anders und sollten auch so behandelt werden.

Ich habe es seit Langem aufgegeben, mir Anerkennung oder Bestätigung seitens des herrschenden Systems, in dem wir leben, zu wünschen (oder von irgendeinem System). Das ist einer der wunderbarsten Vorteile, achtzig Jahre alt zu sein.

Ich denke, man wird „objektiver" (im weiteren Sinn des Wortes), wenn man seine persönliche Arbeit gemacht hat, weniger von seinem Unbewussten regiert wird und mit dem Alter eine breitere Sicht auf das Leben hat, als es das „Objektivsein" im „wissenschaftlichen" Sinn ist, das im Allgemeinen die unmögliche Möglichkeit beinhaltet, sich von dem, was untersucht wird, vollständig abzutrennen und sich nicht persönlich darauf einzulassen – außer in der Quantenphysik natürlich. Die meisten von uns, die die grob vereinfachenden Vorstellungen und Einstellungen der mechanistischen Wissenschaft hinter sich gelassen haben, wissen seit Langem, dass diese Art von Objektivität unmöglich ist. Und wird diese Unmöglichkeit geleugnet oder unterdrückt, kann die dadurch verfälschte Information sehr gefährlich sein – vielleicht noch gefährlicher als das Fehlen von „Objektivität".

Was ich jedoch aus meiner Arbeit mit Männern und Frauen weltweit weiß ist dies: Wenn diese sich auf die tiefsten Ebenen ihrer Heilung einlassen – von der Heilung ihrer eigenen persönlichen Themen bis zur Heilung ihrer familiären Belange, der Heilung von den Problemen ihrer Gemeinschaften, der Heilung ihrer institutionellen und gesellschaftlichen Probleme, der Heilung ihrer kulturellen Themen bis zu der Heilung der Probleme, die sie als Angehörige der Menschheit auf diesem Planeten haben –, dann ist dieses Miteinander-Teilen unserer Geschichten, das Durcharbeiten unserer Gefühle und Erfahrungen sowie das Nachdenken über das Gelernte tatsächlich ebenso machtvoll wie alles, was wir denken, begrifflich fassen oder lesen könnten.

Ich entschied mich also, in diesem Kapitel über die Geschichte des Feminismus das aufzugreifen, was mir wichtig erscheint (nicht alles natürlich; es gibt einfach zu viel). Ich möchte außerdem erzählen, welches meine Schlüsselerlebnisse waren im Durchleben dieser Phasen, so wie ich sie mit anderen Frauen lebte und erfuhr – und mit jenen Männern, die wussten, dass das, was wir als Frauen taten, mit ihrem eigenen Wachstum und ihrer Freiheit irgendwie in Beziehung stand.

Ich könnte natürlich zu vielen dieser Themen Bücher schreiben, doch das haben andere schon getan – es ist nicht nötig, etwas zu wiederholen oder gar infrage zu stellen.

Mein Leben während der feministischen Phasen

Ich wurde im Jahre 1934 geboren und erbte einige der Vorteile der ersten feministischen Phase. Doch mein Feminismus reichte viel weiter zurück.

Ich glaube, ich war bereits vor meiner Zeugung eine Feministin, da ich in einem Cherokee-Haushalt aufwuchs, der aus Feministinnen bestand. Die inneren Konflikte, die ich bei diesen Frauen erlebte, waren eine lebenslange Herausforderung. Als starke Frauen fanden sie sich und ihre DNA in einer Welt wieder, in der sie ständig darum kämpften, zu gedeihen und zu überleben. Obwohl mein Vater das gleiche kulturelle DNA-Erbe besaß, war er meiner Meinung nach anfälliger und empfänglicher für das Denken, die Überzeugungen und Gepflogenheiten der herrschenden Kultur als meine Mutter, Großmutter und Urgroßmutter es waren. Diese drei Frauen legten den Grundstein für die Art und Weise, wie ich aufgezogen und „genährt" wurde, bis ich ins College ging. Ich erinnere mich, dass ich nach kurzer Zeit im College einen Brief nach Hause schrieb: „Ihr habt mich nicht so aufgezogen, dass ich in diese Kultur passe", und ich bin immer noch dabei zu klären, was das für mich bedeutet. Sicher, ich wurde so aufgezogen, dass ich mit dieser Kultur intellektuell und konzeptionell umgehen konnte, und ich war in der Weise und Methodik des Systems ausgebildet, wobei ich Wissenschaft, Mathematik und Literatur liebte. Und, meine Seele, mein Sein, mein Geist und mein lebendiger Prozess (die wichtigen Dinge) waren irgendwo anders und wurden von meiner formellen Ausbildung nicht angesprochen – ich war immer divergierend in meinem Denken. Konvergent zu denken war leicht und erforderte wenig Mühe meinerseits.

Erst später in meinem Leben (als ich in meinen Fünfzigern war) erkannte ich, dass ich eine Cherokee-Indianerin bin und dass ich bis zum Eintritt in das College auf traditionelle Cherokee-Weise aufgezogen wurde. Zur Zeit meiner Geburt war es nicht „cool", indianischer Abstammung zu sein, und indianische Kinder wurden in Internate verfrachtet, damit sie dort lernten, sich an die herrschende Kultur anzupassen, sich zu „assimilieren". Meine Familie fasste den schmerzhaften Entschluss, sich als Weiße auszugeben, sodass ich die vermeintlichen Vorteile hätte, und dennoch wollten sie nicht, dass ich einer Gehirnwäsche unterzogen wurde. Nichts wurde gesagt – sie taten es einfach. Nichts schien sehr anders zu sein, da alle um mich herum im US-Bundesstaat Oklahoma Cherokees waren. Ich lebte in dieser Wiege des Cherokee-Lebens bis zum Alter von sieben Jahren, als mein Vater für die Regierung zu arbeiten begann. Ich bin im Laufe der Zeit dahintergekommen, dass diese Cherokee-Weise des In-der-Welt-Seins und das Leben in einer matrilinearen Gesellschaft und Familie einen immensen, tiefgreifenden und machtvollen Einfluss auf meinen Feminismus hatten und auf meine Art, die Welt zu sehen und zu erleben.

Was für eine Freude war es, diese Stränge meiner DNA zum Leben zu erwecken; sie sind mit meinem Feminismus verflochten und mein Feminismus mit ihnen. Was für eine Freude war es, Denise K. Hennings Artikel „*Yes My Daughters, We Are Cherokee Women*" (dt.: *Ja, meine Töchter, wir sind Cherokee-Frauen*) in der Zeitschrift *Making Space for Indigenous Feminism* (dt.: Raum machen für indigenen Feminismus), zu lesen, die von Joyce Green herausgegeben wurde! So viele Abschnitte auf meiner Reise des persönlichen, spirituellen und seelischen Reifens bestehen darin, meinen Feminismus und mein Cherokee-Sein miteinander zu verflechten! Als ich entdeckte, dass ich sowohl mütterlicherseits als auch väterlicherseits Cherokee-Blut in mir trage, sagten all die indigenen Ältesten, die meine Mentoren und Mentorinnen, Lehrer und Lehrerinnen, Freundinnen und Freunde sowie Familienangehörige geworden waren: „Ich wusste das! Ich habe nur darauf gewartet, dass du es herausfindest."

Wenn ich also meine Erfahrungen in Worte fasse, wie ich den Teppich meines Lebens webe und dies in der Fülle seiner Möglichkeiten lebe, gibt es da viele Stränge, die die Farben und Fäden meines Cherokee-Seins und meines Feminismus darstellen und den geschmeidigen Webstuhl bilden, auf dem mein Lebensteppich gewoben wird. Wir Cherokee-Frauen sind großartige Weberinnen – wir weben mit Ideen, Erfahrungen, Worten oder Wolle.

Ich wuchs also in einer Familie auf, die jede Anstrengung unternahm, um sich in äußerlichen Dingen anzupassen, sich aber in den wichtigen Dingen hartnäckig gegen jede Assimilation sträubte. Man brachte mir bei, die wissenschaftlichen/objektiven Beobachtungen durch Gefühle, Intuition, inneres Wissen und ein Bewusstsein für die Bedeutung des Unsichtbaren auszugleichen. (Meine Mutter sagte immer zu mir: „Denke daran, Elizabeth Anne, das Wichtigste ist das Unsichtbare.")

Was bedeutet also Feminismus für mich? Für mich ist er ein Glaubenssystem, der in die Ganzheit des Lebens integriert ist. Er bedeutet viel mehr als Frauenthemen und Anliegen von Mädchen und Frauen, und doch gehören diese Themen dazu, weil das herrschende System mit diesen Forderungen und Themen nicht gut umgeht. Und, Feminismus ist viel mehr. Er öffnet die Tür zu einer anderen Art des Menschseins auf diesem Planeten: Mit Ehre und Respekt und seinem ganzen Sein nimmt der Mensch teil am Leben anderer, an der Natur und der Gesamtheit der Schöpfung, am Bekannten und Unbekannten, am Sichtbaren und Unsichtbaren. Deshalb geht mich als Feministin alles etwas an. Vielleicht ärgere ich mich über die bewussten oder unbewussten Verhaltensweisen, die Män-

ner manchmal an den Tag legen, und vielleicht ärgere ich mich über die bewussten oder unbewussten Verhaltensweisen, die wir Frauen manchmal praktizieren
– und ich mache mir Gedanken über all unsere Belange und über alles, was uns
begrenzt, verbiegt und daran hindert, die Menschen zu sein, die wir sein könnten unter gleichzeitiger Achtung der ganzen Schöpfung. Als Feministin gibt es
nichts, was außerhalb meines Zuständigkeitsbereiches liegt, und ich kann und
werde mich für alles einsetzen, was dem Wachstum eines Einzelnen, der Gesellschaft oder eines Teils der Schöpfung förderlich ist. Ich werde mich gegen jede
Person und jedes Glaubenssystem auflehnen, die in meinen Augen das Heilen,
Wachsen und die Entwicklung eines Wesens oder einer Nation oder eines Planeten beschneiden. Als Feministin ist mir nichts zu klein und nichts zu groß. Ich
stelle mich dem, statt es nicht auf mich zu nehmen und/oder kümmere mich darum. Und ich habe die Verantwortung, für mich selbst zu sorgen und meine eigene, persönliche Entwicklungsarbeit zu leisten, damit ich in der Lage bin, die Türen zu durchschreiten, die sich mir öffnen, sodass ich das, was mir möglich ist, zu
aller Schöpfung beitragen kann. Meine Wirklichkeit handelt nicht nur von mir,
sie schließt mich ein und erfordert meine Teilnahme, mein Engagement. Deshalb
ist es meine Pflicht, mit dem, was mir dieses Leben schenkt, zu arbeiten und, soviel ich nur kann, beizutragen zum Wachstum anderer, zum Heilen und Wachsen der ganzen Menschheit, zur Förderung von Harmonie und Gleichgewicht.

Ich weiß, dass ich als Person, als Frau und als Feministin viele Fehler mache
und machen werde. Meine Aufgabe ist es, meine Fehler zu akzeptieren und an
ihnen zu wachsen. So einfach ist das.

Ich bewege mich also in immer größere Zusammenhänge hinein. Und als
Ergebnis dieser Einstellung zum Leben befassen sich dieses Buch und die darin
enthaltenen Sichtweisen weitgehend mit der Entwicklung der Menschheit und
es untersucht, wo wir vom Wege abgekommen sind – zu unserem eigenen Schaden und dem des Planeten. Wir müssen die Rolle erkennen, die wir mit unserem
Wissen um Lebensentwürfe, die sich vom herrschenden System unterscheiden,
übernehmen und vertreten, damit wir durch unsere umfassendere Teilnahme die
Menschheit und alles auf diesem Planeten zurück auf einen Kurs bringen können,
der heilsamer und erfüllender ist. <u>Das zu übernehmen ist nicht viel, wenn wir
nicht zu viel denken!</u> Einige Leute wollen ihre Welt „klein" und „kontrollierbar"

halten – viel Glück dabei. Dies nur als Hinweis – kehren wir also zurück zu den Phasen des Feminismus und wie ich sie erlebte und durchlebte.

Ich sehe mich definitiv als Feministin der zweiten feministischen Phase aktiv werden. Als echte Feministin engagierte ich mich in den 1950er und 1960er Jahren in der amerikanischen Antikriegsbewegung sowie in der Bürgerrechtsbewegung. Der Kampf gegen Ungerechtigkeit war natürlich mein Thema seit meiner Kindheit. Als ich in den 1930er Jahren ein Kind war, hatte meine Mutter für die Rechte der Schwarzen, der Armen, der Behinderten und anderer und insbesondere der Tiere gekämpft. Warum sollten also die Bürgerrechte aller Menschen und die Schöpfung nicht auch meine Sache sein?

Dem von mir heute als ideologischen Feminismus des amerikanischen Ostens bezeichneten Feminismus gehörte ich definitiv nicht an, und ich fühlte mich von ihm unterstützt. Ich war in den Schützengräben des amerikanischen Mittleren Westens und Westens und arbeitete mit Frauen.

Ich glaube, mein Feminismus wurde von den Frauen (und Männern!) geweckt, mit denen ich als Therapeutin in Einzelsitzungen, in Gruppen und dann in Seminaren arbeitete, die ich in den ganzen USA, in Kanada und später in Europa und den Ländern des Südpazifiks abzuhalten begann.

Ich veranstaltete meinen ersten Frauenworkshop mit Colleen (Cokey) Kiebert, einer befreundeten Künstlerin. Sie hatte kleine Frauengruppen gegründet, die Collagen und andere künstlerische Dinge machten. Ich hatte als Therapeutin gearbeitet und Ausbildungen bei Fritz Perls, Carl Rogers, Virginia Satir, J. L. Moreno und anderen absolviert und sah mich deshalb an vorderster Front der humanistischen und transpersonalen Psychologie; wir waren beide erpicht darauf, das Gelernte in einem Workshop für Frauen auszuprobieren.

Die Erfahrung, die ich mit diesen Frauen machte, werde ich mein Leben lang nicht vergessen!

Cokeys Collagen hatten unser Leben zum Thema – unser bewusstes und unbewusstes Leben. Angeregt durch meine Arbeit bei Fritz und anderen hatte ich Matratzen auf dem Boden liegen und keine Angst vor dem, was sich – natürlich durch <u>mich</u> begleitet – ergeben würde. Ohne wirklich zu wissen, was wir taten, schufen wir eine „sichere" Umgebung, in der, ausgelöst durch die Collagen und das Erzählen unserer sich damals unschuldig anhörenden Geschichten, Jahre von aufgestautem Ärger, Enttäuschung und Schmerz wie Raketen explodierten.

Die Frauen „gingen los" wie Feuerwerkskörper. Es war mir/uns unmöglich, die Kontrolle zu behalten. Wir alle mussten helfen, die Frauen zu begleiten und zu versuchen, für unsere Sicherheit zu sorgen, während diese Frauen tobten, ihren Schmerz herausheulten, schrien und Ströme von Tränen vergossen.

Da wir nicht wussten, was wir tun sollten, taten wir nichts. Wir griffen nicht ein, versuchten nicht, die Kontrolle zu übernehmen oder die Prozesse zu erleichtern. Wir bemühten uns alle um die Sicherheit der Frauen, die ihre Tiefenprozesse durchlebten, und kamen ihnen nicht in die Quere.

Ich erinnere mich, dass in den Mittagspausen Cokey und ich Arm in Arm in unsere Hütte stolperten und uns bis zur nächsten Sitzung erschöpft aufs Bett warfen. Ich erinnere mich nicht, während des gesamten Wochenendes etwas gegessen zu haben. Dies war eines der intensivsten Wochenenden meines Lebens. Wir waren total entsetzt über das Ausmaß an Schmerz und Wut, das „normale" Frauen in sich eingeschlossen hatten und das sie vergiftete.

Dieses Wochenende war der Beginn einer langen Reihe von Wochenenden, wochen- oder monatelangen Frauenworkshops, die zum Mittelpunkt meiner Arbeit werden sollten. Nie wieder hatte ich ein Büro ohne Matratzen darin. Etwas später, nach weiterer „Bewusstseinserweiterung" und der Entdeckung, dass die meisten psychologischen, medizinischen und psychotherapeutischen Theorien und Praktiken von Männern und für Männer entwickelt wurden, mit Forschungen und Theorien von Männern und für Männer aus einer männlichen Perspektive heraus, beschloss ich, in meiner Praxis nur mit Frauen zu arbeiten, da Männer überall Hilfe bekommen konnten. Es waren aufregende und berauschende Zeiten – ich hörte Frauen zu und begleitete sie, wenn sie ihr Herz ausschütteten und Unterstützung von anderen Frauen bekamen. Das war der Beginn der Heilungsarbeit, die ich auf der ganzen Welt mache und heute Leben im Prozess nenne. Das war der Grund, warum ich das Gebiet der Psychologie verließ, denn ich begann zu erkennen, dass sie (die Psychologie) nicht Teil der Lösung war. Sie war Teil des Problems, und das Problem lässt sich nicht mit dem Problem lösen. Mein Eindruck war, dass Psychologie/Psychotherapie nicht darauf ausgelegt waren, <u>Menschen</u> zu heilen und sie darin zu unterstützen, ihr Potenzial in jeder Facette ihres Menschseins voll zu entwickeln – sie zielten darauf ab, den Menschen zu helfen, sich einem <u>dysfunktionalen</u> System <u>anzupassen</u>. Damit wollte ich nichts zu tun haben.

Ich erinnere mich, dass der Präsident des amerikanischen Psychologenverbandes mich inständig bat zu bleiben und dabei zu helfen, eine Veränderung innerhalb des Systems herbeizuführen, und meine schmerzvolle Antwort war: „Ich kann nicht. Ich kann nicht tun, was ich tun muss, und lernen, was ich lernen muss, wenn ich innerhalb des Systems bleibe." Also musste ich gehen. Man muss aus der Umweltverschmutzung heraus, um sie zu sehen – zumindest war das bei mir so.

Ja, wir Frauen der zweiten feministischen Phase waren zornig. Wie konnten wir das nicht sein, wenn uns Ungerechtigkeit, Herabsetzungen, Abwertung und Missbrauch bewusst wurden, die unser täglich Brot waren. Ich erinnere mich an die Zeit, als ich Direktorin eines Behandlungszentrums für Kinder und Jugendliche in einem psychosomatischen Krankenhaus in Alton, Illinois, war. Ich sah mich als gleichrangig mit allen anderen Abteilungsleitern und war vom stellvertretenden Direktor und Chef des Ministeriums für mentale Gesundheit gebeten worden, dort zu arbeiten. Sehr schnell fiel mir auf, dass es nur zwei Abteilungschefinnen auf leitender Ebene gab – die Leiterin der Krankenpflege und ich selbst. Mit meinem neuen „Bewusstsein" brauchte ich nicht lange, um zu merken, dass jedes Mal, wenn ich eine gute Idee einbrachte und aussprach – NIEMAND SIE HÖRTE! (Selbst die andere Frau nicht!) Nach ein paar Minuten wurde dann die gleiche Idee von einem der Männer vorgebracht und als Geschenk Gottes für die Gruppe aufgegriffen. Natürlich schmeckte mir das nicht, und ich lernte schnell, dass diese Erfahrung damals zum Alltag der Frauen in leitenden Positionen gehörte (und es gibt sie auch heute noch!).

Wie ich es gelernt hatte, besprach ich diese Erfahrung mit meinen Freundinnen, die sich alle damit identifizierten. (Wir waren wütend, als wir unsere Erfahrungen austauschten.) Ich erinnere mich an eine wunderbare Frau, die immer wie eine viktorianische Kamee aussah und geholfen hatte, die Bewegung der amerikanischen Black Panther ins Leben zu rufen. Sie sagte: „Ja, ich habe in meinem ganzen beruflichen Leben für die Kirche gearbeitet und genau diese Erfahrung habe ich auch gemacht. Mir wurde mit der Zeit klar, wenn ich Anerkennung und Lob für meine Ideen wollte, keine von ihnen jemals akzeptiert würde. Ich kam dahinter, wenn ich meine Ideen wertschätzte und ich sie für wichtig hielt, ich sie einem Mann (ohne sein Wissen) zuspielen musste, dann würde er sie einbringen und sie würden Gehör finden. Auf diese Weise wurden einige meiner

Ideen verwirklicht." Beim Erzählen liefen ihr die Tränen über die Wangen. Wir weinten alle miteinander.

Ja, wir waren wütend und leider wussten wir damals nicht immer, wie wir unsere Tiefenarbeit machen konnten, ohne sie anderen überzukübeln. Das tut mir heute leid. Und um unseren Ärger zu wissen und ihn zu spüren, war heilsam für uns.

Ich erinnere mich noch gut an meine, wie ich sie heute nenne, Wutphase. Bis dahin waren nur kleine Ärgerfeuer in mir aufgeflammt und meiner Wutphase war noch nicht Genüge getan.

Ich wurde eingeladen, an einem NTL-Seminar (National Training Laboratories) als eine der hauptverantwortlichen Leiter teilzunehmen. Ich liebte NTL, die Prinzipien der Gruppendynamik und das Sensibilisierungstraining. Im College hatte ich diese Ideen und Vorgehensweisen kennengelernt, mich dort zur NTL-Trainerin ausbilden lassen und später weitere NTL-Ausbildungen gemacht. Heute erkenne ich, dass es bei dieser Arbeit etwas gab, das im Einklang war mit dem, was ich tief innen wusste. Also ging ich durch den Prozess, mit einem Mentor zusammenzuarbeiten, um als NTL-Trainerin anerkannt zu werden. Mein Mentor wollte mich als Trainerin für den Führungskräfte-Bereich. Er wurde jedoch darauf hingewiesen, dass alle diese rein männlichen Gruppen für einen weiblichen Trainer nicht bereit seien. Ich vergab ihnen (und dachte insgeheim, dass NTL für diesen revolutionären Schritt nicht bereit war), und liebte und unterstützte weiterhin das Konzept und die Organisation, mit der und für die ich gelegentlich arbeitete. Diese Freiwilligenarbeit umfasste auch das Organisieren und die Ausbildung einer Gruppe schwarzer Trainer in der Gegend um St. Louis, denn meiner Meinung nach brauchten wir mehr afroamerikanische Trainer für die Workshops, die sich auf Bürgerrechtsthemen fokussierten. Im gesamten Netzwerk gab es damals auf nationaler Ebene nur einen schwarzen Ausbilder. Die „Ausbildung" dieser afroamerikanischen Trainer war eine kraftvolle und manchmal schmerzhafte Lektion und Erfahrung, da die Trainer darauf bestanden, mich meinem eigenen Rassismus zu stellen.

Ich befand mich also als Senior-Partnerin bei einem gemischten Workshop und mein damaliger Mann wurde gebeten, als Junior-Ausbilder teilzunehmen. Außerdem sollte ich mit einigen der „alten NLP-Hasen", die ich nicht kannte, zusammenarbeiten. Was für eine tolle Chance! Außerdem war der klinische Berater der Leitungsgruppe ein alter Freund. „Was für eine einmalige Konstellation!", dachte ich.

Bei NTL lief es immer so ab, dass sich das Team immer für zwei oder mehrere Tage zuvor traf, um den Workshop auf die betreffende Gruppe und die Leitung abzustimmen. In der Vergangenheit hatte ich diese Planungssitzungen geliebt!

Am Ende des ersten Planungstages stellte ich fest, dass einer der „alten NTL-Hasen" mich keinen Satz hatte ausreden lassen! Ich kochte vor Wut (und war traurig, enttäuscht und verletzt – was zur Wut gehört). Ich war die einzige Frau im Team.

Beim Abendessen setzte ich mich ihm absichtlich gegenüber. Gegen Ende des Essens sagte ich ruhig: „Jerry (ein Pseudonym), mir ist aufgefallen, dass du mich heute nicht einen Satz hast aussprechen lassen. Ich gehöre zum Leitungsteam und bin hier, um zu helfen, diesen Workshop zu planen und zu begleiten. Dies ist eine Kampfansage. Ich lasse mich nicht so behandeln. Wenn du mich weiterhin unterbrichst, werde ich dich damit konfrontieren. Und man wird mich hören." Dann stand ich auf und ließ eine Runde sprachloser Männer zurück.

Nun, das war der offizielle Beginn meiner „Wutphase". In meiner persönlichen und feministischen Arbeit war ich an einen Punkt gekommen, an dem ich nicht mehr stillhalten und versuchen konnte, die täglichen Beleidigungen, Herabsetzungen, das Übersehenwerden und die offenkundige Gewalt, die meiner Person und meinem Wesen entgegenschlugen, hinzunehmen, die teilweise, das erkannte ich, unbewusst waren. Ich musste „meine Stimme finden" und für mich und all jene den Mund aufmachen, die durch Ignorieren, Ausgrenzung oder Einschüchterung zum Schweigen gebracht wurden. Ich fühlte, dass meine Seele dieses Unrecht nicht mehr ertragen konnte.

Mir wurde klar, dass ich einfach meine Wut „ehren" musste, wenn ich unbeschadet überleben wollte. Das war ich meiner Gesundheit und meinem Wohlergehen einfach schuldig, selbst wenn ich dadurch meinen Mann, meine Kinder, meine Freunde, meine beruflichen Kontakte und anderes verlieren würde. Ich stellte mir vor, einen Kreis von etwa 10 Meilen Durchmesser um mich herum ziehen zu müssen und jeden, der ihn betrat, einfach „abzuknallen". Als ich dann später wirklich in voller Fahrt war, beschloss ich jeden „abzuknallen", der auch nur dem Anschein nach die Absicht haben könnte, in meinen Kreis einzudringen – ich würde ihn „abknallen", für alle Fälle.

Ich war schrecklich. Ich kann nicht sagen, dass ich mich unglücklich fühlte, obwohl ich in diesem Prozess durch viel Schmerz ging. Es war im Allgemeinen auch kein Drama für mich. Dieser Prozess war einfach etwas, was ich um meiner Seele und meiner geistigen Gesundheit willen durcharbeiten musste. Und so machte ich es.

Ich hatte nie Angst vor Wut gehabt – weder vor meiner eigenen noch vor der Wut anderer, und hatte mir den Ruf einer Therapeutin erworben, die sich mit der Wut anderer wohlfühlte, und deshalb fiel mir dieser Prozess vielleicht etwas leichter als anderen. (Schließlich hatte ich eine irisch-indianische Mutter, die leicht wütend wurde, ohne dass es hinterher ein Nachspiel gab. Ich lernte, dass diese Art von Ärger viel weniger zerstörerisch war als die schwelende, unausgesprochene Variante.)

Wut war für mich so etwas wie ein himmlischer Einlauf. Es ging nicht um andere. Es ging um mich.

Ich verlor meinen Mann nicht. Ich verlor meine Kinder nicht. Ich verlor meine Freunde nicht. Ich verlor einige meiner beruflichen Kontakte. NTL bat mich nie mehr, zurückzukommen und einen Workshop abzuhalten. Das war schmerzhaft – und – es war es wert. Ich habe viel Mitgefühl für die vielen Frauen, die ich kenne, die wie ich geballte Wut mit sich herumtragen. Dadurch, dass ich meinen Wutprozess ehrte, konnte ich tatsächlich jedem auf eine viel authentischere Weise liebevoll und einfühlsam begegnen, obgleich jene Wutphase für mich und die Meinen keine einfache Zeit war. Sie befreite mich tatsächlich von einem Großteil dessen, was meiner Meinung nach Wut auf die Kultur ist, und seitdem bin ich innerlich viel ruhiger. Es leuchtet mir ein, dass jede Person ihren eigenen Weg finden muss, und das, was ich machte, funktionierte für mich.

Ich habe gelernt, dass wir einige der Schichten der kulturellen Konditionierung abstreifen müssen, die sich wie eine Haut anfühlen können, wenn wir unsere wahre Menschlichkeit und unser spirituelles Selbst erfahren wollen. Ich verstehe also, warum wir Feministinnen der zweiten Phase als wütend galten. Nicht verstehen kann ich jedoch, wie man es auf irgendeine Art, in irgendeiner Form und Weise für legitim halten kann, die, die wir waren, und was wir damit leisteten, zu verunglimpfen. Für mich war diese Zurückweisung eine Taktik des herrschenden Systems.

Das Beste an dieser zweiten Phase war für mich das Zusammenkommen von Frauen – aller Arten von Frauen – alt, jung, hetero, bisexuell oder lesbisch – aller Hautfarben – aller sozialen Schichten – alle. Und dank meiner Arbeit hatte ich das Privileg, auf der ganzen Welt Frauen aus vielen Kulturen zu treffen, was meine Perspektive definitiv erweiterte und mir half, nicht so „provinziell" zu sein.

Aufgrund der Anfragen von Menschen, die bei mir ein Training machen wollten, bewarben wir uns erfolgreich um Geldmittel vom Fonds für die Entwicklung von Weiterbildung, um einen stärker auf Frauen zentrierten Therapieansatz zu entwickeln. Obwohl ich immer mit Einzelpersonen und Gruppen von Individuen arbeitete, war ich total fasziniert von den immer größeren Bildern und der Form, den Prozessen und den Strukturen von Systemen, Kulturen, Nationen/Staaten und der Menschheit insgesamt. Mein Denken und meine Forschungen gingen deshalb immer vom Individuum aus hin zu Familie (Virginia Satir half mir dabei), zu Gemeinschaft/Nachbarschaft, zu den Institutionen, zu Kultur, zu Nationalität, bis hin zur Ebene des Planeten und des gesamten Kosmos des Sichtbaren und Unsichtbaren – und umgekehrt. Deshalb muss selbst das kleinste Teil, das Individuum, seinen Kontext sehen und in seinem Kontext gesehen werden – und umgekehrt. Keine von uns kann oder sollte darüber hinwegsehen, dass wir im Kontext leben. Unsere westliche reduktionistische Wissenschaft war uns bei diesem Aspekt unserer Realität nicht sehr hilfreich. Mein erstes Buch *Weibliche Wirklichkeit* – das Entstehen eines weiblichen Systems in einer weißen männlichen Gesellschaft – entstand in dieser Zeit und wurde ein Bestseller.

Als wir deshalb mit den Planungen für das Fraueninstitut für Alternative Psychotherapie begannen, behielt ich all diese Zusammenhänge im Kopf. Jede/r konnte Mitglied werden – selbst Männer, wenn sie es wollten. Die Planung der Funktionsweise des Instituts sollte in den Händen von Frauen liegen, sie sollte inklusiv sein und wir würden versuchen, einander in einem neuen Paradigma zu unterstützen.

Therapeutinnen, Klientinnen, potenzielle Klientinnen, Feministinnen, Frauen verschiedenster Fachrichtungen, Heteros, Lesben, interessierte Männer wurden alle eingeladen, an der Planung des neuen Institutes mitzuwirken. Während des gesamten Prozesses der Ausarbeitung des Lehrplans, auf dem Weg zur Akkreditierung bis hin zu dem Punkt, an dem wir bereit waren, Bewerberinnen aufzunehmen, waren unsere heftigsten Kritiker und Angreifer – Frauen. (War dies der Beginn der dritten Phase?)

Die Psychologinnen dachten, nur zugelassene Psychotherapeutinnen und Diplompsychologinnen, jedoch gewiss keine zukünftigen Klientinnen, sollten den Lehrplan konzipieren und alles kontrollieren. Sie schienen wütend zu sein, dass nicht sie das Sagen hatten und fanden es lächerlich, dass potenzielle Nutzerinnen der Dienstleistung in die Planung einbezogen wurden.

Eine bekannte Feministin, die wir gern im Vorstand gehabt hätten, weil wir dachten, das sei politisch vorteilhaft, entschied sich, als Direktorin die Führung zu übernehmen. Da ich in ihren Augen ein „Niemand" war (nach meiner Erfahrung sehen viele Leute von der US-amerikanischen Ostküste jeden, der aus Gebieten westlich des Potomacflusses kommt, als einen „Niemand" an), unternahm sie den Versuch, mich meines Postens zu entheben und unser Institut als Basis zum Aufbau ihrer „Frauenarmee" zu benutzen. Sie scheiterte damit.

Die sogenannten marxistischen Feministinnen attackierten uns mit dem Vorwurf, elitär, weiß und bourgeois zu sein und nicht interessiert an der Sache der Arbeiterinnen (das genaue Gegenteil dessen, warum uns die „Professionellen" angriffen!).

Die uralte Taktik, die Karl Rove mittlerweile für die Republikanische Partei übernommen hat, dem anderen das vorzuwerfen, was der Kritiker selbst tut, wurde mit voller Macht praktiziert, ebenso wie die Taktik, die andere Person als so „giftig" hinzustellen, dass niemand etwas mit ihr zu tun haben will.

Außerdem fanden wir später heraus, dass zumindest zwei der Frauen, die bei uns aufkreuzten und „sich einbringen wollten" (wir waren so offen und naiv, dass wir „Natürlich gern!" sagten) und die später alles taten, um unser Fraueninstitut zu schließen, Kontakte zu dem FBI oder der CIA hatten, und an der Beseitigung von mindestens zwei weiteren feministischen Projekten beteiligt waren (der Rotstrumpf-Attacke auf Gloria Steinem und der Auflösung des feministischen Therapieprojekts des Goddard College). Alle bei uns Beteiligten waren so arglos und so sehr damit beschäftigt, sich aktiv für den Feminismus einzusetzen, dass wir nichts bemerkten und erst Jahre später, nach der Abwicklung des WIAP (Fraueninstitut für Alternative Psychotherapie), einige dieser Fakten entdeckten.

Das alles waren ziemlich schmerzhafte Erfahrungen und als wir mit unseren finanziellen Förderern darüber sprachen, erhielten wir zur Antwort: „Einige dieser Frauen haben uns kontaktiert und scheinen ziemlich verrückt zu sein. Wir mögen und respektieren, was ihr tut, und wir befürchten, dass sie sich an die Regierung wenden und weitere unserer Projekte gefährden." Wir sahen das ein und zogen unser Gesuch um weitere finanzielle Unterstützung freiwillig zurück. Unsere Antwort auf diese Vorgänge: „Wir dachten nicht, dass das, was wir taten, so wichtig war!"

Keine von uns war wirklich politisch erfahren, und wir hatten wenig oder keine Erfahrung mit der Welt der Politik.

Wir interessierten uns einfach für Heilung – der Heilung von uns selbst und anderen, dem Begünstigen einer heilsameren Lebensweise und wollten zum Entstehen eines Systems beitragen, das, so schien es uns, uralt ist und gleichzeitig das Wissen umfasst, das Frauen tief in ihrem Inneren besitzen.

Wir zogen uns fürs Erste zurück. Wir hörten nie auf, Feministinnen zu sein.

Ich bin also als feministische Therapeutin zum Feminismus gekommen, wobei ich mich für meine eigene Heilung und die Heilung anderer engagierte. Ich war eine der Urheberinnen des Konzepts der feministischen Therapie und erkannte erst später, dass das ganze Konzept und der Therapieansatz etwas sehr Beängstigendes hatten. Die Schriften der Frauen jener Epoche waren wie ein warmes Bad für mich und für eine Weile las ich nur Frauenschriften, als Gegenmittel dazu, dass mein Kopf mit männlich orientierten Ideen und Theorien vollgestopft war. Ich lernte, dass kein anderer wirklich wissen kann, was wir brauchen oder was wirklich in unserem Inneren vor sich geht, weil es nicht „rational oder logisch" ist. Interpretationen sind bedeutungslos, meistens untauglich und oft destruktiv.

Für mich war die zweite feministische Phase aufregend, berauschend, schmerzhaft, wichtig und das Wachstum fördernd. Ich begann beim Individuum und ging von da aus zum größtmöglichen Bild, zu den die größeren Zusammenhängen. Ich schrieb mein erstes Buch darüber und beschrieb darin:

1. Ein Weißes Männliches System (WMS): Das vorherrschende patriarchale, wissenschaftliche, religiöse Paradigma für die westliche Kultur, bei dem für alle, die sich in jenem System befinden, das Selbst und die Arbeit im Mittelpunkt des Universums stehen. Alles andere muss sich um das Selbst und die Arbeit drehen und wird durch das selbstzentrierte Selbst und die Arbeit defi-

niert. Das heißt, dass alles andere im Leben vom selbstzentrierten Selbst und der Arbeit, die man tut, definiert und umschrieben wird.

2. Ein Reaktives Weibliches System (RWS), das mit dem WMS verbunden ist und aus dem heraus Frauen handeln, um innerhalb des WMS zu überleben und darin sicher zu sein. Es wird vom WMS definiert und bietet einen Weg, wie man für das System akzeptabel sein kann. Das RWS ist kein reales, funktionelles System, es ist ein „konzeptionelles" und für das Überleben entwickeltes System und entspricht hauptsächlich der abstrakten männlichen Vorstellung darüber, wie Frauen sein sollten, um die Männer und ihr selbstzentriertes Selbst und ihre Arbeit zu unterstützen. In diesem künstlichen System versuchen Frauen, das Selbst der Männer und deren Arbeit in den Mittelpunkt ihres Lebens zu stellen, während sie die Absichten der Männer für sich selbst und ihre Absichten für die Frauen übernehmen. Dieses System ist nicht natürlich, es wurde erdacht und erlernt.

3. Dann beschrieb ich das, was ich als ein sich Entfaltendes Weibliches System (EWS) erkannte, ein System, in dem Frauen auf das uralte DNA-Wissen und ihr Wesen zurückgreifen und eine Lebensweise und Ganzheit entwickeln, die den indigenen Systemen viel näher stehen als alles andere, was wir auf dieser Welt haben. Für mich hat diese Analyse, die von den spezifischen Erfahrungen ausgeht und zum Ganzen kommt, immer noch ihre Gültigkeit. Und, ich bin weitergegangen.

Später interessierte ich mich für Süchte und Abhängigkeiten und erkannte, dass meine Ausbildung, was das Verständnis von Süchten anbetraf, große Lücken aufwies. Deshalb stürzte ich mich darauf, alles zu lernen, was ich darüber lernen konnte, wobei ich damals noch nicht erkannte, dass die Suchtthematik ein Teil des größeren Bildes für mich war.

Ich hielt eine Rede über Süchte und Abhängigkeiten vor etwa 1.000 Leuten im südlichen Minnesota, als ich mich sagen hörte: „Das, was ich früher als das Weiße Männliche System bezeichnete (da weiße Männer die Macht, den Einfluss und die Begrifflichkeiten jenes Systems entwickelt haben und in Händen halten), nenne ich jetzt das Suchtsystem, denn die Prozesse und Merkmale der beiden Systeme sind die gleichen. Was wir im Suchtsystem als „Charakterfehler" bezeichnen (die Illusion von Kontrolle, Selbstzentriertheit, Unehrlichkeit etc.), sind genau die Eigenschaften, die ich als Merkmale des Weißen Männlichen Systems (WMS) identifiziert habe.

Da war Stille, eine Pause, und dann stand die ganze Zuhörerschaft auf und applaudierte. Gemeinsam hatten wir neue Erkenntnisse gewonnen.

Mein „Feminismus" hatte sich in einen viel breiteren Kontext hinein entwickelt, der Männer und Frauen aller Arten und jeder Hautfarbe umfasste. Wir alle wurden davon beeinflusst – Männer und Frauen, Junge und Alte.

Von da aus war es nur ein kurzer Sprung zu der Erkenntnis, dass das, was ich das Reaktive Weibliche System (RWS) genannt hatte, in Bezug auf das Weiße Männliche System genau übereinstimmt mit der Rolle eines Al-Anons/Co-Abhängigen, der den Alkoholiker/Süchtigen unterstützt und erhält.

Daraus folgt, dass das sich Entfaltende Weibliche System, in dem Beziehungen – alle Beziehungen – im Mittelpunkt des Universums stehen, ein vollkommen anderes Paradigma und ein System der Ganzheit ist und in keinem Zusammenhang zum WMS/RWS-Dualismus steht. Im Zentrum des EWS-Systems stehen alle Beziehungen – einschließlich der <u>Beziehung</u> zu sich selbst, zu der eigenen Arbeit und allem anderen im Leben. UND, dieses System wird dadurch definiert, dass alles im Prozess ist.

Später habe ich das Weiße Männliche System in das „Technologische, Mechanistische, Materialistische System" (TMMS) umbenannt, das durch die gegenwärtigen Partnerschaften zwischen der Wissenschaft und Religion gebildet und das von weißen westlichen Männern geschaffen, entwickelt und erhalten wird – mit der Hilfe von uns allen als Co-Abhängige (RWS).

Während also das entstand, was einige die dritte Phase des Feminismus nennen – so war meine Erfahrung –, konzentrierte ich meine Aufmerksamkeit darauf, die Prozesse von Sucht und Co-Abhängigkeit zu verstehen und über das Spezifische hinaus auf das Systemische und Globale zu blicken. Diese Themen sind global und der ganze Planet, selbst indigene Kulturen, werden vom TMM-System infiziert und beherrscht.

Was manche Leute als dritte Phase des Feminismus bezeichnen, würde ich aus meiner Erfahrung heraus einen reaktiven Feminismus nennen. In meinen Augen war diese Phase für einige Menschen eine verständliche Reaktion auf den

Feminismus ihrer Mütter. Für mich war es Ärger – oder vielleicht sogar mehr, da es so indirekt war – auf die zweite feministische Phase, wobei sich ein Großteil des Ärgers gegen die „Mütter" der Frauenthemen richtete.

Und, was am wichtigsten war: In meinen Augen und nach meiner Erfahrung ging es – wie einige Feministinnen der dritten Phase analysieren und berichten – um <u>Macht</u>.

Nun habe ich selbst kein Problem mit Macht oder mit starken Frauen. Ich wurde als starke Frau erzogen und bin selbst eine.

Und meine Erfahrung mit der dritten Phase des Feminismus war, dass Frauen nach einer Macht strebten, wie Männer sie definieren und auffassen. Ich sah, dass diese Generation von Frauen versuchte, wie Männer zu sein. Sie wollten die Institutionen und die Kultur nicht verändern. Sie wollten dieselbe Macht wie Männer. Es war wie bei meiner Erfahrung mit dem Schwarzen, den ich als junge Feministin gefragt hatte: „Wir haben dieselben Probleme. Warum bündeln wir nicht unsere Kräfte?" Er wich zurück und blaffte: „Machst du Witze? Ich will nicht da unten bei euch sein. Ich will bei <u>denen</u> da oben sein!"

Die dritte Phase des Feminismus schien in meinen Augen sexuelle Macht und Freiheit in einer Form zu fordern, wie sie von der männlichen Kultur, in die wir eingebettet sind, definiert wird. Und gleichzeitig wollten jene Frauen ihr eigenes sexualisiertes Sexobjekt nach Definition der Männer sein und ihre Sexualität ausbeuten.

Sie schienen sich nach Lust und Laune kleiden und mit ihrer Kleidung schockieren zu wollen, wobei sie meiner Meinung nach nicht erkannten, dass diese „Kleiderfreiheit" der männlichen Vorstellung von Sexualität direkt in die Hände spielt. Aus meiner Sicht wollten sie beweisen, dass sie in allem, was Männer tun, mindestens ebenso gut waren, ohne Rücksicht darauf, wie dies ihr inneres Wesen beeinflusst. Und sie sind meiner Ansicht nach ärgerlich. Warum sollten sie es auch nicht sein? Wie die Männer hatten sie sich das Recht erkämpft, übermäßig zu arbeiten und sich mit Essen, Alkohol, Drogen, Stress, immenser Selbstzentriertheit und Sinnverlust in ihrem Leben umzubringen. Wir haben es geschafft, Mädels, wir haben bewiesen, dass wir ebenso wie die Männer in unserer Kultur ohne Bodenhaftung leben können. Puh! Das war doch nicht zu schwer, oder?

Was nun?

Auf die Gefahr hin, den Tod des Feminismus beklagen zu müssen, machte ich an diesem Punkt in meinem Leben mit meiner Arbeit weiter, wartete ab und beobachte – weil für mich der Feminismus ein sehr umfassender, sehr langwieriger Prozess ist, so wie der Prozess der Menschheit auch. Rückblickend erkannte ich, dass wir einige seiner Aspekte erkennen können, ihn in seiner Gesamtheit jedoch nie sehen werden, da Feminismus selbst ein Prozess und immer im Prozess des Werdens begriffen ist.

Diese kulturellen Wandlungsprozesse werden uns auf viele Umwege führen – manche kurz, manche lang –, wenn wir uns dahin entwickeln, die zu werden, die wir sein könnten. Wobei wir nie vergessen dürfen, dass alle diese Umwege zu unserer Heilung, unserem Wachstum und unserer Bewusstheit als Individuen, als Frauen und als Menschen beitragen –, wenn wir es zulassen.

Natürlich war der Feminismus in meinen Augen nicht tot, wie einige es meinten. Alles, was etwas taugt und von Wert ist, wird auf Umwege führen und kann Umwege zulassen. Der Feminismus ist an den Umwegen nicht gestorben. Es ist zu hoffen, dass er aus ihnen lernt und klüger wird.

Aus einer größeren Perspektive heraus werden wir vielleicht die Umwege, ihre Komponenten und den Prozess dieser Umwege frühzeitiger erkennen und brauchen nicht so viel Zeit auf sie zu verwenden. Wir werden sehen.

Das eigentliche Thema sind jedoch nicht die Umwege, sondern dass wir aus ihnen lernen. Wir menschlichen Wesen sind als Individuen und als Menschheit so konzipiert, dass wir Fehler machen, natürlich werden wir Fehler machen, wir sind schließlich Menschen. (Ich weiß, dies könnte ein Schock für einige Männer sein und für Frauen, die zu einer anderen Auffassung gekommen sind!) Und: Es ist unsere Aufgabe, Fehler zu entdecken, uns mit unserem inneren Wissen oder unserem Schöpfer wieder zu verbinden und aus Fehlern zu lernen (was ganz reizvoll und amüsant sein kann). Wenn wir das getan haben, können wir wieder loslegen.

Während der dritten Phase des Feminismus war ich zeitweise verzweifelt und fürchtete, der Feminismus sei tatsächlich tot und alles sei vergeblich gewesen. Wir Feministinnen der zweiten Phase hatten für Frauen Türen geöffnet und jene, die sie durchschritten, sahen nicht so aus, wie wir es uns vorgestellt hatten. Was für ein Schock! Und der war wohl notwendig. Es schien, als seien wir im Begriff, die Weisheit unserer Großmütter und das Bewusstsein um den grundlegenden Wert unserer Einzigartigkeit als Frauen und das, was wir einbringen können, zu verlieren. Wir schienen uns darauf zu konzentrieren, uns dem herrschenden System anzupassen und Macht zu erlangen, anstatt Botschafterinnen des Wandels für ein neues Lebensparadigma auf dieser Erde zu sein. Wir hatten die Bedeutung der heimtückischen Natur des Patriarchats im weiteren Sinne aus den Augen verloren. Wir befanden uns in den Fängen der „Ich"-Generation.

Dann erinnerte ich mich an etwas, was ich damals, als ich den Suchtprozess zu verstehen begann, gelernt hatte und was für Heilung notwendig ist: Wiedergutmachung zu leisten.

Ich schrieb einen Artikel mit dem Titel: *„It's Time for Feminists to Make Amends"* (dt.: *Es ist Zeit, dass Feministinnen Wiedergutmachung leisten*). Die Kernaussage war, dass wir beim Durcharbeiten unseres Schmerzes und unserer Wut manchmal jene übergangen oder geschädigt hatten, die uns am meisten liebten und uns auf irgendeine Weise unterstützten (andere Frauen, die Männer in unserem Leben, unsere Kinder und selbst Institutionen, die auf ihre vielleicht unbeholfene Art versucht hatten, uns zu helfen und uns nicht unterdrückten oder kleinmachten).

Wir mussten uns – als Bewegung – eingestehen, was wir jenen angetan hatten, denen wir wissentlich oder unwissentlich Schaden zugefügt hatten. Wir mussten eine innere Inventur von uns selbst als Individuen und als Bewegung machen, um zu erkennen und zu verstehen, wo wir Schaden angerichtet und Fehler gemacht hatten, sodass wir Wiedergutmachung leisten, weiter vorankommen und alle heilen und wachsen konnten. Dies nicht zu tun, wäre der Beweis dafür, dass wir das WMS vollständig internalisiert hatten. Ich glaube, dieses Buch ist Teil dieses Prozesses. Nicht perfekt zu sein hat den Vorteil, uns zu helfen, aus unseren Fehlern zu lernen, und hoffentlich gibt es viele Fehler, damit wir durch sie wachsen können.

Wir müssen uns anschauen, wie gemein wir gegenüber anderen Frauen waren, die nicht „unserer Art" von Feminismus anhingen. Wir müssen uns den Egoismus in unserer Selbstgerechtigkeit ansehen. Wir müssen zu unserem Ärger gegenüber jenen stehen, die mit unserer Sichtweise nicht übereinstimmten, während wir ihre Sichtweise auch nicht gelten ließen, und gleichzeitig erkennen, dass im Grunde kein Mensch einen anderen bestätigen kann. So ist es eben. Annehmen – ja. Bestätigen – nein.

43

Im Prozess der Wiedergutmachung begann ich mich wieder hoffnungsvoll zu fühlen.

Dann machte ich eine sehr interessante Erfahrung. Ich kam in Verbindung mit einer Gruppe normaler junger Frauen aus Hawaii, die ihren Feminismus durch Schreiben und Theaterspielen erforschten. Sie hörten sich sehr wie die Feministinnen der zweiten Phase an, doch waren sie mit mehr Sachwissen und mehr geschichtlicher Erfahrung ausgestattet. Sie hatten die gleichen Themen: ungleiche Bezahlung, das Recht der Frau über ihren Körper und ihre Fortpflanzung, die Weigerung, sich von unterdrückenden Institutionen unterdrücken zu lassen und so weiter und so fort.

Der Feminismus lebte und blühte, in neuem Gewand.

Später fiel mir in London ein Buch in die Hände mit dem Titel: *Reclaiming the F Word: The New Feminist Movement* (dt.: *Das F-Wort zurückfordern: die neue feministische Bewegung*), aus dem Jahre 2010. Die Frauen in diesem Buch hörten sich nicht wie die Feministinnen der dritten Phase an. Sie hörten sich an wie die jungen Frauen auf Hawaii. Ah! Wie aufregend.

Im Vorwort bringen sie zweierlei zum Ausdruck: 1. Sie hatten zusammengefunden durch ein gemeinsames Interesse an der Einstellung junger Frauen zum Feminismus und 2. waren sie der leidenschaftlichen Überzeugung, dass Feminismus heute so wichtig ist wie eh und je und dass in den letzten paar Jahren eine dynamische feministische Bewegung in Gang gekommen ist, die exponentiell zu wachsen scheint.

Und weiter schreiben sie:

„Doch gleichzeitig sind wir verdutzt und enttäuscht darüber, wie der Feminismus dargestellt wird. Es ist, als lebten wir in einer Parallelwelt. Ein Artikel nach dem anderen verkündet den Tod des Feminismus und erklärt, dass insbesondere junge Menschen an dieser einmal so vitalen Bewegung nicht interessiert seien. Wir lesen Artikel, in denen der fehlende Aktivismus der Frauen beklagt wird. Wir erleben Podiumsdiskussionen zu Themen wie ‚Ist der Feminismus tot?' oder ‚Brauchen wir einen neuen Feminismus?'. Feministische Akademikerinnen scheinen die Beteiligung junger Menschen am Feminismus zu übersehen. Wir erhalten E-Mails, in denen uns vorgeworfen wird (sehr amüsant!): ‚Alles, was ihr Feministinnen macht, ist herumzusitzen und eine Show abzuziehen und euch darüber zu ereifern, dass Lebkuchenmänner heutzutage Lebkuchenleute genannt werden sollten ..."'

„Wir wollen zeigen, dass Feminismus befreiend ist, vielfältig, herausfordernd, aufregend, wichtig und inklusiv, und wir hoffen, zu weiterem Engagement zu inspirieren."

Während ich damit beschäftigt gewesen war, meinen Fokus auf Heilung zu erweitern, war der Feminismus in einer neuen Generation lebendig, gesund und am Wachsen! Warum hatten mich die Medien nicht über diese Realität auf dem Laufenden gehalten?! Ich weiß natürlich, warum.

Toll! Klasse! Wie wunderbar – das ist meine Erfahrung. Der Feminismus ist nicht tot, die Jungen wissen das. Es ist einfach nur so, dass einige Frauen mittleren Alters ihren Weg vergessen haben oder – wie zumindest viele von uns – davon abgekommen sind. Nur weil die Medien nicht darüber berichten, heißt das nicht, dass es uns nicht mehr in voller Kraft gibt.

Gehören diese Frauen zur dritten Phase, zur Postmoderne, zur vierten Phase? Wer schert sich darum? Sie sind die Jüngsten im Prozess der feministischen Bewegung, die es schon so lange gibt wie Frauen auf diesem Planeten – <u>eine Bewegung der Frauen!</u> – unsere BEWEGUNG!

Doch so ist das bei Prozessen – sie kommen in Wellen und bauen in Bewusstheit, Einsicht, Weisheit und Macht aufeinander auf.

„Bewegungen" sind vielleicht anders.

Ich habe entdeckt, dass wir uns allzu oft einer „Sache" verschreiben, ohne unsere persönliche innere Arbeit, unser Weiten und Wachsen zu tun oder fortzuführen, was uns deshalb weniger effektiv macht. Unser persönliches Wachstum und unser spirituelles Wachstum müssen schon vor der Geburt beginnen und gehen über unseren Tod hinaus – das ist eines der Geschenke des Menschseins. Niemand anderes kann dafür sorgen, dass dieses Bedürfnis zu wachsen unser ganzes Leben hindurch erfüllt wird. Es liegt an uns, dafür zu sorgen, und wir müssen so viel wie möglich lernen. Alles, was wir lernen können.

Hat also diese achtzigjährige Feministin, die während der zweiten Phase des Feminismus in ein neues feministisches Bewusstsein gestoßen wurde, irgendetwas gemein mit dieser vergangenen dritten Phase oder der postmodernen Phase von Feministinnen? Natürlich habe ich das. Wir brauchen einander.

Als sich auf Hawaii die Hawaiianer für die Unabhängigkeitsbewegung rüsteten, wiesen die Ältesten darauf hin, dass alle in den Prozess einbezogen werden mussten. *Akua* (der Schöpfer) – die Vorstellung aller von einer Macht größer als man selbst – sollte im Zentrum des Regierens stehen. Dann sollten die *kapuna* als die Ältesten, die sie sind, geehrt werden, da sie länger gelebt und – hoffentlich – an Weisheit gewonnen hatten und aufgrund ihrer Stellung im Lebenskreislauf näher bei *Akua* sind. Die Erwachsenen, *makua*, würden die physischen Arbeiten der Nation übernehmen und die *keiki* (Kinder) wären sozusagen die „Beine" und zuständig für das Laufen und Holen. Für einen Wandel mussten alle einbezogen werden. Ich sah diese Vorgehensweise in Aktion und war erstaunt, wie gut sie funktionierte.

Natürlich muss jede Person, jede Generation, ihren eigenen Weg finden, und jene, die sich weigern, von ihren Vorgängern zu lernen, sind unnötigerweise benachteiligt.

Es leuchtet ein: Wenn wir unser Wissen, unsere Erfahrung und unsere Informationen bündeln, werden wir alle stärker. Sonst trotten wir weiter im Kreis und in der gleichen Spur, so, als ob wir mit einem Fuß am Boden festgenagelt wären.

Jede neue Gruppe von Feministinnen wird mit ihren eigenen persönlichen Dämonen sowie mit den kulturellen und systemischen Dämonen ihrer Zeit und ihrer Kultur umgehen müssen – wobei eine breitere Sichtweise hilfreich sein kann.

Die vor uns liegende Aufgabe ist immens. Seit Jahrhunderten wurden wir alle von diesem Herrschaftssystem konditioniert und geschult. Wir müssen uns nicht nur damit befassen, <u>was</u> wir denken, wir müssen uns auch mit der tatsächlichen <u>Art und Weise</u> unseres Denkens auseinandersetzen und <u>wie</u> wir es uns vorstellen, dass es andere Wirklichkeiten zu entdecken gibt. Wir werden den uns antrainierten Glauben überwinden müssen, diese TMM-Kultur sei <u>die</u> alleinige Realität und im Laufe der Zeit erkennen müssen, dass es viele Wirklichkeiten gibt. Und je besser wir sie verstehen, umso besser sind die Chancen, einen Lebensprozess zu entwickeln, der <u>unserer</u> Realität entspricht und für die Menschheit kein so großer Umweg wie das WMS/TMM-System ist. Feministinnen meiner Generation sagen oft, der von ihnen geführte Kampf sei deshalb so schwierig, weil „der Vorposten des Feindes in unseren eigenen Köpfen sitzt". Das stimmt noch immer. Und es trifft weniger zu dank der Frauen, die uns vorangingen, und dank jener Frauen, die auf die Arbeit der Feministinnen der zweiten Phase aufgebaut und einige dieser „Vorposten" niedergerissen haben.

Um vorwärtszukommen, müssen wir bereit sein, einige der von uns am meisten geschätzten Vorstellungen loszulassen, und erkennen, dass sie Illusionen sind, die wir in unserem persönlichen und kulturellen Bewusstsein geschaffen haben. Wir werden unsere eigenen Denkweisen und Wahrnehmungen infrage stellen müssen und ob das, wie und was wir denken, real ist. Dabei sind es nur trügerische Konstrukte, die wir mit unserem Denken aufgebaut haben. Wir werden darauf vertrauen müssen, dass wir mit der Zeit lernen, aus diesen Konstrukten von „Realität", die uns beigebracht wurden, herauszukommen und der Realität unserer Wahrnehmungen, Erfahrungen und unseres inneren Wissens im jeweiligen Kontext zu vertrauen. Wir alle werden in diesem Prozess Unterstützung brauchen und können diese Unterstützung über die Generationen hinweg miteinander teilen.

Wir haben einen Punkt in der Geschichte erreicht, an dem es bei all unserer Unterschiedlichkeit gerade unsere Einzigartigkeit ist, die zur Rettung des Planeten benötigt wird – nicht unsere Fähigkeit, uns dem gegenwärtigen Herrschaftssystem anzupassen und etwas aufrechtzuerhalten, was sowieso nicht gut funktioniert.

Die heutigen Frauen/Feministinnen wissen, dass sie starke Frauen sind und viel beitragen können. Es ist Zeit zu erkennen, dass die wichtigsten Eigenschaften, die wir einzubringen haben, gerade die sind, die wir als Frauen und als Farbige und als Indigene haben, und dass wir eine andere Perspektive mitbringen. Farbenblindheit und Genderblindheit werden uns keine guten Dienste leisten.

Wir brauchen nicht länger dadurch abgelenkt zu werden, dass wir mit anderen Frauen, die unter uns sind, kämpfen, denn wir haben etwas viel Wichtigeres miteinander zu tun. Wir müssen unsere Welt transformieren und freundlich mit ihr umgehen, sodass wir auch untereinander freundlich sein können, und das können wir nur, wenn wir das TMM-System als das erkennen können, was es ist – eine Illusion.

Dies ist also eine aufregende Zeit in der Geschichte der Menschheit und aus meiner Sicht haben wir Feministinnen eine wichtige Rolle in der Zukunft der Menschheit und des Planeten zu spielen. Glücklicherweise gibt es genug Frauen, um diesen Wandel herbeizuführen!

„Im Laufe der Jahre habe ich immer wieder darauf hingewiesen, dass es einer feministischen Identität bedarf, um gesellschaftlichen Wandel und soziale Gerechtigkeit zu ereichen."

Erinn Michelle Treff

Bei dem, was wir tun müssen, geht es nicht nur um Frauen oder Frauenbelange. Es geht um alles und alle, und wir Frauen nehmen eine Schlüsselposition ein bei der Aufgabe, uns in ein neues Paradigma des Lebens für die Menschheit <u>und</u> den Planeten zu führen. Es geht um Ganzheit auf allen Ebenen.

Was ich jetzt mit achtzig Jahren sehe, ist ein Muster: Wir greifen immer wieder die gleichen Probleme als „neue" Themen oder als eine weitere Ebene der alten Themen auf und werden auf diese Weise abgelenkt von dem größeren systemischen (Menschheits-)Thema.

Seit Kurzem beobachte ich ein neues Interesse für Frauenbelange und an dem, was wir beitragen und beitragen müssen. Frauen stehen auf und sprechen für sich und für andere Frauen. Wir scheinen nicht mehr die „Ursünde als Frau geboren zu sein" anzunehmen und fühlen uns besser mit uns selbst und miteinander. Es scheint eine größere Zustimmung und Akzeptanz dafür zu geben, dass wir Frauen stark, toll und kraftvoll sind und etwas einzubringen haben.

Und, ich habe einen neuen „Stopper" entdeckt, der sich einschleicht (Stopper erörtere ich im Detail später im Buch). Von vielen Frauen höre ich ein Mantra, das in etwas lautet: „Wir wollen nicht als Frauen gesehen werden. Wir wollen, dass die anderen ‚gender-blind' sind und uns einfach als Personen sehen, die die Aufgabe erfüllen können Wir wollen als Menschen mit Kompetenzen gesehen werden – nicht als Frauen."

Hoppla!

Ich erinnere mich, dass sich Afro-Amerikaner über Ähnliches empörten: „Wir möchten, dass die Leute farbenblind sind und uns als die sehen, die wir sind, und was wir anzubieten haben – und nicht als schwarze Männer und Frauen."

Was für ein raffinierter Stopper! Und wir können sehen, wie gut dies für die Afro-Amerikaner funktionierte!

Im Grunde drückt dieser Satz folgendes aus: „Sieh in mir nicht die, die anders ist als du. Akzeptiere mich als die, die so sein kann wie du." SEHR TRICKREICH.

Wir haben einen Punkt in der Geschichte erreicht, an dem es bei all unserer Unterschiedlichkeit gerade unsere Einzigartigkeit ist, die zur Rettung des Planeten benötigt wird – nicht unsere Fähigkeit, uns dem gegenwärtigen Herrschaftssystem anzupassen und etwas aufrechtzuerhalten, was sowieso nicht gut funktioniert.

Die heutigen Frauen/Feministinnen wissen, dass sie starke Frauen sind und viel beitragen können. Es ist Zeit zu erkennen, dass die wichtigsten Eigenschaften, die wir einzubringen haben, gerade die sind, die wir als Frauen und Farbige und Indigene haben, und dass wir eine andere Perspektive mitbringen. Farbenblindheit und Genderblindheit werden uns keine guten Dienste leisten.

Also, packen wir's an. Einverstanden?

KAPITEL III

Die größere Perspektive

H ier sind wir nun. Wir haben uns von der Perspektive des Maulwurfs hin zur Perspektive des Adlers bewegt, von den individuellen hin zu den gesellschaftlichen Themen, und jetzt ist es notwendig, dass der Adler höher steigt. Ich habe einige der Konzepte, die in diesem Kapitel untersucht werden, bereits zuvor gestreift. Jetzt möchte ich etwas tiefer graben und einige weitere Auswirkungen erkunden, die nützlich sein könnten.

Die Symptome, die wir erforschen müssen, um ein umfassenderes Bild zu erhalten, damit wir weitergehen können und eine vollständigere Perspektive dessen erhalten, womit wir es hier zu tun haben, basieren auf bestimmten Fundamenten.

1. Hintergründe

Wie ich schon erwähnt habe, sprach ich in dem Buch *Weibliche Wirklichkeit* über drei Systeme, die ich in meiner Arbeit schon früh benannt hatte. *Weibliche Wirklichkeit* war mein erstes Buch, und ich hatte gerade erst begonnen, diese Phänomene zu benennen. In jenem Buch erzähle ich von einigen meiner frühen Erfahrungen, die ich bei der Arbeit mit Frauen gemacht hatte. Wie gesagt, ich hatte beschlossen, mich an diesem Punkt meiner Laufbahn auf die Arbeit mit Frauen zu spezialisieren, da ich bei meinen Forschungen entdeckt hatte, dass in der Psychologie die meisten Theorien auf Studien <u>von</u> Männern <u>über</u> Männer und <u>für</u> Männer basierten. Wenn es Studien über Frauen gab, dann stammten sie meistens von Männern und wurden von Männern interpretiert (und ich meine hier <u>interpretiert</u>): aus ihrer Perspektive und mit ihren Vorurteilen, welche sich, wie wir gesehen haben, oft sehr von dem, was Frauen sehen, unterscheiden, und die auf Frauen oft nicht zutrafen. Zusätzlich zu meiner Krankenhausarbeit mit Frauen und Heranwachsenden beschloss ich deshalb, eine Zeitlang ausschließlich mit Frauen zu arbeiten und Frauenseminare in den ganzen USA anzubieten. (Dies wurde später ausgedehnt auf Seminare mit Frauen auf der ganzen Welt, dann auch auf Seminare mit Männern. Ich konnte erkennen, dass auch sie von diesem System geschädigt worden waren.) Dann folgten Seminare in der Heilungsarbeit, die ich anbiete, der Leben-im-Prozess-Arbeit, und danach Seminare und Workshops für Männer und Frauen weltweit. Ich hatte Anfang der 1980er Jahre das Gebiet der Psychologie verlassen, als ich erkannte, dass diese letztlich nicht auf einer Wissenschaft und Weltsicht basierte, die heilend sein könnte. Mit all dieser

Arbeit versuchte ich, mich selbst, meine Welt und das, was in Wirklichkeit mit uns allen – Frauen und später Männern – geschah, zu verstehen.

Ich habe mich immer als Forscherin gesehen – nicht im Labor mit weißem Kittel, sondern als eine partizipatorische Forscherin, die sich ständig auch mit ihrer eigenen Arbeit befasste. Meine eigene Arbeit zu tun hilft mir, die Vorurteile in meinen Wahrnehmungen zu begrenzen und so viele Informationen wie möglich darüber, was ich sehe, höre und erfahre, zusammenzutragen. Bei diesem Prozess sammle ich Daten, die ich dann für weitere Forschungszwecke aufbewahre. Da ich als Cherokee-Kind aufgezogen wurde, bin ich unheilbar neugierig auf fast alles. Das ist Cherokee-Art. Eine Cherokee-Frau als nationale Ministerin für Bildung und Erziehung wäre, wie bereits erwähnt, bei der Gründung der USA eine hervorragende Idee gewesen. Da war viel Arroganz im Spiel, leider. Und deshalb gibt es für uns viel zu tun.

Als ich Frauen überall auf der Welt beobachtete, ihnen zuhörte und mit ihnen zusammensaß, wurde ich dazu motiviert und darin unterstützt, meine eigene Arbeit als Person und als Frau zu tun. Ich war keine Fachfrau, die alle Antworten parat gehabt hätte. Ich war Leiterin und Teilnehmerin an einem Prozess, der unser aller Heilen, Wachsen und Lernen umfasste.

Auf der Grundlage meiner Arbeit, die auf Frauen fokussiert war, entstand das Buch *Weibliche Wirklichkeit*.

Ich beschrieb darin die Wahrnehmungen, die beim Zuhören in mir aufzusteigen begannen.

Wir fanden uns gefangen in einer Gesellschaft, die wir nicht geschaffen hatten und nicht besonders mochten, und doch waren wir aus vielerlei Gründen komplizenhaft daran beteiligt, diese Gesellschaft zu gestalten: aus Angst; weil wir keinen Zugang zur Macht hatten; um zu überleben (so sahen wir es); aus Bequemlichkeit; oder aus der Überzeugung, weder die Kultur noch überhaupt irgendetwas beeinflussen zu können. In diesem System lagen die Macht und der Einfluss in der Hand weißer Männer, und weiße Männer definierten nicht nur, wer wir waren, sie definierten auch, was jede/r und jedes war. Einer der zerstörerischsten Mythen jenes Systems bestand allem Anschein nach in der Überzeugung, die Machtmenschen in jenem System (die Männer) und das von ihnen geschaffene System wüssten und verstünden alles. Wussten oder verstanden sie etwas nicht, so existierte es einfach nicht – per Definition.

Ich kann mir vorstellen, dass junge Frauen von heute sich schwer damit tun, dies in der gegenwärtigen Zeit zu glauben, und doch war es so. Alles, was jenes System nicht kannte und verstand, existierte einfach nicht. (Dieses Phänomen ist heutzutage subtiler und gemeiner, und diese Überzeugungen gibt es immer noch bei vielen männlichen Anführern.) Stimmten wir diesem Glaubenssystem nicht zu und versuchten wir, Einfluss in ihm zu gewinnen, existierten wir nicht. So einfach war das. Wir wurden einfach wegdefiniert. Unser Wissen, unsere Weisheit und unsere Wahrnehmungen <u>existierten einfach nicht</u>.

Vielleicht glauben Sie, wir frühen Feministinnen der zweiten Phase seien unverfroren, wütend und laut gewesen. Natürlich waren wir das. Menschen, die nicht existieren, werden, wenn sie sprechen, nicht gehört – weil das Gesagte nicht existiert, wenn es nicht ins System passt.

Wie bereits gesagt: Um mit den Mythen des WMS (Weißen Männlichen Systems) zurechtzukommen, haben Frauen und Männer ein System entwickelt, das ich das Reaktive Weibliche System (RWS) nenne. Um überhaupt ein wenig an der Macht zu partizipieren, erklärten sich Frauen bereit, das WMS in keinerlei Weise infrage zu stellen. Es gab strenge Verhaltensregeln und Morallehren, die wir befolgen sollten. (Cherokee-Frauen glaubten natürlich nicht an solche Dinge, und doch versuchten sie, sogar noch stärker als weiße Frauen, keine Aufmerksamkeit auf sich zu lenken.) Eine Zeit lang suchten also Frauen ihre Sicherheit darin, sich bedeckt zu halten (wortwörtlich) und die Brosamen unterm Tisch aufzupicken.

In den 1960er Jahren riskierten wir Kopf und Kragen beim Kampf um die Bürgerrechte. Anschließend hätten wir niemals mehr dahinter zurücktreten können und es begann sich das zu entwickeln, was ich das sich Entfaltende Weibliche System (EWS) nannte. Zuvor hatten wir nicht einmal einen Namen dafür und erkannten es nicht als ein System. Wie bei vielen der großen Bewegungen der Menschheit begann sich bei unseren Versuchen zu wachsen, zu heilen, zu reifen und uns als Spezies zu entwickeln (es war keineswegs ein gerader Weg, es gab viele Umwege, Rückzüge, Stillstände), etwas Neuartiges herauszubilden. Wir sahen ein System Form annehmen, das in meinen Augen auch heute noch in den frühen Phasen der Entwicklung steckt. Damals nannte ich dieses neu entstehende System das sich Entfaltende Weibliche System (EWS). Es war anders als das Patriarchat (WMS) und das Reaktive Weibliche System (RWS). Es war zart und tastete sich vorsichtig voran, und gleichzeitig, das spürte ich, war es uralt und hatte die Unterstützung von all unseren Ahninnen.

Wie gesagt, liegt beim WMS das Zentrum des Universums beim Selbst und in der Arbeit. Alles andere, das existiert, muss auf das Selbst und die Arbeit bezogen und darüber definiert werden. Eine Zeit lang, unmittelbar nach dem, was die zweite Phase des Feminismus genannt wird, hatte ich die Befürchtung, wir hätten den gleichen selbstzentrierten Fokus wie die Männer angenommen und uns und unsere Arbeit allem anderen überstellt. Ich verlor an diesem Punkt meinen Glauben an uns und unsere Weisheit, und vielleicht haben wir uns tatsächlich für eine Weile verirrt bei dem Versuch, mit den Männern in einer Männerwelt zu konkurrieren oder männlicher zu sein als die Männer selbst: Wir agierten uns sexuell aus, wurden zu „Nehmerinnen", vereinnahmten in unserer Selbstzentriertheit alles, was wir kriegen konnten, und stellten unter Beweis, dass wir ebenso gewalttätig sein konnten wie Männer. Und diese Phase haben wir offensichtlich hinter uns gelassen.

Im sich Entfaltenden Weiblichen System stehen das Selbst und die Arbeit nicht im Mittelpunkt der Welt. Im Zentrum des Universums stehen Beziehungen. In diesem Universum schließen Beziehungen alles ein, und alles sind Prozesse – sich bewegende, verändernde, pulsierende Prozesse. Beziehungen sind nie statisch. Auch unsere Welt nicht. Auch wir nicht. Dieser Mittelpunkt umfasst eine Beziehung zu uns selbst, die ebenfalls nicht statisch ist, weil wir ständig wachsen und uns verändern. Diese Beziehung zu unserem Selbst ist ein liebevoller, pulsierender, organischer Prozess, der wächst und sich von Augenblick zu Augenblick, von Tag zu Tag, von Jahr zu Jahr wandelt, lebendig ist und – wenn wir uns wirklich voll und ganz darauf einlassen – sehr faszinierend. Er umfasst eine Beziehung zu unserer Arbeit, die wie unser Selbst ein lebendiger, pulsierender, sich verändernder Prozess ist. Der Prozess schließt Beziehungen zu anderen ein – Kindern, Ehepartnern, Freundinnen und Freunden, Kollegen, Pflanzen, Tieren und letztlich zu unserem ganzen Planeten und zum Kosmos.

Wir Frauen haben nicht nur andere Beziehungen zu uns selbst und zu unserer Arbeit als dies bei den Männern im WMS der Fall ist, wir stehen auch mit der gesamten Schöpfung in einer lebendigen, pulsierenden Beziehung. Allmählich lernen wir, diese Beziehungen auf eine Weise zu genießen und zu respektieren, wie wir es im Reaktiven Weiblichen System nie konnten.

Ich machte neulich die folgende Erfahrung. Da ich, wie die meisten Frauen, eine genesende Co-Abhängige bin, musste ich mich zuvor vergewissern, dass meine Reaktion nicht einfach nur ein Anfall von Co-Abhängigkeit war. Ich notierte Folgendes:

Das Wetter ist zurzeit seltsam. Wenn ich eine große Schar Gänse sehe, die gen Norden zu fliegen scheinen, schießt mir durch den Kopf: „Ich bin beunruhigt – ich hoffe, sie sind nicht desorientiert und fliegen um diese Jahreszeit gen Norden."

Dann der Gedanke: „Schau mal an – co-abhängig – fühle ich mich sogar für die Natur zuständig?" Darauf folgt schnell ein weiterer Gedanke: „Natürlich bin ich das – warum sollte ich anders denken?" Ich bin Teil der Natur.

Wenn die Gänse in die falsche Richtung fliegen, habe ich durchaus eine gewisse Verantwortung – eine Verantwortung für diese verschmutzte Welt, die alles und jeden verwirrt, einschließlich der Gänse.

Das System, das wir Frauen im Begriff sind zu entwickeln oder wieder neu zu lernen, könnte also genau das sein, was der Planet (einschließlich der Männer) zur jetzigen Zeit dringend braucht und höchstwahrscheinlich genau so ist, wie es sein sollte.

Die Menschen fragen mich immer wieder, wie dieses neue System ausschauen würde, und ich muss ihnen immer wieder antworten: „Ich weiß es nicht." Und da scheint sich etwas Neues aus dem Prozess herauszukristallisieren. Können Sie das glauben? Ich kann es.

Beim Blick auf das größere Bild, die größeren Zusammenhänge, ist es unbedingt notwendig, dass wir uns die Wissenschaft anschauen, die sich in diesem WMS entwickelt hat, und wie diese spezielle, von uns entwickelte Wissenschaft mit der von uns geschaffenen Welt und den Themen, mit denen wir uns auseinandersetzen müssen, zusammenhängt.

2. Die westliche Wissenschaft

Als Erstes möchte ich diesem Abschnitt eine Warnung vorausschicken und auf einen meiner blinden Flecken hinweisen, die, wenn aufgedeckt, mich immer wieder Dinge über mich selbst lehren. Vor einigen Jahren sagte mir ein alter australischer Ältester, der letzte Priester und der letzte initiierte Mann seines Stammes sowie der Letzte, der seine Sprache sprach: „Ihr weißen Menschen habt vor Jahrhunderten beschlossen, den Weg der Wissenschaft und Technik zu gehen. Und die von euch entwickelte Wissenschaft und Technik werden den Planeten zerstören, wenn ihr das nicht erkennt und etwas unternehmt! Es ist nicht so, dass Wissenschaft und Technik schlecht sind. Wir hätten das, was ihr habt, auch entwickeln können. Wir haben die Intelligenz und wir haben die Rohstoffe dafür in diesem großartigen Land. Aber wir taten es nicht, weil wir wussten, dass wir spirituell noch nicht weit genug entwickelt waren, um eine Wissenschaft und eine Technologie zu entwickeln, die den Planeten nicht zerstören würde, und deshalb ließen wir es sein. Die Wissenschaft und Technologie, die ihr Weißen entwickelt habt, werden den Planeten zerstören. Wir hoffen nur, dass ihr es entdeckt, bevor es zu spät ist."

Ich wusste, dass das, was er sagte, wahr ist.

Aus diesem Austausch lernte ich auch, dass ich in der Art und Weise des WMS/TMM-Systems gedacht hatte. Jahrelang hatte ich das Wort Wissenschaft als generisches Wort benutzt und war von der unausgesprochenen (und nicht registrierten) Annahme ausgegangen, unsere westliche Wissenschaft sei DIE Wissenschaft an sich. Als ich deshalb über Wissenschaft schrieb, dehnte ich die westliche Wissenschaft auf jedwede Wissenschaft aus. Sind wir einmal konditioniert und haben eine Gehirnwäsche hinter uns, müssen wir uns ständig vorsehen, dass wir nicht aus unbewussten/unbenannten Annahmen heraus handeln. Ich werde deshalb unsere spezielle Wissenschaftsform als westliche Wissenschaft bezeichnen, wenn ich über die Rolle spreche, die sie bei der Entwicklung des TMM-Systems spielte. Das wichtige Thema dabei ist, dass die Annahmen und Vorgehensweisen dieser westlichen Wissenschaft einen immensen Einfluss auf die Errichtung der TMM-Gesellschaft hatten und haben. Wir können diese Wahrheit nicht ignorieren, wenn wir das Ausmaß dieser Annahmen verstehen wollen, die einen Einfluss darauf haben, wo wir heute stehen und was wir tun müssen, um unsere Zukunft auf diesem Planeten zu verändern.

Es gibt einen Zeitpunkt in der Geschichte, der hervorgehoben werden muss, weil er der Schlüssel zu dem Verständnis ist, das für den notwendigen Paradigmenwechsel gebraucht wird, den wir als Menschheit vollziehen müssen.

Bevor ich fortfahre, möchte ich betonen, dass es auf diesem Planeten viele Arten von Wissenschaft gab und gibt, und dass das, was wir als westliche Wissenschaft bezeichnen (TMMS = Technokratisches Materialistisches Mechanistisches System), eine relativ neue Erscheinung ist.

Die meisten von uns sind natürlich vertraut mit den uralten Wissenschaften Ägyptens und Mesopotamiens, die hoch entwickelt waren, ebenso wie es die Wissenschaften der Chinesen, der Maya, der Navajo, der Hawaiianer und der Azteken waren und sind. Die meisten, wenn nicht gar alle Arten dieser Wissenschaften waren für den Planeten weniger zerstörerisch als das, was als westliche Wissenschaft entwickelt wurde. Die westliche Wissenschaft ist so alldurchdringend, dass die meisten von uns die Vorgehensweisen und Annahmen nicht durchschauen, die ihr zugrunde liegen, und die einen starken Einfluss darauf haben, was und wie wir heute denken, fühlen und handeln. Die westliche Wissenschaft ist ein von uns geschaffener Denkansatz bei dem Versuch, die Welt zu verstehen. Dieser Ansatz ist in seiner gegenwärtigen Form nicht sehr anwender- oder planetenfreundlich und er ist eine von mehreren Methoden, den Fortbestand des WMS/TMM-Systems zu sichern.

Ein weiterer geschichtlicher Hinweis: Die Historiker berichten, dass zu der Zeit, als Newton und seine Kollegen die Konzepte und Verfahren der westlichen Wissenschaft entwickelten, die Kirche (damals die katholische) erkennen konnte, dass diese Wissenschaft zur Bedrohung werden könnte. Sie beschlossen beide, sich gegenseitig in Ruhe zu lassen. Die westliche Wissenschaft versprach, sich an die materielle Welt zu halten, während sich die Kirche auf alle anderen Bereiche konzentrieren würde – das Geistige, das Esoterische, das Unbekannte und das Unerkennbare. Dies ist der Grund, warum wir Frauen, die wir uns auf diesen Gebieten auskannten, als Hexen verfolgt, als vom Teufel besessen bezeichnet und hingerichtet wurden: Wir beschäftigten uns mit Heilen, mit Dingen des Geistes und einer anderen „Wissenschaft". Wir wurden von beiden Seiten angegriffen. Für mich ist es interessant zu sehen, dass sich beide Seiten in der Hand von Männern befanden. Ebenfalls interessant ist für mich, dass die beiden gewalttätigsten und streitbarsten Religionen das Christentum und der Islam sind. Beide Religionen hatten Gründer, die die Gleichheit von Männern und Frauen betonten, während ihre Anhänger leider mehr vom Patriarchat beeinflusst sind als von dem, was ihre Gründer befürworteten.

Welche Annahmen der westlichen Wissenschaft, die dem Patriarchat und der Dysfunktion der Kultur Vorschub leisten und geändert werden müssen, gibt es?

Aspekte der westlichen Wissenschaft

Die westliche Wissenschaft glaubt nur an die materielle Ebene und das, was auf dieser Ebene über die Sinne und die „Erweiterung" der Sinne (Messgeräte etc.) wahrgenommen werden kann.

1. Dieser Glaube führt dazu, dass der Materialismus in einem überwältigend hohen Maße im Mittelpunkt unserer Aufmerksamkeit steht und die Menschen sich auf ihn verlassen.
   a. Das Materielle hat einen viel zu hohen Stellenwert eingenommen, weil man davon ausgeht, nur das Materielle sei „real".
   b. Die „Realität" wird auf die materielle Ebene dessen beschränkt, was mit den Sinnen und den erweiterten Sinnen wahrgenommen werden kann.

2. Der Fokus auf das Materielle führt zur Illusion von Kontrolle und dem Bedürfnis zu kontrollieren – sozusagen zu einer Kontrollkultur.
   a. Diese Überzeugungen haben zu einem System geführt, das auf der „Realität" von Kontrolle und auf dem Glauben an Kontrolle basiert.
   b. In dieser Kultur wird ein Großteil unserer Energie für den Versuch verwendet, Menschen, Orte und Dinge zu kontrollieren, und das führt zu der Überzeugung, wir <u>könnten</u> dies auch, wenn wir es nur – richtig anstellen – stark genug sind – ausreichend wissenschaftliches Know-how haben – wenn, wenn, wenn.
   All dies erzeugt eine Menge Stress und Anspannung in unserem Glauben an die „Realität" von Kontrolle sowie ständiges Versagen unsererseits, wenn wir die Realität auf diese Weise angehen.
   c. Da wir an die Illusion von Kontrolle glauben, weigern wir uns zu erkennen, dass wir in einem dynamischen, prozesshaften Universum leben, das im ständigen Wandel begriffen ist. Und wir weigern uns, an den uns zur Verfügung stehenden Prozessen teilzunehmen.

3. Wir haben die Neigung zu dualistischem Denken entwickelt.
   a. Um unsere Welt besser zu „kontrollieren", haben wir einen willkürlichen Satz von Dualismen erstellt: ein Binom, dieses oder jenes.

b. Dualismen, die das Messen und Kontrollieren vereinfachen, können das Universum, in dem wir leben, nicht exakt beschreiben. Trotzdem benutzen wir sie, um zu versuchen, unsere Welt zu vereinfachen und zu kontrollieren.

Sollte ich diesen Job annehmen oder nicht – Dualismus.

Wenn wir in Dualismen denken und handeln, versäumen wir es zu fragen: Gibt es eine dritte Option? Kann ich diesen Job in Teilzeit machen? Kann der Job geändert werden, sodass er zu mir und dem, was ich tun möchte, besser passt?

Sehen Sie das Problem?

c. Dualismen und dualistisches Denken vereinfachen die Dinge und bieten die Illusion von Kontrolle – <u>und</u>, noch schlimmer, sie halten uns gefangen und wir stecken fest, weil oft keine der Optionen wirklich passt, wenn wir dualistisch denken.

d. Dualismen sind eine Form mentaler Onanie. Man hat uns beigebracht, in begrifflichen Gegensätzen und Vergleichen zu denken. Doch wissen manche Menschen sowie jene von uns, die tief in ihr Inneres eingetaucht sind, dass eine höchst effektive Weise, uns selbst zu sabotieren, darin besteht, uns mit einem imaginären „Anderen" zu vergleichen. Mit äußerst subtilen Methoden hat uns also die herrschende Wissenschaft nicht nur beeinflusst, sondern uns geradezu <u>diktiert</u>, <u>was</u> wir zu denken und „<u>wie</u>" wir zu denken haben. Wer zum Beispiel US-amerikanische Debatten im Kongress verfolgt, wird erkennen, dass Dualismen den Prozess der Regierung lahmlegen und einen sehr heimtückischen, negativen Einfluss auf die gesamte Kultur ausüben.

4. Reduktionismus

    a. Die westliche Wissenschaft ist reduktionistisch. Das heißt, um etwas – irgendetwas – zu verstehen, müssen wir es auf seine elementarsten Teile reduzieren.

    b. Dies bedeutet in der Regel zu versuchen, es statisch zu machen.

    c. Um beispielsweise zu verstehen, was eine Katze ist, töten wir sie und untersuchen ihre Einzelteile.

Durch diese Methode erhalten wir einige Informationen, doch sie helfen und ermöglichen es uns nicht zu „wissen", was eine Katze ist.

d. Reduktionismus erfordert, dass wir das zu untersuchende Objekt aus seinem Zusammenhang reißen, um es zu „studieren".

Von einer höheren Warte aus gesehen bedeutet diese Vorgehensweise des Wissenserwerbs, die Fähigkeit zu verlieren, uns selbst und andere im Kontext zu sehen. Sie begünstigt Selbstzentriertheit und die Unfähigkeit, sich des Kontexts bewusst zu sein und auf ihn zu reagieren.

Das ideale Haus sollte zum Beispiel immer die gleiche Temperatur haben. Es reagiert nicht auf Jahreszeiten und unser Körper verliert die Fähigkeit, sich Temperaturschwankungen anzupassen und sich auf sie einzustellen.

Dies sind nur einige wenige und einfache Beispiele dafür, welche Auswirkungen unsere westliche wissenschaftliche Weltsicht auf unser alltägliches Handeln und auf die in unserer Kultur gemachten Annahmen hat. Meiner Meinung nach beginnen sie unser Bewusstsein dafür zu schärfen, dass wir von einer westlichen wissenschaftlichen Betrachtungsweise beeinflusst werden, die nicht die „Realität" darstellt und die uns vielleicht sogar davon abhält, die Wirklichkeit und die vielen uns beeinflussenden Wirklichkeiten zu erkennen. Zudem weiß diese Methode, die Welt zu sehen und zu erklären, überhaupt nichts von den dynamischen Prozessen, die die Realität unseres Lebens bilden.

Für eine tiefer gehende Diskussion der gegenwärtigen herrschenden wissenschaftlichen Weltsicht verweise ich auf Willis Harmons Buch *Global Mind Change*.

Selbstverständlich basiert dieser mechanistische wissenschaftliche Ansatz auf den natürlichen Neigungen einer Denkweise, die eine Domäne der Männer ist und von Männern entwickelt und gesteuert wurde.

Das heißt nicht, dass wir Frauen diese wissenschaftliche Herangehens- und Denkweise nicht erlernen könnten. Natürlich können wir das und meiner Meinung nach sogar ziemlich gut. Sie ist interessant und ziemlich praktisch für Mechanik und Technologie.

Und, wir und unsere Welt sind nicht nur einfache Maschinen.

Auf einer bestimmten Ebene wissen wir, dass wir dynamische, permutierende, uns wandelnde Prozesse sind, an denen wir partizipieren können, und unsere derzeitige wissenschaftliche Vorgehensweise leistet uns bei diesem Partizipieren keine große Hilfe.

Ich erinnere an das, was der australische indigene Älteste sagte: „… und sie zerstört die Welt."

Lasst uns hoffen, dass wir Frauen „einen Wandel herbeiführen können, bevor es zu spät ist".

Doch haben wir Frauen nicht immer auf unsere uralte Weisheit gehört; wir haben uns an der Errichtung des TMM-Systems (Technokratischen Materialistischen Mechanistischen Systems) beteiligt und es unterstützt.

Glücklicherweise spüren viele von uns in unserem tiefsten Inneren ein wachsendes Unwohlsein, das langsam immer stärker wird.

Wobei aus einer größeren Perspektive gesehen unsere westliche Wissenschaft nur eines der Themen ist. Auf andere werden wir im Kapitel über Symptome eingehen.

Zusammenfassung

Warum jetzt, warum Frauen, warum Minoritäten, warum Indigene?

Wer weiß es?

So wie es aussieht, nähert sich diese Welt, dieses mit unserer aller Hilfe von weißen Männern geschaffene und beherrschte System ihrem bzw. seinem Ende, so wie das bei allen Symptomen und Kulturen einmal der Fall ist. In der unendlich langsamen Entwicklung der Menschheit ist es unvermeidlich, dass wir Fehler und Umwege machen. Wir können Visionen und Visionäre haben, um eine andere Realität zu sehen, wahrzunehmen und zu spüren, und wenn wir diese Visionen zu verwirklichen versuchen, sind uns durch unser Menschsein und durch die Zeit, in der wir uns befinden, notwendigerweise Grenzen gesetzt. Zu diesem Zeitpunkt in der Geschichte ist es offensichtlich, dass die Frauen und die indigenen Völker auf unserem weiteren Weg eine Hauptrolle spielen müssen.

1. Ist es, weil wir Kompetenzen, Wahrnehmungen und Kenntnisse haben, die beim Aufbau des gegenwärtigen Systems nicht erkannt und einbezogen wurden?
Wahrscheinlich.

2. Ist es deshalb, weil wir, uns selbst überlassen, etwas völlig anderes präsentieren würden – und das jetzt auch tun?
Wahrscheinlich.

3. Ist es deshalb, weil wir und unsere Weisheit im gegenwärtig herrschenden System so unterdrückt und verkannt werden, und wir Angst haben, sie offen zu zeigen?
Wahrscheinlich.

4. Ist es deshalb, weil dieses innere Wissen nicht offengelegt worden ist und deshalb die Chance hatte, zu wachsen und zu reifen?
Wahrscheinlich.

5. Könnte es sein, dass unsere konkrete Unterdrückung zur Entstehung bestimmter Eigenschaften führte, die sich für den Aufbau der Zukunft als unentbehrlich erweisen werden?
Wahrscheinlich.

6. Könnte es sogar sein, dass diese Unterdrückung und Unterjochung für einige von uns hilfreich und notwendig waren, damit wir nun nach einer anderen, vielleicht besseren Organisations- und Lebensweise dürsten?
Wahrscheinlich.

7. Könnte es sein, dass wir aufgrund unserer Unterdrückung gezwungen waren, andere Fähigkeiten zu entwickeln, die der Schlüssel zu einem neuen Paradigma sein könnten?
Sehr wahrscheinlich.

Mit dieser größeren Vision dessen, was möglich ist, mag es dann für uns Frauen und für die indigenen Völker als Minoritäten (was unseren Einfluss anbetrifft) an der Zeit sein, zu prüfen und zu bewerten, was wir als unseren besonderen Beitrag einbringen können, damit ein neues Paradigma entstehen kann, das in unserem tiefen spirituellen Selbst gegründet und gegenüber der gesamten Schöpfung freundlicher sein wird.

Aus globalen Gründen können wir es uns nicht länger leisten, klein zu denken und uns von Stoppern und Symptomen ablenken zu lassen. Es ist an der Zeit, die Schichten kultureller Programmierung abzutragen und zum Kern unserer Weisheit und Kreativität zu gelangen. Und um vorwärtszukommen, müssen wir uns das, was ich Symptome nenne, ansehen, und uns klar darüber werden, was uns hemmt und wie wir uns selbst im Wege stehen.

Wenn wir uns miteinander auf diese Reise machen, werden wir vielleicht in unserem innersten Wissen klarer und davon überzeugt, dass wir unser System nicht „reparieren" können. <u>Wir müssen es ändern.</u>

KAPITEL IV

Die Symptome

In Kapitel I legten wir den Rahmen dieses Buches fest: Es ist ein Buch über und für Frauen – für alle Frauen – und über unsere Erkenntnis, dass globale Veränderungen gemacht werden müssen für die einzelnen Menschen, die Menschheit und das gesamte Leben auf diesem Planeten.

Wir beleuchteten die Rolle der Frauen und die Geschichte des Feminismus, in der wir Frauen uns darum bemühten zu heilen, zu wachsen, unseren Platz zu finden und unseren Beitrag zu leisten zu dem, was Menschen und der Planet werden könnten. Jetzt müssen wir uns mit der Rolle der Symptome befassen und damit, wie diese unser Wachstum, unsere Entwicklung und unser Bewusstsein hemmen und warum wir ihnen so viel Zeit widmen.

So wie wir, kulturell gesehen, in der Vergangenheit handelten, definiere ich jedes legitime oder illegitime Anliegen, das uns beschäftigt hält, unsere Zeit und Kraft beansprucht und uns davon abhält, uns auf das größere Bild zu konzentrieren und uns mit ihm zu befassen, als Symptom.

Ich sage nicht, dass diese Symptome nicht wichtig oder nicht berechtigt seien. Sie sind es! Müssen sie angesprochen werden? Natürlich, keine Frage! Und, allzu oft und aus einer umfassenderen Perspektive her gesehen, halten sie uns tatsächlich so sehr beschäftigt und auf die kleinen Einzelheiten fixiert, dass wir unbewusst das größere Bild außer Acht lassen. Durch diesen Fokus entgeht uns das, was ebenfalls sehr wichtig ist und unserer Aufmerksamkeit dringend bedarf.

Eine der effektivsten Auswirkungen der gegenwärtigen TMM-Kultur (Technokratischen Materialistischen Mechanistischen Kultur) besteht darin, dass sie uns mit Dingen beschäftigt hält, die letztendlich unwichtig sind. Ob es Geld ist, Prestige, Macht oder materielle Besitztümer: Auf unserem Weg als Menschen und spirituelle Wesen sind dies alles Belanglosigkeiten. Keines dieser Dinge fördert letztlich unser Wachstum als Person, als Nation oder als Menschheit. Doch stellen wir fest, dass es all diesen Dingen gelingt, einen Großteil unserer Zeit und Energie in einer Weltsicht zu beanspruchen, die gegründet ist auf Unehrlichkeit, Materialismus, Illusion, der Illusion von Kontrolle, mechanistischer Wissenschaft und auf Religionen, die unsere Loyalität einfordern, doch keine Antworten auf unsere tieferen Bedürfnisse haben.

Eines Tages fuhren Pete, mein Manager, und ich durch die Hauptstraße von Sydney, Australien. Wir hatten den Morgen in einem koreanischen Bad verbracht (einem meiner Lieblingsplätze in Sydney) und fuhren zum Mittagessen zum „The

Rocks"-Restaurant (auch einer unserer Lieblingsplätze am Hafen). Da es gerade Mittagszeit war, strömten plötzlich Hunderte von Menschen aus den Bürogebäuden, um in ihre Mittagspause zu gehen. Offen gesagt, war es ein wenig überwältigend – besonders weil wir gerade von dem koreanischen Bad kamen – und ich hielt den Atem an, als all diese Menschen vorbeifluteten und sagte so etwas zum einen, zum anderen wie: „Du lieber Himmel, schau dir nur all diese Leute an."

Petes prompte Antwort war: „Und alle denken, das, was sie tun, sei wichtig und real!"

Ich war wie vom Donner gerührt.

Wie brillant!

Sie alle arbeiteten in Büros, viele in Banken, und ich bin sicher, jede/r glaubte in gewisser Weise, das, was er oder sie tat, sei wichtig und wesentlich, um den Lebensunterhalt zu verdienen oder die Karriereleiter aufzusteigen, oder, oder, oder … Ich konnte sehen, dass die meisten vermutlich miteinander konkurrierten, und dass sie müde, hektisch und abgehetzt waren. Und, sie dachten, das alles sei letztendlich wichtig.

Wie viel von dem, was sie taten, trug bei zum einen zu ihrer persönlichen und spirituellen Reise, zum anderen zu ihrer Reise zur Selbsterkenntnis, des Weiteren zu ihrem persönlichen Beitrag für den Planeten und zur Gesundheit und zum Wohlbefinden des Planeten und, hoffentlich, zur Evolution der Menschheit?

Ich vermute, nicht viel.

Wie im alten Lied von Bing Crosby, waren sie tatsächlich im Begriff *Busy Doing Nothing* (damit beschäftigt, nichts zu tun), und vermutlich glaubten die meisten an diese Illusion.

Ich hatte gehört, dass die Buddhisten sagen: „Alles ist Illusion." Und in jenem kurzen Augenblick glaubte ich, eine Ahnung davon zu erhalten. Die Vorstellung, dass „Alles Illusion ist", kann sehr deprimierend sein, und auch ich begann, das Leben aus einer anderen Perspektive zu sehen. Ich begann, folgende Frage zu stellen: „Leistet dies (was immer es ist) einen Beitrag zum ultimativen Wachstum und zur Heilung von – mir selbst, anderen Menschen, der Menschheit, des Planeten? Oder ist es nur ein Symptom, das von einer dysfunktionalen Kultur benutzt wird, um uns von den eigentlichen Themen, denen wir uns stellen müssen, abzulenken – uns als Einzelne und als Menschheit?" Diese Frage führte in der Tat zu einer anderen Sichtweise – auf alles.

Nun, ich gebe zu, wenn wir diese Frage stellen und destruktiv damit umgehen, könnte sie zu Depression und dem Gefühl von Überforderung führen. Ist ein Mensch jedoch auf seinem Weg, nimmt er voll an seinem Leben teil und macht er seine innere Arbeit, dann ist dies die wahrscheinlich spannendste Frage, die wir stellen können. Sie kann zu großen Sprüngen in unserem persönlichen und spirituellen Wachstum führen. Wir können nicht wachsen, wenn wir diese Frage „sklavisch" benutzen, und wenn wir sie im Prozess unseres Lebens unverkrampft verwenden, kann sie sehr befriedigend sein. Sie hilft uns dabei, uns nicht in den Symptomen zu verlieren.

Wir müssen uns daran erinnern, dass die „Symptome" lediglich Symbole eines tiefer liegenden Problems sind, und dass wir, wenn wir beispielsweise wie in der Medizin nur die Symptome behandeln, Gefahr laufen, das darunterliegende Problem (die Krankheit) nicht zu entdecken und zu behandeln, was zum emotionalen und spirituellen Tod führt.

Was sind nun einige der Symptome, die uns beschäftigt halten?

Beginnen wir mit den kleinen.

Einige legitime Themen der Frauenbewegung konzentrierten sich auf Symptome, und durch diesen Fokus verloren manche von uns den Blick auf das größere Bild. So sind zum Beispiel Frauengesundheit, Sexualität, Geburtenkontrolle, gläserne Decken im Berufsleben und die ungleiche Bezahlung von Männern und Frauen Symptome von etwas viel Größerem.

Sie sind wichtig. Sie sind als Themen notwendig. Und, sie müssen angesprochen werden. Und, bei solchen Themen laufen wir Gefahr, vom Kampf gegen die Symptome aufgefressen zu werden und den Blick auf die größeren Themen zu verlieren: der Notwendigkeit, aus einem anderen Paradigma, anderen Organisationsstrukturen heraus zu leben und zu handeln, die für uns alle und den Planeten besser sind.

Symptome sind der Beweis dafür, dass wir aus der Spur geraten sind, und sie sind nur Indizien des darunterliegenden Problems.

Die Feministinnen der zweiten Phase lagen richtig mit ihrer Kritik am Patriarchat als einem gesellschaftlichen System, in dem Frauen (und viele andere) unterdrückt, diskriminiert und entrechtet werden. Schon der Begriff verwirrte und ängstigte einige Feministinnen. Da war es viel einfacher, sich auf einzelne, spezifische Themen zu konzentrieren als weiter das ganze Bild ins Auge zu fassen, und deshalb wurden wir abgelenkt und verliebten uns in Details. Ich möchte nochmals betonen: Diese spezifischen Themen <u>waren</u> und <u>sind</u> wichtig und haben uns vorangebracht. Gleichzeitig müssen wir uns fragen, ob das vorherrschende, alles bestimmende System verändert wurde oder ob wir einfach nur mehr Zugang zu Macht, Einfluss und den „Leckerbissen" des alten patriarchalen Paradigmas bekommen haben? Haben wir uns wirklich mit dem Paradigma oder der Weltsicht auseinandergesetzt, die zu diesen Symptomen führten?

ICH GLAUBE, DAS HABEN WIR NICHT!

Was ich hiermit sagen will: Wir müssen die Dualismen dieses Entweder/Oder-Systems hinter uns lassen und die größeren Ordnungsprinzipien erkennen und ansprechen, die diese „Symptome" erzeugen.

Wir müssen zu einem „Sowohl-als-auch-und-mehr" kommen. Und wir müssen uns mit den Einzelheiten der Symptome befassen, ohne darüber die Notwendigkeit eines vollständigen Paradigmenwechsels für die Menschheit, alle Bewohner des Planeten und den Planeten selbst aus dem Blick zu verlieren.

Wir haben es schon einmal geschafft. Und wir können es wieder tun.

Die Wahrheit ist: Wir wollen und brauchen kein Patriarchat! (Keine Männerherrschaft und deren Art und Weise, die Welt wahrzunehmen.)

Wir wollen und brauchen kein Matriarchat! (Keine Frauenherrschaft und unsere Weise, die Welt wahrzunehmen.)

Auch wenn unsere männlichen Kollegen so durchdrungen sind vom dualistischen Denken des herrschenden Systems, brauchen wir nicht zu glauben, dies seien die einzigen Optionen.

Tatsächlich können wir auf eine dritte Option drängen, selbst wenn wir sie nur ansatzweise entdeckt haben. <u>Wir können an den Prozess des Wandels glauben.</u>

Welche weiteren Symptome des Weißen Männlichen Suchtsystems, des Technologischen, Mechanistischen, Materialistischen Systems, die in dem neu entstehenden System hoffentlich nicht mehr existieren werden, gibt es darüber hinaus?

Diskriminierung

Diskriminierung ist ein Symptom des heutigen westlichen Systems, mit dem wir uns natürlich befassen müssen. Doch wenn wir Diskriminierung als real und nicht nur als Symptom sehen, werden wir als Menschheit nie vorankommen.

Diskriminierung ist an sich pure Dummheit. Sie als etwas anderes zu sehen, ist eine Schande. Ich finde es ziemlich erstaunlich, dass die schlimmsten Übeltäter oft aus Ländern kommen, die sich zu starken religiösen Überzeugungen bekennen. Die meisten dieser Menschen glauben an einen Gott. Wenn es einen Gott gibt, der uns alle geschaffen hat, wie kann dann ein Mann besser sein als eine Frau, eine weiße Person besser als eine schwarze, ein Homosexueller schlechter als ein Heterosexueller? Es ist doch offensichtlich, dass dieser Schöpfer die Vielfalt liebt. Gemäß der Verfassung der USA, (die die Lebensweisen der zivilisierten Stämme Amerikas aufgriff), sind <u>alle</u> Menschen gleich erschaffen und haben das <u>Recht</u> auf Leben, Freiheit und das Streben nach Glück – wie können wir dann unsere Mitmenschen diskriminieren? Dieses Land, die USA, war und ist ein großes Experiment. Leider besaßen unsere weißen Gründungs<u>väter</u> nicht die Weisheit, die zur Umsetzung dieser Ideale notwendig ist. Sie konnten erkennen, dass die hier lebenden Urvölker auf eine andere, friedlichere und respektvollere Weise lebten und waren offen dafür, ein System zu etablieren, das anders war als das, was sie bereits kannten.

Als es jedoch darum ging, diese Ideen und Ideale umzusetzen, griffen sie (wohl unbewusst) auf die ihnen bekannten Verfahren zurück, die dort, wo sie herkamen, <u>nicht</u> so gut funktioniert hatten. Im Grunde etablierten sie eine Monarchie (den Präsidenten), ein Unterhaus (das, wie „die Gemeinen", streiten würde) und ein Oberhaus (den Senat), in dem es würdiger zuginge. Die Prinzipien der amerikanischen Unabhängigkeitserklärung wurden nicht anders umgesetzt als im alten patriarchalen Paradigma.

Hätten die weißen Gründungsväter sich mit den hier lebenden Menschen, den Stammesanführerinnen und ihren ausgewogenen Ratsgremien zusammengetan und ihnen zugehört, hätten wir vielleicht nicht so lange kämpfen müssen, um wieder die Möglichkeit zu bekommen, eine nicht diskriminierende Gesellschaft zu schaffen, die in diesem wunderbaren Land mit Respekt vor allen und allem lebt – im Gleichgewicht lebt. Aber unsere Gründungs<u>väter</u> und -<u>mütter</u> hatten diesen Punkt noch nicht erreicht und wir haben ihre Fehler übernommen.

Politik – Als ich eines meiner Bücher schrieb, eruierte ich die Definition von Politik und las zu meiner Überraschung und Bestürzung das Folgende:

In *Roget's International Thesaurus*, 3. Auflage: Als erste Synonyme für Politik wurden unter der Überschrift „Verschlagenheit" aufgeführt: Machiavellismus (Intrigantentum, Unwahrhaftigkeit); Politik, Diplomatie, Vetternwirtschaft, Mauschelei usw.

Unter dem Wort *Politik*: „Ökonomie in Aktion" (Robert La Follette), „die Wissenschaft des Erforderlichen" (Theodore Parker) – Vetternwirtschaft; Machtpolitik.

Lincoln sagte (zum Thema *Staatsführung*), Politik sei „die weise Anwendung einzelner Härten zum Wohle der Allgemeinheit".

Shakespeare definierte einen Politiker als „einen, der Gott umgehen würde".

Oder hier die anonyme Definition: „Einer, dessen größter Vorzug seine Fähigkeit zu lügen ist."

Websters Neuntes Neues College Wörterbuch definiert Politik als a) die Kunst oder Wissenschaft zu regieren, b) die Kunst oder Wissenschaft, die sich damit befasst, die Regierungspolitik zu leiten oder zu beeinflussen, c) die Kunst oder Wissenschaft, die Kontrolle über eine Regierung zu gewinnen und zu halten.

Systematisches Lügen, Täuschen und Manipulieren. Es ist ein Spiel. Ein absolut tödliches Spiel und so sieht es für mich schon lange aus. Zurzeit befürchte ich, dass Washington alles tut, um die Richtigkeit dieser Definition zu beweisen.

Was wäre also, wenn wir begännen, Politik als <u>SYMPTOM</u> einer kranken Gesellschaft zu sehen – nicht weniger, nicht mehr? Als ein Symptom, das behandelt und beseitigt werden muss. Ein Symptom, von dem wir befreit werden müssen. Ich habe keine Ahnung, wie wir das tun werden und was an seine Stelle treten wird – und seit einiger Zeit weiß ich in meiner Seele, dass es in einer gesunden Gesellschaft keine Politik geben wird, deren Zweck darin besteht, Geschäfte für die Gesamtheit der Gesellschaft zu tätigen.

Möglicherweise werden wir die Politik nicht so leicht los. Und vielleicht ist das Phänomen, wie die gegenwärtige „Feminisierung" in unseren Unternehmen, bereits im Gange. Wenn sich immer mehr klarsichtige Frauen einbringen, wird sich etwas ändern. Oder wird sich die Politik in diesem Land, wenn sie weiter so abläuft wie jetzt, selbst in die Bedeutungslosigkeit manövrieren? Schließlich ist alles Leben, alle Schöpfung – ein Prozess.

Es gibt andere Möglichkeiten, wie wir unsere Überzeugungen umsetzen können und vielleicht wird es uns geschenkt, sie in uns selbst zu finden.

Religion

Ich glaube, wir sind noch meilenweit davon entfernt, Religion als Symptom zu erkennen. Und ich bin auch überzeugt: Falls und wenn wir als Spezies auf die richtige Spur kommen, werden wir die offenbarten Religionen, so wie wir sie heute kennen – gestaltet, geschaffen, kontrolliert von Männern und umgesetzt, ohne mit den ursprünglichen „Lehren" noch viel gemein zu haben – zugunsten einer tieferen Spiritualität hinter uns lassen. Und wiederum glaube ich, dass es Frauen sind, die die Fähigkeit haben, uns zu helfen, den Weg zurück zum Einssein aller Schöpfung zu finden.

Es gibt in allen Formen von Religion viel Wahrheit und Weisheit, und wenn es dazu kam, diese umzusetzen, wie z. B. in der Politik, überließ man die Umsetzung dem WMS/Suchtsystem/TMM-System. Ist es da überraschend, dass der Zug entgleiste?

Streitereien über Religion weltweit sind, geschichtlich gesehen, die Ursache der meisten Kriege, die auf diesem Planeten ausgetragen wurden und werden. Ein Blick auf die Geschichte zeigt, dass der Versuch, anderen die eigenen religiösen Überzeugungen aufzuzwingen und sich die religiösen Überzeugungen anderer nicht aufzwingen zu lassen, zu den häufigsten Kriegsursachen in der Geschichte der Menschheit gehören, besonders in der „moderneren" Geschichte.

Wie kann es für uns und unsere Überzeugungen auf irgendeine Weise von Nutzen sein, wenn wir anderen unseren Glauben aufzwingen? Sind wir uns dessen, was wir glauben, so unsicher, dass wir nicht daran festhalten können, wenn wir mit Unterschieden konfrontiert werden? Was für eine armselige Aussage über unsere eigenen Überzeugungen! Eine solche Unsicherheit sollte von keiner geistig gesunden Kultur unterstützt oder belohnt werden. Aus diesem Grund wurde mein Land, die USA, auf der Vielfalt, der Anerkennung und der Unterstützung unterschiedlicher Sichtweisen und Wege zur Spiritualität aufgebaut.

Wie ein Navajo-Stammesältester einmal zu mir sagte: „Es ist mir egal, wie ein Mensch betet. Wichtig ist mir, <u>dass</u> er betet. Dann kann er immer an meiner Seite stehen." Er engagierte sich für seine Navajo-Spiritualität, seine christliche Spiritualität und seine Spiritualität als Bahai. Ich trage einen Ring, den er in den letzten beiden Jahren seines Lebens trug – und das heißt nicht, dass ich ein materielles Symbol brauche, um mich an seine Weisheit und all das zu erinnern, was er mich über Offenheit und tätige Liebe lehrte.

Ich weiß nicht, ob die Religion sich selbst dabei helfen kann, nicht ein Symptom einer Gesellschaft zu sein, und ich weiß, dass wir unserer Gesellschaft keinen Dienst erweisen, wenn wir die Religion darin unterstützen, ein Symptom unserer Gesellschaft zu sein. Dies würde die Bedeutung von Spiritualität zunichte machen.

Vielleicht stehen wir als Menschheit heute an einem Punkt, an dem wir erkennen können, dass keiner von uns, keine Einzelperson und keine Gruppe, alle Antworten besitzt. Wir sind schließlich Menschen, und wenn wir die Weisheit und Einsichten aller Bewohner auf diesem Planeten miteinander teilen, kommen wir einer ganzheitlicheren Weisheit vielleicht näher.

Wirtschaft

Nachdem ich in kapitalistischen, sozialistischen und kommunistischen Gesellschaften gelebt und sie studiert hatte, kam ich vor einigen Jahren zu dem Schluss, dass keine Kultur, in deren Mittelpunkt die Ökonomie steht, für Menschen, Tiere, Pflanzen, das Wasser oder die Erde gesund sein kann. Die Ökonomie ist einfach kein Ordnungsprinzip, das jemals den Kern einer gesunden Gesellschaft bilden könnte, und dennoch haben die meisten unserer modernen Gesellschaften versucht, sich um bestimmte Wirtschaftsprinzipien herum zu organisieren.

Ökonomie ist eine Abstraktion. Sie ist ein Konzept, keine Realität, und Konzepte sind Produkte unseres Denkens. Jeder, der etwas vom Menschen versteht, weiß, wie ein Cherokee-Ältester mir einmal sagte: „Wir können uns in alles hinein- und aus allem herausdenken." Denken an sich ist nicht schlecht, und unsere gegenwärtig herrschende Kultur und Wissenschaft basieren auf abstrakten, in unserem Denken entwickelten Konzepten, die nicht unbedingt etwas mit realen Dingen zu tun haben müssen.

Wir können die Wirtschaft manipulieren. Aber: Können wir sie essen? Können wir damit unsere Autos betreiben? Können wir sie mit nach Hause nehmen? Es ist ein Konzept, dem wir mehr Macht geben als dem Geld, das seine physische Ausprägung und ebenfalls eine Abstraktion ist.

Abstraktionen und Konzepte sind leicht manipulierbar. Und, wenn es darauf ankommt, sind sie einfach nicht real.

Wenn wir einen Schritt zurücktreten und uns die Ökonomie ansehen, erkennen wir, dass sie ein Spiel ist wie Monopoly (das natürlich auf Wirtschaft basiert), und doch, was hat man übrig am Ende des Spiels? Papiergeld und Symbole. Trotzdem verbringen wir eine Menge Lebenszeit damit, uns mit den Auswirkungen des Symptoms Wirtschaft in unserem Leben zu beschäftigen. Und zu glauben, sie sei real.

Denken

Ich habe bereits zuvor auf unser Denken hingewiesen und möchte jetzt ausführlicher darauf eingehen. Es ist ein Symptom, das uns unglaublich stark beschäftigt halten kann.

Vor einigen Jahren befasste ich mich intensiv damit, alles über Süchte und eifrig jede ihrer Facetten zu erforschen, über die ich etwas lernen konnte. Während jener Jahre sagte ich oft, dass ich als junge Psychologiestudentin fasziniert war von den Krankheiten des Geistes, den Neurosen, Psychosen, Persönlichkeitsstörungen – es schien unendlich viele Aspekte der menschlichen Persönlichkeit, des Geistes und des Verhaltens zu geben. Das glaube ich immer noch, und dann entdeckte ich Süchte und Abhängigkeiten! Etwas darüber zu lernen war wie das Betrachten eines facettenreichen Diamanten in einer Kette, die im Sonnenlicht hin und her gedreht wird. Immer wenn ich dachte, das Ganze zu begreifen und wirklich zu verstehen, kam sozusagen eine leichte Brise auf, und ich entdeckte einen vollkommen neuen Aspekt. Mein Versuch, Süchte zu verstehen, führte mich schließlich zur Überzeugung, dass Süchte keinen Sinn ergeben, und doch faszinieren und zerstören sie.

Stellt euch meine Überraschung vor, als ich entdeckte, dass die Kultur, in der ich lebte, genau so funktioniert wie ein Süchtiger und die gleichen Eigenschaften und Verhaltensweisen aufweist. Auf der Basis dieser Einsicht schrieb ich das Buch *Im Zeitalter der Sucht*, das ein New York Times-Bestseller wurde.

In Suchtkreisen wird Alkoholismus/Sucht als Krankheit der Wahrnehmung und des Denkens bezeichnet. Mit anderen Worten: Wir haben eine spezielle, verzerrte Sicht auf die Welt, wir glauben unseren verdrehten Wahrnehmungen und benutzen sie als Grundlage unseres Denkens, das sich zusammensetzt aus einer ganzen Reihe von Theorien und Konzepten, die in nichts anderem als unserem Denken gegründet sind. Ich habe herausgefunden, dass heutige Männer mit dieser Denkweise viel besser zurechtkommen als Frauen, und dass sie sich damit wohlzufühlen scheinen. Auch Frauen können diese Denkprozesse leicht erlernen, <u>und</u> sie liegen uns nicht, und wir fühlen uns damit unwohl. Wenn wir Frauen über diese ungeerdete Art zu denken nachdenken (ha!), ist es eher ein Spiel – ein Spiel mit Abstraktionen. Grundsätzlich kann diese Art zu denken in jede Richtung gedreht und gewendet werden, <u>und</u> sie ist nicht sehr praktisch. Frauen mögen es praktisch.

Als ich vor Jahren auf einer Konferenz über die Eigenschaften von Sucht sprach und das Denken eines aktiv Süchtigen beschrieb, erkannte ich, wie sehr es dem Denken des Schizophrenen ähnelte, das ich während meines Praktikums am Bellevue Krankenhaus in New York City kennengelernt hatte. Ich formulierte es in etwa so: „Wenn ich beschreibe, wie das Denken eines Suchtkranken funktioniert, erkenne ich, dass es dem Denken eines Schizophrenen sehr ähnelt. Sein Denken liegt einfach noch weiter unten auf der Skala, und er glaubt seinem Denken ganz und gar. (In der Zwischenzeit habe ich gelernt, dass auch Süchtige/ Alkoholiker ihrem Denken ziemlich uneingeschränkt glauben und sich im Laufe der Zeit ihr Denkvermögen so sehr verschlechtert, dass es sich dem des Schizophrenen annähert – wenn sie nicht aktiv an ihrer Genesung arbeiten.) Eine Frau aus der Zuhörerschaft sagte mir später, der Begriff *Schizophrenie* sei zunächst als Überbegriff für ein ganzes Spektrum von Krankheiten entwickelt worden, und Alkoholismus hätte zu dieser Gruppe gehört. Nach weiteren Nachforschungen entdeckte ich, dass das stimmte! Eine schizophrene Gesellschaft?

Was ich hier klarmachen möchte, ist also, dass wir in einer Gesellschaft leben, die auf einer ziemlich abscheulichen Denkweise aufgebaut ist, die als normal gilt. Ich habe gelesen, dass die indigenen Völker des amerikanischen Kontinents völlig verwirrt darüber waren, wie und was die Neuankömmlinge dachten.

Bei meiner Arbeit mit Süchtigen habe ich oft Déjà-vu-Erlebnisse und spüre, wie es für meine Cherokee-Ahnen gewesen sein muss. Diese Erfahrungen sind für mich profund und lehrreich.

Wenn wir erkennen, dass unsere Wahrnehmungen und unser Denken durch die Kultur, in der wir leben, „verzerrt" werden, fühlen wir uns anfangs entsetzt und ratlos. Worauf können wir uns dann verlassen? Die Frage ängstigt und bestürzt uns.

Langsam, ganz langsam, beginnen wir dann zu erkennen, dass wir Frauen andere Informationsquellen in uns selbst haben und nicht so viel Zeit damit verbringen müssen, mit suchtartigem TMMS-Denken zu kämpfen. Wir können es verstehen. Und wir brauchen es nicht anzuwenden. Wir müssen TMMS-Denken einfach als das anerkennen, was es ist, und andere Denk- und Lebensweisen unterstützen.

Gesundheitsfürsorge – Wohlbefinden

Das ganze Thema Krankheit und Gesundheitsfürsorge ist ein weiteres Symptom der Gesellschaft, das uns eine Menge unserer Zeit rauben kann. Heutzutage ist die Gesundheitsfürsorge (wie wir sie euphemistisch nennen) völlig verstrickt mit der unredlichen Wirtschaft eines Suchtsystems und hat inmitten all der Versicherungsprogramme, Krankenhäuser und der Maschinerie des Systems wenig zu tun mit „Gesundheit" oder „Fürsorge".

Die Gesundheitsfürsorge hat einen Punkt erreicht, an dem der Normalzustand für den menschlichen Organismus – und den Planeten – das Gegenteil einer guten Gesundheit ist. Unsere institutionalisierte schlechte Gesundheitsfürsorge geht davon aus, dass Umweltverschmutzung, schlechte Nahrung, schlechte Luft und verschmutztes Wasser „normal" sind. All dies sind Themen, die Frauen bewegen, und es sind alles Symptome unserer industrialisierten Welt. Die Frage ist: Können wir produzieren, ohne die Umwelt zu vergiften?

Unglücklicherweise hat die westliche Medizin als ihr Fundament eine mechanistische Wissenschaft und ein westliches Wirtschaftssystem gewählt, was weder für die Praktizierenden noch für jene, die der Fürsorge bedürfen, gut ist. Durch seine Verstrickung mit der Wirtschaft ist das Gesundheitssystem nicht bereit anzuerkennen, wie viele der gegenwärtigen Krankheiten durch Umweltverschmutzung verursacht werden, die das Nebenprodukt unserer Wirtschaft ist und auf Sucht basiert. Seine Praktizierenden wetteifern mit den Bankern darum, wer von ihnen die höchsten nutzlosen Geldbeträge erzielt und lassen dabei bewusst außer Acht, dass unsere vergiftete, gestresste Gesellschaft einer guten Gesundheit entgegenwirkt.

Im Augenblick befinde ich mich auf einem Schiff, das sich West-Samoa nähert, und erinnere mich an ein spannendes Buch, das ich vor vielen Jahren las. Sein Titel lautet *Talking Health and Doing Sickness* (Von Gesundheit reden und Krankheit praktizieren). Es verglich die „Medizin" Samoas mit der westlichen.

Ich selbst stamme aus einer langen Reihe von Cherokee-Medizinfrauen und mein Umgang mit meiner eigenen Gesundheit ist mir mit dem Älterwerden immer klarer geworden – und ich bin gesünder!

Doch was ich an dieser Stelle deutlich machen will, ist, dass die Zeit und das Geld, die wir als Gesellschaft für die Gesundheitsfürsorge aufwenden, und die Kämpfe, die wir darüber ausfechten, ein gutes Beispiel für die Symptome sind, die uns von den wirklichen Themen ablenken: verschmutzte Luft und verschmutztes Wasser, ungesunde Lebensmittel, süchtige Verhaltensweisen und das Einnehmen schädlicher Substanzen, einschließlich verschreibungspflichtiger Medikamente.

Erziehung und Bildung

Für uns in den USA ist Thomas Jefferson der Vater des öffentlichen Schulsystems. Nach meinem Verständnis glaubte er an ein öffentliches Schulsystem, denn zum Aufbau einer Demokratie sollte jede Person mit einer „gebildeten" Stimme wählen können. Natürlich, angesichts der Einschränkungen des englischen WMS-Hintergrundes, den er und unsere Gründerväter hatten, gehörten nicht alle zu den gebildeten Personen: keine Frauen, keine Sklaven, keine weißen Männer ohne Grundbesitz. Frauen, ob verheiratet oder ledig, durften kein Land besitzen und ihr gesamter Besitz ging bei Heirat an ihre Ehemänner über – ja, eine unvollkommene Union. Die Ideen der Gründerväter waren gut, nur wussten sie einfach nicht, wie sie sie umsetzen sollten, und konnten deshalb nicht über ihre kulturellen Prägungen und Theorien hinauswachsen. Auch umfasste deren „Bildung" nicht die Erkenntnis, dass jene, die als „gebildet" galten, im Sinne eines bestimmten Systems und einer bestimmten Weltsicht „gebildet" waren!

Man stelle sich einmal vor, was mit dem Erziehungs- und Bildungswesen in diesem Land hätte geschehen können, wenn der erste Erziehungs- und Bildungsminister eine Cherokee-<u>Frau</u> gewesen wäre!

Wow! Unvorstellbar – und aufregend, nicht wahr?

Nehmen Sie sich nur einen Augenblick Zeit, um sich das Unvorstellbare vorzustellen – und vielleicht, vielleicht gerade Sie – und ich – bekommen eine Ahnung davon, was in Zukunft möglich sein könnte!

Moralischer Verfall

„Eine Demokratie kann als permanente Regierungsform nicht existieren. Sie kann nur so lange existieren, bis die Wähler entdecken, dass sie sich über ihre Wahlstimmen großzügige Geschenke aus der Staatskasse „er-wählen" können. Ab diesem Zeitpunkt wählt die Mehrheit immer die Kandidaten, die die meisten Geschenke aus der Staatskasse versprechen. Dies führt dazu, dass die Demokratie immer an einer lockeren Finanzpolitik scheitert. Ihr folgt dann immer eine ‚Diktatur'.

Das Durchschnittsalter der größten Zivilisationen der Welt betrug 200 Jahre. Diese Nationen durchliefen folgende Phasen: von Knechtschaft zu spirituellem Glauben – von spirituellem Glauben zu großem Mut – von Mut zu Freiheit – von Freiheit zu Fülle – von Fülle zu Selbstgefälligkeit – von Selbstgefälligkeit zu Apathie – von Apathie zu Abhängigkeit – von Abhängigkeit zurück zur Knechtschaft."

Diese Worte wurden im Jahre 1787 von einem schottischen Geschichtsprofessor, Alexander Tyler, geschrieben. Er schrieb über den Fall Griechenlands.

Ich finde es faszinierend, dass Schriftsteller, die sich mit dem Zusammenbruch von Kulturen befassen, ihre Aufmerksamkeit meistens auf die großen Institutionen richten, die freilich wichtig sind. Und sie neigen dazu, den moralischen Zerfall zu übersehen, den es bei dem Untergang einer Kultur immer gibt.

Wenn wir uns die Moralvorstellungen ansehen – das, was „richtig und gut" ist – erscheint es wichtig, drei Arten von Moral zu untersuchen: die persönliche, die private und die öffentliche.

Nach meiner Erfahrung tragen die meisten Menschen eine Art moralisches Gyroskop, ein Messgerät, in sich, das vermutlich in uralter, gleichsam in der DNA verankerter Weisheit wurzelt. Diese tiefe innere Moral kann sich von Person zu Person leicht unterscheiden. Für den einen mag ein bestimmter Aspekt von Moral wichtiger sein als andere Aspekte, und, die Moralvorstellungen ähneln sich mehr als dass sie sich unterscheiden. Das würde Frederick Franck *Being Human Against All Odds* (dt.: Menschlich sein trotz aller Widrigkeiten) nennen. Eine Gesellschaft, die zu Süchten und Abhängigkeiten ermutigt und sie sogar einfordert, versucht genau dieses Gyroskop unscharf zu machen und zu verdecken. Das Gyroskop aber hilft uns, uns daran zu erinnern, wer und was wir letztlich sind, und es hilft uns, über uns selbst hinaus zu einer größeren Bestimmung zu wachsen. Kreiselt dieses Gyroskop froh und frei, fühlen auch wir uns glücklich und im Gleichgewicht. Wir können sehen, was wir sehen, und wissen, was wir wissen. Wir wissen, wer wir sind. Bewegt es sich nicht frei und nicht im Gleichgewicht, sind wir höchst verletzlich gegenüber äußeren Einflüssen, negativen „Gelüsten" und Wünschen. Ein Großteil unseres (süchtigen) Ausagierens in jeglicher Form geschieht dann, wenn jenes Gyroskop schläft oder wir keine Verbindung zu ihm haben.

Ich erklärte es meinen Enkelkindern so: Ich sagte ihnen, dass sie bei ihrer Geburt über einen großen, wunderschönen Ballon verfügen, angefüllt mit dem wunderbarsten Wasser, das ihre persönliche Würde verkörpere. Wenn sie lügen, über andere herziehen oder etwas Schlimmes tun, dann ist es, als hätten sie ihren Ballon mit einer ganz winzigen Nadel angestochen, und ihre Würde entwiche ganz langsam aus dem Ballon. Gestünden sie ihren Fehler schnell ein, tue es ihnen leid und sagten sie das auch, dann sei es so, als ob man ein Stück Klebeband über das Loch klebe. Sie müssten jedoch sehr, sehr achtsam mit ihrer Würde umgehen, da sie eines der wertvollsten Geschenke ist, die wir besitzen, und nur wir selbst können die Nadel benutzen. Niemand anderes kann uns das antun. Wir tun es uns selbst an. Eine Nadel in unseren Ballon der Würde zu pieksen, ist etwas anderes, als einen Fehler zu machen. Wir alle machen Fehler. Wir machen Fehler, weil wir Menschen sind. Wie gesagt, wir Menschen müssen Fehler machen, damit wir aus ihnen lernen können. Der einzige wirkliche Fehler besteht darin, nicht aus unseren Fehlern zu lernen. Wenn wir aus unseren Fehlern lernen, ermöglicht uns das, zu wachsen und klüger zu werden. Fehler zu machen ist nicht annähernd so schlimm wie unsere Würde aus dem Ballon entweichen zu lassen. Sie entweichen zu lassen ist eine sehr ernste Sache. Und erinnert euch, nur <u>wir</u> können unsere persönliche Moral zerstören.

Unsere private Moral liegt auf der nächsten Ebene. Die Regeln einer „persönlichen Moral" unterscheiden sich und hängen von unseren Glaubenssätzen ab. Homosexualität und Abtreibung etwa sind gute Beispiele für private Moralvorstellungen in bestimmten Kreisen. Sie gehen im Grunde nur die betroffene Person etwas an. Sie betreffen das, was wir privat tun. Bill Clinton hat beispielsweise bei seinem „Techtelmechtel" mit Monica Lewinsky seine private Moral kompromittiert, was für die einen nicht so schlimm ist, für andere dagegen schrecklich. Und als er unter Eid log, überschritt er eine Grenze und gefährdete ernsthaft seine öffentliche Moral. Regierungen, die ihre Wähler gewohnheitsmäßig belügen, setzen ihre öffentliche Moral ernsthaft aufs Spiel. Krieg zur Lösung von Problemen kann als eine Gefährdung der öffentlichen Moral in großem Maßstab betrachtet werden. Institutionalisierte Ausbeutung der Umwelt ist ein Verlust öffentlicher Moral.

Befindet sich eine Kultur auf dem schlüpfrigen Abhang moralischen Verfalls, gibt es Anzeichen dafür, dass es auch bei der persönlichen, privaten und öffentlichen Moral steil bergab geht. In Bezug auf unsere private und persönliche Moral können wir etwas unternehmen, und wenn unser persönliches Gyroskop besser funktioniert, werden wir wahrscheinlich den Niedergang öffentlicher Moral eher erkennen. An diesem Punkt ist es wichtig, dass wir uns einige Bereiche moralischen Zerfalls ansehen, von der persönlichen zur gesellschaftlichen Ebene.

GESPRÄCH

Du bist ein mutiger Mann, sagen sie mir.
Das bin ich nicht.
Mut war nie meine Stärke.
Ich hielt es nur für unangemessen,
mich so zu erniedrigen wie andere.
Keine Fundamente gerieten ins Wanken. Meine Stimme
lachte nur über die aufgeblasene Falschheit;
Nichts anderes tat ich als zu schreiben,

war kein Verräter.
Ich stand zu dem, was ich dachte.
Ich verteidigte den, der es verdiente,
nannte die Unfähigen beim Namen, die Pseudoschreiber,
(tat, was ohnehin getan werden musste.)
Und nun sagt mir die Presse, ich sei mutig.
Wie tief beschämt werden unsere Kinder sein,
wenn sie schließlich Rache nehmen für diese Schrecken
und sich erinnern, wie in einer so seltsamen Zeit
gewöhnliche Integrität wie Mut aussehen konnte.

Jewgeni Jewtuschenko

Sein Gyroskop funktionierte gut.

Moralischer Verfall in unseren Beziehungen

„In einer gesunden Kultur muss die Sorge um die Ältesten, die Kinder und die Erde im Mittelpunkt stehen. Eine Kultur, die diesen notwendigen Fokus außer Acht lässt, ist auf Dauer nicht lebensfähig."

Frank Fools Crow

Spiritueller Führer der Lakota

Viele Kulturen lehren, dass die Ältesten und die Kinder ihr Reichtum sind. Die Ältesten, weil sie sich an eine andere Lebensweise erinnern und nicht so stark in die Gegenwart verstrickt sind, dass sie glauben, sie sei „die Realität", und weil sie unser kollektives Gedächtnis in sich tragen. Tatsächlich sind sie diejenigen, die jemanden kannten, der jemanden kannte, der jemanden kannte ... Sie sind die lebendige Verbindung zu einer weiten, umfassenden Sicht. Außerdem haben sie hoffentlich lange genug gelebt, um genügend Informationen in sich aufzunehmen und diese in Weisheit und Weitsicht umzuwandeln. Jüngere Menschen mögen eine Fülle von Informationen haben. Doch bevor diese Informationen nicht die temperierenden Feuer der Erfahrung durchlaufen haben, ist es höchst unwahrscheinlich, dass sie in Weisheit übergehen. Jede Kultur braucht eine rei-

81

fe, weit blickende Weisheit. Auf diese Weise werden unsere Ältesten unsere Vergangenheit, die die Weisheit unserer Zukunft prägt.

Unsere Kinder sind unsere Zukunft. Ohne sie haben wir keine Zukunft. Das, was sie in der Zukunft werden, hängt zu einem Großteil von der Art von Elternschaft ab, die wir ihnen geben, um sie auf diese Zukunft vorzubereiten.

Wie Derrick Jensen bin ich der Meinung, dass es nicht nur unmoralisch und unklug ist zuzulassen, dass unser verrücktes System unsere natürliche Lebensgrundlage zerstört, sondern dass es selbstmörderisch ist. Und, es ist nicht die einzige Option.

Eine Kultur, die sich nicht mehr um ihre Ältesten, ihre Kinder und ihre Umwelt kümmert, versinkt in moralischen Zerfall. Und diese Symptome sind nur die Spitze des Eisbergs. Wir haben eine Kultur entwickelt, die im Allgemeinen wenig über tiefe, bedeutsame, innige Beziehungen weiß.

Ich habe zuvor erwähnt, dass unser Leben in dieser Kultur so angelegt ist, dass wir Nähe, Intimität meiden. Durch unser ständiges Beschäftigsein, exzessives Arbeiten, Betäuben mit Drogen (illegalen, medizinischen und Freizeitdrogen), durch Essen, Alkohol, Sex und Shoppen gibt es immer weniger Menschen, die ein Bewusstsein dafür haben, wer sie sind und was sie fühlen. Die grundlegende Wissenschaft unserer Kultur versichert uns sogar, diese „nicht messbaren" Prozesse seien nicht nur unwichtig, sie existierten per Definition nicht. Flucht vor der Nähe zu sich selbst, zueinander und zur Umwelt wird zum Bedürfnis, um die von uns entwickelte Kultur ertragen zu können.

Daraus folgt: Wenn wir nicht in Verbindung sind mit uns selbst, wie können wir dann einem anderen oder der Welt, in der wir leben, überhaupt nahe sein? Dieser Mangel an Nähe macht Elternschaft und jegliche Art von Beziehung oder Verbundenheit sehr schwierig. Mehr und mehr Menschen überlassen das Kinderaufziehen anderen Leuten, während sie versuchen, mehr Geld für mehr Dinge zu erwirtschaften. Die Flucht vor der Nähe zu uns selbst, zu anderen, zu unserer Umwelt ist eine Form moralischen Verfalls. Dieser moralische Verfall ist das Ergebnis davon, dass mehrere Generationen von Menschen wenig oder keine wirkliche Elternschaft erfuhren.

Wenn ich mit jungen Eltern darüber spreche, dass für Kinder die Kindheit eine Zeit ist, um Fehler zu machen, aus diesen Fehlern zu lernen und dadurch das Rüstzeug zu erwerben, ein verantwortungsvoller Erwachsener zu werden, erhalte ich oft nur verständnislose Blicke. Liebevolles Elternsein, das Grenzen setzen und ein einfühlsames Lehren des Kindes umfasst, scheint fast ein Relikt der Vergangenheit zu sein. Heutzutage sind Kinder zu füttern, zu beaufsichtigen, zu unterhalten, zu fürchten und oft mit einer Ideologie zu impfen. Zu lernen, wie man von innen nach außen ein guter und anständiger Mensch wird, scheint bei alledem manchmal fast unterzugehen.

Wenn ich über Respekt, Ehrlichkeit, Ehre und Verantwortung in der Kindererziehung spreche und wie sie Kindern beigebracht wird, scheint die jetzige Elterngeneration wenig oder keine Spur von Erinnerung daran zu haben, was sie selbst gelehrt wurde. Viele meinen, es sei ihr unveräußerliches Recht, Kinder zu haben, und sind sich kaum bewusst, dass das Kind das unveräußerliche Recht auf *gute* Eltern hat. Kinder, die nicht liebevoll zu guten und klugen Menschen erzogen werden, haben kaum die Möglichkeit, diese Tugenden an ihre eigenen Kinder weiterzugeben. Die Eltern tun mir leid. Die Kinder tun mir leid. Menschen können andere nicht lehren, was sie selbst nicht kennen. Wenn wir unseren Kindern starre Ideologien beibringen, ohne sie zu lehren, gute menschliche Wesen zu sein, lehren wir sie Hass und Respektlosigkeit.

Es gibt ein wunderbares Lied im Musical SOUTH PACIFIC:

> Man muss dich lehren zu hassen und zu fürchten,
> Man muss es dich lehren Jahr für Jahr,
> Es muss in dein kleines Ohr eingepaukt werden –
> Du musst es gründlich lernen!
>
> Du musst es lernen, bevor es zu spät ist,
> Bevor du sechs, sieben oder acht bist,
> Alle zu hassen, die von deinen Verwandten gehasst werden
> Du musst es gründlich lernen!
> Du musst es gründlich lernen!
>
> Rodgers und Hammerstein

In weiten Kreisen unserer Kultur haben wir uns von der autoritären Erziehung über die Laissez-faire-Erziehung und der Kindererziehung nach Lehrbuch hin zu – im Grunde gar keiner richtigen Elternschaft bewegt. Dies ist moralischer Zerfall, der den nachfolgenden Generationen aufgebürdet wird.

Wie W. H. AUDEN schrieb:

> Ich und die Öffentlichkeit wissen
> Was alle Schulkinder lernen:
> Wem Böses angetan wird,
> fügt anderen Böses zu.

Wenn wir den moralischen Verfall in unserer Kultur beurteilen wollen, müssen wir uns gründlich damit auseinandersetzen, wie wir mit unseren Kindern, unseren Ältesten und unserer Umwelt umgehen.

„Da es als notwendig angesehen wird, dem Kind so viel zu geben, lasst uns dem Kind eine Vision des ganzen Universums geben. Das Universum ist eine eindrucksvolle Realität und eine Antwort auf alle Fragen. Wir werden auf diesem Pfad des Lebens miteinander gehen, denn alle Dinge sind Teil des Universums und miteinander verbunden, um eine ganze Einheit zu bilden. Diese Vorstellung hilft dem Geist des Kindes, sich zu festigen, und hält es davon ab, in einer ziellosen Suche nach Wissen herumzustreifen. Es ist zufrieden, das universelle Zentrum von sich selbst mit allen Dingen gefunden zu haben."

Maria Montessori

Die Eltern müssen um diese Ganzheit in sich selbst wissen, um sie ihren Kindern weitergeben zu können. Das Wissen um unseren Platz im Universum liegt nicht im Abstrakten. Es ist real, gültig und kontextbezogen. Es braucht Zeit, diese Weisheit mit anderen zu teilen.

In Helena Norberg Hodges Buch über das Volk von Ladakh scheint es dieses universale Zentrum zu sein, das sie bei den Kindern jener einfachen Kultur von Ladakh beobachtete. Eine auf Wirtschaft und Technologie basierende Kultur hat vermutlich vergessen, was letzten Endes wichtig ist.

Lügen in all seinen Formen

Als ich ein kleines Mädchen war, war Lügen einer der allerschlimmsten Verstö-
ße, den man begehen konnte. Ich glaube, ich wusste schon im Schoß meiner
Mutter, dass man nie lügen darf. Wir wussten immer, dass selbst wenn wir etwas
„Schlimmes" getan hatten, wir in nicht allzu große Schwierigkeiten geraten würden, wenn wir ehrlich dazu standen. Zu lügen war einer der schlimmsten Ver-
trauensbrüche, die wir begehen konnten. Eine Lüge verursachte ein großes Loch
in unserem Ballon. Eine Lüge ist nämlich sehr komplex. Wenn wir lügen, gefährden wir unsere Würde, und das ist schrecklich. Und außerdem bauen Lügen
aufeinander auf, sodass immer die Gefahr besteht, noch mehr von unserer Ehre
zu verlieren. Wenn andere uns bei einer Lüge ertappten, vertrauten sie uns nicht
mehr. Im Allgemeinen wird uns Vertrauen frei entgegengebracht, und dann ist
es ein großes Geschenk. Ein solches Geschenk sollte niemals missbraucht werden. Wird es jedoch missbraucht, ist es nur natürlich, dass es lange dauern kann
und sollte, bis das Vertrauen wiederhergestellt ist. Verstandesmäßig kann man
eine Entschuldigung annehmen. Doch Vertrauen und Verrat liegen auf einer viel
tieferen Ebene. Lügen ist eine tiefe Form von Verrat und braucht wie jede Wun-
de ihre Zeit, um zu heilen. Unser Lügen ist deshalb nicht nur destruktiv für uns
selbst, es ist destruktiv anderen gegenüber und destruktiv für unsere Beziehungen. Es kann Wunden verursachen, die buchstäblich nie heilen, ganz gleichgültig, wie sehr man versucht „zu vergeben und zu vergessen". In meiner kindlichen
Vorstellung war Lügen so, als ob man ein Loch in das Gewebe des Universums
reißt oder Gott ins Gesicht spuckt.

Außerdem gab es wirklich nie einen Grund zu lügen, wenn wir <u>nie etwas taten, was uns in Versuchung bringen könnte zu lügen.</u> Das wirkliche Thema war
also, schon lange vor der Lüge zu entscheiden, was passieren würde. Es ging in
Wirklichkeit ganz einfach darum, nie etwas zu tun, das einen in die Versuchung
bringen könnte zu lügen. Und wenn man ohne dieses vorherige Wissen, dass
man versucht wäre zu lügen, tatsächlich etwas anstellte – sagte man einfach die
Wahrheit, offen und ehrlich, und alles käme wieder in Ordnung und es gäbe keinen Riss im Gewebe des Universums.

Wenn wir lügen, verursachen wir Verletzungen, Verwirrung, Misstrauen und
Hoffnungslosigkeit. Die anderen beginnen sich in unserer Gegenwart „verrückt"

zu fühlen. Das Lügen hat viele weitreichende Auswirkungen auf der persönlichen, zwischenmenschlichen, gesellschaftlichen und globalen Ebene. Die Gesellschaft ist von Natur aus komplex und häufig verwirrend. In einer Gesellschaft, in der das Lügen auf jeder Stufe institutionalisiert ist, wirkt sich dies auf den menschlichen Geist, das kollektive Bewusstsein und den Planeten verheerend aus.

Adrienne Rich sagte, dass ihr wunderbares Buch *Frauen und Ehre* der Versuch war, sich selbst gegenüber ehrlicher zu sein und um die zerstörende Macht der Lüge in den Beziehungen zwischen Frauen aufzudecken.

Sie sprach davon, dass Frauen, als Gruppe, sich die Geheimnisse ihres Lebens nicht anvertrauen. Doch nur wenn die „Geheimnisse" ans Licht gebracht werden, können wir mit ihnen umgehen. Bei AA, den Anonymen Alkoholikern, heißt es: „Wir sind so krank wie die Geheimnisse, die wir hüten."

Einer der Hauptindikatoren für moralischen Verfall ist institutionalisierte Unehrlichkeit. Auch hierzu hat Adrienne Rich etwas zu sagen. Nach ihrer Meinung gehen wir davon aus, dass Politiker ohne Ehre sind und dass wir ihnen zuhören, um zu verstehen, was sie wirklich sagen wollen. Wir wüssten, dass sie lügen und das Schlimmste daran sei, dass sie es mit einer solchen Leichtigkeit und Gleichgültigkeit taten und davon ausgingen, dass wir ihnen Glauben schenkten. Dieses Lügen zeige eine solche Verachtung für „das Volk", und wir akzeptierten diese Verachtung. (Erinnern Sie sich an das, was wir zuvor über Politik sagten?)

Die institutionalisierte Unehrlichkeit erreichte ihren Höhepunkt nach dem 11. September. Ja, wir gehen davon aus, dass unsere Politiker uns belügen. (Ist das nicht schon an sich eine traurige Aussage?!) Doch als zum allgegenwärtigen Lügen unserer Regierung auch noch der Schock des 11. September über unsere US-amerikanische Nation hereinbrach, erreichten das Trauma, die Gefühle von Verwirrung, Hilflosigkeit und Verrücktheit bisher unerreichte Höhen (oder Tiefen) auf nationaler Ebene. Nach meiner Überzeugung war dies der Hauptgrund für das darauf folgende Schweigen. Wir brauchten einige Zeit, um – wortwörtlich – wieder zu Sinnen zu kommen. Unsere Gehirne waren so benebelt und traumatisiert, dass wir die Warnhinweise aus unserem Solarplexus und aus anderen Körperteilen nicht beherzigen konnten, die uns sagten: IHR WERDET ANGELOGEN!

Lügen, Verdrehen, Fälschen von Informationen, Ablenkungsmanöver und Betrug wurden und werden in unseren Regierungen, in unserer Wirtschaft, unseren Unternehmen, unseren religiösen Einrichtungen und unserer Gesellschaft institutionalisiert.

Wie Jensen sagt: „Man kann nicht mit jemandem verhandeln, der einen systematisch belügt.

Etwas anderes zu glauben heißt, mitzumachen bei unserem eigenen Betrogenwerden."

Wir haben die Verantwortung, <u>nicht zu akzeptieren</u>, dass wir angelogen werden.

Es ist allgemein bekannt, dass einer der Merkmale von Suchtkrankheit ein Phänomen ist, das als „betrügen, täuschen" bezeichnet wird. Wir haben die Krankheit und die Suchtmerkmale so sehr in unserer Gesellschaft institutionalisiert, dass die allgemeinen Charakterzüge von Sucht heute als „menschliche Wesenszüge" angesehen werden! Das ist falsch! Der Mensch ist nicht dazu verdammt, zu betrügen, zu lügen, selbstzentriert zu sein. Das sind Entscheidungen – und wir sind nicht genetisch darauf festgelegt! Das traditionelle Bild eines *cons*, eines „Betrügers", ist in den USA der „Schlangenölverkäufer" aus Pioniertagen – jemand, der einem etwas anzudrehen versucht, was man nicht will oder braucht. Leute, die nichts unversucht lassen, um zu bekommen, was sie wollen. Wir alle kennen sie. Sie sind arrogante Schauspieler. Es sind die Menschen, die wie einige unserer verurteilten Firmenbosse ohne mit der Wimper zu zucken sagen können: „Ich habe nichts Falsches getan. Ich komme aus einer guten christlichen Familie." Diese Menschen betrügen sich selbst, indem sie sich einreden, andere würden ihren Betrug nicht durchschauen. Warum glauben sie nicht, dass man ihren Betrug durchschaut? Sie glauben nicht daran. Es ist sozusagen „normal".

Wenn Betrug, Lügen, Informationsverfälschung und -verdrehung in einer Kultur oder einem Beruf (Politik, Wirtschaft etc.) so institutionalisiert werden, dass sie als „normal" akzeptiert werden, leidet die betreffende Gesellschaft schwer an moralischem Zerfall.

Wenn die unverfrorene Verbreitung von Fehlinformationen, negative Berichterstattung und der Rufmord einer Person als richtig angesehen werden, weil es von den Berichterstattern, die wohl irgendwann einmal auch Ehre und Moral besaßen, als wirksam erachtet wird –, dann steckt die Kultur in Schwierigkeiten.

Wenn die Regierung den Medien Geschichten zuspielen kann, die falsch sind (wie z. B. die Geschichte über Massenvernichtungswaffen) und diese Artikel dann als Beweise zitiert werden, damit die Öffentlichkeit ihnen Glauben schenkt und sie ihnen dann abnimmt, stecken wir als Gesellschaft in großen Schwierigkeiten. Wenn die Medien ihre Integrität verlieren, steht unsere Gesellschaft vor dem Kollaps.

Wir haben Lügen, Betrügen, das Verdrehen von Tatsachen und Verbreiten von Falschinformationen nicht nur institutionalisiert und instrumentalisiert, wir haben den <u>Glauben</u> daran institutionalisiert und instrumentalisiert.

Berühmtheiten, Gurus und königliche Hoheiten

Wie wir als amerikanische Nation mit Berühmtheiten, Gurus und „Königen" umgehen, ist meiner Meinung nach eine weitere Form institutionalisierter Unehrlichkeit und ein Symptom für den moralischen Zerfall der Gesellschaft.

Was ist los mit den US-Amerikanern (und den Menschen im Allgemeinen!), dass sie sich danach sehnen, ihre persönliche Macht abzugeben? Wir machen da etwas mit Menschen, die in unseren Augen „mächtig" sind (schon dies stimmt oft nicht!), was in einer Demokratie institutionell unehrlich ist. Wir sind keine Monarchie, wir sind keine Diktatur, wir sind keine Aristokratie, Oligarchie, Monokratie und keine Militärregierung. Wir sind eine Demokratie, in der alle Menschen „gleich geschaffen und mit unveräußerlichen Rechten ausgestattet" sind. Warum handeln wir nicht gemäß der Demokratie, die wir sind?

Einige Menschen sehen vielleicht besser aus als andere. Einige haben vielleicht eine (für manche) angenehmere Hautfarbe als andere. Einige sind vielleicht bekannter als andere. Einige haben vielleicht mehr Geld als andere. Einige sind vielleicht klüger oder besitzen Kenntnisse, die andere nicht haben. Doch auf einer bestimmten grundlegenden Ebene sind wir alle gleich geschaffen. Jede und jeder hat eine Stimme. Jeder und jede verdient Respekt. Ist es institutionalisierte kulturelle Unehrlichkeit, dass wir diese Tatsache, dieses Ideal vergessen?

Woher, um Himmels willen, stammt unsere Idee, dass nur weil jemand ein Rockstar, ein Filmstar, ein Fußballspieler oder Politiker ist, er die Weisheit mit Löffeln gefressen hat oder die Art von Kleidung vorschreiben sollte, die wir und unsere Kinder zu tragen haben? Wann fingen wir an zu glauben, unsere gewählten Staatsoberhäupter seien sozusagen „königlichen Geblüts" und verdienten eine bevorzugte Behandlung?

Ich habe Menschen aus dem Westen oft gesagt, dass es meiner Meinung nach für sie nicht gut ist, Gurus zu haben. Wir wissen einfach nicht, wie man mit Gurus umgeht. Die einzige Reaktion, die wir ihnen gegenüber zu haben scheinen, besteht darin, unsere Macht an sie abzugeben und uns von unseren Erkenntnissen, unseren Wahrnehmungen, unserem Denken und unserem gesunden Menschenverstand zu verabschieden. Wir geben alles an sie ab und werden Waschlappen. Einige Gurus verlangen das von uns und wir willigen ein. Für die echten Lehrer ist diese Art von „Guruitis" beklemmend. Echte Lehrer setzen sich dafür ein, dass wir die werden, die wir sind – nicht die, die _sie_ selber sind, oder wie _sie_ uns haben wollen, oder wie wir _denken_, dass _sie_ uns haben wollen.

Unsere Bereitschaft, unsere Macht abzugeben und dann die Menschen zu hassen, an die wir sie abgegeben haben, sowie unser Bestreben, königliche Hoheiten, Berühmtheiten und Gurus zu finden, an die wir unsere persönliche Macht abgeben können, sind Zeichen eines institutionalisierten moralischen Verfalls, die wir als solche erkennen müssen.

Bobby Kennedy brachte dieses Verhalten, mit Berühmtheiten umzugehen, in Verbindung mit Gewalt.

Er wies darauf hin, dass es nichtig sei, an falsche Unterschiede zwischen den Menschen zu glauben, und dass Fortschritte nur durch den Fortschritt aller erzielt werden könnten. Wir müssten die Idee aufgeben, die Zukunft unserer Kinder könne auf dem Unglück und der Herabsetzung anderer aufgebaut werden. Besonders berührt war ich von seiner Aussage, nichts könne auf Hass oder Rache aufgebaut oder verbessert werden.

Das waren damals weise Worte und natürlich sagte er sie viel eloquenter als ich, und es sind auch heute noch weise Worte. Die Geschichte verläuft wirklich in Zyklen.

So viel von dem, was wir als Kultur, als Individuen, Familien, Gruppen, Institutionen und Nationen tun, ist gewalttätig. Gewalt ist so alltäglich geworden, dass wir sie kaum noch bemerken.

Gewalt

Robert Kennedy sprach außerdem über die Rassenunruhen seiner Tage und nannte sie eine sinnlose, auf allen lastende Bedrohung seines Landes. Er sagte, die rassistischen Spannungen seien nicht die Angelegenheit einer bestimmten Volksgruppe; beeinträchtigt seien alle Rassen und Völker – und ich füge hinzu: alle Religionen und alle Menschen, Reiche und Arme. Durch diese Gewalt werde der ganze Planet in Mitleidenschaft gezogen, die Menschen, die Tiere, die Umwelt. Jede und jeder, ganz gleich wer, sei für einen anderen wichtig und werde von ihm gebraucht. Kennedy betonte weiter, jeder Mensch – tatsächlich jeder – leide unter dem sinnlosen Blutvergießen und der Gewalt in seinem geliebten Land.

Ungleichheit erzeugt Gewalt.

Gewalt ist alltäglich und existiert auf jeder Ebene unserer Gesellschaft. Ob sie darin besteht, dass wir nicht auf uns, unser inneres Wissen und unsere tiefsten Sehnsüchte hören, oder darin, dass wir versuchen, unsere Kinder einer Gehirnwäsche zu unterziehen, damit sie unsere Glaubenssätze bestätigen können, oder darin, dass wir die Erde, die uns nährt und erhält, missachten, oder dass wir täglich Hunderte von „Fremden" töten – wir sind unempfindlich geworden gegenüber der Gewalt.

Die Gewalt ist so alltäglich geworden, dass wir sie kaum mehr bemerken. Ob es die „übliche Kost" im Fernsehen und in den Filmen ist, die sich darin überbietet, den Zuschauern mit ihren bereits erschöpften Adrenalindrüsen den erwarteten Adrenalin-Kick zu geben, ob es die außergewöhnlich hohe Zahl „verschwundener" Frauen ist, die später tot aufgefunden oder überhaupt nicht mehr gefunden werden, ob es die Exekution ganzer Gangs schwarzer gleichaltriger Männer in den Ghettos ist, ob es Krieg ist oder Einzelpersonen, die mit ihren Angriffswaffen „ihr Ding drehen": Unsere Toleranz gegenüber der täglichen Gewalt erreicht chronisch epidemische Höhen.

Es gibt viele Diskussionen über die Zunahme an Gewalt und die Notwendigkeit, damit umzugehen. Es gibt viel weniger Bewusstheit dafür, was wir als Einzelne dagegen tun können und müssen.

Als Erstes: Wir brauchen nicht zu akzeptieren, dass die Gewalt, die wir Menschen anderen als „normal" zuteil werden lassen, „normal" ist, und wir haben uns daran gewöhnt. Ob es der Schwall grausamer Worte eines Kindes oder eines Ehepartners ist oder die Bereitschaft zur Auslöschung einer ganzen Kultur oder das Hinnehmen der Zerstörung des Planeten: Es ist alles Gewalt. Selbst wenn wir im Lauf der Zeit dazu gekommen sind, einen gewissen Grad „normaler" Gewalt in unserem Alltagsleben zu akzeptieren, müssen wir uns daran erinnern, dass es möglich ist, eine Gesellschaft zu haben, in der Gewalt eine klare Ausnahme und nicht die Regel ist.

Eines der Kennzeichen von Sucht ist eine erhöhte Toleranz für Gewalt. Sucht und Abhängigkeit erfordern unsere Zeit und Kraft, damit wir in den Überlebensmodus gehen können, und lässt für Bewusstheit wenig übrig. Im Laufe der Zeit wird unsere Aufmerksamkeit wie Nervenenden, die zu oft reagierten und jetzt einfach den Dienst verweigern. Dann dauert es nicht mehr lange, bis wir Gewalt (verbale, sexuelle oder körperliche Gewalt) passiv als etwas Gewöhnliches akzeptieren. Es macht im Grunde keinen Unterschied, ob sie sich gegen Kinder, Frauen, andere ethnische Gruppen oder unsere Umwelt richtet – wir reagieren nicht. Unsere Nerven reagieren nicht. Gelegentlich hören wir von einem extremen Fall von Grausamkeit gegenüber Tieren, von missbrauchten Pflegekindern oder dem Blutbad in einem College, und das löst gerade genug Entsetzen und hektische Aktivität aus, um uns davon zu überzeugen, dass wir im Grunde immer noch reagieren können. Unsere Kultur bedingt, dass wir nur über kurze Zeitspannen aufmerksam sein können. Das entlässt uns aus Wahrnehmung und Verantwortung. Wir können zu unserem Sein zurückkehren – zu einem Sein, das ich einmal in einem Gedicht als „kriegsbedingt zersplittert und fragmentiert" beschrieben habe, wobei die Splitter und Fragmente „aus den Normalitäten des täglichen Genozids herausragen". Wir haben bewiesen, dass wir reagieren können. Dann können wir zur Gefühllosigkeit zurückkehren.

Ob wir Schlagzeilen wie die folgenden in der Zeitung von einem einzigen Tag lesen: „Offizier der Küstenwache nach Verprügeln eines älteren Onkels verurteilt" oder „Wolfowitz verantwortlich für den lukrativen Job eines Freundes" oder „Cuomo: Weit verbreiteter Betrug bei Studentenkrediten" – unser Leben ist überreich an Beispielen der Gewalt, die wir einander antun. Eines der beängstigendsten Beispiele von Gewalt – Gruppengewalt – sah ich bei der Debatte der republikanischen Präsidentschaftskandidaten. Die Frage nach dem Einsatz von Folter bzw. „Quasi-Folter" für unsere „Feinde" stand im Raum. Mit der Ausnahme von McCain befürworteten fast alle Delegierten dringend jegliches Mittel, um an Informationen zu kommen. Mich erinnerte die jubelnde Menge (außer McCain) an die Spiele des alten Roms.

Ich habe festgestellt, dass Gewalt größtenteils auf die mangelnde Entwicklung von Respekt, Ehre und Werten in unseren Kindern zurückgeführt werden kann, und wir haben jetzt zumindest mehrere Generationen von „Eltern" erlebt, die selbst auch keine Förderung dieser Eigenschaften von ihren Eltern erhielten. Die Gewalt in unserer Kultur sollte uns deshalb nicht überraschen. Und wir sind trotzdem überrascht. Die Subtilität und das Ausmaß der Gewalt sollten uns ebenfalls nicht überraschen. Und wir sind es trotzdem. Unehrlichkeit und Verleugnen helfen bei beiden. Solange wir die Existenz von Gewalt in uns selbst und die subtilen Mechanismen, mit denen wir sie schützen, leugnen, gibt es keine Möglichkeit, uns mit der Realität von Gewalt in einem größeren Rahmen auseinanderzusetzen. Solange wir das Ausmaß von Gewalt auf der gesellschaftlichen Ebene und die Dynamiken hinter der kulturellen Gewalt leugnen, wird es für uns schwierig sein, uns auf der individuellen Ebene damit auseinanderzusetzen.

Ignorieren wir die zunehmende Gewalt als eines der Symptome für moralischen Verfall und einer Kultur, die sich in der Krise befindet, verleugnen wir die Veränderungen, die wir für eine Heilung herbeiführen könnten.

Exzesse von Körper, Geist und Seele

Ich muss gestehen, diese Überschrift hört sich ein bisschen wie die Reden der alten fundamentalistischen Prediger oder eines zeitgenössischen evangelikalen Konservativen an. Es ist für mich eine der interessanten Realitäten des Lebens, dass wir alle, ungeachtet unseres Unwillens zuzuhören, einen Zugang zu denselben Informationen haben. Wir interpretieren sie vielleicht unterschiedlich. Wir gewichten sie vielleicht unterschiedlich aufgrund unserer unbewussten Überzeugungen. Wir betonen vielleicht unterschiedliche Aspekte. Wir versuchen vielleicht, sie teilweise zu ignorieren. Wir weigern uns vielleicht, sie zu hören. Oder wir verpassen ihnen vielleicht einen bestimmten „Dreh" und versuchen, sie für unsere eigenen speziellen Absichten einzusetzen – und wir haben trotzdem einen Zugang zu ihnen.

Bigotterie und dogmatische Ideologien versuchen, den Zugang zu Informationen – so wie es ihnen eben passt – einzuschränken, und es gibt sie trotzdem. Das ist einer der Gründe, warum Menschen mit einem offenen System an liberale Bildung glauben. Unter einer „liberalen Bildung" verstehe ich eine Erziehung ohne eine bestimmte Ausrichtung. Liberale Bildung bedeutet für mich, sich einem Thema von allen Seiten zu nähern und alle Aspekte und Blickwinkel so weit wie möglich zu erforschen, sodass wir die Wahrheit und Begrenzungen jeder Sichtweise erkennen können. Diese umfassende Erforschung ist Bildung, eine Bildung, die Vertrauen hat in den Prozess zukünftiger Generationen und sie nicht auf unsere Dogmen festlegt.

Also ja, ich stimme den amerikanischen Konservativen zu, dass wir in unserer Gesellschaft einen Zerfall der Moral und einen Verlust von Werten beobachten. Während sie jedoch auf Homosexualität und Abtreibung hinweisen würden, weise ich hin auf massive Unehrlichkeit, sexuelles Ausagieren und den Versuch, Wissen und Informationen zu kontrollieren, was einige Konservative weniger zu stören scheint als mich. Privilegierte Menschen – „privilegiert" durch Geld, Berühmtheit (mit königlichem Status wie bei einer imperialen Präsidentschaft) oder durch Macht – scheinen zu glauben, ein wesentlicher Aspekt ihrer Privilegien sei Exzess – ziemlich oft sexueller und materieller Art. Religiöse Überzeugungen scheinen diese Ansicht nicht wesentlich zu beeinflussen.

Exzess heißt für mich, mehr als wir brauchen, mehr als gut für uns ist, oder uns etwas zu nehmen, das in einem so hohen Maße gut ist, dass es zerstörerisch oder gefährlich wird. Aus meiner Sicht haben wir das mit Körper, Geist und Seele in dieser Kultur getan.

Wenn ich auf das Thema körperlicher, geistiger und seelischer Exzesse eingehe, möchte ich die Leserin bitten, sich daran zu erinnern, dass es Millionen spezieller Beispiele gibt, die ich hervorheben könnte. Ich behaupte nicht, dass die von mir erörterten unauffällig oder am wichtigsten sind. Sie sind einfach die von mir gewählten Beispiele, die in meinen Augen der eindeutige Beweis dafür sind, dass wir in einer Kultur leben, die große Schwierigkeiten mit sich selber hat, unabhängig davon, was der Rest der Welt macht. Ich werde in diesem Abschnitt nur einige wenige der Exzesse behandeln. Wobei natürlich alle diese Exzesse vom Individuum zur Familie, von den Institutionen und auf die Gesellschaft erweitert werden können.

Die beiden körperlichen Exzesse, die ich aufgreifen möchte, sind Essen und Sex.

Wir sind eine Nation von Esssüchtigen. Während der Rest der Welt hungert, werden wir täglich mit Informationen darüber bombardiert, wie viel wir essen, wie dick wir sind, wie ungesund wir leben, welches Diätprogramm das beste ist und dass wir alle im Grunde einen persönlichen Trainer brauchen. Völlerei hat dieses Land nicht verschont.

Essen wir, weil wir hungrig sind? Ich bezweifle es. Wir essen, weil es beweist, dass wir nicht arm sind. Wir essen aus Gewohnheit. Wir essen, um kultiviert zu sein. Wir essen, weil wir gelangweilt sind. Wir essen, weil wir uns leer fühlen und nach etwas suchen, das uns füllt. Wir essen, um unsere Gefühle und unsere Erkenntnisse zu vermeiden. Wir essen, um uns abzulenken. Wir essen, weil wir eine Sehnsucht nach Spiritualität haben und unsere Religionen uns damit allzu oft im Stich lassen. Wir essen, weil unsere „genetisch behandelte" künstliche Nahrung einen Hunger hinterlässt, den wir nicht stillen können – um nur einige der Gründe zu nennen, die Menschen in ihrer Tiefenprozessarbeit entdeckt haben.

Was auch immer der Grund sein mag, das Resultat ist ein Zuviel – mehr als unser Organismus braucht oder verträgt. Das Ergebnis ist Krankheit. Ein hoher Prozentsatz dessen, was die westliche Medizin behandelt, sind die Auswirkungen von Süchten und Abhängigkeiten, ohne dass die Sucht selbst behandelt wird. Esssucht steht auf der Liste weit oben.

Alkohol, Drogen (gesellschaftliche und verschreibungspflichtige), Tabak, Zucker, Koffein – die Liste könnte endlos weitergehen. Wenn wir einmal damit beginnen, ist Exzess oft das Ergebnis in einer Gesellschaft, die zu Süchten ermutigt.

Diese Exzesse verwüsten nicht nur den Körper, sie verwüsten und vergiften die Kultur und die Umwelt.

Die vielleicht qualvollste Sucht, der qualvollste Exzess und die qualvollste Krankheit, mit der ich in meinem Berufsleben und im Leben allgemein umgehen musste, ist Sexsucht.

Freud hatte, wie gesagt, recht. Wahrscheinlich hatten all die Frauen, die ihm gegenüber Inzest oder sexuelle Belästigung offenbarten, diese tatsächlich erlebt. Zur Erinnerung: Er richtete seine „Interpretation" (wie gefährlich Interpretationen sind!) so aus, dass sie als Wunscherfüllung oder als Fantasien erschienen, anstatt die Frauen in ihrer Wirklichkeit zu unterstützen. Und er öffnete tatsächlich die Tür (wenn auch nur einen Spalt breit) zu einer Bewusstheit um sexuelle Belästigung und um sexuelles Ausagieren. Aus meiner therapeutischen Arbeit und der Praxis von Kolleginnen, die hellhörig für solche Hinweise waren, sage ich, dass von fünf Frauen mindestens eine oder zwei auf die eine oder andere Weise sexuell missbraucht wurden. Auch eine hohe Prozentzahl von Jungen wurde missbraucht. Und das ist nur die Spitze des Eisbergs. Kinderpornografie. Kinderprostitutionsringe. Ausländische Prostitutionsringe. Politiker, die sich heimlich Mätressen halten. Der Kauf von Kindern in Asien als Sexobjekte. Die meisten von uns „guten Menschen" möchten diese Dinge nicht sehen. Oder wir haben, wenn wir sie kurz zu sehen bekommen, „einfach nicht die Kraft, uns darauf einzulassen". Ich war schockiert, als ich erfuhr, wie viele Sektenrituale Sex mit und Mord an Menschen beinhalteten, die Kleinkinder und Familienmitglieder „aufgaben", um ihre eigene Haut zu retten. Was sich im Untergrund unserer Kultur versteckt, lässt die Exzesse des alten Roms vor seinem Fall weniger exzessiv erscheinen. Die wenigen Menschen, die es wagten, einige dieser Probleme aufzugreifen, haben mit Recht um ihr Leben gebangt. Jedes Jahr gibt es im Fernsehen Dokumentarfilme über das Sexgeschäft mit Kindern in Asien, und viele der Kunden sind amerikanische Geschäftsleute. Doch hören wir sehr wenig über die Sex-Sklavinnen, die aus Osteuropa in die USA gebracht werden, wo sie ihrer Meinung nach als Kindermädchen arbeiten sollen.

Nicht nur die Existenz eines solchen sexuellen Ausagierens, sondern auch unsere Weigerung, uns damit auseinanderzusetzen, sind definitiv Beispiele für den Verfall einer Kultur. Vielleicht hat es diese Art von Menschenhandel und Sklaverei schon immer gegeben und kommt erst jetzt aufgrund der Technologie ans Licht. Daran ist sicher etwas Wahres. Doch ich glaube, die meisten von uns werden zugeben, dass die Art, wie wir uns kleiden, die Filme, die wir sehen, die Überschriften in den Zeitschriften in unserem Bewusstsein die Frage aufwerfen: „Was läuft hier falsch?" Wann wurde Sexualität abgetrennt von Intimität und Liebe?

Die Exzesse des Geistes, die ich hier ansprechen möchte, sind einfach. Wir leben in einer Kultur, die von unserem denkenden, bewussten, rationalen Verstand vollständig betäubt ist. Wie schon gesagt, wir können uns in alles hinein- und aus allem herausdenken. Unser Denken ist so verkopft und unkörperlich geworden, dass es zuweilen keinen Sinn ergibt. Wir können alles rechtfertigen, selbst wenn wir <u>wissen</u>, dass es völlig falsch ist.

Jensen wies auf die Parallelen von Hitlers Einmarsch in Polen im Jahre 1939 und dem Einmarsch der Amerikaner in den Irak im Jahre 2003 hin. Er sagte, Hitler habe den Einmarsch damit gerechtfertigt (hört sich das bekannt an?), dass Polen Deutschland bereits angegriffen hätte. Laut Jensen steckte unter dieser ersten Lüge (Anm. der Autorin: Lügen ist eine unserer geistigen Exzesse) die zweite Lüge, die Hitler sich und anderen einredete: Die arische Rasse brauche mehr Raum. Jensen sagt, er wisse nicht, ob Hitler an diese Lüge glaubte, da er bereits den Bereich des bewussten Lügens verließ zugunsten des halb bewussten oder unbewussten Bedürfnisses, das, was er tun wollte, zu rechtfertigen.

Dieser Prozess hat eine große Ähnlichkeit mit dem Prozess eines Süchtigen und mit dem, was ich als Suchtgesellschaft beschrieben habe.

Jensen weist weiter darauf hin, dass Hitlers Überzeugungen auf dem Glauben basierten, die arische Rasse sei allen osteuropäischen Europäern überlegen und verdiene das Land.

Wenn wir einmal damit begonnen haben, einander anzulügen und die Lügen als real zu akzeptieren, geraten wir in große Schwierigkeiten – als Einzelne und als Nationen.

Wie ersichtlich, können Exzesse des Geistes zu Rassismus, Kriegen, Verwüstung und bewusstlosem Ausagieren führen.

Exzesse des Geistes sind sehr viel schwieriger zu erkennen und sie sind meistens Exzesse des Intellekts. Was für viele religiöse Gruppen als Geist angesehen wird, kann unter dem Einfluss extremistischen Denkens zu Dogmatismus und Gewalt führen. Wie bei dem Symptom Denken erläutert, können wir uns in alles hineindenken, und wenn dieses Denken nicht ausbalanciert wird durch unsere Intuition, unsere Vernunft und durch klare spirituelle Werte, kann es sehr verzerrt werden.

Eines der stärksten Anzeichen dafür, dass eine Gesellschaft in Schwierigkeiten steckt, ist vielleicht die fanatische und hektische Suche vieler Menschen nach einer religiösen Rechtfertigung, damit sie ihre Exzesse ausleben können.

Sofortige Befriedigung befriedigt nicht. Sie erschöpft. An dieser Stelle scheint es mir angebracht, eines meiner Lieblingsgedichte beizufügen.

GLEICHGÜLTIGKEIT

Als Jesus nach Golgatha kam, hingen sie Ihn an einem Baum auf.
Sie schlugen lange Nägel durch seine Hände und Füße,
und machten ein Golgatha.

Sie krönten Ihn mit einer Dornenkrone, Seine Wunden
waren rot und tief,
Es waren harte und grausame Tage, und menschliches Fleisch
war billig.
Als Jesus nach Birmingham kam, liefen sie einfach an Ihm vorbei,
Sie krümmten Ihm kein Haar, sie ließen Ihn nur sterben;
Denn die Menschen waren weicher geworden und wollten Ihm
kein Leid antun,
Sie liefen nur an Ihm vorbei und ließen Ihn im Regen stehen.
Trotzdem bat Jesus: „Vergib ihnen, denn sie wissen nicht,
was sie tun."
Und weiter fiel der Winterregen, der Ihn durchnässte;
Die Menge ging heim, die Straßen waren menschenleer,
Und Jesus kauerte an einer Mauer und sehnte sich nach Golgatha.

Von Geoffrey Anketell Studdert Kennedy (1883 – 1929)

Zusammenfassung

In diesem Kapitel haben wir erforscht, wie unsere Beziehungen zu uns selbst und
zu anderen ein Symptom größerer Belange ist.

Wir haben uns angesehen, wie allgegenwärtig Lügen und Unehrlichkeit sind
und auf eine gefährdete Gesellschaft und Weltsicht hinweisen.

Wir haben die seit Langem akzeptierte tägliche Gewalt wahrgenommen und
sie dadurch gewürdigt, und wir haben das Ausmaß unserer Exzesse untersucht.

Die Kapitel über die Symptome in diesem Abschnitt beinhalten nur einen
ganz kleinen Teil der Symptome, die wir hätten untersuchen können. Sie sind
nicht verborgen und mehr als miteinander verflochten. Sie sind voneinander abhängig und bilden das Gewebe einer Kultur, einer Wissenschaft und einer Weltsicht, die nicht mehr funktionieren und vermutlich nie funktioniert haben. Sich
auf irgendeines dieser oder anderer Symptome zu konzentrieren, könnte uns ein
Leben lang ablenken. Wie schon oft gesagt wurde: „Wir wissen nicht, ob eine
Demokratie funktioniert oder nicht. Es wurde noch nie ausprobiert."

Sicherlich haben wir uns als Menschheit mit Kräften bemüht, dieser Einstellung zum Leben zum Erfolg zu verhelfen. Es ist zu hoffen, dass wir aus unseren

Fehlern gelernt und uns ein paar lehrreiche Fähigkeiten und Erkenntnisse angeeignet haben, die von Nutzen sein werden, wenn wir uns aufmachen, eine gesündere Lebensweise mit uns selbst, miteinander und mit dem Planeten zu erkunden.

Meiner Überzeugung nach haben wir alles, was wir brauchen, um an einem Prozess teilzunehmen, der sich zu dem entfalten wird, was für alle von uns nötig ist. Das gelingt jedoch nicht, wenn wir uns nur auf unseren Nabel oder auf die Symptome konzentrieren und nicht gleichzeitig unsere Augen und Herzen auf das größere Bild ausrichten. Wir müssen uns mit den Symptomen unserer Dysfunktion als Gesellschaft befassen und dürfen uns von ihnen nicht so sehr hypnotisieren lassen, dass wir unser Augenmerk nicht mehr darauf richten herauszufinden, warum und wie wir sie überhaupt haben aufkommen lassen und ihnen so viel Macht einräumten.

Statt eines dualistischen Entweder/Oder brauchen wir ein „Sowohl-als-auch-und-mehr".

Eine meiner Leserinnen äußerte, die Informationen in diesem Kapitel hätten sie „deprimiert", da sie kraftvoll und unerbittlich seien. Ich nahm Anstoß an ihrer Aussage, ich hätte sie deprimiert. (Niemand kann einen anderen dazu bringen, sich deprimiert zu fühlen – es sei denn, dieser entscheidet sich dafür!) Und ich stimmte ihr zu, dass die Informationen kraftvoll und unerbittlich und wahr sind. Und das Aussprechen der Wahrheit ist immer ermächtigend.

Die Wahrheit ist, dass Frauen nicht in den immer gleichen alten Bahnen weitermachen und für die immer gleichen Themen kämpfen können – wie z. B. der Kontrolle über unseren Körper und das Recht, über unsere Fortpflanzung zu bestimmen.

Es sind wichtige Themen. Wenn wir nicht die Symptome verändern, wie es nur Frauen und indigene Menschen tun können, und wenn wir dabei nicht die Führung übernehmen, weil wir den Finger am Puls eines anderen Systems haben, werden wir uns tatsächlich weiterhin im Kreis drehen wie ein Mensch, der mit einem Fuß am Boden angenagelt ist. Wir werden wieder und wieder die gleichen Themen behandeln, als ob sie neu wären. Wir müssen anerkennen, dass jede Kultur von Menschen entwickelt wird, und dass unsere von Männern gemacht ist, mit unserer Hilfe und unserem geheimen Einverständnis. Da unsere Kultur von Männern gemacht ist, besteht die Gefahr, dass sie die blinden Flecken ihrer Erschaffer widerspiegelt. Die Geoffrey Anketell Studdert Kennedy-Menschen mit weniger Macht und weniger Einfluss in unserer Kultur haben eher die Möglichkeit, weniger am Status quo interessiert zu sein – es sei denn, sie hätten das verzweifelte Bedürfnis, von ihrer Kultur akzeptiert zu werden. Viele der von mir angesprochenen Symptome akzeptieren wir als „natürlich" und „notwendig". Ich sehe sie als Symptome und Süchte eines kranken Systems.

Die Suchtgesellschaft entspricht mehr der männlichen Natur, da Männer sie gestaltet und entwickelt haben.

Und sie entspricht auch mehr der Art und Weise, wie ihr Gehirn funktioniert. Sie entspricht im Allgemeinen weniger der Natur von Frauen und kann (zum Überleben) leicht erlernt werden. Und wir haben sie gelernt.

Das Gute daran ist, dass alles, was gelernt wurde, auch wieder verlernt werden kann.

Man sagt von den Süchten, sie seien hinterhältig, verwirrend, machtvoll und geduldig, und das stimmt.

Auf das Patriarchat (das Suchtsystem) trifft dies alles auch zu, und es wird alles tun, um seinen Fortbestand zu sichern, koste es, was es wolle (das Leben von Menschen, Tieren, der Natur, des Planeten).

Doch wir wissen, dass Genesung möglich ist für jene, die wirklich genesen wollen (nicht für all diejenigen, die sie so dringend brauchen – für jene, die sie wollen).

Und ich glaube, dass Frauen sie heute wollen. Sehr wollen.

Hier liegt das Problem, das dieses Buch anzusprechen versucht.

Das derzeit herrschende System verbreitet sich auf der ganzen Welt. Es ist dysfunktional und nicht gut für die Menschen, Tiere, die Natur oder den Planeten.

Wir müssen dies als Frauen erkennen und uns aktiv für die Entwicklung eines besser funktionierenden Systems einsetzen. Die Zeit für „Heilpflaster" ist vorbei. Wir können und werden reale Veränderungen zustande bringen, wenn wir uns selbst genug vertrauen und uns mit den Stoppern, die uns schweigen lassen und uns „auf unseren Platz" verweisen, auseinandersetzen und sie überwinden.

Gehen wir nun weiter und untersuchen wir einige der „Stopper", die wir benutzen, um dem, was wir tun müssen und können, auszuweichen – im tiefsten Inneren wissen wir darum.

Lasst uns ansehen, wie wir uns selbst „stoppen" und wie wir uns von anderen „stoppen" lassen.

Kapitel V

Stopper

EINFÜHRUNG

A ls ich mir die Fülle an Material und Beispielen ansah, die ich für dieses Kapitel gesammelt hatte, schlug ich die Hände über dem Kopf zusammen und sagte mir: „Das ist zu viel! Das schaffe ich nicht", und dann schlussfolgerte ich: „Ich sollte ein Buch schreiben, das nur Stopper zum Thema hat, und dann aufhören." Nach nur wenigen Sekunden erinnerte ich mich daran, warum für mich das Benennen unserer Stopper so wichtig ist. (Stopper sind das, was wir innerlich und als Kultur im Ganzen dazu benutzen, um uns abzuhalten vom Wachsen, vom Verwirklichen unseres Potenzials und von dem, was wir tun könnten.)

DENN WENN WIR NICHT BENENNEN, WAS UNS FRAUEN ZU-RÜCKHIELT UND WEITER ZURÜCKHÄLT, BERAUBEN WIR UNS ALLE DER FÄHIGKEIT, VORANZUKOMMEN.

ALS ENGAGIERTE FRAUEN MÜSSEN WIR DIE VERANTWOR-TUNG FÜR UNSERE STOPPER BENENNEN, SIE ANERKENNEN UND ENTSPRECHEND HANDELN! SICH ANDERS ZU ENTSCHEI-DEN, HIESSE, SICH FÜR NICHT-ENGAGEMENT UND SPIRITUEL-LEN TOD ZU ENTSCHEIDEN. UNTERSCHÄTZE NIE DIE KRAFT, DIE DARIN LIEGT, DIE DINGE BEIM NAMEN ZU NENNEN!!

So einfach ist es.

Feministinnen wissen nur zu gut, dass die Dinge nicht zu benennen eine der Verhaltensweisen ist, wie wir uns selber stoppen, uns von anderen stoppen lassen und so auf dieser langen Reise des Menschseins nicht unseren Beitrag leisten. Die Kraft des Benennens und die Wechselbeziehung, die es in allen Kulturen zwischen dem Benennen der Dinge und dem gesellschaftlichen Voranschreiten gibt, dürfen nie unterschätzt werden.

Der Hauptbeitrag der zweiten Phase des Feminismus bestand deshalb zum Teil darin, die Dinge beim Namen zu nennen, die Kraft des Benennens aufzuzeigen und ins Bewusstsein zu heben. Wir benannten die inneren und die äußeren Stopper, sobald wir uns ihrer bewusst wurden, und sogar durch diesen einfachen Vorgang befreiten wir uns und hoffentlich auch unsere weiblichen und männlichen Kinder und nachfolgende Generationen von ihrer Macht über uns.

Soweit ich es überblicken kann, ist es uns Frauen der zweiten feministischen Phase mit ein paar Umwegen gelungen, unsere Stopper zu benennen. Dies hat nicht verhindern können, dass neue Stopper entstanden oder dass sich alte Stopper wieder einschlichen, wiedererweckt wurden und ihre hässlichen Fratzen zeigten. Eine Gehirnwäsche, die Jahrhunderte dauert, stirbt nicht so schnell! Und die Gefahr, Stopper einzusetzen, um bewusst oder unbewusst von einem Weiterkommen abzulenken, darf niemals unterschätzt werden.

Ich beschloss also, mich in diesem Buch darauf zu konzentrieren, die bisher bekannten sowie einige neue, kreative Stopper für neue Generationen zu benennen und zu erklären. Denn wir brauchen so viele Informationen wie möglich, um für die nächsten Schritte gewappnet zu sein.

Ich wiederhole es: Stopper sind für mich all das, was uns verbal oder nonverbal von uns selbst, von unseren Mitmenschen oder von unserer Kultur vermittelt wird, was <u>wir in uns aufnehmen</u>, was unser körperliches, emotionales, spirituelles oder berufliches Heilen, Wachsen und Reifen als Frauen stört und uns daran hindert, unseren uneingeschränkten Beitrag zum Wachstum und zur vollen Lebenskraft von uns selbst, der Gesellschaft, der Menschheit und des gesamten Planeten zu leisten.

Alles kann als Stopper fungieren, von unserem persönlichen „Ich kann das einfach nicht" bis hin zur Botschaft unserer Kultur, Frauen seien „von Natur aus minderwertig".

Das ist nicht zum Lachen – diese kulturell eingeimpfte Botschaft existiert noch immer in unserer Welt und noch immer verinnerlichen wir sie und handeln dementsprechend. Schließlich werden die Symptome, Glaubenssätze, Annahmen und Weltanschauungen von Menschen geschaffen. Wenn wir sie geschaffen haben, dann können wir sie, mit größerem Bewusstsein, auch verändern.

Wir <u>können</u> Kulturen schaffen, die freundlicher gegenüber der ganzen Schöpfung sind, und es ist ein guter Anfang, unsere Stopper zu erkennen und uns mit ihnen auseinanderzusetzen.

Es gibt hauptsächlich drei Kategorien von Stoppern, die ich in den Mittelpunkt stellen möchte: Zum einen die negativen Botschaften, die wir uns selbst über uns und unsere Welt einreden, zum anderen der zwischenmenschliche Bereich, und außerdem jene Botschaften, die uns von außen, von unserer Kultur und den Glaubenssystemen, auf die wir uns verständigt haben, auferlegt werden. Natürlich hat vieles von dem, was wir uns einreden, einen kulturellen Hintergrund.

Nachfolgend zähle ich Beispiele auf, die uns gängigerweise davon abhalten, die zu werden, die wir sein könnten, und uns eine entsprechende Lebensweise anzueignen. Diese Beispiele sind nicht vollständig. Sie sind vielmehr Hinweise, damit wir alle besser erkennen, wie wir uns selbst davon abhalten, die zu sein, die wir sein könnten, und uns zu öffnen für die Möglichkeiten, die es für uns alle gibt.

BEISPIELE FÜR PERSÖNLICHE STOPPER

Was wir uns einreden und was uns hemmt:

1. Dieses erste Beispiel umfasst eine Klasse von Stoppern. Ich nenne sie die **Unzulänglichkeits- oder Negativkategorie.**

   Ich bin zu dumm.

   Ich bin zu dick.

   Ich bin zu dünn.

   Ich bin zu alt, zu jung, zu klein, zu groß.

   Ich bin nicht hübsch genug.

   Ich sehe zu hübsch aus – die Leute meinen, ich habe keinen Verstand. Sie sehen nur das Äußere.

   Ich bin zu schlau. Das schreckt die Leute ab.

   Wir reden uns ein, zu dumm zu sein, und deshalb riskieren wir nichts.

   Wir geben uns Botschaften, wie z. B.: „Das könnte ich nie verstehen, selbst wenn ich es versuchte."

   Wir sagen: „Das ist mir zu hoch."

   Oder sogar: „Für so etwas interessiere ich mich nicht."

   Wir reden uns ein: „Das mag für andere stimmen, aber nicht für mich. Das steht mir nicht zu."

Dann geben wir auf und versuchen es nicht einmal. Wir glauben, es gäbe bestimmte Dinge, die wir lernen könnten, und andere (Mechanik, Kernphysik), die unzugänglich für uns seien.

Wir meinen, auf jedem Gebiet Fachleute zu brauchen, denn wir könnten unmöglich unseren eigenen Körper verstehen und auf ihn hören, um beispielsweise zu wissen, welche Nahrungsmittel gut für uns sind oder wie wir uns um unsere persönliche Gesundheit kümmern können. Wir geben unsere Macht ab an jeden, der sie haben möchte.

Haben wir falsche Vorstellungen vom Vorgang des Verstehens – wie er abläuft und warum er wichtig ist?

2. Wir befürchten, dumm auszusehen oder uns dumm anzuhören.

Frauen sind verzweifelt bemüht, nicht als dumm zu erscheinen. Wenn sich also unsere Wahrnehmungen von denen der anderen unterscheiden, äußern wir sie nicht, weil unsere Angst, als dumm oder einfältig dazustehen, stärker ist als die Möglichkeit, eine neue Idee zu erkunden.

3. Wir haben Angst, einen Fehler zu machen.

Die Frauen meiner Generation hatten so sehr den Glaubenssatz verinnerlicht, ein Fehler zu <u>sein</u>, dass wir uns davor hüteten, Fehler zu machen oder Fehler zuzugeben.

„Die Erbsünde, als Frau geboren zu sein" versicherte uns, es gäbe etwas grundlegend „Falsches" an uns. Wir machten nicht nur Fehler. Wir <u>wären</u> von Natur aus irgendwie ein „Fehler".

Ein indigener Ältester erzählte mir einmal, dass in seinem Glaubenssystem ein spiritueller Krieger, eine spirituelle Kriegerin eine Person ist, die täglich 30 bis 50 Fehler macht und sich nach jedem einzelnen Fehler dem Schöpfer zuwendet und aus dem Fehler lernt.

Wir könnten anfangen, unsere Fehler als Chancen zum Lernen zu sehen.

4. Wir benutzen Angst als Stopper

Als ich als Therapeutin arbeitete und mir meine Klientinnen von verbalem Missbrauch berichteten, pflegte ich sie nach ihrer Reaktion zu fragen und ihre Antwort lautete immer: „Nichts."

Fragte ich sie nach dem Grund, war die Antwort fast immer: „Weil ich Angst hatte."

Es gibt durchaus Situationen, in denen wir generell gefährdet sind – wenn zum Beispiel geschlagen wird. Doch oft benutzen wir Angst als „Stopper".

Wie oft haben Menschen zu mir gesagt: „Ich hatte Angst" und mir zu verstehen gegeben, ihre Angst sei ein legitimer Grund dafür, nicht zu handeln, selbst wenn sie wirklich in Gefahr waren.

Unsere Angst zu spüren ist eine wichtige Fähigkeit, die wir Menschen haben. Doch wenn wir uns einfach nur deshalb zurückhalten, weil wir Angst haben – ist sie ein Stopper. Angst ist nicht immer ein Freibrief für Nichthandeln.

Wenn ich sehe, dass Angst auf diese Weise benutzt wird, ist meine Antwort oft: „Na und?"

Ich möchte hier klarstellen, dass ich nicht sagen will, es gäbe keine Situationen, wo es am besten ist, zu schweigen oder nicht zu handeln, und meiner Erfahrung nach benutzen wir Angst oft als Grund, nichts zu tun. Angst ist in Ordnung. Angst ist klug. Angst ist ein Geschenk, das wir Menschen besitzen, um uns selbst zu erhalten. Und, wenn wir sie als Stopper einsetzen, ist Angst dysfunktional.

Auf die eine oder andere Weise ist Angst oft der Ausgangspunkt fast aller Stopper, die wir uns einreden, benutzen zu müssen. Doch ich glaube nicht, dass wir Angst benutzen müssen, um uns vom Wachsen und Weiterentwickeln abzuhalten. Wir sind diejenigen, die sie benutzen, um uns zurückzuhalten, zu stoppen. Wir können anders mit unserer Angst umgehen. Wir können uns die Angst spüren lassen (das ist in Ordnung) und weitergehen. Angst braucht uns nicht zu blockieren.

Wenn also jemand äußert, sie habe Angst und ich mit einem „Na und?" nachhake, sage ich meistens darauf: „Das ist in Ordnung. Es ist in Ordnung, Angst zu spüren. Angst zu spüren gehört zu unserer Ausstattung als Menschen. Und stell dir vor, was geschehen würde, wenn wir sie, anstatt uns damit zu blockieren, einsetzen würden, um uns zu motivieren und etwas zu unternehmen in Bezug auf das, was wir fürchten." Das Gefühl zu spüren, ist nicht schlecht. Es als Chance zu nutzen, um zu wachsen, um sich selbst bewusster zu werden und sich vielleicht für notwendige Veränderungen einzusetzen, ist aufregend.

5. Ein weiterer persönlicher Stopper ist **die Überzeugung, wir hätten keine Wahl.** Wir stoppen uns mit der Überzeugung, wir hätten keine Wahl. Ich hatte einmal eine Freundin, die als Einzelkind auf einer Farm aufwuchs. Sie hatte sehr strenge, autoritäre Eltern. Sie vermittelte den Eindruck, ständig in einer Zwickmühle zu stecken und nicht zu wissen, „was sie tun sollte". Ich setzte mich dann zu ihr und sagte: „Okay, schauen wir uns mal an, welche Möglichkeiten du hast."

„Ich habe keine", war die übliche Antwort.

„Gut, dann lass uns mal ein paar Möglichkeiten durchspielen."

Dieser Vorschlag stieß immer wieder auf einen verständnislosen Blick. Daraufhin machte ich mich daran, mir Möglichkeiten auszudenken – was ich, wenn ich das sagen darf, sehr gut kann. Tatsächlich sage ich oft: „Optionen sind Reichtum." Ich meine tatsächlich: Wer keine Optionen hat oder meint, keine zu haben, ist wirklich arm dran.

Nachdem wir mehrere Male ein solches Gespräch geführt hatten, kam ich zu dem Schluss, ich müsse mich zurückhalten, wenn mein Freundin etwas lernen sollte. Ich müsse auf die Freude, mir Optionen auszudenken, verzichten und meinen Mund halten. Als dann wieder einmal der wohlbekannte, verständnislose Blick in ihren Augen auftauchte, fragte ich sie, wo das Problem liege und warum sie anscheinend nicht in der Lage sei, Wahlmöglichkeiten für sich zu finden. Sie sah mich ein bisschen ängstlich an und sagte dann: „In meiner Familie gibt es keine Wahlmöglichkeiten. Es gibt die Art und Weise, wie wir es machen und wie wir es sehen (was immer ‚es' war), und sonst gibt es nichts." Mittlerweile schien sie sich ziemlich unwohl in ihrer Haut zu fühlen.

„Meinst du, die Art und Weise, wie deine Familie es macht und die Art und Weise, wie andere es machen?", fragte ich vorsichtig.

„Nein", antwortete sie. „Es existiert die Art und Weise, wie es die anderen machen, nicht. Es gibt nur unsere Art und Weise und das war's dann."

Ich war so traurig. In dieser Familie herrschte prädualistisches Denken. Das konnte ich mir nur schwer vorstellen. Das dualistische Denken, das wir in der westlichen Kultur entwickelt haben, ist schon schlimm genug – aber prädualistisches Denken! Das ist wirklich primitiv.

Durch unsere Erziehung und unsere Lebenszusammenhänge werden wir davon abgehalten, zu sehen, was wir sehen, zu wissen, was wir wissen, und spirituell und emotional zu wachsen. Unsere Entwicklung zu einer eigenständigen Person besteht zum Teil darin, sich der von den Eltern übernommenen blinden Flecke bewusst zu werden und sie für uns selbst zu überprüfen. Einige Menschen machen das nie, was dazu führt, dass es in ihnen große Bereiche des Unbewussten gibt. Der Mangel an Bereitschaft, unsere tiefe, persönliche, emotionale Arbeit zu tun, füttert unsere Ängste, unterstützt unser Schweigen und dient als Haupt-„Stopper" unseres Wachstums und unserer Bewusstwerdung.

6. Ein weiterer persönlicher Stopper, der oft auftritt, wenn Menschen zu wachsen und sich zu verändern beginnen, ist **früher sexueller Missbrauch** und die damit einhergehende **Verleugnung**. Verleugnung findet nicht nur im Fall von sexuellem Missbrauch statt. Sie kann in jeder Situation auftreten, der wir uns nur widerstrebend stellen. Obgleich Leugnen damals vielleicht hilfreich für uns gewesen ist, um mit der Situation zurechtzukommen, verliert es – zusammen mit anderen Abwehrmechanismen wie der Illusion von Kontrolle oder dem Ignorieren dessen, was geschieht – seinen Nutzen, wenn wir wachsen und reifen. Es kann sogar destruktiv wirken, wenn wir diese altbewährten wahren „Freunde" weiterhin einsetzen.

Viel häufiger als es Frauen (oder Männer!) zugeben wollen, wurden viele von ihnen als Kinder sexuell missbraucht. Ich weiß nicht, ob diese Art von Missbrauch zunimmt oder ob wir einfach ehrlicher damit umgehen. Gewiss, zu Sigmund Freuds Zeiten gab es Missbrauch, aber aus beruflichen Gründen (seiner eigenen Anerkennung in der Medizin) entschloss sich Freud, diese Erfahrungen als Fantasien und Wünsche zu bezeichnen. Dieses „falsche Benennen" hat dazu geführt, dass wir uns mehr als 100 Jahre lang mit diesem Phänomen eines tatsächlich existierenden Problems nicht auseinandergesetzt haben und erst jetzt damit beginnen. Das Freud'sche „Benennen" zeigt uns deutlich, wie viel Macht Benennen und „falsches Benennen" auf die Entwicklung der Menschheit hat!

Bei vielen jungen Frauen, mit denen ich gearbeitet habe, hatten diese unausgesprochenen Erfahrungen sexuellen Missbrauchs einen großen Einfluss auf ihr Leben. Ich stimme nicht überein mit Psychotherapeuten, die fordern, diese Frauen müssten ihren Täter konfrontieren und ihn bestrafen, um frei zu sein. Meiner Erfahrung nach wird die Frau dadurch erneut zum „Opfer" gemacht, dieses Mal durch den Therapeuten, der ihr „die Antworten des Therapeuten" eingibt. Außerdem gerät die Frau in den alten Opfer/Täter-Dualismus, und für Menschen, die einmal darin feststecken, ist Heilung sehr schwierig, wenn nicht gar unmöglich, wenn sie ebenfalls zu Tätern werden. Letztendlich muß sich jede Frau als Individuum auf ihre eigene Weise den Gefühlen aus diesen Erfahrungen stellen und sie durcharbeiten. Die damit verbundenen Gefühle zu ignorieren oder sie in sich zu vergraben, heißt, ihnen Macht über unser Leben zu geben.

Um unsere Erfahrungen äußern zu können, müssen wir uns ihrer bewusst werden und dann zu ihnen stehen.

Und, sich dazu zu bekennen ist, als ob wir eine große Dose voller Würmer öffneten, ohne uns sicher zu sein, dass wir emotional, spirituell, intellektuell oder gesellschaftlich in der Lage sind, damit umzugehen. Deshalb leugnen wir, deshalb verdrängen wir.

Das Wunderbare daran ist: Wir wissen darum. Auf einer bestimmten Ebene, im tiefsten Inneren unseres Wesens, wissen wir darum. In der Leben-im-Prozess-Arbeit und der damit verbundenen Tiefenprozessarbeit haben wir festgestellt, dass auf einer bestimmten Ebene unseres Wesens unser – was? – nun, nennen wir es unser Höheres Selbst, will, dass wir uns mit unseren Erfahrungen und Gefühlen auseinandersetzen. Jenes Höhere Selbst steigt immer wieder aus unserem Unbewussten nach oben, um uns die Gelegenheit zu geben, unseren spirituellen Weg zu verfolgen und von unseren Erfahrungen und unserer Konditionierung zu heilen.

Verleugnen und Unterdrücken sind unsere wenig hilfreichen „Freunde" geworden. Manchmal sind sie so sehr ein Teil von uns (zumindest glauben wir das!), dass wir uns nicht vorstellen können oder auch nur den Gedanken hegen wollen, ohne sie zu leben.

Doch wie das mit vielen alten „Freunden" (besonders jenen in unserem Inneren) oft ist, erreichen wir in unserem Wachstum und unserer Bewusstheit einen Punkt, an dem wir wirklich weitergehen müssen. Allzu oft bringt uns genau das um, was für uns als Kinder Überlebenstechniken zu sein schienen und was uns damals, als wir noch weniger Fähigkeiten hatten, am Leben erhielt. Jetzt allerdings hemmen sie unser Bewusstwerden und unser Wachstum. Oft grauen wir uns davor, den nächsten Schritt zu tun (Na und?). Außerdem: Ich habe festgestellt, dass unser inneres Wesen uns niemals etwas zum Bearbeiten und Klären schickt, für das wir nicht bereit sind und das wir nicht bearbeiten können. Dies trifft auf uns als Individuen zu und auch, da bin ich mir sicher, auf uns als Nation. Gerade die Tatsache, dass etwas in uns aufsteigt, ist ein Indiz für die Stärke und das Bewusstsein, das wir entwickelt haben, desweiteren dafür, wie weit wir gekommen sind, und außerdem, dass wir uns damit befassen müssen. Ich habe es bei Einzelpersonen gesehen, ich habe es in Systemen beobachtet, und ich sehe es jetzt in meinem geliebten Land und auf diesem geliebten Planeten Erde. Derzeit scheinen viele Themen aufzutauchen, mit denen wir uns auseinandersetzen und für die wir bereit sein müssen.

Meiner Erfahrung nach schleppt jede von uns auf ihrem Lebensweg eine ganze Reihe von Erfahrungen mit sich, von denen wir heilen müssen. Auf einer gewissen Meta-Ebene ist es wirklich bedeutungslos, welche Erfahrungen das sind. Unsere Aufgabe besteht darin, sie auf einer körperlichen (Erinnerungen werden im Körper gespeichert), seelischen und spirituellen Ebene zu benennen, sich ihnen zu stellen, sie durchzuarbeiten, die Lehren aus diesen Erfahrungen zu ziehen und sie auf unserem Weg zur Ganzheit des Seins zu integrieren. Wirklicher Schaden entsteht dann, wenn wir mit diesen Blockaden <u>nicht</u> umgehen, sie eitern lassen und keine Lehren aus ihnen ziehen, die uns helfen, aktivere und voll am Leben teilnehmende Frauen zu werden.

Freud entwickelte die Theorie, Verleugnung sei einer der wichtigsten Abwehrmechanismen. Nach Freud sind sie nicht nur schlecht. Sie helfen uns, schwierige Situationen zu meistern, und wenn wir älter werden, nimmt ihr Nutzen hoffentlich ab.

Wenn wir zum Beispiel von einem Elternteil, das uns eigentlich schützen und für uns sorgen soll, sexuell belästigt werden, besteht eine der Möglichkeiten, wie das Kind damit umgehen kann, darin, so zu tun, als sei nichts geschehen (Verleugnung). Setzt sich der Missbrauch fort und/oder ist das Kind davon schwer geschädigt, kann sich dieses Verleugnen zu einer Verdrängung entwickeln (es geschieht nichts – alles ist „normal"). Oder, wie ich das in Alkoholikerfamilien mit einem cholerischen, ausfallenden Trinker erlebt habe, gibt es den Mythos, Mutter (Papa, Bruder, Großvater) seien gar keine Alkoholiker – sie tränken nur manchmal einen über den Durst – das sei normal. Oder, wie im Falle unserer Regierung, weigern wir uns einfach zu glauben, die von uns gewählten Staatsdiener könnten unmoralisch, Betrüger und Gesetzesbrecher sein. Wir fühlen uns mit unserer Verleugnung wohler. Wir wollen nicht sehen, was wir sehen, und nicht wissen, was wir wissen, und deshalb leugnen und unterdrücken wir jene tiefen Gefühle des Unbehagens und drängen sie immer weiter aus unserem Bewusstsein hinaus. Wir setzen unsere „Stopper" ein.

7. **Passivität** ist ein Stopper, den Frauen benutzt haben und benutzen, um sich sicher zu fühlen.

Passivität reicht von einem ganz stillen und ruhigen Verhalten, damit uns ja niemand bemerkt (oder verletzt) bis hin zu einer sehr aktiven, kontrollierenden Passivität, die im Grunde eher aggressiv als passiv ist und einen sehr hinterhältigen Versuch darstellt, unsere Umgebung zu kontrollieren.

Oberflächlich betrachtet sieht die Person sanft und nachgiebig aus. Dahinter verbirgt sich ein eiserner Wille.

Im weiteren Verlauf dieses Kapitels werden wir den Brief einer Frau lesen, die beschreibt, wie sie sich dieses persönlichen Stoppers bewusst wurde und wie sie ihm entwächst.

8. **Ärger** kann ein weiterer persönlicher Stopper sein, wenn wir ihn nicht durcharbeiten. Während meiner „Wutphase" begann ich, meinen Ärger als himmlischen Reinigungsprozess zu erkennen, der Jahre (Jahrhunderte!) der Unterdrückung von Frauen aus mir herausschwemmte. Anfangs konnte ich erkennen, dass mein Ärger als Stopper für mich wirkte, und als ich ihn benannte, ihn eingestand, ihn „in Besitz nahm" und durchzuarbeiten begann, lernte ich ihn schätzen und genießen, und er war kein Stopper mehr. Er ist ein Freund. Ich werde kaum mehr ärgerlich. Und wenn ich es werde, genieße ich es, lade meinen Ärger auf niemandem ab und fühle mich nicht mehr dafür schuldig.

9. **Schuld** war und ist immer noch ein großer Stopper für Frauen. Es ist eigentlich gut, sich schuldig zu fühlen, wenn wir etwas falsch gemacht haben. Und, sich sinnlosen Schuldgefühlen hinzugeben, wirkt als starker Stopper.
Frauen können wegen allem und jedem Schuldgefühle haben. Wenn wir tatsächlich etwas <u>Falsches</u> gemacht haben, ist es gut, den Fehler zu benennen, ihn einzugestehen, Wiedergutmachung zu leisten und weiterzugehen. Im Falle kultureller Schuld ist das nicht so einfach.

Obwohl die heutige Generation von Frauen an ihrem Arbeitsplatz leichter das tun kann, was sie will, höre ich viele dieser Frauen sagen, sie hätten starke Schuldgefühle, weil sie nicht zu Hause bei ihren Kindern sein.

Obgleich Frauen heute mehr Freiheiten haben, sich in der Geschäftswelt auszuzeichnen und die Stufen der gesellschaftlichen Klassen und des geschäftlichen

Erfolges hinaufzusteigen, sprechen manche immer noch von unterschwelligen Schuldgefühlen, selbst wenn sie wissen, dass sie vermutlich keine so tollen Vollzeit-Mütter wären. Oder wir fühlen uns als Co-Abhängige schuldig, wenn wir etwas für uns selber tun und uns nicht ständig um die anderen kümmern.

Dies sind nur einige Beispiele von Stoppern, mit denen wir Frauen uns selbst davon abhalten, das zu tun, was wir tun müssen.

BEISPIELE FÜR ZWISCHENMENSCHLICHE STOPPER

1. Es gibt viele zwischenmenschliche **Stopper, die wir benutzen, um uns zurückzuhalten.** Nachfolgend gebe ich eine repräsentative Einführung in jene Stopper, die wir einsetzen, um unser Bewusstwerden und unser Wachstum zu hemmen und uns „festzuhalten". Es gibt weitere zwischenmenschliche Stopper, wie zum Beispiel: „Vermeide, dass sich die anderen durch dich unbehaglich fühlen" oder „Niemand wird mich mögen" und „Ich werde alle meine Freunde und Freundinnen verlieren", die zu einer ganzen Kategorie zwischenmenschlicher „Stopper" gehören.

2. Schuldzuweisungen
Tatsächlich können wir fast alles benutzen, um uns von unserem Wachsen und Bewusstwerden abzuhalten. Und wir können allem und jedem die Schuld daran geben und diese Schuldzuweisung dazu benutzen, unsere eigene innere Arbeit zu vermeiden: „Es ist seine Schuld", „Sie/er hat mich verletzt", „Ich wäre nicht so, wenn er/sie mir dieses oder jenes nicht angetan hätte", „Wir haben einen schrecklichen Präsidenten" und so weiter und so fort. Ja, Guten widerfährt Böses. Und, nur <u>wir</u> selbst können diese Rechtfertigungen uns selbst gegenüber als Stopper benutzen, um unser Wachstum und unser Bewusstwerden zu behindern. Wie ich zuvor sagte, Menschen, die glauben Opfer zu sein, <u>werden</u> zu Tätern, leider. Diese Tatsache wurde immer wieder bewiesen. Es liegt in unserer Verantwortung, das durchzuarbeiten, was uns geschehen ist, sodass wir das Opfer/Täter-Syndrom nicht fortsetzen. Es liegt an uns, unsere persönlichen Stopper nicht hervorzuholen, um so zu verhindern, die zu werden, die wir sein könnten. Auf einer Meta-Ebene ist das, was uns widerfuhr, eben das, was uns widerfuhr. Es ist Wasser auf die Mühle unseres Wachsens. Wir können uns ein Leben lang

darüber beklagen, wir können es in unser Unbewusstes verdrängen oder wir können darin eine Chance zum Lernen sehen, unsere innere Arbeit tun und herausfinden, was wir aus der Erfahrung <u>lernen</u> müssen. Wir haben die <u>Wahl</u> (da ist es wieder, dieses Wort!).

3. Ein weiterer zwischenmenschlicher Stopper ist: **„Ich möchte sie oder ihn bzw. ihre oder seine Gefühle nicht verletzen."**

4. Ein anderer Stopper ist: **„Wenn ich sage, was ich denke, mag mich niemand."**

5. Ein weiterer Stopper: **„Frauen sollten *nett* sein."**
Wird es langsam klar? Diese zwischenmenschlichen Stopper sind dazu da, uns in der Spur zu halten oder festzulegen, wer wir als Frauen sein sollen.

KULTURELLE STOPPER

Wenn wir die uns unbewussten, systemischen Stopper und die kulturellen Stopper, die uns begegnen, anschauen, ist es immens wichtig, dass wir die Rolle des Unbewussten erkennen. Wir müssen die Glaubenssätze, Werte, kulturelle Konditionierung und das systemische Dogma erkennen, die unser unbekanntes (d. h. unbewusstes) Selbst durchdringen und sich darin festgesetzt haben. Fast immer sind diese Botschaften so tief verinnerlicht, dass wir davon ausgehen, sie seien „wer wir sind" und „so, wie die Dinge sind". Außerdem halten uns die Annahmen, die wir über diese Botschaften treffen, davon ab, sie aufzustöbern und uns zu entscheiden, ob wir sie während unseres Wachsens und Entwickelns in uns aufnehmen oder nicht. Wir alle tragen diese versteckten Botschaften in uns, sie sind verwoben mit unserer DNA und in ihr verborgen. Die unbewussten Entscheidungen, die wir auf Basis dieser versteckten Informationen treffen und denen wir glauben, können wesentlich für unser wahres Wesen sein, und gleichzeitig müssen wir erkennen, dass sie für unser Sein auch destruktiv sein können. Wir sind diejenigen, die ihr Vorhandensein aufdecken und dann über sie entscheiden müssen. Soll wirklicher Wandel geschehen, muss sich unsere unbewusste Programmierung ändern.

Wie Willis Harman schreibt: „Breit angelegte klinische und experimentelle Forschungen unterstützen die These, dass die Wahrnehmung stark beeinflusst wird von unbewussten Glaubenssätzen, die wiederum von Annahmen, Erwartungen, dem Einfluss von Autoritäten, kulturellen Überzeugungen geformt werden." – Von frühester Kindheit an werden wir von dem kulturellen Milieu, in das wir eingetaucht sind, im wahrsten Sinne des Wortes hypnotisiert; wir sehen die Welt so, wie wir geprägt wurden, sie zu sehen. Ich bin zu der Überzeugung gekommen, dass eine Hauptaufgabe des Erwachsenenlebens darin besteht, enthypnotisiert – „erleuchtet" – zu werden, um die Realität so zu sehen, wie sie ist, und „sich selbst zu erkennen".

Unsere unbewussten Annahmen, Überzeugungen und Werte kommen nicht nur von unseren Eltern zu uns, sondern auch von unserer Kultur. Indigene Eltern wissen aus eigener Erfahrung, wie schwierig es ist, ansehen zu müssen, wie die eigenen Kinder Teil einer Kultur werden, die sie, die Eltern, selbst nicht wirklich verstehen oder achten. Doch hat die Kultur, in die wir hineingeboren wurden, einen entscheidenden Einfluss auf die Funktionsweise unseres Unbewussten. Mir sind Menschen begegnet, die diesen Einfluss dadurch zu kontrollieren versuchen, indem sie ihre Kinder zu Hause unterrichten, oder nur Bücher von Autoren lesen, die so denken wie sie selbst. Leider erzeugen diese Kontrollbemühungen allzu oft engstirnige, bigotte Menschen, die Sklaven eines Dogmas sind, für das sie kein Verständnis haben. Sie führen zu offener Rebellion, erzeugen oberflächliche oder sehr aufsässige Menschen. Der Versuch, mit unserer Realität klarzukommen durch die Kontrolle dessen, was in das Unbewusste Eingang findet, hat noch nie gut entwickelte, gesunde, aufgeklärte Individuen hervorgebracht. Unsere Kinder haben eine viel bessere Chance, mit ihrer Welt zurechtzukommen, wenn sie lernen, das Unbewusste zu erkennen und zu respektieren; wenn sie versuchen, es sich bewusst zu machen; wenn sie sich bewusst für das entscheiden, was für sie stimmt; wenn sie Unterschiede erkennen und schätzen; und wenn sie ihre Fähigkeit, eine Wahl zu treffen, verfeinern. Im Prozess dieser Suche lernen wir, mit allem zurechtzukommen, was das Leben uns bietet. Rigide Versuche, jeden Aspekt unseres Lebens zu kontrollieren, führen zu einer Brüchigkeit, die gewalttätig und dysfunktional wird, wenn unsere Überzeugungen vom Leben herausgefordert werden.

Wir sind durchaus fähig, die Realität zu verbiegen, um unser unbewusstes Glaubenssystem zu verteidigen. (Dieses Verbiegen geht meist mit einem tiefen Unbehagen einher, welches, wenn wir offen dafür sind, ein Warnzeichen ist, dass etwas Wichtiges in uns geschieht, das unsere Aufmerksamkeit erfordert.) Oft können wir in solchen Zeiten sogar rational und logisch sein – nur ergibt es keinen Sinn!

Zweifellos wurden wir alle in der westlichen Kultur mehr oder weniger stark von der positivistischen, reduktionistischen, mechanistischen Wissenschaft beeinflusst. Es ist fast unmöglich, ihr zu entgehen. Beispielsweise machen viele evangelikale Christen einen großen Bogen um die meisten Wissenschaften. In ihren Argumenten verwenden sie jedoch oft genau die Grundannahmen dieser Wissenschaft, beispielsweise das dualistische Denken. Wie bereits erwähnt, geht dies historisch gesehen vielleicht auf die Anfänge der modernen Wissenschaft zurück, als die damaligen Wissenschaftler (religiöse Menschen) mit der Kirche die stillschweigende Vereinbarung trafen, dass sie der Kirche alles „Unsichtbare" (nichtpositivistische – alles, was nicht gezählt, gemessen, vorhergesagt und kontrolliert werden kann) überlassen würden, wenn sich die Kirche ihrerseits aus den Forschungen und Experimenten der Wissenschaft und Technik heraushielte. Diese Ehe war keine von denen, bei der beide „glücklich miteinander bis ans Ende ihrer Tage" lebten. Es gab häufig Spannungen und es wurden, wie wir zu sehen beginnen, viele dysfunktionale Nachkommen gezeugt.

Wie Harman sagt, „beeinflusst das durch die Wissenschaft erlangte Wissen die Art und Weise, wie wir die Welt wahrnehmen. Aber wie die Welt in einer bestimmten Kultur erfahren wird, beeinflusst wiederum, welche Art von Wissenschaft in der jeweiligen Kultur entwickelt wird." Hm, wirklich eine seltsame Ehe. Bekommen wir, was wir verdienen – besonders, wenn wir weiterhin aus unbewussten Werten und Annahmen heraus handeln?

Die Geschichte der Wissenschaft ist reich an Beispielen engstirniger Ablehnung von allem, was nicht in das Wissensgebiet, auf das man sich verständigte, passt oder damit übereinstimmt, obgleich der Mythos vorherrscht, die Wissenschaft sei ein „objektives", unvoreingenommenes Experimentieren. Sich gegen die Wissenschaft der jeweiligen Zeit zu stellen, führte und führt oft zu Spott, Ächtung oder Schlimmerem. In seinem Buch *Global Mind Change* bringt Harman ein beeindruckendes Beispiel für die Unwilligkeit geistig offener, experimenteller Wissenschaftler, über ihre eigenen unbewussten Annahmen hinauszusehen:

Im Jahre 1772 wurde die französische Akademie der Wissenschaften aufgefordert, das, was wir heute Meteoriten nennen, zu erforschen. Nach eingehender Prüfung und Beratung kam sie zu dem Schluss, es könne so etwas nicht geben, weil es im Himmel keine Steine gibt, die herunterfallen.

Sie bot jedoch andere wissenschaftliche Erklärungen dafür an: „Truggebilde; vom Blitz getroffene und erhitzte Steine; von Wirbelwinden oder Vulkanausbrüchen nach oben geschleuderte Steine". Laut Harman besitzen die französischen Museen heute keine meteorologischen Exemplare aus der Zeit vor dem Jahr 1790. Sie wurden alle weggeworfen, weil die Wissenschaft „bewiesen" hatte, dass sie nicht existierten! Hört sich das bekannt an?

Diese frühe, wenn auch ungute Ehe zwischen Wissenschaft und Religion hat, wie einige andere langjährige Ehen, Partner hervorgebracht, die sich im Aussehen und Handeln sehr ähneln, doch andauernd miteinander im Kampf liegen. Dieses Phänomen führte zu einer Generationen andauernder, unbewusster Programmierung. Erst jetzt beginnen wir diese Programmierung und, noch wichtiger, den Einfluss zu erkennen, die sie auf uns alle hatte und hat. Mir kommt oft in den Sinn, dass das religiöse Glaubenssystem der derzeitigen westlichen Kultur die Wissenschaft ist.

Ist unser „offizielles" Konzept von Wirklichkeit „falsch"? Wahrscheinlich nicht. Ist es „richtig"? Wahrscheinlich nicht. Es ist nur unser offizielles Konzept, und „Konzepte" sind intellektuell äußerst begrenzt und nutzen nur einen kleinen Teil des Gehirns und unseres Bewusstseins. Per Definition kann in der reduktionistischen Wissenschaft ein Konzept, was auch immer es sei, nur Teil eines Ganzen sein. Wenn wir die Realitäten der Menschen, die sich von uns unterscheiden, als auch jener, die die Welt anders sehen als wir, ausschließen, berauben wir uns der Möglichkeit, unsere „Realität" zu erweitern.

Ich habe erkannt, dass wissenschaftliche Objektivität (ich nenne es den Mythos von Objektivität) etwas völlig anderes ist als persönliche Aufgeschlossenheit. Wissenschaftliche Objektivität basiert auf der Überzeugung, der ideale Beobachter sei die Maschine. Der beste „Wissenschaftler" ist demnach eine Person, die frei von Gefühlen, Emotionen, Intuition oder irgendeiner Art von Menschlichkeit ist – jemand, der vollkommen distanziert und unbeteiligt sein kann. (Verstehen Sie, warum ich es einen Mythos nenne?) Wohingegen ein Mensch mit einem vorurteilslosen Geist den Mut und die Charakterstärke besitzt, seine persönliche und spirituelle Reise zu unternehmen und sich seinem Unbewussten und Unbekannten zu stellen, um auf der anderen Seite mit klarem Verstand und Geist herauszukommen. Diese Person ist nicht gefühllos und weiß doch, wie man diese Gefühle, Gedanken und Überzeugungen nicht auf andere projiziert. Man kann Menschen, die persönlich aufgeschlossen sind, vertrauen – besonders wenn sie offen dafür sind, mit ihren blinden Flecken konfrontiert zu werden. Dieser ganzheitlichere, vollständigere Mensch ist grundverschieden von dem „objektiven Wissenschaftler", den wir bewunderten und bewundern.

Ich hatte einmal eine Klientin, deren Ehemann sich so sehr über sie ärgerte, dass er um eine gemeinsame Sitzung bei mir bat, um die Luft zu reinigen. Als er kam, hatte er seine Hausaufgaben gemacht. Er hatte mehr als 30 Seiten über seine Beschwerden verfasst. Als wir zusammensaßen, wetterte und tobte er darüber, wie irrational, unlogisch und emotional seine Frau sei. Sie sagte sehr wenig, und wenn sie etwas sagte, war es ruhig und sachlich, obwohl offensichtlich Gefühle in ihr aufstiegen. Nachdem etwa 30 Minuten auf diese Weise vergangen waren, fragte ich ihn, was er sich von dieser Sitzung wirklich erhoffe. Er antwortete, sie solle mehr wie er sein (bzw. wie er sich unbewusst sah): logisch, rational und vernünftig. In meinen Augen erging er sich in kulturellen Stereotypen, und ich wunderte mich über seine Bereitschaft, zu einer Sitzung zu kommen. Ich gab ihm die Rückmeldung, dass ich allein schon seine gewichtigen 30 oder mehr Seiten für eine sehr emotionale Reaktion hielt, ebenso wie sein Wettern und Toben. Er hatte die Möglichkeit, durch einen Türspalt in sein Unbekanntes und Unbewusstes zu blicken. Ich hielt ihm zugute, dass er die Einladung zum Weitermachen annahm, und wir drei arbeiteten wunderbar miteinander.

Tatsächlich reicht der Einfluss unseres Unbewussten viel, viel weiter, als wir es gern zugeben. Und wir „wissen" und glauben viel mehr unserem Unbewussten als dem, was unserem bewussten Geist zugänglich ist. Barack Obama sagte: „Wertvorstellungen werden getreu auf die uns vorliegenden Tatsachen bezogen, (ich würde sagen, auf die bewussten Wertvorstellungen), während Ideologie (ein anderes Wort für unbewusste Gehirnwäsche?) alle Tatsachen außer Kraft setzt, die die Theorie (unser Unbewusstes?) infrage stellen."

Wir haben viele Wege, die zu den gleichen Schlussfolgerungen führen. Selbst wenn sich die Wörter unterscheiden und die Konzepte leicht voneinander abweichen – die Bedeutung bleibt die gleiche.

Harman drückt es anders aus. Er sagt: „Wenn wir uns einmal auf eine bestimmte Wahrnehmung der ‚Realität‘ verständigt haben, tendieren alle gegenteiligen Beweise dazu, unsichtbar zu werden; alle Hinweise darauf, dass unser Bild vielleicht falsch oder äußerst unvollständig sein könnte, werden geschickt (und unbewusst) weggewischt. Sogar dann, wenn die Wahrnehmung nicht in unserem eigenen Interesse ist.“

SÜCHTE ALS STOPPER

In meinem Buch *Im Zeitalter der Sucht* erwähnte ich, dass das heutige kulturelle System des Westens die Süchte nicht nur <u>unterstützt</u>, sondern sie sogar einfordert. Wir brauchen unsere Süchte und Abhängigkeiten, um uns betäuben und die von uns geschaffene Gesellschaft (Paternalismus, Sucht-/TMM-Gesellschaft) ertragen zu können.

Unsere Süchte dienen tatsächlich als Stopper. Wir fühlen uns unwohl – nehmen wir eine Pille! Wir fühlen uns unglücklich – genehmigen wir uns einen Drink! Wir fühlen uns leer – gehen wir shoppen und kaufen etwas ein – irgendetwas. Unsere Süchte schalten Wahrnehmungen aus, die wir zum Heilen und Wachsen brauchen. Unsere Suchtgesellschaft ermutigt uns nicht dazu, uns selbst und anderen nahe zu sein. Stattdessen bietet sie uns vielerlei Methoden und Mittel an, um Nähe zu vermeiden. Denn wenn wir uns tatsächlich <u>wissen</u> ließen, was wir denken, fühlen, sehen und wissen, müssten wir uns vielleicht mit den Konsequenzen unseres Verhaltens auseinandersetzen und Veränderungen herbeiführen. Und nähmen wir nicht unsere „Drogen“ – sowohl stoffliche als auch prozessgebundene –, um uns zu betäuben und sie so als Stopper zu benutzen, würden wir vielleicht in einer ganz anderen Welt leben.

Mythen über Frauen

Sie basieren auf dem alten Stopper unserer Kultur, dass sich alle Frauen Kinder wünschen sollten und ohne Mann (dieser Stopper wird schwächer) und ohne

Kinder nicht vollständig wären. Und, ein wichtiger Teil ihrer Identität durch Familie und Kinder ist außerdem die alte Skepsis gegenüber ledigen Frauen.

In unserer Kultur gibt es immer noch ein Misstrauen gegenüber alleinstehenden Frauen, obwohl immer mehr Frauen einem Haushalt vorstehen oder Unternehmen leiten.

Doch werden immer noch viele von uns von dem Sog dieses Stoppers beeinflusst.

Alles haben

Verbunden mit dem oben genannten Stopper ist der aufkommende kulturelle Mythos, Frauen könnten und sollten „alles haben".

„Alles zu haben" könnte bedeuten, kein Leben im herkömmlichen Sinn zu führen, und Frauen ringen mit diesem Stopper.

Positiv gesehen hat dieses „Alles-haben-Können" für die Frauen im System (der TMM-Kultur) zu großen Erfolgen geführt, und trotzdem, ist dies das Beste, was wir uns bezüglich der Entwicklung von Frauen, der Menschheit und des Planeten erhoffen können?

Die Wahrheit ist: Wir wissen es nicht. Ich habe den Verdacht, dass dieser „Erfolg" in der jetzigen Kultur ein Stopper sein kann im Hinblick darauf, was uns als Spezies und als Planet weiterbringen wird.

Es könnte sein, dass die jungen Frauen von heute einfach nicht die Zeit und die Unterstützung haben, um in Verbindung mit ihrem Wesenskern zu kommen und dadurch wissen und artikulieren zu können, was sich ändern und was für die kommende Generation getan werden muss.

Der „Zicke-Stopper"

Ein weiterer Stopper, der immer noch wirkungsvoll zu sein scheint, ist der, eine Frau als Zicke (engl. bitch = Hündin) zu bezeichnen. Auch starke, selbstsichere Frauen erstarren, wenn man sie so nennt – selbst heute noch. Erinnern wir uns einfach daran, dass eine Hündin ein weiblicher Hund ist, die, wenn sie verteidigt, was ihr richtig und wichtig erscheint, Sarah Palin vergleichsweise blass aussehen lässt. Wir brauchen nicht bissig und zickig zu sein, und es ist wichtig, dass wir Überzeugungen haben, sie äußern und für sie eintreten können. Wer eine ruhige Kraft ausstrahlt, sieht für manche vielleicht zickig aus. Wenn das der Fall ist, müssen die anderen damit klarkommen. Wir können die Gefühle eines anderen nie wirklich nachvollziehen und aus ihnen lernen. Wir müssen uns immer daran erinnern, dass die einzige Person, die wir ändern können, wir selbst sind. Wir können ein Vorbild dafür sein, wie die Dinge anders angepackt und wie wir anders auf dieser Welt leben können, und wir können andere Menschen nicht verändern. Veränderung ist ihr Prozess, nicht unserer. Das alte Sprichwort „Man kann einen Hund nicht zum Jagen tragen" stimmt immer noch. Wenn wir glauben, wir könnten es, und wenn wir versuchen, die Veränderungsprozesse der anderen zu kontrollieren, sind wir vielleicht tatsächlich die wortwörtlichen Zicken.

Verleumdung

Frauen sind immer noch verletzlich, wenn man sie als eingebildet, herrschsüchtig, aggressiv, team-unfähig, egoistisch, unfeminin bezeichnet – um nur einige der Schimpfwörter zu nennen. Sie wissen selbst, auf welche Bezeichnungen Sie reagieren. Finden Sie heraus, warum das so ist.

Drohungen, Androhung von Gewalt

Ein weiterer offensichtlicher Stopper in unserer Kultur ist die Angst, dass uns oder unseren Lieben körperlicher oder emotionaler Schaden zugefügt werden könnte.

Obwohl uns die Medien das Gegenteil einreden wollen, hat die Gewalt gegen Frauen im letzten Jahrzehnt wohl geringfügig abgenommen, und wir brauchen uns nur die Fernsehnachrichten anzuschauen, um zu erkennen, dass häusliche und außerhäusliche körperliche Gewalt weiterhin ein ernstzunehmendes Frauenthema ist. Die verbale Gewalt hat definitiv nicht abgenommen, und es gibt immer noch häusliche Gewalt und sexuelle Übergriffe. Und wir haben einen gewissen Einfluss darauf, ob wir die Androhung von Gewalt als Stopper benutzen, um nicht die zu werden, die wir sein könnten.

Dieser Stopper war in der Vergangenheit hauptsächlich mit der „Erbsünde, als Frau geboren zu sein" verbunden sowie mit unserer Überzeugung, unser Wert als Frau müsse durch die Beziehung zu einem Mann bestätigt werden. Da laut Statistik Männer zunehmend dysfunktional werden und weiterhin unter Beweis stellen, dass sie viel mehr Schwierigkeiten haben, mit starkem Wachstum, kulturellem Wandel und den Chancen einer andersartigen, neu aufkommenden Kultur umzugehen, haben Frauen mit aller Macht begonnen, die Mythen der

Vergangenheit zu ignorieren, und sind nicht mehr bereit, sich mit Gewalt, die gegen ihre Person gerichtet ist, abzufinden. Heutzutage möchten viele von ihnen lieber allein für sich und ihre Kinder in einer männerfreien Umgebung sorgen. Das heißt nicht, dass es die Androhung von Gewalt nicht mehr gäbe. Es gibt sie durchaus! Und, wir Frauen sind ihr gegenüber nicht mehr so hilflos ausgeliefert wie in früheren Zeiten.

Wir haben immer noch das Bedürfnis, gemocht zu werden, und dieses Bedürfnis lässt nach, wenn wir uns selbst mögen – nicht überheblich, sondern liebevoll und uns selbst annehmend. Wir sind tatsächlich weniger verletzlich, wenn wir uns kennen, uns mögen und uns annehmen – das Gute, das Schlechte, das Mittelmäßige.

Frauen, die sich selbst und anderen gegenüber keine Geheimnisse haben, sind bei Angriffen auf ihre Persönlichkeit und darauf, wer sie sind, weniger verletzlich.

Isolation

Isolation begünstigt Unsicherheit, und wenn Frauen mit anderen Frauen und Männern Beziehungen – echte Freundschaften – aufbauen, ist wiederum jede Person weniger verwundbar und weniger durch Stopper beeinträchtigt. Die Überzeugung, unsere Ehemänner seien unsere besten oder unsere einzigen Freunde, wird nach meiner Erfahrung immer mehr hinterfragt. Oft sind <u>wir</u> <u>ihre</u> besten Freunde und sie nicht unbedingt unsere. Männer brauchen Freunde, wenn sie Männer finden können, die wissen, wie man einem anderen Mann ein Freund sein kann, und Frauen brauchen Freundinnen. Ich glaube, unsere Aufgabe ist leichter, und wir können trotzdem tiefe, bedeutungsvolle Beziehungen zu Männern haben.

Romantische Liebe und sexuelle Anziehung

Lasst uns nicht vergessen, welche Rolle die romantische Liebe als Stopper spielt. (Hier reden wir von einer heiligen Kuh!) Wussten Sie, dass sowohl der romantische Roman <u>als auch</u> die Bürokratie von den Deutschen erfunden und entwickelt wurden? Die westliche Kultur – die TMM-Kultur – hat viel Deutsches an sich.

In der TMM-Kultur wissen wir wenig über Liebe. Wir wissen um Romantik, sexuelle Anziehung und Lust. Und wir wissen sehr wenig über reifes, bedingungsloses Lieben.

Zu glauben, Romantik und Sex würden zu Nähe führen, ist einer unserer Stopper.

Die Sehnsucht nach Liebe kann ein Stopper sein.

Von unseren Familien heilen

Seitdem ich auf der ganzen Welt intensiv mit Menschen verschiedener Kulturen arbeite, habe ich erkannt, dass es mehrere sehr wichtige Aspekte und Ebenen gibt, die unser persönliches, seelisches und spirituelles Heilen und Wachsen auf unserer Lebensreise behindern können: So müssen wir von unseren persönlichen Erfahrungen, Stoppern, Glaubenssätzen und den Botschaften heilen, die wir uns selbst geben. Außerdem müssen wir von unseren dysfunktionalen Familien und ihren Dynamiken heilen. (Trotz gängiger Mythen und Überzeugungen ist die dysfunktionale Familie die Norm, nicht die Ausnahme.) Einige Familien sind dysfunktionaler als andere, und die in der westlichen Kultur verbreitete Struktur isolierter Kernfamilien ist fast immer auf die eine oder andere Weise gestört. Wir sind schließlich Menschen. Wir neigen zur Herdenbildung. Hielten wir nicht so stur an der Überzeugung unserer Kultur fest, dass mit dieser in der westlichen Kultur etablierten Familienstruktur ein Funktionieren (wie Perfektion!) möglich und wünschenswert ist, hätten wir eher die Möglichkeit, mit der Realität umzugehen, – d. h. wenn wir die Dysfunktionalität zugäben, könnten wir die Dinge verändern. Doch eine Kultur, die als Baustein eine dysfunktionale Einheit hat, stelle ich weiterhin infrage. Somit ist klar, dass ein Teil unseres Heilens, Wachsens und Reifens darin besteht, uns mit der Dynamik in unseren Familien oder in unserem „Ursprungs"-Zuhause auseinanderzusetzen. Die Kernfamilie allein reicht einfach nicht aus, um ein lebenstüchtiges Wesen aufzuziehen.

Von unseren Gemeinschaften und Institutionen heilen

Und dann gibt es noch unsere Gemeinschaften und Institutionen. Jede Gemeinde, jede Schule, jede Schulklasse, jede Kirche, jedes Fußballteam oder jede Gruppe hat eine spezifische Dynamik und damit einhergehende Stopper: Überzeugungen, Annahmen und Konzepte, die bewusst oder unbewusst aufgenommen, verinnerlicht und befolgt werden, und die uns davon abhalten, die zu sein, die wir sein könnten. Ein im Süden aufgewachsenes Mädchen muss sich mit einigen der gleichen Probleme auseinandersetzen wie ein Mädchen aus dem Norden, und es gibt weitere, für ihre Umgebung spezifische Probleme, mit denen sie sich in dem Maße, wie sie sie verinnerlicht hat, befassen muss. So ist das eben auf dieser aufregendsten Reise, die Sie jemals unternehmen werden: der Entdeckungsreise zu sich selbst, auf der alle und alles in Ihrem Leben, einschließlich Sie selbst, eine Rolle zu spielen hat. Und eingebettet in jede Schicht sind Stopper.

Von unserer nationalen Kultur heilen

Sodann wächst jede von uns, auch wenn wir das nur ungern zugeben, in einer bestimmten nationalen Kultur auf, und diese Kultur hat einen überaus starken Einfluss auf uns und darauf, wer wir sind. Um so zu wachsen, wie wir wachsen könnten, müssen wir uns mit den Auswirkungen unserer speziellen nationalen Prägung auseinandersetzen, da sie beeinflusst, wer wir sind und wer wir geworden sind, damit wir mehr die Menschen werden können, die wir sein könnten.

Die meisten von uns sind bequem und möchten gern glauben, unsere spezifische Kultur und Gesellschaft seien die „Realität", und wir müssten uns nicht mit uns selbst auf dieser Ebene auseinandersetzen, und – wir müssen es trotzdem.

Wer so wie ich auf der ganzen Welt arbeitet, kann erkennen, welch unterschiedliche Muster die Menschen der verschiedenen Länder unbewusst in sich aufgenommen und als Realität gedeutet haben. Nichts ärgert eine Deutsche mehr, als wenn man zu ihr sagt: „Das ist sooo deutsch!" und nichts bringt einen Neuseeländer schneller dazu, sich zurückzuziehen, wenn ihm gesagt wird: „Das ist typisch neuseeländisch", und nichts macht eine Amerikanerin streitlustiger als die Aussage: „Das ist so amerikanisch!" Doch müssen wir alle unsere innere Arbeit tun und diese nationale Programmierung aufspüren, um zu werden, wer wir sein könnten. Jedes Land hat seine nationalen „Kennzeichen", die uns als Stopper davon abhalten, über unsere Grenzen hinaus in unser volles Potenzial zu wachsen. Meistens sind wir ihnen gegenüber blind und nehmen sie als Realität wahr. Dabei sind sie es nicht! Sie sind einfach nur Muster und Glaubenssätze.

Von unseren Glaubenssystemen heilen

Die nächste Ebene, mit der ich mich in letzter Zeit beschäftige, ist: „Was ist also aus der Menschheit bis heute geworden?" Je größer das Bild, dem wir gegenüberstehen, desto mehr müssen wir lernen und werden.

Tatsächlich haben uns diese kulturellen Stopper in ein Paradigma hineingedrängt, das nicht allzu gut funktioniert.

Die Stopper des Mythos von der romantischen Liebe, der Realität der Bürokratie, der Realität der westlichen Wissenschaft, einer mechanistischen Welt und der Bedeutung und Realität des Materialismus sind einige der größten kulturellen Stopper, die uns als Frauen und als Menschheit im Wege stehen bei unserer Entwicklung hin zu einer besser funktionierenden Lebensweise mit diesem Planeten. Ich glaube, dass wir Frauen hier und heute die einmalige Chance haben, etwas zu tun für das, was für uns selbst und die nachfolgenden Generationen ansteht.

Damit wir als Frauen den Beitrag leisten, den wir leisten können und müssen, ist es notwendig, dass wir den Annahmen und Stoppern der Technologischen, Mechanistischen, Materialistischen Gesellschaft mutig entgegentreten und einen Weg über diese Stopper hinaus finden, um so den Entwicklungsprozess für ein neues Lebensparadigma zu finden. Dieser Prozess erfordert, dass wir die Annahmen und Verfahren der Wissenschaft, Wirtschaft, Politik und aller großen Institutionen infrage stellen, die uns auf eine Weise definieren, die nicht dem entspricht, wer wir sind und jemals sein werden, und die von uns verlangen, anders zu sein, als wir sind. Ich glaube, dass wir Frauen in der einmaligen Lage sind, dies zu tun.

Von unseren eigenen „guten Absichten" heilen

Der letzte Stopper, den ich erwähnen möchte, hat damit zu tun, was wir uns als Frauenbewegung selbst zugefügt haben und was, in meinen Augen, unser Wachstum und unseren Einfluss als Bewegung wohl ebenfalls behindert und behindert hat. Wie zuvor erwähnt, hat dieser Stopper mit der Vorstellung von Wiedergutmachung zu tun. Und, es lohnt sich meiner Meinung nach, beim Thema Stopper nochmals darauf einzugehen.

Als Kind wurde mir schon sehr früh beigebracht, dass ich, wenn ich einen Fehler gemacht hatte, was ja alle Menschen tun, wenn ich zum Beispiel das Spielzeug einer Freundin zerbrochen hatte, ich deshalb kein schlechter Mensch war und dass es „schlecht" für mich wäre, wenn ich mit der Sache nicht angemessen umginge.

Wenn ich also das Spielzeug einer Spielkameradin zerbrochen hatte, sollte ich mich immer dafür entschuldigen und sagen, es tue mir leid – und so, wie es mir beigebracht wurde, tat es mir auch wirklich leid. Danach sollte ich dafür sorgen, dass es repariert wurde (dabei brauchte ich oft die Hilfe meiner Mutter oder meines Vaters) oder dass es, wenn möglich, ersetzt oder bezahlt wurde. (In den beiden letzteren Fällen bedeutete das, dass ich zusätzliche Arbeiten übernehmen oder mein Taschengeld für die Wiedergutmachung sparen musste.) Zweifellos, ein Spielzeug zu zerbrechen zog viele Lektionen nach sich. Die Botschaft lautete nie: „Sie hat es nicht getan" oder „Es ist in Ordnung, sie ist zu klein, um dafür verantwortlich zu sein" oder „Es macht nichts aus". Es _machte_ etwas aus, und obwohl ich nicht die Absicht gehabt hatte, es zu zerbrechen, hatte ich es in der Tat kaputt gemacht.

Die Lektionen aus diesem einfachen Fehler waren zahlreich und wichtig, und als Erwachsene bedaure ich die vielen Kinder, die diese Lektionen nicht früh in ihrem Leben gelernt haben. Ich bin der festen Überzeugung, dass sich die Folgen dieser mangelhaften Erziehung in der TMM-Gesellschaft zeigen.

Und, wenn wir _nicht_ „auf unserer eigenen Straßenseite kehren" und _nicht_ die Verantwortung für unser Handeln übernehmen und Wiedergutmachung leisten, kann dies ein großer persönlicher, zwischenmenschlicher und gesellschaftlicher Stopper sein.

LÖSUNGEN

1. Frauen leisten Wiedergutmachung

Als ich mich für Süchte und Abhängigkeiten und dann für das Zwölf-Schritte-Programm der Anonymen Alkoholiker (AA) zu interessieren begann, erkannte ich aufgrund des zuvor Gesagten schnell, dass einer der Vorteile dieses Programms darin lag, dass man es nicht über Denken, Verstehen und Begriffe „kapieren" konnte. Man musste sich uneingeschränkt daran beteiligen. (Die Schlüsselwörter hier sind _uneingeschränkt_ und _beteiligen_!) Man konnte ganz einfach die Kraft der Zwölf Schritte nicht „kapieren" – egal, wie sehr man sich bemühte (und ich kann Ihnen nicht sagen, wie viele das versucht haben) –, wenn man nicht tatsächlich die Schritte und das gesamte Programm ehrlich durcharbeitete und so das Paradigma änderte, aus dem heraus man lebte. Ein Vorteil dieser Erfahrung war die Erkenntnis, dass eine der Richtungen, die die TMM-Kultur eingeschlagen hat, darin besteht, unser Leben, Denken, unsere Religionen, Firmen und das politische Leben auf abstrakten Konzepten aufzubauen und nicht auf der Realität oder auf konkreten, praktischen Lösungen. Aufgrund dieses Trends werden wir zu einer Gesellschaft mit immer weniger Beteiligung und Engagement. Wir bleiben „in unserem Kopf" und flüchten vor Nähe – vor Nähe zu uns selbst, zueinander und zum Planeten – und dies ist in der TMM-Welt „normal" geworden.

Das Zwölf-Schritte-Programm der AA zu verstehen erforderte von mir nicht nur, dass ich mich aktiv darauf einließ, es kam mir auch sehr bekannt vor und erinnerte mich an die Art und Weise, wie ich erzogen wurde, besonders was die Wiedergutmachung gegenüber denen betraf, denen wir Schaden zugefügt hatten, und in unserem Bemühen zu lernen und zu wachsen, richten wir alle Schaden an, das ist unvermeidbar. Einige mehr als andere.

Als ich mehr begriff, wurde mir der eigentliche Akt der Wiedergutmachung in der für mich bestmöglichen Weise immer wichtiger.

Während dieser Phase verbrachte ich regelmäßig Zeit mit Frank Fools Crow, dem großen spirituellen Führer der Lakota Sioux. Eines Tages sagte Fools Crow zu mir: „Die Führer dieser Nation erkennen nicht, dass dieses Land nie die große Nation werden wird, die es werden könnte, wenn es nicht seine Verträge mit den Ersten Völkern des Landes (den Ureinwohnern, d. Ü.) einhält." (Und historisch gesehen wurde KEIN Vertrag eingehalten!) Er fuhr fort: „Sie müssen die Verträge einhalten, die sie mit uns bezüglich unserer Sacred Black Hills (Heiligen Schwarzen Berge) abgeschlossen haben."

Es waren also nicht nur Einzelpersonen, die sich selber schadeten, wenn sie keine angemessene Wiedergutmachung leisteten. Dieses Prinzip betrifft auch Nationen – und, wie ich zuvor erwähnte – vielleicht sogar gesellschaftliche Bewegungen.

Ich erkannte außerdem, dass einige von uns die Frauen in einen Käfig stecken wollten – zwar in einen anderen, feministischen Käfig – und es war trotzdem ein Käfig.

So wie Kanada mehr oder weniger unbeholfen versucht, eine Art Wiedergutmachung gegenüber den indigenen Menschen des Landes zu leisten, so muss die Frauenbewegung Wiedergutmachung leisten gegenüber den Menschen, denen wir in unserer Wut, Naivität und Unbeholfenheit schadeten. Dann können wir alle weitergehen und uns den echten Themen stellen. Wenn wir keine Wiedergutmachung leisten, wirkt sich das als Stopper für uns aus. Und das Unrecht, das wir persönlich oder als Kultur anderen angetan haben (wie z. B. als Nazis oder aufgrund der Art und Weise, wie wir unsere indigenen Völker behandeln), hält uns als Individuen und als Nationen davon ab, unser Potenzial zu erreichen.

Es gibt also persönliche und kulturelle Stopper, die wir in unseren Köpfen haben – doch wenn wir uns daran erinnern, dass es <u>unsere</u> Köpfe sind und dass <u>wir</u> die Stopper dort speichern, sind wir auf einem guten Weg, uns aus ihrer Umklammerung zu lösen und zu heilen. Es gibt keine Schuldzuweisung. Die TMMS-Reaktion auf Sheryl Sandbergs Buch *Lean In (Frauen und der Wille zum Erfolg)*, sie mache die Frauen selbst verantwortlich für ihre Probleme, ist so ein Stopper: Das Benennen wird als Schuldzuweisung abgestempelt. Es ist eine uralte Masche, Frauen gegeneinander auszuspielen, indem man ein Thema in der jahrhundertealten, abgedroschenen Denkweise des Patriarchats darstellt. Sheryl Sandberg benennt eine Realität und fordert die Frauen auf, zu ihrer persönlichen Macht zu stehen, um ihre eigenen Stopper zu verändern. Das ist doch großartig! Was mich betrifft, so gibt es natürlich einige Mängel in ihren Argumenten. Unsere Argumente werden immer Mängel aufweisen. Auf diese Weise wachsen wir. Indem wir die Dinge beim Namen nennen – insbesondere das Persönliche, Unbewusste und Kulturelle –, haben wir große Möglichkeiten zu wachsen, zu heilen und uns zu verändern.

2. Neue Stopper

Wir haben uns einige von der Kultur geprägte Stopper in unserem Unbewussten angeschaut, und gesehen, wie sie unser Handeln ohne unsere Zustimmung oder wissentliche Teilnahme beeinflussen und beherrschen. Doch keine Diskussion über „Stopper" wäre vollständig ohne die Erwähnung einer ganz neuen Erfindung von Stoppern, die erst in letzter Zeit aufgetaucht sind. Ich glaube, sie führten dazu, dass wir schwiegen, als sich mein Land, die USA, auf eine Weise verhielt, die für das amerikanische Volk schmerzlich und beschämend ist. Die meisten dieser Stopper stammen aus dem amerikanischen Regierungssitz, dem Capitol.

Da gibt es zunächst bestimmte Begriffe die eine negative, abwertende Bedeutung angenommen haben, und wenn eine Person so bezeichnet wird, verliert sie an Macht und Einfluss. Es sind Begriffe wie „liberal" (liberal), „left wing" (Linker), „Democrat" (Demokrat), „feminist" (Feministin), „Conservative" (Konservativer), „Republican" (Republikaner), „Tea Partier" (von der Tea Party), „false war hero" (falscher Kriegsheld), „neocon" (Neokonservativer), um nur einige zu nennen. (Das erinnert mich beim Schreiben sehr an eine Grundschule.) Doch wie das bei jeder Art von Zauber ist: Nachdem die Zauberformel ausgesprochen ist, steht die betreffende Person am Pranger und man erwartet, dass sie klein beigibt, was bei vielen auch geschieht. Das erinnert wiederum sehr an den Brauch der australischen Ureinwohner, jemanden zu Tode zu „singen", den unsere zivilisierte Kultur weit von sich weisen würde. Und doch ähnelt diese Vorgehensweise unseren negativen, abwertenden Begriffen.

Es gibt noch weitere Begriffe und Bezeichnungen, die negativ eingefärbt werden – „being negative" (negativ sein), „conspiracy theory" (Verschwörungstheorie), „unreasonable" (unvernünftig), „unpatriotic" (unpatriotisch), „cut and run" (sich aus dem Staub machen), „not supporting the troups" (unloyal), „you have deep psychological problems" (du hast schwere psychische Probleme), „cult" (Sekte) oder „bleeding heart" (sentimental sein). Viel zu oft begehen wir den Fehler, auf eine solche Bezeichnung zu reagieren, als sei sie real. In unserem Unbewussten wird etwas angestoßen und wir werden wie kleine Jungen und Mädchen, die wegrennen oder wild um sich schlagen wollen, um sich zu schützen.

Dies erinnert mich an die Zeit, als ich bei einem ziemlich großen Unternehmen als Beraterin tätig war. Nachdem ich eine Weile die Interaktionen der Belegschaft beobachtet und Interviews mit vielen Belegschaftsangehörigen geführt hatte, stellte ich fest, dass viel Zeit, Kraft und Emotionen darauf verwendet wurden, mit dem Chef und seinen Anweisungen klarzukommen, die, soweit ich das beurteilen konnte, völlig unsinnig waren. Dieses Zusammenspiel führte oft zu sehr dysfunktionalen Verhaltensweisen. Einige Mitarbeiter versuchten, seinen unsinnigen Anordnungen Folge zu leisten. Andere wiederum versuchten, sie zum Wohle der Firma zu sabotieren und zu umgehen. Wieder andere reagierten lethargisch. Im Grunde wurde sehr wenig Arbeit geleistet, wenn er eine seiner Anweisungen verkündet hatte.

Mir fiel außerdem auf, dass er vor seinen Anordnungen bestimmte Verhaltensweisen an den Tag legte. Er pflegte tief Luft zu holen, sich zu räuspern und seinen Gürtel zurechtzurücken. Dem folgte das Verkünden seines Edikts. Ich muss hinzufügen, dass er abgesehen von diesem speziellen Verhalten, das seine

Belegschaft leider unterstützte, ein wirklich guter Mensch war und aufrichtig das Beste für seine Firma wollte.

Als ich eines Tages in einer Besprechung mit ihm und seinem Führungsteam zusammensaß, zeigte er wieder dieses Verhalten und ich wusste, dass – wie man in der Firma sagte – „es wieder einmal so weit war". Und schon schoss seine Erklärung heraus. Schweigen – und dann brach ich in Lachen aus, Tränen liefen mir über die Wangen. Alle saßen wie versteinert da.

„Das ist der größte Blödsinn, den ich je gehört habe!", sagte ich.

Er sank in sich zusammen. „Tatsächlich?", fragte er.

„Ja", antwortete ich.

Dann schilderte ich ihm meine Beobachtungen: Dass die Belegschaft sehr viel Zeit und Kraft aufwendete bei dem Versuch, eine Idee zu verwirklichen, von der man wusste, dass sie unsinnig war, oder dass man versuchte, sie zu sabotieren oder zu unterminieren oder dass die Leute einfach erstarrten. Er sah sein Team an.

„Stimmt das?", fragte er.

Sie nickten alle (ich muss zugeben, einige wirkten schon verängstigt).

„Das war mir nie bewusst", sagte er. „Da müssen wir etwas ändern." Was für ein toller Typ! Was für eine großartige Belegschaft!

Was ich mit diesem Beispiel sagen möchte, ist, dass wir uns in letzter Zeit in meinem Land (und, wie ich gesehen habe, auch anderswo in der Welt) wie seine Belegschaft verhalten: Wir wenden viel Zeit und Kraft auf für den Versuch, mit unsinnigen „Stoppern" und/oder Ideen umzugehen, die einfach unsinnig sind! Wir brauchen mehr Lachen, um diesen Ideen den ihnen gebührenden Platz zuzuweisen. Wir dürfen sie nicht länger „unterstützen", indem wir so tun, als wären sie „real".

Diese Anschuldigungen in Form von Stoppern berühren offensichtlich etwas tief in unserem Inneren und geben uns die Möglichkeit, unser tieferes Selbst zu erforschen und herauszufinden, warum sie für uns als Stopper fungieren und eine Abwehrhaltung hervorrufen. Immer, wenn wir in die Defensive gehen, können wir sicher sein, dass etwas in uns ausgelöst wird.

3. Rufmord

Zusätzlich zu dem oben Gesagten möchte ich kurz das Phänomen des Rufmords erwähnen. Ich erlebte diesen Stopper zum ersten Mal in den 1960er Jahren bei der alten SDS (Students for a Democratic Society – US-amerikanische Studentenverbindung). Rufmord ist eine Form des Angriffs, bei der man sich nicht auf die Ideen fokussiert, sondern meistens völlig falsche Gerüchte über den Charakter der betreffenden Person verbreitet. Diese Gerüchte sind meistens schockierend, boshaft, persönlich und gemein und haben fast nie etwas mit der Realität zu tun. Sich nicht zu verteidigen, ist tödlich. Sich zu verteidigen, ist ebenfalls tödlich. Man kann nur verlieren. Bei dieser besonders virulenten Art von Stoppern wird nicht nur die betreffende Person verunglimpft, sondern jeder, der etwas mit ihr zu tun hat, wird gemieden und angeschwärzt. Dies ist ein tödlicher Stopper. Wenn wir unsere Tiefenarbeit tun, werden wir klare Antworten darauf, wie wir mit Rufmord umgehen können, erhalten.

4. Hinterhältige neue Stopper

Wie ich schon sagte, ist das WMS/TMM-Suchtsystem so wie die Süchte und Abhängigkeiten überhaupt verschlagen, trügerisch, mächtig und ausdauernd.

Wie bei den Süchten ist dem WMS/TMM-Suchtsystem jedes Mittel recht, um sich zu erhalten und seinen Bestand zu sichern. (Beim Schreiben kommt mir der Gedanke, dass diese Beschreibung sehr gut auf die Verschlagenheit desjenigen passt, der in der kleinen Kirche meiner Kindheit als Teufel bezeichnet wurde.)

Auf einer meiner Reisen sah ich neulich drei Werbesendungen im Fernsehen, die meine Haare zu Berge stehen ließen und ein flaues, schweres Gefühl und Angst, pure Angst, in mir aufsteigen ließen. Diese Werbespots waren wirklich sehr eindrucksvoll. Und zwar weil sie so hinterhältig, äußerst raffiniert und ausgesprochen clever gemacht waren (da wurde viel Geld investiert), und weil sie politisch korrekt, besänftigend und harmlos erschienen. Gott sei Dank nahm mein Bauchgefühl – dem ich immer mehr vertrauen kann – all dies nicht ab. Was diese Spots noch verschlimmerte: Sie benutzen Frauen, um die Ziele des WM-Systems, des Patriarchats, voranzubringen, Und, es war so unglaublich gut gemacht!!

Wir waren auf der Fahrt durch die US-amerikanischen Bundesstaaten Wyoming und Colorado, und als Erstes sahen wir zwei Werbespots, die von Fernsehkanälen in Denver ausgestrahlt wurden. (Sonst hätte ich sie vermutlich nicht gesehen!)

In beiden Werbespots traten sehr attraktive Frauen auf (blond, blauäugig, dem Schönheitsideal des WM-Systems entsprechend), jüngeren Alters (es ist nicht gut, zu alt oder zu reif zu sein), bestens ausgebildet (Verfahrensingenieurin die eine und Chemikerin die andere – wir mögen gut ausgebildete Frauen, besonders in männlich dominierten Berufen), sehr weiblich, erfolgreich, in ihrem wunderbaren „häuslichen Umfeld". Sie waren zweifellos kompetent, gebildet, selbstbewusst und redegewandt. Jede hatte zwei entzückende Kinder dabei, natürlich einen Jungen und ein Mädchen, gut gekleidet und mit guten Manieren (womit der Beweis erbracht wurde, dass im gegenwärtigen politisch korrekten System Frauen alles haben können – ein weiterer Trick des WM-Systems, Frauen zu ködern), und nach ihren eigenen Aussagen sind Frauen oft erschöpft und schuldbewusst – nicht jedoch diese Frauen, die ganz entspannt und gelassen waren. (Es handelte sich wahrscheinlich um Schauspielerinnen, die in meinen Augen dabei waren, für die allgegenwärtigen Dollarscheinchen „ihre Seele zu verkaufen".)

Beide Frauen betonten in diesem Werbespot – und dabei zeigten sie ihre Zuneigung zu ihren Kindern –, dass ihr Hauptanliegen eine gesunde Umwelt sei. Ihre höchste Priorität sei saubere Luft, gutes Wasser und eine gesunde Umwelt in Colorado – und das könne nur erreicht werden durch – <u>Fracking</u>.

Ich fühlte mich als Frau völlig verraten und verkauft. Ich konnte einfach nicht glauben, dass sich irgendeine Frau auf diese Weise benutzen lassen würde (s. Ms.Magazin, Ausgabe Frühjahr 2013: *Fracking ist ein Frauenthema*). Ich war entsetzt über die Hinterhältigkeit dieses ganzen abgekarteten Spiels. In diesen Werbespot waren offensichtlich sehr viel Geld und viele Überlegungen eingeflossen und <u>die Vorstellung, wie wirksam er sein könnte, war beängstigend</u>.

Der Film zielte offensichtlich darauf ab, Frauen und ihre Kinder gegen das Wohl der Umwelt und gegen ihre eigenen Interessen einzusetzen. Es war ausgemachtes, hinterlistiges Lügen in Perfektion – und beängstigend gut gemacht. Wer würde diesen schönen, bestens ausgebildeten, kinderlieben Frauen nicht glauben?

Im zweiten Werbespot trat eine Politikerin auf (natürlich attraktiv und jung), die keck behauptete, es gäbe keine unterschiedliche Bezahlung von Männern und Frauen, das sei ein Mythos. Wenn Männer tatsächlich mehr verdienten, läge es daran, dass sie höher qualifiziert seien und besser bezahlte Stellen „wählten". Es dürfte klar sein, kampflos wird sich das WMS/TMM-/Suchtsystem nicht verändern. Diese Beispiele belegen, wie wichtig die Arbeit ist, die wir Frauen tun müssen.

Leider werden wir in unserem Wachstum und im Aussprechen unserer Wahrheit so oft abgeblockt, weil wir uns das Ausmaß an Manipulation einfach nicht vorstellen wollen, das das WMS/TMM-/Suchtsystem einsetzt, um sein Ziel zu erreichen. Wir würden gern unschuldig und unbeteiligt bleiben.

Doch wie S. Kierkegaard sagte: „Man kann sich auf zwei Arten irren: Indem man glaubt, was nicht wahr ist. Oder indem man sich weigert zu glauben, was wahr ist."

Lassen Sie uns jetzt fortfahren und lesen wir, was zwei reale Frauen dazu zu sagen haben – wir lernen immer viel, wenn Frauen ihre Erfahrungen mit uns teilen.

ZWEI FRAUEN BERICHTEN

Abschließend zitiere ich zwei Briefe von Frauen, mit denen ich arbeite. Darin ist leicht zu erkennen, welche Rolle Stopper in ihrem Leben spielten und wie sich diese auf ihr Leben auswirkten. Auch zeichnen die Briefe ein sehr hoffnungsvolles Bild davon, wie diese Frauen heilen und ihre persönliche Macht zurückgewinnen. Beide Briefe zitiere ich mit deren Erlaubnis.

BRIEF I

Mir wurde als Kind und als Jugendliche nicht beigebracht, dass mein Körper mir gehört. Ich wurde als Kind von meiner Mutter geschlagen und als Baby im Krankenhaus sexuell missbraucht. Andere benutzen meinen Körper für was auch immer, und so schien es eben einfach zu sein.

Und da liegt das Problem: Ich akzeptierte, dass es eben so war. Ich lehnte mich nicht gegen meine Mutter auf, als sie meinen Körper auf nicht-liebevolle Weise berührte! Als Baby konnte ich mich nicht dagegen auflehnen, missbraucht zu werden – und dennoch hätte ich mich weigern und es nicht hinnehmen

müssen, so wie es war. Ich habe anderen erlaubt, diejenige, die ich bin, zu zer-
stören, denn ich gab ihnen die Macht dazu.

In der letzten Zeit habe ich immer wieder einen Tiefenprozess, in dem ich mich
vollkommen zugrunde gerichtet, vergewaltigt, zerstört fühle. Ich fühle mich, als
ob nur eine seelenlose Hülle übrig ist, kein Leben, keine Identität – einfach
nur diese Hülle, die mein Körper ist. Ich fühle viel Schmerz darüber, dass ich
versagt habe. Ich habe das Gefühl, dass mir alles genommen wurde, dass selbst
mein Wille gebrochen wurde. Ich hatte versagt, ich war geschlagen.

Und ich glaubte es – ich glaubte, andere könnten mich zerstören. Ich glaubte,
dass wer auch immer ich vorher war, nicht mehr am Leben war. Ich akzeptier-
te, dass andere Macht über mich haben. Wie konnte ich nur?

Wusste ich denn nicht, dass sie diese Macht nicht haben? Warum gab ich ihnen
all diese Macht? Warum forderte ich sie nicht ein und erinnerte mich, wer ich
war?

Stattdessen erlaubte ich anderen zu bestimmen, wer ich war. Ich suchte außer-
halb von mir selbst nach Antworten. Ich entschied mich für Passivität – und
verriet mich selbst, ich verriet meine Ahnen und ich verriet den Schöpfer, der
alles Leben gibt, auch das meine.

Das ist es, was ich tat – das ist meine Schuld.

Ich entschied mich, mich nicht zu erinnern. Ich entschied mich, der Illusion
zu glauben, es gäbe einen leichteren, einfacheren Weg. Ich entschied mich, an
meinen Eigenwillen zu glauben und daran, kontrollieren zu können, dass ich
nicht wieder verletzt werde.

Ich entschied mich, der Lüge zu glauben. Und ich baute mein Leben auf der
Lüge auf. Ich wollte mich nicht erinnern. Vielleicht hatte ich Angst vor dem
Schmerz, der durch das Erinnern kommen könnte. Und vielleicht hatte ich
Angst vor dem Schmerz, wenn ich wieder verletzt würde.

Und der Schmerz zu verraten, der Schmerz zu leugnen ist so viel größer – und
das ist es, was mich wirklich zerstörte. Meine Entscheidungen waren destruktiv
– nicht das, was andere mir antaten. Zu guter Letzt versuchte ich, mich selbst
zu zerstören.

Erinnerst du dich, dass ich mich immer mehr wie ein lebloser Körper fühlte,
als ich in Arkansas war?

Ich war innerlich fast tot.

Und immer, immer, gab es diesen klitzekleinen Samen in mir. Und wie alle Samen birgt er alles Wissen darüber, wer ich bin. Andere waren nie in der Lage, dies zu zerstören – er blieb über Lebzeiten hinweg lebendig.
Ich bin so dankbar, so sehr dankbar, dass ich mich jetzt erinnere!
Und das ist nicht das Ende der Geschichte.
Da ich glaubte, dass es Menschen gibt, die stärker sind als ich und die Macht über mich haben (besonders Männer und Autoritäten), musste ich kontrollieren und manipulieren, was sie taten, – denn mein Ziel war es, nicht wieder so verletzt zu werden oder Schaden zu nehmen wie zuvor.
Jetzt bestimmte ich – ich hatte kein oder wenig Vertrauen in andere Menschen oder in Gott. Sie haben sich in meinen Augen nicht als vertrauenswürdig erwiesen – tatsächlich haben sie das Gegenteil gezeigt. Denn nach meiner Überzeugung waren sie der Grund, warum ich fast ganz zerstört war.
Ich entschied mich also nicht nur für meinen Eigenwillen – ich entschied mich auch dafür, mein Leben aus meinen eigenen Mitteln und Möglichkeiten heraus zu leben. Was für eine schlechte Entscheidung – eine Entscheidung aus Angst heraus (Angst ist nie ein guter Ratgeber).
Wann immer ich also irgendetwas mit Männern zu tun hatte, musste ich sichergehen, dass ich diejenige war, die bestimmte. Sie konnten meinen Körper berühren, sie konnten ihn sogar benutzen – ich hatte gelernt, mich von meinem wahren inneren Selbst abzutrennen, das sie nicht erreichen konnten. Ich war mit meinem Körper da, aber das war alles, was sie haben konnten.
Ich ließ niemanden an mich heran – besonders keine Männer. Ich manipulierte und kontrollierte sie und tat alles, um sie zu verwirren, wenn sie mir nahekamen. Nie wieder wollte ich erleben, was ich früher erfahren hatte.
Im Laufe der Jahre hatte ich eine Mauer um mich herum aufgebaut, um in ihr sicher zu sein. Diese Mauer schien gut zu funktionieren. Manchmal fühlte ich mich einsam, manchmal merkte ich, dass etwas fehlte und ich war traurig. Und tief im Innern sehnte ich mich danach, in Verbindung zu sein, offen zu sein und mit anderen zu teilen, wer ich war.
Es bedurfte immer größerer Anstrengungen, diese Sehnsüchte unten zu halten: Fantasien funktionierten gut, Adrenalin, Alkohol, Zucker usw.

Sehr lange erkannte ich nicht, dass ich mich eingeschlossen hatte. Ich hatte ein Gefängnis gebaut, das mich nicht davor bewahrte, verletzt zu werden, es verletzte mich selbst – ich war unfähig zu leben.

Indem ich an Mächte glaubte, die mich zerstören können, glaubte ich auch an Hierarchie. Ich glaubte an die Illusion, entweder oben oder unten zu sein – und unten sein wollte ich bestimmt nicht. Deshalb tat ich alles, um die Oberhand zu gewinnen. Und wenn es einfach nur durch mein arrogantes Denken war. Oder wenn ich keine Möglichkeit sah, nach oben zu kommen, versuchte ich, die Situation von unten aus zu manipulieren, da, wo ich mich sah.

Eine Verrücktheit zog die nächste nach sich.

Die Menschen wurden Objekte – einschließlich meiner selbst. Alles und jede/jeder war nur ein Ball in dem Spiel, das ich spielte. Und das Spiel hielt mich beschäftigt – zu beschäftigt, um zu erkennen, was ich wirklich tat. Ich habe keine Ahnung, was sich veränderte – und etwas hat sich verändert.

Ich spiele immer noch alle meine Spielchen. Ich kann den ganzen Tag über in meiner Krankheit sein (so wie das Programm der Anonymen Alkoholiker es definiert) und all das tun, was ich oben beschrieb. Und doch – etwas ist anders. Ich weiß – tief innen weiß ich und vertraue darauf, dass das, was auch immer das Spiel ist, nicht die Realität ist. Ich verhalte mich vielleicht so, als ob sie es wäre und glaube vielleicht sogar eine Weile daran – und in meinem Kern weiß ich, dass es anders ist. In meinem Kern weiß ich, dass ich eine Wahl habe. Verrücktheit und Krankheit verlieren ihre Macht.

Was auch immer der Samen in mir sein mag – er wächst. Und alles, was ich tun muss, ist, ihn zu nähren und alle Unkräuter loszuwerden. Ich fühle den Samen stärker werden – und ich fühle, dass es Zeit dafür ist.

Oft möchte ich dennoch den leichteren, einfacheren Weg gehen – und ich weiß, dass ich mich heute anders entscheiden kann.

Ich bin immer mehr bereit, meinen Platz einzunehmen, und ich glaube wirklich, dass es an der Zeit ist, dass Frauen das tun. Keine Ablenkung mehr, nicht mehr glauben, schwach zu sein, – ich weiß, ich bin es nicht. Ich bin Teil allen Lebens und aller Macht, die es gibt. Es gibt nichts auf dieser Welt, was nicht mit mir verbunden ist. Ich bin der Baum und die Steine, ich bin das Auto und die Straße, ich bin Mutter Erde. Und indem ich Verantwortung übernehme für

135

mein Leben, indem ich heile, indem ich aufhöre passiv zu sein – verändert sich die ganze Welt!

Beim Schreiben funkt mein Denken dazwischen: „Das hört sich verrückt an!"
Ganz gleich, wie es sich anhört – alles, was ich wissen muss, ist: „Tue das Nächstrichtige, was vor dir liegt." Und: „Bleibe dir selber treu!"

Ich war ziemlich bewegt davon, wie sie ihre eigenen Stopper beschreibt und einsetzt. Ihr Mut ist beeindruckend. Ich kann es kaum erwarten zu sehen, was sie tun wird und wer sie sein wird, wenn sie ihre Stopper durchgearbeitet hat.

Ihre Passivität, ihre Illusion von Kontrolle, ihre Unehrlichkeit waren allesamt Mittel, um sich von der Wahrheit ihrer Realität fernzuhalten. Die Botschaften, die sie sich selber gab, – schwach, verletzlich, hilflos und ein Opfer zu sein – <u>stoppten</u> sie, hielten sie davon ab, ihre innere Arbeit zu tun. Dies waren ihre persönlichen Stopper.

BRIEF II

Hier der Erfahrungsbericht einer anderen Frau:

Mit einer Grippe und genügend Zeit auf meinem Sofa sitzend, möchte ich dir einen Teil meiner Erfahrungen mit den Frauen meiner Familie (einschließlich mir) im Umgang mit Männern erzählen. Ich wuchs in einer Familie mit vielen Frauen auf. Da waren meine Großmutter, meine Mutter, meine beiden Tanten und zwei Schwestern. Wir lebten alle zusammen in einem großen Haus mit einem wunderbaren Garten, den ich sehr liebte. Meine Großmutter und meine Tanten zogen mich in den ersten elf Jahren auf; ich finde, sie waren starke Frauen, und auch meine Mutter war stark – ausgenommen in den Situationen, wenn sie mit meinem Vater (der Alkoholiker war) zu tun hatten, und mit anderen Männern, die zu uns kamen. Die meisten waren Priester. Ich beobachtete, dass sich bei männlichen Besuchern die Stimmen und das Verhalten der Frauen veränderten und sie sich vor Männern kleinmachten. Ich lernte auch, dass Männer alle Macht haben und dass Frauen ihre Macht verstecken müssen (zu gefährlich). Während ich dies aufschreibe, bin ich so traurig über dies alles und dass ich das Gleiche tue wie meine Mutter, meine Tanten und meine Großmutter. Ich weiß, dass ich stark bin, und die meiste Zeit verstecke ich mich, verleugne meine Gefühle vor mir selbst, mache mich sehr klein und wundere mich dann, wenn andere in mir eine schwache Frau sehen. Sehr oft spüre ich Angst, und ehrlich gesagt weiß ich nicht, wie ich für mich einstehen kann, ohne andere zu verletzen oder meine Gefühle und Überzeugungen zu leugnen. Das wollte ich mit dir, Anne, teilen.

Zusammenfassung

In diesem Abschnitt haben wir die unzähligen Möglichkeiten untersucht, die wir gelernt haben, um uns selbst zum Schweigen zu bringen. Wir haben uns den Druck angesehen, der auf uns ausgeübt wird und uns dazu drängt, nicht zu sehen, was wir sehen, und nicht zu wissen, was wir wissen. Manche Phasen in der Geschichte unseres Landes waren repressiver als andere. Und in den letzten Jahrzehnten hat das Ausmaß an Meinungsmache, ausgemachtem Lügen, an Unterdrückung von Informationen und Rechten und die allgemeine Konfusion einen neuen Höchststand erreicht. Das Gute dabei ist, dass eine so repressive Atmosphäre genau das ist, was notwendig ist, um die Menschen aufzurütteln, sodass sie einen Wandel einfordern. Einige werden einfach einer Partei nach dem Mund reden, einige werden sich in Depression und Konfusion ducken und für wiederum andere ist ein solches Verhalten ein Weckruf, um nach Informationen zu suchen und sich zu bemühen, in sich selbst klar zu werden. Ich finde mich in der letzteren Gruppe wieder und scheine da offensichtlich nicht allein zu sein. Die faschistoiden Tendenzen in den Vereinigten Staaten von Amerika haben zu einer Flut von Büchern und Berichten geführt, die jede erdenkliche Perspektive beleuchten und bewerben. Die meisten fokussieren sich darauf, was ein anderer tut oder nicht tut, wann gelogen wird und wann nicht, wann etwas verheimlicht wird oder nicht. Dies ist eine verwirrende Zeit. Nie war es so wichtig, sich nicht darauf zu konzentrieren, was ein anderer tut, sondern sich in diesem Land der Freiheit und Demokratie in sich selbst klar zu werden; sich mit all den äußeren und inneren, bewussten und unbewussten Kräften auseinanderzusetzen; tief in sein Inneres einzutauchen und sagen zu können: „Dies ist, was ich weiß. Da stehe ich." Geschichtlich gesehen haben wir einen Punkt erreicht, an dem reflexartiger, vom Unbewussten gesteuerter Blödsinn einfach nicht genügt. Aus diesem

Grund habe ich so viel Zeit auf Stopper und die Rolle unserer unbewussten Annahmen verwendet. Es ist Zeit für uns als Volk, erwachsen zu werden. Es ist Zeit für uns als Nation, erwachsen zu werden. Es ist Zeit für uns als Spezies, erwachsen zu werden. Wir wollen führend in der Welt sein, doch verhalten wir US-Amerikaner uns oft wie unreife, verwöhnte Jugendliche, im eigenen Land ebenso wie im Ausland. Vielleicht ist es Zeit, dass sich die USA nicht mehr wie ein habgieriges, launisches Kind verhält, das alles haben will, was es haben kann, und dass wir ins Erwachsenenalter eintreten. Eine Möglichkeit dafür ist, dass wir uns als Individuen bewusster werden und unser bewusstes Selbst weiten, dass wir unser unbewusstes Selbst verkleinern, dass wir mehr von unserem privaten Selbst offenlegen und unser offenes Selbst vergrößern. Indem ich mir zum Beispiel klarer geworden bin und mir mehr meines Selbst zur Verfügung steht, habe ich entdeckt, dass ich ein ganz feines Gespür dafür habe, wann ich angelogen werde. Ich weiß nicht immer, worin genau die Lüge besteht, und ich bin ziemlich treffsicher darin, dass gelogen wird. Dieser Bereich des Bewusstseins befindet sich nicht in meinem Kopf – mein Kopf <u>möchte</u> fast jedem glauben. Mein Solarplexus ist mein eigener persönlicher Lügendetektor. Sagt mir jemand die Unwahrheit oder will mich einlullen und auf eine falsche Fährte locken in der Hoffnung, mich irrezuführen, fühle ich es in meinem Solarplexus! Es ist vielleicht nur ein leichtes Ziehen oder eine schwache Ahnung, und es kann auch ein stechender Schmerz sein. Und, da ist etwas. Ich habe gelernt, diesen Empfindungen zu vertrauen. Das Entscheidende ist, dass ich dieses Gefühl nicht wahrnehme, wenn ich meine innere Arbeit nicht in ausreichendem Maße getan habe, um mir selbst nahe zu sein. Wenn wir uns einfach nur ständig überarbeiten, mit Drogen betäuben, mit allem Möglichen zudröhnen, brauchen wir uns nicht darum zu sorgen, ob wir Botschaften unseres Solarplexus bekommen. Wir werden nicht wissen, wann wir belogen werden. Jene, die ihre innere Arbeit getan haben, sind in der Pflicht, sich zu äußern.

Vielleicht sind die wirklich „guten" Menschen diejenigen, die durch ihre (bewusste oder unbewusste) innere Arbeit psychisch und spirituell gewachsen sind und einen Großteil ihres Unbewussten ins Bewusstsein gebracht haben oder es vermochten, eine gut funktionierende Beziehung zwischen ihrem Bewussten und ihrem Unbewussten herzustellen, sodass diese nicht miteinander im Streit liegen, oder das Wissen ihres Unbewussten respektieren, weil sie wissen, dass sie nicht versuchen müssen, es auszublenden, und weil sie gewillt sind, auf alle Teile ihres Wesens zu hören, so, wie sie einem geehrten Ältesten zuhören würden. Sagen wir einfach – um hier einen Schritt weiterzugehen und um der Aufgeschlossenheit willen: Das, was wir euphemistisch „Sünde oder das Böse" nennen, ist nichts anderes als unser Unbewusstes (ein Teil von uns), das unkontrolliert wütet, weil es nicht den Input hat, den es in unserem Leben braucht, um zum Vorankommen der Menschheit beizutragen. In diesem Sinn sind wir alle der „Sünde" fähig – und sündigen tatsächlich oft. Dies gäbe der Kirche als „einer Gemeinschaft von Sündern" (eine Definition, die ich als Kind hörte) eine ganz neue Bedeutung und könnte die Demut in uns allen bestimmt fördern.

KAPITEL VI

Die potenziellen einzigartigen Beiträge der Frauen

EINFÜHRUNG

B evor wir jetzt mit dem meiner Ansicht nach wichtigstem Kapitel dieses Buches beginnen und erkunden, was Frauen letztlich für ein neues Lebensparadigma auf diesem Planeten werden beitragen müssen, möchte ich unmissverständlich zum Ausdruck bringen, dass wir ZUM JETZIGEN ZEITPUNKT NOCH KEINE VORSTELLUNG DARÜBER HABEN KÖNNEN, wozu wir Frauen fähig sind, wenn wir all die persönlichen, gesellschaftlichen, kulturellen und sexistischen Stopper im Innen und Außen durchgearbeitet und losgelassen haben, die uns jahrhundertelang daran hinderten, unser volles Potenzial als weibliche menschliche Wesen auszuschöpfen und weiter ins Licht zu treten. Wir Frauen befinden uns natürlich schon seit geraumer Zeit auf diesem Weg und sind heute in einer besseren Position als jemals zuvor in der Geschichte unseres Planeten, die Dinge voranzutreiben.

Bis jetzt haben wir einige generelle Unterschiede dahingehend herausgearbeitet, auf welche Weise Männer und Frauen (besonders in der Politik und in Führungspositionen) mit Macht umgehen. Wir haben erkannt, dass Männer, die mächtig werden, diese Macht allzu oft im Streben nach Geld, in der Sexualität, in Herrschaft und Macht um der Macht willen ausagieren. Und wir beginnen zu erkennen, dass Frauen, die mächtig werden, sich mehr für gesellschaftliche Probleme, Lebensqualität und berufliche Zufriedenheit interessieren sowie dafür, ihren Beitrag für das Ganze zu leisten. Sie sind nicht so laserscharf ausgerichtet auf das Profitmotiv als die Antriebskraft für das, was sie tun und was getan werden muss. Obwohl natürlich auch sie – abhängig davon, wie sehr sie sich an das WMS/TMM-System angepasst haben – anfällig für „Versuchungen" sind.

Neben den bekannteren und sichtbareren Unterschieden gibt es durchaus einige Indizien dafür, was wir Frauen tun und was anders ist – aufgrund unserer DNA, unserer Gehirn- und Hormonstrukturen, unserer Erfahrungen als ausgebeutetes und unterdrücktes Geschlecht sowie jener geheim gehaltenen und unausgesprochenen Weisheitsbereiche. Trotz der Tatsache, dass Sexismus und das Patriarchat einige unserer angeborenen und über Jahrhunderte erworbenen Kompetenzen nicht unterstützten oder wertschätzten, haben wir Fähigkeiten und Wissensbereiche entwickelt, die Teil einer Technologischen, Materialistischen und Mechanistischen Gesellschaft sind und, weitaus wichtiger, weit über sie hinausgehen.

Es wird deshalb notwendig und wichtig für uns sein, einige der offenkundigen Gebiete zu erforschen, auf denen wir zum jetzigen Zeitpunkt einzigartige und hervorragende Kompetenzen einbringen können. Ich bin sicher, dass sich weitere besondere Fähigkeiten zeigen werden, wenn wir und andere von den Annahmen, Überzeugungen und Stoppern befreit sind, die uns zurückgehalten haben und von denen wir uns zurückhalten ließen.

Wir können außerdem davon ausgehen, dass wenn sich Frauen von diesen internen und externen Zwängen befreien und zur Fülle ihres Daseins und ihres Lebensbeitrags gelangen, dieser Prozess auch Männer befreien wird, sodass auch sie ihre angeborenen Potenziale verwirklichen, und zwar so, wie wir es uns (und sie sich) in den kühnsten Träumen und Fantasien nicht vorstellen können. Wer das heutige weltweit existierende Paradigma untersucht, erkennt leicht, dass die Männer zwar die „privilegierte" Position im Paradigma an sich genommen und sie auch bekommen haben, sich diese Position jedoch auch nicht für sie unbedingt als gesund erwies, weder körperlich, psychologisch, emotional oder spirituell. Tatsächlich hat sich das gegenwärtige, weltweit ausbreitende Paradigma für so gut wie nichts und niemanden als lebensförderlich erwiesen – weder für die Menschen, die Natur oder den Planeten.

Wir haben deshalb heute noch keine wirkliche Vorstellung davon, wie sich die Männer entwickeln werden und welchen Beitrag sie leisten können, wenn sie aufgefordert werden, dies auf eine ausgeglichenere Weise zu tun.

Nur indem beide Geschlechter die Verantwortung übernehmen, zu heilen, zu wachsen und alles zu lernen, was sie lernen können, können wir zu erforschen beginnen, was für Frauen und Männer – und den Planeten – möglich ist.

Und, wir wissen noch nicht, welche Art von Paradigma sich bezüglich Inhalt und Prozess entwickeln wird, wenn sowohl Frauen als auch Männer ihr bestes und klarstes Selbst vereinen, um ein besser funktionierendes Paradigma für das Leben, für Wissenschaft, Mathematik, Regierung und Gesellschaft aufzubauen. Die Aussage, dass wir noch nicht wissen können, wie das aussehen wird und wie die genauen Prozesse ablaufen werden, um dieses neue Paradigma zusammenzufügen, ist zutreffender als alles andere, was zu diesem Zeitpunkt gesagt werden kann. Das gegenwärtige Paradigma sagt und glaubt und behauptet natürlich eindeutig, wenn wir unsere Ziele nicht benennen könnten, hätten unsere Aussagen auch keine Gültigkeit. Lasst dies nicht zum Stopper werden! Die Unfähigkeit, es benennen zu können, öffnet im Grunde nur die Türen zu mehr Kreativität und mehr Möglichkeiten! Und, diese Offenheit kann faszinierend und schöpferisch sein.

Die Evolution neuer Denk- und Seinsweisen ist bereits im Gang und wird ein Prozess sein, kein vorab erdachtes, geschaffenes und kopiertes Muster. Und es wird wahrscheinlich, wie bei den meisten menschlichen Unternehmungen, unterwegs viele Umwege und Kehrtwendungen geben.

Und ist es nicht spannend, dass wir Frauen heute die beste Möglichkeit haben, die wir je hatten, um unseren vollen Beitrag zu diesem Prozess zu entwickeln und zu leisten?

Es gibt durchaus einige Indizien dafür, was Frauen einbringen können, und was in der heutigen Welt dringend notwendig ist.

Angesichts der hoffnungsvollen Entwicklung der persönlichen, beruflichen und kulturellen Freiheit für immer mehr Frauen (und für Männer natürlich – sie werden ihren Weg aus dem zumeist von Männern geschaffenen Sumpf herausfinden müssen, in dem wir heutzutage alle stecken – wir können es nicht für sie tun) können wir davon ausgehen, dass neue Paradigmen entstehen und uns alle beeinflussen werden.

Dies scheint optimistisch zu sein, doch wenn sich Frauen klar werden, sich erheben und ihre Überzeugungen äußern, wird es mehr Möglichkeiten für mehr lebensbejahende Entscheidungen geben – für die Einzelnen, für Familien, Organisationen, Gemeinschaften, Regierungen und den gesamten Planeten.

Was wissen wir also über die besonderen und einzigartigen Beiträge der Frauen an diesem Punkt unserer menschlichen Entwicklung?

Was wissen wir heute?

Wir wissen, dass Frauen nie zuvor eine bessere Chance hatten, die Richtung, welche die Gesellschaft einschlägt, zu beeinflussen und eine bessere Welt aufzubauen. Es gibt einfach mehr Bewusstheit, mehr Stärke und mehr Partizipation seitens der Frauen, als es auf globaler Ebene jemals gab. Dieses aktive Engagement ist bedeutsam.

Erinnern Sie sich, dass ich zuvor sagte, Spiritualität sei Partizipation? Konzeptionelle, intellektuelle, nonpartizipatorische Religionen genügen nicht mehr, unsere spirituellen Wege zu leiten. Die Offenbarungsreligionen sind nicht nur die von den Lehrern gelehrte Weisheit, die von großem Wert ist. Sie sind Institutionen, die sich auf Dualismen fixieren – das Unsere gegen das „Andere", entwickelt und kontrolliert von Männern, die eine Entweder/Oder-Situation schaffen – nicht ein Sowohl-als-auch-und-mehr. Frauen sind gut in einem solchen „Sowohl-als-auch-und-mehr" und können aus einer höheren Perspektive (einer Adlersicht) Optionen entwickeln.

Außerdem sind Frauen partizipatorische Wesen. Wir stecken vielleicht eine Menge Schläge ein, und es geht uns bei unserem Lernen und Wachsen besser, wenn das Lernen aus unserer Erfahrung und unserem Teilnehmen und nicht aus unserem entkörperlichten Denken kommt.

Frauen sind Forscherinnen, und unser Forschen besteht hauptsächlich darin, uns aktiv einzubringen und wahrzunehmen. Wir sammeln ständig Informationen – auf Erfahrung beruhende Informationen. Wir nehmen wahr, was um uns herum geschieht und überprüfen damit unsere Hypothesen durch unser Teilnehmen. Zum Beispiel kochen wir gern so, wie es unsere Großmütter taten: Sie eigneten sich Wissen über die verschiedenen Zutaten an – was gesund ist und was nicht – und kreierten daraus ihre Köstlichkeiten.

Dem gesunden Essen unserer Urgroßmütter wurde ein erster schwerer Schlag durch das Aufkommen der „Haushalts- und Ernährungswissenschaften" versetzt (eine von Männern entwickelte und dominierte „Wissenschaft", die von Frauen angeführt wurde), als unseren Müttern und Großmüttern gesagt wurde, sie sollten nicht der Weisheit ihrer Großmütter vertrauen und ihre Mahlzeiten wissenschaftlich korrekt zubereiten. Diese „Wissenschaft" ändert sich ständig und hat die Weisheit unserer Großmütter nie erreicht.

Der zweite Schlag gegen unser gesundes Essen erfolgte während des Zweiten Weltkriegs: Die Frauen wurden aufgefordert, ihr Heim zu verlassen, um die Kriegsanstrengungen zu unterstützen, und das war die Geburtsstunde von Fast Food und industriell gefertigter Nahrung. Wir wissen heute um den Schaden, den uns diese Ernährungstheorie einbrachte.

Beide „kulturellen Innovationen" in puncto Ernährung wurden von einer Wissenschaft und Gesellschaft eingeführt, in der männliches Denken und männliche Belange (Geld, Macht, Kapitalismus, Materialismus, Gier und sogar Krieg) den Sieg über unseren gesunden Menschenverstand davontrugen. Frauen wissen es besser und wir weigerten uns nicht mitzumachen. Vielleicht waren jene Frauen der 40er und 50er Jahre des letzten Jahrhunderts einfach zu weit weg von den Feministinnen der ersten feministischen Phase. Wer weiß?

Man könnte vielleicht sagen, dass wir durch unser Teilnehmen am herrschenden Paradigma unsere tiefe spirituelle Basis verleugnet haben.

Doch tief in unserem Innern wissen wir, dass es da eine andere Weise gibt.

Ich liebe, was Ashley Judd im Internet über diese Themen schrieb.

Ähnlich wie ich in meinem ersten, 1981 veröffentlichten Buch *Weibliche Wirklichkeit* schrieb, bringt sie die Themen, mit denen sich Frauen konfrontiert sahen, auf eine systemische Ebene. Sie erkennt klar, dass es in dem System, in dem wir leben und das sie als Patriarchat bezeichnet, nicht nur um Männer geht. Sie sieht es auch als ein System, das von Männern <u>und</u> Frauen unterstützt wird (dem Weißen Männlichen System <u>und</u> dem Reaktiven Weiblichen System). Wie ich schrieb, wird dieses System mit all unserer Hilfe von Männern definiert, wobei Macht und Einfluss in den Händen der Männer liegen – mit all unserer Hilfe. Ashley Judd weist besonders darauf hin, dass die Interessen von Jungen und Männern Vorrang haben gegenüber den Interessen von Mädchen und Frauen, wenn es um die „Integrität, Autonomie und Würde" von Mädchen und Frauen geht, was ich voll und ganz unterstreiche.

Sehr interessant fand ich ihre Erkenntnis, dass Mädchen und Frauen die männliche Besessenheit in Bezug auf Gesicht und Anatomie von Frauen übernommen haben. Ich war am meisten berührt von ihrem Eingeständnis, auch sie habe „das Patriarchat fast nahtlos übernommen". Sie führt weiter aus, dass wir auch Missbrauch betreiben, uns selbst und anderen Frauen gegenüber, wenn wir als Frauen das Patriarchat verinnerlichen.

Wie tiefgründig – und befreiend – ist es zu erkennen, dass <u>wir</u> uns in das Problem verstrickt haben. Nur wenn wir diese Wahrheit sehen, können wir als Einzelne und gemeinsam als Mädchen und Frauen wirklich heilen.

Ich spürte Hoffnung und Erleichterung, als sie den alten Spruch zitierte: „Was andere von mir halten, geht mich nichts an." Mit kraftvollen Worten betont sie, dass das Gute und das Schlechte nur Interpretationen seien und sie nicht mehr gewillt sei, ihre Macht, ihre Selbstachtung und die Entscheidungen über ihre Anatomie an andere zu geben.

Zum Schluss beschreibt sie, wie sie sich mit sich selbst, ihrer persönlichen Integrität und ihrer Beziehung zu ihrem Schöpfer fühlt, was ein gutes Mantra für uns alle ist.

Wenn wir von diesem System/Paradigma/Patriarchat umgeben sind, müssen wir uns bemühen, uns selbst auf eine Weise zu definieren, die unserer Integrität und unserer Beziehung zu unserem Schöpfer entspricht.

Als Frauen mussten wir einen Schritt zurücktreten, um zu wissen, was wir von innen heraus als wahr erkennen, um uns selbst definieren und dem Angriff des herrschenden Systems widerstehen zu können.

Dieser Prozess hat uns automatisch sehr viel über unsere persönliche Integrität gelehrt. Ein solcher Prozess des Ringens um eine persönliche Integrität mag nicht so notwendig sein, wenn man, wie die Männer, ein anerkannter Teil des herrschenden Systems ist (obwohl auch sie schon von diesem System beeinträchtigt sind). Dies sind schmerzhafte und notwendige Lektionen. Es ist hilfreich zu wissen, dass wir es mit einem Glaubenssystem und einem System von Glaubenssätzen und nicht nur mit Individuen zu tun haben, auch nicht mit der „Realität" an sich. Frauen haben im Laufe der Zeit gelernt, diesen Unterschied zu erkennen, und weil wir dies wissen, können wir durch dieses Wissen etwas beitragen, was jene, die herrschen, kaum die Chance haben zu lernen.

In diesem Kapitel werden wir uns ansehen, was wir Frauen beitragen und was aus dem einen oder anderen Grund heutzutage unser ganz spezieller, besonderer Beitrag ist. In Kapitel VII werden wir untersuchen, wie diese besonderen Fähigkeiten unerlässlich sein könnten bei der Schaffung einer besseren Welt für die gesamte menschliche Spezies und den von uns bewohnten Planeten.

Wir sind die Frauen von heute

Dies ist eine faszinierende Zeit für die gesamte Menschheit auf diesem Planeten und für den Planeten selbst. Wir haben einen Punkt erreicht, an dem wir – als Spezies – die Möglichkeit haben, uns weg von der Ausbeutung und hin zur Partizipation zu bewegen, für die Menschheit und für den Planeten. Es sieht so aus, dass wir wieder so einen Wendepunkt erreicht haben wie beim Aufkommen der

Landwirtschaft, dem Aufkommen der modernen Wissenschaft und der industriellen Revolution, um auf unserem holprigen Weg als Spezies mehr die zu werden, die wir sein könnten. Ich glaube, dass Frauen eine Hauptrolle spielen werden bei dem, was aus uns werden soll. Und es scheint, dass diese Revolution nicht nur die materielle Ebene umfassen wird, so wie das bei den meisten der bisherigen „Lösungen" der Fall war. Es wird auch eine Revolution unseres Denkens, unseres Bewusstseins, unserer Weltsicht, unserer partizipatorischen Wertvorstellungen und unseres Wesens sein.

Eine neuseeländische Älteste und Tahunga sagte mir vor vielen Jahren: „Die Männer hinken uns 5.000 Jahre hinterher. Sie hörten einfach auf zu wachsen. Es ist nicht ihre Schuld, sie sind nicht schlecht. Sie hörten einfach auf, sich weiterzuentwickeln. Jetzt müssen wir die Führung übernehmen."

Damals war ich mir nicht im Klaren darüber, was sie mir wirklich sagen wollte, <u>und</u> ich wusste, dass es – was auch immer es bedeutete – von großer Wichtigkeit war. Ich bewahrte deshalb die Botschaft in meinem Herzen auf und wartete, bis mir die volle Bedeutung dessen, was sie mir sagen wollte, aufgehen würde. Ich glaube jetzt, es besser zu verstehen.

Es ging nicht um die Männer. Es ging um uns als Frauen, und was wir, als Frauen, tun müssen, um das persönliche und spirituelle Wachstum der Menschheit und unseres Planeten zu fördern.

Unsere frühere Unterdrückung muss und kann von Vorteil sein

Stellen Sie sich einfach vor, dass Frauen an diesem Punkt der Geschichte etwas Wertvolles anzubieten haben, gerade <u>weil</u> wir über so viele Jahrhunderte hinweg unterdrückt und geschunden wurden.

Wie Shakespeare sagte: „Nichts ist nur gut oder schlecht, nur unser Denken macht es so."

Ja, wir Frauen wurden als Gruppe im Laufe der Menschheitsgeschichte zu Opfern gemacht und unterdrückt. (Und wir ließen uns größtenteils zu Opfern machen.) Unsere Fähigkeiten und unsere spezielle Weisheit wurden immer wieder abgewertet. Wir wurden körperlich, emotional, spirituell und psychisch von einer feindseligen, respektlosen Welt misshandelt, die das, was wir anzubieten hatten, selten wertschätzte. Das ist unsere Geschichte auf diesem Planeten (siehe auch Marilyn Frenchs wunderbare Bücher *A History of Women in the World*). Zweifellos wurde uns übel mitgespielt und wir haben jede Menge scheußlicher Dinge erlebt, einfach weil wir Frauen waren. Das kann niemand leugnen. Und es ist zu hoffen, dass uns die zweite feministische Phase von einem Teil unserer kollektiven Wut über diese Unterdrückung befreit hat, und dass die Frauen, die nach dieser Phase kamen, noch etwas mehr von dieser Wut loswurden. Sodass wir nun, hoffentlich, als Gruppe bereit sind weiterzugehen.

Ich habe bei meiner Arbeit und in meinen Schriften immer betont, dass es viele Kräfte gibt, die versuchen werden, uns zu Opfern zu machen und das auch tun. Und, wenn sich die betreffende Person in ihrem/seinem Denken zum Opfer macht, wird sie zur Täterin, zum Täter. Einige von uns Feministinnen der zweiten Phase schlugen diesen Weg ein und es war unserer Sache nicht dienlich. Opfer und Täter arbeiten zusammen und brauchen einander. Wer glaubt, Opfer zu sein, wird Täter. Ich glaube, wir Frauen sind im Allgemeinen über dieses Stadium hinaus. Wir können uns einfach nicht mehr den Luxus erlauben, weiterhin Opfer zu sein, und es lohnt sich einfach nicht, Täter, Täterin zu werden.

Es hat also den Anschein, als seien unsere Wut und unser Opfersein teilweise beseitigt worden, und dass wir als andere Hälfte der Menschheit bereit sind, weiterzugehen und das, was ansteht, anzupacken. Männer entledigen sich ihrer Wut und Gewalt als Gruppe im Sport, im Krieg und bei ihren Geschäften. Kollektiv gesehen haben sie sich ihrer Wut nicht entledigt und Gewalt, Kriege, Sport und Geschäfte sind wahrscheinlich keine praktikablen Optionen mehr – für „eine lange Zeit in Frieden und Wohlstand".

Dualismen in diesem Kontext

Ein weiteres Thema, das hier angesprochen werden muss, ist die Macht von Dualismen und Hierarchie, und wie wir als Frauen und Männer mit unserer Geschichte von Unterdrückung damit umgehen.

Nach meiner Erfahrung halten so viele Männer – besonders die älteren und insbesondere Politiker – an der Überzeugung fest, dass falls und wenn Frauen mehr Macht gewinnen, sie diese Macht gegen die Männer einsetzen werden, so, wie Männer dies gegenüber den Frauen getan haben. Es herrscht die Überzeugung vor, dass wir dann vom Paternalismus (Männerherrschaft) zum Maternalismus übergehen werden (nicht zu einer matrilinearen, sondern einer maternalen Gesellschaft, in der die Macht bei den Frauen liegt und gegen und zur Kontrolle der Männer eingesetzt wird, so wie diese das mit Frauen getan haben).

Ich glaube, diese Furcht basiert auf zwei interessanten Annahmen der Männer: Zum einen, dass ihre Überzeugungen und ihr System (WMS/TMM-System) die Realität sind und die „Realität" deshalb einfach ans andere Ende des Dualismus überwechselt. Bei dieser Art von Denken muss das einfach so sein: Der Unterdrücker wird zum Unterdrückten. Und zum anderen, dass Hierarchie eine Realität ist und dass jedes Mal, wenn zwei Menschen, Länder etc. zusammenkommen, der eine oben und der andere unten ist, so ginge es eben zu auf dieser Welt.

Ich habe diese Erfahrung tatsächlich viele Male in meinem Leben gemacht (besonders im Umgang mit männlichen Führungskräften aus der Wirtschaft), als von mir, der Frau, erwartet wurde, dass ich „eine Stufe nach unten ging" und ich es nicht tat. Darauf folgte das, was ich später „das Beziehungsspiel" nannte. Der Mann würde sein Gewicht vom einen zum anderen Fuß verlagern und wenn ich mich nicht rührte, würde er sozusagen „eine Stufe nach unten gehen" – und mich dafür hassen. Ich erinnere mich noch gut an einen solchen Fall: Ich telefonierte mit so einem Mann und er ging immer wieder eine Stufe weiter nach unten (was ich nicht wollte, denn ich wusste ja um den Ärger und Groll, die folgen würden). Als mein Sohn hereinkam, hing ich weit vornüber und beugte mich immer tiefer nach unten, und er fragte: „Mami, was machst du?" Meine Antwort war: „Ich versuche mit diesem Kerl auf einer Ebene zu bleiben." Als ich nicht sozusagen eine Stufe nach unten ging, tat er es, und dann beugte ich mich immer weiter nach unten und versuchte, auf der gleichen Höhe zu bleiben wie er. Dann ging er wieder eine Stufe nach unten.

Seine Überzeugung, in Beziehungen müsse immer der eine oben und der andere unten sein, war für ihn stärker als mein Angebot, mit ihm auf Augenhöhe zu sein.

Ich sehe dieses Verhalten immer wieder bei Einzelpersonen und ich sehe es zwischen Nationen ablaufen. Die Überzeugung, in einer Beziehung müsse einer oben und der andere unten sein, ist Bestandteil unserer amerikanischen Außenpolitik und durchdringt unsere Kultur. Und die Person/Nation, die nachgibt, verübelt es immer der anderen und versucht, es der anderen „heimzuzahlen" und die Macht zurückzugewinnen. Beziehungen brauchen so nicht zu sein. Wenn wir Frauen es besser wissen, können wir uns weigern „mitzuspielen".

Jene von uns, die unterdrückt wurden, kennen dieses Verhalten gut. Und, es war gefährlich, die Konzepte und Überzeugungen des Unterdrückers herauszufordern. Im Laufe unseres Entwicklungsprozesses lernen wir Frauen eine andere Weise, wie wir mit Beziehungen umgehen und in der Welt leben.

Wie bei anderen Erfahrungen im Leben ist also das eigentliche Thema nicht, dass sich die Menschen so verhalten. Das eigentliche Thema ist, wie wir damit umgehen. Was können wir daraus lernen? Wie schlimm es auch war oder ist, das Schlimmste, was passieren kann (aus einer Prozess-Perspektive heraus – die eher weiblich ist – mehr darüber später), besteht darin, die Lektionen nicht zu speichern, die es da für uns zu lernen gibt.

Was haben wir gelernt aus unserer Unterdrückung? Ich glaube, sehr viel.

- Es ist nicht gerecht.
- Es fühlt sich nicht gut an.
- Es macht Feinde aus potenziellen oder wirklichen Freunden.
- Es funktioniert nicht und trägt nicht zum Wohl des Ganzen bei.
- Es ist eine Verschwendung der Ressourcen.
- Es ist keine gute Art, Geschäfte zu machen.
- Es ist für den Unterdrücker ebenso tödlich wie für den Unterdrückten.
- Es fühlt sich spirituell nicht gut an.
- Es fühlt sich nicht gut an in den Bereichen, die für unser Heilen und Wachsen am wichtigsten sind.
- Es hindert unser Wachstum als Person, als Gesellschaft, als Spezies.
- Es lohnt sich einfach nicht.

Wir Frauen haben viel darüber gelernt, wie es sich anfühlt, unterdrückt zu sein, und wenn wir uns klarer werden, möchten wir nichts damit zu tun haben, Unterdrückende zu sein.

Wir wollen eine andere Seinsweise auf dieser Welt finden. Ich glaube, das ist der Grund, warum es bei den Menschenrechtsbewegungen so viele Frauen gibt. Wir haben gelernt, dass wie wir uns verhalten wahrscheinlich genauso wichtig ist oder noch wichtiger als das, was wir tun.

Als Unterdrückte haben wir einige wichtige Lektionen darüber gelernt, wohin wir als Menschheit gehen müssen und wohin wir nicht gehen wollen.

Es war nicht gut, all diese Jahrhunderte hindurch unterdrückt zu sein. Die Lehren aus diesen Erfahrungen zu ziehen, kann fantastisch sein!

Im Kontext leben – „Keine Frau ist eine Insel"

Frauen wissen, dass wir im Kontext leben. Im WMS/TMM-System lag das Augenmerk darauf, sich seinem Kontext zu entziehen und versuchen zu leugnen, dass der Kontext, in dem wir eingebettet sind, uns mehr beeinflusst, als wir begreifen. Vielleicht ist das der Grund, warum jener alte Song aus den 1950er Jahren *No Man is an Island (Kein Mensch ist eine Insel)* so wichtig war, weil in der Gesellschaft, die sich seit dem Aufkommen der modernen Wissenschaft entwickelt hatte und entwickelte, alles aus seinem Zusammenhang gerissen und auf seine kleinsten Bestandteile reduziert wurde, um dann untersucht und verstanden zu werden.

Virginia Satir, eine der frühen Pionierinnen der Familientherapie, pflegte eine Übung zu praktizieren, bei der sie ein langes Seil nahm und damit alle Familienmitglieder miteinander verband. Dann stellte sie ihnen eine einfache Aufgabe. Sie sollten zum Beispiel durch das Zimmer gehen. Dabei lernten sie sehr schnell, dass sie zusammenarbeiten mussten, um diese Aufgabe zu lösen. Wenn jede Person versuchte, auf ihre übliche selbstzentrierte Weise loszugehen, funktionierte das nicht allzu gut. Tatsächlich funktionierte es überhaupt nicht. Sie mussten zusammenarbeiten.

Was den Kontext betrifft, so greife ich oft zurück auf die alte Geschichte der blinden Männer und dem Elefanten. Einer befühlte den Schwanz und sagte, der Elefant sei wie eine Schlange. Eine anderer befühlte das Ohr und sagte, der Elefant sei wie ein großer Fächer. Ein weiterer befühlte das Bein und sagte, ein Elefant sei wie ein großes Tischbein. Keiner erfasste, was ein Elefant wirklich ist. Ich sagte oft, eine Frau würde nicht nur den <u>ganzen</u> Elefanten sehen und befühlen wollen, sie würde ihn gern von oben, in seinem Kontext, seinem Umfeld und in seinem Verhalten mit anderen sehen, um ein Verständnis dafür zu bekommen, was ein Elefant ist, und selbst dann wüsste sie, dass sie nicht in sein Inneres gelangen könnte, um zu sehen, was ein Elefant fühlt und wie er denkt.

Eine der Stärken von uns Frauen liegt darin, den Kontext und die Bedeutung des Kontexts zu erfassen bei unserem Versuch, so viel wie möglich über uns selbst und unsere Welt zu wissen und zu verstehen.

Unser scharfes Gespür für den Kontext bewirkt, dass wir Frauen Multitaskerinnen und gute Organisatorinnen sind. Ich sage oft, dass die Fähigkeiten, die eine Frau einsetzt, um zu wissen, welche Lebensmittel im Kühlschrank liegen, wie lange sie noch haltbar sind, womit sie sich kombinieren lassen, wann das Haltbarkeitsdatum abläuft und wie sich daraus interessante und gesunde Mahlzeiten komponieren lassen, die gleichen Fähigkeiten sind, die eine gute Führungskraft in der Wirtschaft haben muss, und da wir uns der Zusammenhänge bewusst sind und uns damit wohlfühlen, können wir beides gut.

Um unsere Arbeit zu tun, brauchen wir nicht die ideale Situation und keinerlei Ablenkungen, sonst hätten wir nie etwas zustande gebracht. Wir brauchen keine perfekten Bedingungen. Wir müssen mit dem arbeiten, was wir haben.

Nun könnte man natürlich einwenden, wir seien uns des Kontexts nicht <u>von Natur aus</u> bewusst. Man könnte einwenden, wir wären uns des Kontexts so bewusst geworden, weil wir unterdrückt wurden und wachsam und auf der Hut sein mussten.

Meine Antwort ist: Na und?

An diesem Punkt in der Menschheitsentwicklung neigen wir Frauen dazu, ein waches Gespür für unseren Kontext und seine Auswirkungen auf uns zu haben.

Wie können wir diese Fähigkeit nutzen, um uns und unsere Welt besser zu verstehen, um eine sinnvollere, ganzheitliche, wissenschaftliche Vorgehensweise zu entwickeln und um besser mit uns und unserer Erde zu leben? Dies sind die Fragen.

Frauen haben eine andere Sichtweise auf den Kontext als Männer.

Patti Sellers, Auslandsberichterstatterin des *Fortune Magazin*, sagte kürzlich im Fernsehen, sie habe 15 Jahre lang das Leben erfolgreicher Frauen beobachtet und festgestellt, dass sich erfolgreiche Frauen von erfolgreichen Männern unterscheiden:

Männer sähen sich eine Leiter erklimmen und wollten im Grunde immer eine weitere Stufe nach oben. Sie sagte, Männer neigten dazu, Macht vertikal zu sehen.

Frauen hingegen sähen Macht horizontal und ihrer Meinung nach gehe es bei ihnen mehr um Einfluss. Nach meiner Erfahrung streben Frauen im Allgemeinen nicht danach, Macht über etwas oder über jemanden zu haben. Für sie geht es mehr darum, geteilte Macht zu ermöglichen.

Sellers überlegte, dass hier vielleicht der Grund dafür liegt, dass ein höheres Gehalt oder eine Beförderung Frauen nicht im amerikanischen Wirtschaftsleben halten können – und ich füge hinzu, dass es vielleicht ernsthaftere Probleme in puncto Menschlichkeit oder Menschenwürde in der US-amerikanischen Wirtschaft gibt, die für Frauen interessant und wichtig sind, es sei denn, sie hätten – wie Ashley Judd es formulieren würde – das Patriarchat internalisiert.

Vielleicht interessieren sich Frauen einfach mehr für die größeren und wichtigeren Themen als die Karriereleiter hinaufzusteigen.

Dies ist ein Beispiel für das scharfe und unterschiedliche Gespür für den Kontext, das Frauen bei Themen haben, von denen Männer glauben, sie wüssten mehr darüber.

Selbst Sheryl Sandbergs Beispiel von Frauen, die sich nicht „reinhängen", lässt meiner Meinung nach außer Acht, was Frauen hinsichtlich ihrer Bewusstheit um Kontext und dessen meist übersehene Bedeutung einbringen können.

Sheryl Sandberg wies darauf hin, dass Frauen es nicht so auf Beförderungen abgesehen haben wie Männer und schloss daraus, dass Frauen nicht so ehrgeizig wie Männer eine Führungsposition anstreben. Ihrer Meinung nach „rechtfertigten" sich Frauen mit der Begründung, sie würden an ihrem derzeitigen Arbeitsplatz immer noch lernen, seien noch nicht für eine Beförderung bereit oder wollten diese gar nicht. Was nach Sandbergs Interpretation ein Nachteil war. Sie ging wohl davon aus, Frauen sollten, so wie im herrschenden System, immer die Beförderung befürworten.

Von vielen Männern, die ich in der Geschäftswelt kennengelernt habe, hätte ich gern gehört: „Ich lerne immer noch in diesem Job" oder „Ich bin dazu noch nicht bereit." Dies ist oft kein Mangel an Ehrgeiz. Es ist gesunder Menschenverstand. Allzu oft wollen Männer einfach um der Beförderung willen befördert werden (ein Ego-Trip?) oder um mehr Geld zu verdienen (und es gibt kein „Mehr", das jemals genug wäre). Sind diese Männer so selbstzentriert, dass sie sich der Wichtigkeit des Kontexts für sich selbst, für andere, ihren Arbeitsplatz, ihre Familien nicht bewusst sind? Vermutlich ist das so in dem jetzt herrschenden System.

Vielleicht haben Frauen eine Menge anzubieten bezüglich ihres Bewusstseins und ihrer Achtung für den Kontext sowie für die Art und Weise, wie sie, im Kontext, Erfolg und andere wichtigere Themen interpretieren.

Ehrlichkeit

Die Einstellung von Frauen zu Unehrlichkeit und ihre Umgehensweise damit unterscheiden sich davon, wie Männer und das TMM-System mit Ehrlichkeit und Unehrlichkeit umgehen.

Ich könnte mir vorstellen, das jemand das, was ich jetzt sagen will, anzweifelt und vorbringt: „Du machst wohl Witze! Frauen sind vollendete Lügnerinnen. Was ist mit all den ‚Notlügen‘ die Frauen die ganze Zeit auftischen? Frauen lügen, um zu manipulieren, Macht und Kontrolle oder ihren Willen zu bekommen, um Konflikte zu vermeiden oder – aus gar keinem Grund. Was in aller Welt könnten Frauen zur Ehrlichkeit beitragen?“

Ich kann den obigen Fragen nicht widersprechen. Und nach meiner Erfahrung gehen Frauen mit Ehrlichkeit und Unehrlichkeit anders um als Männer.

Lügen und Unehrlichkeit sind das, was Psychologen als ego-syntonisch (integriert) in das WMS/TMM-Suchtsystem bezeichnen. Während der Jahre, in denen ich mit aktiven Alkoholikern und Süchtigen arbeitete, haben wir festgestellt, dass eine der Haupteigenschaften von Süchtigen und Abhängigen gewohnheitsmäßige Unehrlichkeit und Lügen sind. In dem Paradigma/System, das mit all unserer Hilfe von Männern konzipiert und installiert wurde, werden Unehrlichkeit und Lügen als gegeben vorausgesetzt, akzeptiert und erwartet. Wenn in dem herrschenden System zwei oder mehr Menschen zusammenkommen, gibt es die Annahme, dass der jeweils andere betrügt und unehrlich sein wird. Unehrlichkeit gehört zu den Spielregeln. Man ist davon überzeugt, dass nur naive und leichtgläubige Menschen <u>erwarten</u>, die anderen seien ehrlich zu ihnen.

Und ja, Frauen haben gelernt, das Spiel mitzuspielen, und sie spielen es gut. In der Tat habe ich dieses Phänomen bei Frauen und bei indigenen Menschen weltweit beobachtet. Sie mussten lernen zu betrügen, zu lügen, zu manipulieren – wie Frauen glaubten sie, unehrlich sein zu müssen, um zu überleben. Ich habe über dieses Thema mit indigenen Menschen auf der ganzen Welt gespro-

chen und viele haben mir unter Tränen gesagt: „Ich musste lernen zu betrügen und gerissen zu sein. Wie sonst hätte ich mit den Weißen überleben können?"
Stellen wir also klar: Es ist nicht so, dass Frauen nicht lügen – sie tun es. Ich kann mich sogar daran erinnern, dass meine Mutter mir sagte, wie wichtig es sei, ehrlich zu sein und immer die Wahrheit zu sagen, und dass sie dann warnend hinzufügte: „Und manchmal ist es am besten, nicht die ganze Wahrheit zu sagen."
Gehen wir also davon aus, dass in der westlichen Kultur Unehrlichkeit die Norm und tief mit der Kultur verwoben ist. Und gehen wir auch davon aus, dass Frauen, wie Männer, unehrlich sind. Das ist der Punkt, an dem wir heute in der Geschichte unserer Kultur stehen.

- Und, nach meiner Überzeugung liegt der für die Zukunft wichtige Beitrag, den Frauen leisten müssen, darin, wie sie mit Unehrlichkeit und Belogen-Werden umgehen.

Louann Brizendine würde in ihrem Buch *Das weibliche Gehirn* wahrscheinlich sagen, unser Talent auf diesem Gebiet sei auf unsere Hormone und die Unterschiede in den Gehirnstrukturen zurückzuführen, und Frauen hätten, was auch immer der Grund dafür ist, das angeborene Talent zu spüren, wenn sie angelogen werden. Viele von uns haben versucht, dieses Bewusstsein auszuschalten oder in sich zu vergraben, und ich glaube, es existiert immer noch und wartet darauf, dass wir es wecken und darauf vertrauen.
Für mich sitzt es in meinem Solarplexus. Immer wenn mich jemand belügt, mich zu betrügen oder zu manipulieren versucht, „schlägt mein Solarplexus an". Ich spüre ein Zittern, einen Schmerz, ein Unbehagen, fast ein Gefühl von Übelkeit in meinem Solarplexus. Früher versuchte ich, diese Gefühle zu ignorieren, und indem ich mit der Zeit klarer werde und mir selbst mehr vertraue, heiße ich sie immer öfter willkommen. Es gibt sogar Situationen, in denen ich der Person wirklich Glauben schenken will, ich wirklich glauben möchte, dass diese Person mich nicht belügt, ich es wirklich will (das Schlüsselwort ist hier will) und mein Solarplexus zu „schreien" beginnt. Ich vertraue ihm immer mehr und er hat mich nie auf eine falsche Fährte geführt.
Ich weiß vielleicht nicht, worüber die Person lügt – oft liege ich mit meinen Interpretationen (Vorsicht bei Interpretationen!) daneben. Und wenn ich einfach

meinem Solarplexus vertraue und nicht mit dem, was mir gesagt wird, losrenne, es nicht schlucke, sondern einfach eine Weile damit sitzen bleibe, geht mir oft auf, worin die Unehrlichkeit besteht. Erstaunlicherweise ist sich die Person, die mich anlügt, oft der Lüge gar nicht bewusst und, wenn sie mich kennt und mir vertraut, sogar erleichtert, dass ich sie darauf hinweise und ihr nicht glaube. Dann haben wir beide etwas zu lernen und gehen ein Stück des Wegs miteinander.

Frauen haben also in ihrer Veranlagung besondere Talente, die sie wissen lassen, wann sie angelogen werden und wann sie lügen. Dieses Talent kann sehr hilfreich sein beim Kreieren eines neuen Paradigmas, in dem Unehrlichkeit – sei es in Wirtschaft, Regierung und sogar Religion – keine gegebene Tatsache mehr sein muss.

Im Allgemeinen neigen Frauen dazu, sich mit Unehrlichkeit weniger wohlzufühlen als Männer. Da scheint es wiederum etwas in unserer Veranlagung zu geben, das uns bei Ehrlichkeit ein Gefühl von Erleichterung gibt.

Für Frauen ist Unehrlichkeit ein persönlicher Angriff auf ein ihnen innewohnendes Wertesystem, das unbekannt, unverstanden und unbewusst sein mag. Bei meiner weltweiten Arbeit haben Frauen immer wieder ihre Erleichterung geäußert, wenn sie auf ihre unbewussten Unehrlichkeiten hingewiesen wurden. In den Gruppen, die ich anbiete, habe ich Frauen tatsächlich oft sagen hören, dass sie sich in einer Gruppe, in der persönliche Ehrlichkeit und Gruppenehrlichkeit die Norm sind, sicherer fühlen. Es gibt nur wenige Männer, die so etwas jemals geäußert haben.

Nach meiner Erfahrung glauben Frauen der Lüge in ihrem tiefsten Inneren nicht oder sie haben weniger Interesse daran, einer Lüge zu glauben als Männer. (Es ist _ihr_ Paradigma).

Ich habe beobachtet, dass Frauen in den meisten Fällen eher wissen, dass sie lügen, wenn sie lügen, und ganz gleichgültig, wie gut sie lügen können, fühlen sie sich damit unwohl. Auf einer gewissen Ebene ist Unehrlichkeit den meisten Frauen „ego-fremd". (Dies steht natürlich im umgekehrten Verhältnis dazu, wie „integriert" sie im herrschenden System sind.)

Ich kann euch nicht sagen, wie viele Frauen, die in sich stärker werden, zu hören bekommen: „Du bist zu ehrlich, gehe lieber vorsichtig damit um." Mutig sind jene Frauen, die zu ihrem Wissen stehen, dass Ehrlichkeit eine sichere Umgebung schafft und angestrebt werden sollte.

Selbst die kleinste, sinnloseste Lüge kann ein Gefühl von Unsicherheit hervorrufen.

Eine meiner Freundinnen erzählte mir heute eine Geschichte über ihre Erfahrung mit einer „kleinen Lüge". Sie wusste, dass ihre Freundin einen Riesenvorrat an Plastiktüten besaß und bat sie um eine Tüte, da sie etwas wegwerfen wollte. Sie berichtete, ihre Freundin habe geantwortet: „Nein, nimm die Tüte nicht. Meine Nichte kommt zu Besuch und wir benutzen diese Tüten für den Strand." Sie wusste, dass das nicht der Grund war, da die Nichte nur ein- oder zweimal pro Jahr für einen oder zwei Tage zu Besuch kommt und den Riesenvorrat an Plastiktüten unmöglich aufbrauchen konnte.

Meine Freundin sagte, sie habe die Unehrlichkeit in ihrem Körper gespürt und sich für einen Augenblick unsicher gefühlt. Sie war sich dessen bewusst, dass die „kleine Unehrlichkeit" wirklich unbedeutend war und ihre Freundin „ein guter Mensch" ist. Und sie ergänzte, sie fühle sich einfach wohler und sicherer mit Menschen, die versuchten, in allen, selbst den kleinsten und anscheinend unwichtigen Interaktionen, ehrlich zu sein.

Wir Frauen wissen, wenn wir unehrlich sind. Wir haben die Fähigkeit zu wissen, wenn jemand uns gegenüber unehrlich ist. Wir fühlen uns sicherer in einer Umgebung, in der Ehrlichkeit die Norm ist.

Diese Fähigkeiten können helfen, ein besser funktionierendes Paradigma aufzubauen.

Wir leben in einem System, in dem Unehrlichkeit die Norm ist: in der Politik, der Geschäftswelt, in Familien und unseren persönlichen Beziehungen. Unehrlichkeit und das Fehlen einer persönlichen und öffentlichen Moral funktionieren nicht allzu gut.

Frauen können viel dazu beitragen, ein ehrlicheres Paradigma aufzubauen.

Vier wichtige weibliche Eigenschaften: Weitblick, Scharfsinn, Beharrlichkeit, Pingeligkeit

Weitblick

Frauen sind eines ausgeprägten Weit- und Durchblicks fähig, den wir in all unser Tun einbringen. Wir können uns dem winzigsten Detail hingeben (bis an den

Punkt, an dem wir alle um uns herum zum Wahnsinn treiben) und sind gleichzeitig in der Lage, scheinbar divergierende und zusammenhanglose Teile und Prozesse zum besseren Verständnis des Ganzen zusammenzubringen.

Wir sind unermüdliche Forscherinnen, die äußere und innere Informationen aus einer großen Vielfalt von Quellen sammeln. Ohne große Anstrengung registrieren wir in einer Gruppe von Menschen gleichzeitig, wer wie gekleidet ist, wer mit wem spricht, welche Grüppchen sich zu bilden scheinen und welche neuen Cliquen sich formieren. Außerdem bemerken und registrieren wir, wer mit wem flirtet, wo sexuelle Energie fließt und welche Situationen und Interaktionen angespannt sind oder als potenziell stressig erlebt werden.

Gleichzeitig nehmen wir wahr, welches Essen und welche Getränke serviert werden, wer was mag, wer wahrscheinlich ein Alkoholproblem hat oder fixiert auf das Essen ist, wie der Raum dekoriert ist und ob er dazu einlädt, sich als Gast wohl oder unwohl, zwanglos und entspannt zu fühlen oder ob die Dekoration übertrieben ist.

Während wir bewusst oder unbewusst all diese Informationen aufnehmen oder abspeichern, sind wir auch auf unsere innere Verfassung eingestimmt. Wir sind uns bewusst, an welcher Stelle im Raum wir uns am wohlsten fühlen. Mit welchen Menschen wir uns wohl oder unwohl fühlen. Wie leicht oder wie schwierig es ist, unerwünschter Energie oder Aufmerksamkeit aus dem Weg zu gehen – und gleichzeitig amüsieren wir uns und nehmen voll und ganz teil.

Aufgrund unseres Gewahrseins von Kontext – unseres inneren und äußeren bewegten Kontexts – besitzen wir oft einen umfassenden Blick dafür, was in uns und außerhalb von uns vor sich geht.

Unsere Fähigkeit, unterschiedliche Beziehungen und Prozesse inmitten, zwischen und innerhalb unserer Welt zu sehen und zu erfahren, eröffnet uns eine Sichtweise, die in einer Technologischen, Mechanistischen, Materialistischen Welt nicht die Norm ist.

Als in der Vergangenheit die reduktionistische Wissenschaft regierte und Amok lief, war unsere Kultur mehr daran interessiert, die Welt auf ihre kleinsten Bestandteile zu reduzieren und sie endlos zu studieren. Dadurch wurde eine Menge Informationen übersehen, die mit einer umfassenden Perspektive und dem Blick für und das Wissen um interaktive Prozesse einhergehen.

Es ist nicht möglich, eine weite, umfassende Sicht zu haben, wenn wir uns des Kontexts nicht bewusst sind. Und es ist wichtig zu wissen, dass alles im Kontext existiert.

Eine besondere Gabe und ein besonderes Talent von Frauen ist unsere Fähigkeit, die (innere und äußere) Welt perspektivisch zu sehen, und dies beeinflusst die Art und Weise, wie wir auf, in, mit und für uns selbst und unseren Planeten agieren und reagieren.

Ich glaube, wir treten in eine Ära ein, in der diese Fähigkeit des Erkennens, Erfahrens und Verstehens großer und kleiner miteinander verbundener Perspektiven wegweisend sein wird für die physikalischen und sozialen Wissenschaften, die sich in Zukunft entwickeln werden. Und ich glaube auch, dass Frauen und andere erkennen werden, dass die Fähigkeit, sich von unseren Theorien und Überzeugungen zu lösen und die größeren Zusammenhänge zu sehen, in Zukunft immer mehr geschätzt wird. Ich hörte einmal die Geschichte eines jungen Ojibwe-Mädchens, das ihre Urgroßmutter fragte: „Großmutter, warum ließen wir die Weißen kommen und bleiben? Wir waren in der Überzahl. Wir hätten sie alle töten können. Warum taten wir das nicht?"

Die alte Großmutter schwieg eine Weile und sagte dann ruhig: „Weil sie uns brauchten."

Sie hatte eine weite und tiefe Sichtweise.

Ich habe auf der ganzen Welt festgestellt, dass indigene Menschen eine gut entwickelte, umfassende Sichtweise haben.

Eindeutig erkennen lässt sich dies an ihrem Respekt gegenüber Ältesten, besonders weiblichen Ältesten.

Bei den Indianerstämmen im Osten der USA waren es allein die Frauen – besonders die älteren Frauen –, die darüber entscheiden konnten, ob der Stamm in den Krieg zog, und sie allein konnten den Häuptling absetzen. Und zwar deshalb, weil sie als ältere Frauen den größten Über- und Durchblick, die weiteste Perspektive hatten.

Da es in der gegenwärtigen westlichen Kultur an Respekt gegenüber den Ältesten und Frauen mangelt, können wir nicht in dem Maße, wie es nötig wäre, auf diese wertvolle Ressource zurückgreifen.

Mit dem Älterwerden beginnen wir zu erkennen, dass das Leben verschiedene Phasen hat, die wir durchlaufen. Während wir uns in diesen Phasen befinden, wird der größte Teil unserer Kraft darauf verwendet, die jeweilige Lebensphase zu meistern – sei es dadurch, dass wir eine Ausbildung machen, uns als aktiv teilnehmende Mitglieder der Gesellschaft etablieren, Kinder aufziehen oder mit Beziehungen klarkommen. Unsere Zeit und Kraft werden fast ausschließlich darauf verwendet, die verschiedenen Erfahrungen der jeweiligen Phase zu verarbeiten und (hoffentlich) zu lernen, welche Bedeutung in jedem Stadium liegt.

Wenn wir dann (hoffentlich) Älteste werden, sehen wir das Leben nicht nur als die Erfahrung, in die wir so eingebunden sind. Haben wir im Laufe des Lebens unsere innere Arbeit gemacht, beginnen wir, eine andere Sichtweise von jeder Erfahrung zu bekommen, die damals all unsere Kraft erforderte. Mit einer umfassenderen Perspektive sehen wir unser Leben mehr und mehr in seinem sich entfaltenden Kontext und als einen sich entfaltenden Prozess, nicht als statische Phasen.

• Das ist es, was Älteste und besonders weibliche Älteste uns allen anbieten können.

Eine weitere und tiefere Perspektive zu entwickeln und sich von den Stoppern und Symptomen nicht allzu sehr ablenken zu lassen, ist eine Fähigkeit und eine Verantwortung von uns Frauen.

Scharfsinn

Scharfsinn – was für ein wunderbares Wort – ein Wort, mit dem wir Frauen uns anfreunden und dessen damit verbundene Eigenschaften wir pflegen sollten, da es Eigenschaften sind, die in uns angelegt sind.

Wir Frauen sind in unserem Denken und bei unseren Beobachtungen sehr scharfsinnig. Unser Scharfsinn und unsere Fähigkeit, Gemeinsamkeiten und Unterschiede zu erkennen, sind hoch entwickelt und wirklich ausgeprägt.

In früheren Generationen haben wir diese Kompetenz allzu oft dadurch vergeudet, dass in unserer Kultur Frauen gegen Frauen ausgespielt wurden. Doch nur weil wir früher diese Fähigkeit zur Unterstützung unserer männerdominierten Gesellschaft einsetzten, heißt das noch lange nicht, dass diese Fähigkeit selbst in der Welt von heute nicht wertvoll ist.

Ob Sie es nun mögen oder nicht, meine Damen: Wir sind scharfsinnig. Wir können Unterschiede, selbst kleinste Unterschiede, in Menschen, Maschinen, Situationen etc. wahrnehmen.

Wir können schlau sein, wenn wir es müssen. Warum sollten wir diese Fähigkeit nicht zur Unterstützung anderer Frauen einsetzen? Warum sollten wir sie nicht offen und ehrlich zum Aufbau einer Welt für uns alle einsetzen? Wir werden uns mit uns selbst viel besser fühlen. Diese Kompetenz liegt in unseren Genen. Warum sollten wir sie also nicht einsetzen?

Beharrlichkeit

Und ob wir Frauen wissen, was Beharrlichkeit ist!

Das Wörterbuch definiert Beharrlichkeit als Hartnäckigkeit und Ausdauer, als die Eigenschaft, an einem Zustand, einer Unternehmung oder einem Verständnis festzuhalten und trotz widriger Einflüsse und trotz Widerstand oder Entmutigung weiterzumachen.

Diese Definition trifft auf Frauen ziemlich gut zu.

In der Vergangenheit war Beharrlichkeit ein zweischneidiges Schwert für uns. Wir beißen uns an etwas fest und weigern uns loszulassen – selbst wenn es schlecht für uns ist –, zum Beispiel an einer schlechten Ehe oder an einer Arbeit, die uns umbringt. Wir halten durch, bleiben am Ball und lassen nicht los. Wir ziehen die Sache durch.

Seien wir ehrlich! Man beklagte sich darüber, wie stur wir seien und dass wir einfach nicht aufgäben oder den Mund hielten, wenn wir von etwas überzeugt seien. Und, wie Karl Marx sagte, waren wir oft die Kraft hinter den großen sozialen Umwälzungen, die sich auf der Welt ereigneten.

Bis vor Kurzem haben wir im Laufe der Menschheitsgeschichte auf diesem Planeten diese Fähigkeit zur Beharrlichkeit für das Wohlergehen anderer und nicht so sehr für uns selbst eingesetzt. Und, das ändert sich und hat sich geändert.

Sicherlich werden heutzutage unsere Fähigkeiten für alle von uns auf dem Planeten gebraucht, und unsere Talente zur Beharrlichkeit sind zum jetzigen Zeitpunkt besonders wichtig.

- Es gibt den alten Spruch: „Willst du etwas getan haben, bring ein paar ‚alte Weiber' dazu, es zu machen." Das stimmt! Wie wahr!

Wir wollen erst aufhören, wenn die Arbeit getan ist. Ich sage seit Jahren, dass ich einen „Beendigungszwang" habe. Ich mag es, die losen Enden miteinander zu verknüpfen und mich zu vergewissern, dass die Arbeit – egal welche – so weit wie möglich abgeschlossen ist.

Ich habe beobachtet, dass es im Baugewerbe – historisch gesehen eine Männerdomäne – fast unmöglich ist, viele Männer dazu zu bringen, den Job <u>abzuschließen</u>. Immer sind sie fast fertig und dann – hui – sind sie weg. Und, sie zurückzuholen ist so gut wie unmöglich. Sie wollen das nächste neue Projekt anpacken.

- „Alte Weiber" sind nicht so. Aus diesem Grund sind sie das Rückgrat der meisten Freiwilligenorganisationen.
- Wir möchten und müssen die Arbeit beenden.
- Wir lassen uns nicht gern ablenken. Wir wollen die Dinge beenden – egal was!
- Beharrlichkeit ist eine fantastische Fähigkeit und wir „alten Weiber" wissen sie gut einzusetzen. Diese Fähigkeit wird uns beim Aufbau einer besseren Welt gute Dienste leisten.

Pingeligkeit

- Ich liebe dieses Wort!
- Das Wörterbuch sagt: wählerisch, anspruchsvoll, penibel, kleinlich, pedantisch. Genau! Lasst uns pingelig sein!
- Ich erinnere mich, dass mir meine Mutter als Kind sagte: „Sei nicht so pingelig!" Pingeligkeit schien einen schlechten Beigeschmack zu haben – damals.
- Nun, für mich nicht.
- Wir müssen mit vielen Dingen pingelig umgehen, wenn sich diese Welt ändern soll.

Wir müssen pingelig sein bei der Wahl unseres Partners. Offen gesagt hat das alte Modell der Ehe nicht allzu gut funktioniert, besonders nicht für Frauen. Ich bin im Laufe der Zeit zu der Überzeugung gekommen, dass die Art und Weise, wie wir die Ehe als Geschäftsmodell angelegt haben, ein Fehler war – ein Vertrag, der von Kirche und Staat wegen gewisser geringfügiger Geschäftsaspekte kontrolliert wurde: dass beispielsweise die Männer wussten, dass sie der Vater der Kinder ihrer Ehefrau waren; dass sie bei Erbschaftsfällen als Paar auftreten konnten oder als Mittel für Romantik und regelmäßigen Sex (mit einem Dienstmädchen als Teil des Arrangements). Und dies alles unter der Schirmherrschaft Gottes, wenn eine religiöse Verpflichtung dazugehört. Leider praktizieren viele der Männer, die diese Verbindung von *einem Mann und einer Frau* lautstark anpreisen, in Wirklichkeit die Variante: *ein Mann und viele Frauen.*

- Stehen wir also dazu: Im Allgemeinen haben sich in der Vergangenheit viele unserer Kriterien für die Partnerwahl als nicht gerade vorteilhaft für Frauen erwiesen.

In jüngster Zeit höre ich von einigen neuen Schriftstellerinnen, wir sollten pingelig sein bei der Wahl eines Partners und der Person, die <u>hilft, unsere Kinder aufzuziehen</u>. Wählen Sie jemanden, der Ihnen auf Ihrem Lebensweg ein erwachsener Partner sein kann und sich bei der Verantwortung für die Kinder einbringen wird, sodass Sie beide wachsen und Ihr Potenzial als Menschen ausschöpfen können. (Zur Erinnerung: Kinderbetreuung verändert das männliche Gehirn!) Wählen Sie jemanden, der möchte, dass Sie Ihre eigene Lebensreise haben, um zu lernen und zu wachsen, und der bereit ist, das Gleiche zu tun.

- Seien Sie pingelig bei der Wahl Ihrer Arbeit. Wählen Sie die Arbeit, bei der Sie das Gefühl haben, genau dafür auf der Welt zu sein, oder eine, von der Sie wissen, dass Sie sie tun möchten.
- Seien Sie pingelig, wenn es darum geht, Ihrem Prozess, Ihrer Intuition, Ihrer inneren Führung zu vertrauen und nehmen Sie sich die Zeit, die Sie brauchen, um sich selbst zuzuhören.
- Seien Sie pingelig bei der Sorge um Ihren Körper und um Ihre Gesundheit und vertrauen Sie Ihrem inneren Wissen.

- Seien Sie pingelig und wissen Sie genau, wie Sie leben wollen – nicht selbstzentriert. Seien Sie sich einfach klar und vertrauen Sie dem, was Sie und die anderen um Sie herum brauchen, und handeln Sie dann.
- Finden Sie heraus, wer Sie sind und engagieren Sie sich in dem Prozess, immer mehr die zu werden, die Sie sind. Widerstehen Sie, wenn andere Sie definieren wollen.
- Seien Sie pingelig und wachsam bei Entscheidungen, bei denen es darum geht, sich einem Paradigma anzupassen, das nicht für Sie passt.
- Seien Sie pingelig, wenn es darum geht, Zeit für sich allein zu haben, um sich klar zu werden, bei welchen Dingen Sie pingelig sein müssen.

Ich liebe dieses Wort!!
Es geht nicht um irgendein abstraktes Konzept des „Alles-haben-Wollen".
Es geht um die sehr reale Erfahrung des Partizipierens, um zu erhalten, was Sie brauchen, damit Sie so umfassend wie möglich Sie selbst sein können und Ihren Beitrag leisten – den nur <u>Sie</u> beisteuern können, wobei Sie sich in diesem Prozess auch für andere engagieren.
Wenn wir alle dies tun – ist es genug!

Beziehungen

Im Mittelpunkt des Entstehenden Weiblichen Systems (EWS) stehen Beziehungen. Alles, was die Frau ist und/oder tut, muss durch das Zentrum ihres Universums gehen, und das sind Beziehungen. Alles ist in Beziehung und alles ist im Prozess. Stillstand ist im EWS (neues Paradigma) keine Tugend.

Statt des selbstzentrierten Fokus auf das Selbst und auf die Arbeit, zu der Männer tendieren, haben Frauen, wenn man sie lässt, die Neigung, Beziehungen aller Art in den Mittelpunkt ihres Lebens zu stellen. Wahrscheinlich haben wir das angeborene Wissen, dass alles Leben Beziehung ist. Während der Herrschaft des WMS/TMM-Systems wurde dieses innere Wissen verfälscht und im RWS (Reaktives Weibliches System) zur Überzeugung umgewandelt, im Mittelpunkt des Universums der Frau stehe die Beziehung zu einem Mann, den sie brauche, der sie definiere und ihr Bedeutung, Bestätigung und Anerkennung geben würde. Und, dank der Frauenbewegung wurde den Frauen klar, dass diese

Überzeugung eine Illusion ist. Sie entwickelten sich weiter und erkannten, dass alles Leben Beziehung ist – dynamische, pulsierende, sich wandelnde und hoffentlich wachsende Beziehungen mit der gesamten Schöpfung.

• Frauen begannen zu verstehen, dass der Schlüssel für alle Beziehungen darin liegt, eine Beziehung zu sich selbst zu entwickeln.

Und dass ein sehr wichtiger Aspekt dieser Reise, eine Beziehung zu sich selbst zu entwickeln, darin besteht, dass dies nicht selbstzentriert geschieht. Es muss ein Wachsen an Selbsterkenntnis und Selbstbewusstheit sein, und diese Beziehung zum Selbst ist eine lebenslange Reise. Wir begannen zu erkennen, dass unsere Lebensreise – was wir tun, wer wir werden, was wir können und leisten werden – zutiefst und stark davon abhängt, womit und wie wir die Reise <u>in</u> unser Selbst machen.

Wer sind wir? Was brachten wir in dieses Leben ein? Wie können uns unsere Erfahrungen im Leben mehr darüber lehren, wer wir sind und wer wir werden können? Wie halten wir uns selbst zurück? Wie fördern Selbstkenntnis und Selbstbewusstheit die Veränderungen, die Konstanten des Lebens sind? Was müssen wir lernen aus den Erfahrungen, die das Leben uns beschert? Was müssen wir aus unseren Fehlern, unseren Misserfolgen und unseren Erfolgen lernen? Lernen wir nicht aus ihnen, so haben wir unsere Zeit verschwendet.

Wir beginnen zu erkennen, dass das einzige ultimativ schlechte Ergebnis einer Erfahrung – gleichgültig, wie schlimm sie war – darin besteht, die Lektion daraus nicht zu lernen. Frauen wissen, dass unser Leben tatsächlich von jenen geprägt wird, die uns lieben, von jenen, die uns hassen, und von jenen, denen wir gleichgültig sind. Es liegt an uns, ob wir diese Lektionen verstehen.

Schließlich sind wir hier in diesem Leben auf einer persönlichen Reise des Wachsens und Werdens, geistig, emotional und spirituell, und unser einziger <u>wirklicher</u> Verlust wäre, aus dem Leben unseres Lebens nichts gelernt zu haben und nicht gewachsen zu sein.

Im Laufe unseres Lebens erkennen wir, dass alles Beziehung ist. Unsere Beziehung zu uns selbst, unsere Beziehung zu unserer Arbeit (und wir müssen <u>unsere</u> Arbeit tun – sie zu finden ist ein Teil der Faszination der Reise!) – unsere Beziehungen zu anderen – unsere Beziehungen zu unserem Kontext – unsere Beziehungen zur Natur, die uns erhält – unsere Beziehung zum Planeten – unsere Beziehung zu allem Leben – unsere Beziehung mit allen Bereichen der Wirklichkeit, dem Sichtbaren und Unsichtbaren und „Allem-was-ist". Sie werden verstehen, was ich meine.

• Frauen haben das große Talent, die Zusammenhänge, das größere Bild, zu sehen, und es fällt ihnen leicht, sich von einem selbstzentrierten Selbst als Mittelpunkt des Universums zu entfernen.
• Die Fähigkeit zu einer solchen Perspektive wird besonders zum jetzigen Zeitpunkt gebraucht, da wir versuchen, einige der von uns eingeschlagenen Umwege zu verlassen und uns als menschliche Spezies weiterzuentwickeln.

Im-Prozess-Sein

• Frauen verstehen intuitiv, dass Im-Prozess-Sein eine entscheidende Realität des Lebens ist.

Das WMS/TMM-System fokussierte das Lernen darauf, das Universum dadurch zu verstehen, indem es (was immer „es" ist) aus dem Zusammenhang gerissen wird, auf seine kleinsten Einzelteile reduziert wird und den Prozess, das Im-Prozess-Sein, als definierende Realität des Lebens ignoriert wird. Folglich vereinfachte diese Wissenschaft und Bildung die Realität und machte sie statisch.

Als ich vor Jahren mein Buch *Leben im Prozess* schrieb, versuchte mich mein Lektor ständig davon zu überzeugen, dass ich „definieren" müsse, was unter Prozess zu verstehen sei. Ich widersetzte mich und war mir damals nicht sicher, warum ich mich widersetzte. Ich widersetzte mich einfach. (Auf diese Weise lerne ich oft. Ich habe eine Intuition, ein Gefühl – und wenn es stark ist, vertraue ich darauf in der Gewissheit, dass ich, wenn ich offen für mein inneres Wissen bin, an irgendeinem Punkt wissen werde, worum es geht.) Also packte ich die Sache an und begann meine Art von Recherche: Ich sprach mit jedem, den ich kannte, über dieses Thema.

Wenn ich mit Menschen sprach, die gut im WMS/TMM-System ausgebildet waren, bekam ich ziemlich oft die gleiche Antwort: „Das ist eine gute Idee."

„Eine Definition wird es festlegen." „Wie kannst du wissen, worüber du sprichst, wenn du keine Definition hast, auf die man sich verständigt hat?" – und so weiter. Was mich noch viel mehr entsetzte: Ich fragte die Menschen um mich herum, die gelernt hatten, „im Prozess zu leben", ob sie wüssten, was Prozess sei und sie verneinten es. Ich war schockiert und am Boden zerstört. Was hatte ich ihnen beigebracht? Ich gab mir die Schuld und hatte das Gefühl, als Lehrerin versagt zu haben (also selbstzentriert; inzwischen ist meine Genesung fortgeschritten und ich verhalte mich meist anders!).

Dann erkannte ich, dass sie die Erfahrung eines prozesshaften Lebens gemacht und gelernt hatten, dem Prozess ihres Lebens zu vertrauen und sich daran aktiv zu beteiligen. Und, sie hatten keinen abstrakten, entkörperlichten Begriff von Prozess. In ihrer TMM-System-Welt „kannten" sie die Definition von „Prozess" nicht.

An diesem Punkt des Definitionsprozesses war ich auf Hawaii bei meiner hawaiischen Familie und erzählte ihnen von meiner Erfahrung, dass die Leute um mich herum nicht „wüssten", was Prozess sei.

Sie reagierten einen Augenblick lang schockiert und erschreckt. Unwillkürlich wichen sie auch körperlich zurück.

„Was heißt das? Wie können sie nicht wissen, was ein Prozess ist? Alles ist ein Prozess. Alles ist im Prozess. Prozess ist eine Tatsache."

Ich fühlte eine Welle der Erleichterung durch meinen Körper fluten. Kein Wunder, dass ich mich dort so zu Hause fühlte!

Nach weiteren Nachforschungen entdeckte ich, dass weltweit alle meine indigenen Freunde wussten, was Prozess ist. Menschen der westlichen Kultur wussten das weniger. Sie fühlen sich wohler mit statischen, entkörperlichten Konzepten.

Was ist also Prozess? Alles ist ein Prozess. Wir Menschen sind ein Prozess. Wir sind keine Sache, kein statisches Wesen. Wir sind Wesen im Prozess. Unser Leben ist ein Prozess und wir haben das Privileg, in diesem Leben zu lernen, zu wachsen und uns aktiv zu engagieren. Unsere Autos sind ein Prozess. Unsere Häuser sind ein Prozess: Sie werden gebaut, erhalten und verfallen.

- Als ich einen Schritt zurücktrat und mir unsere Gesellschaft und ihre Überzeugung ansah, dass es möglich sei, die Welt statisch zu machen, lernte ich zu meiner Erleichterung, dass indigene Menschen auf der ganzen Welt immer noch wissen, was ein Prozess ist.

Aus unserer jetzigen Weltsicht heraus (ungefähr während des letzten Jahrhunderts und besonders in den letzten Jahrhunderten) wurde eine Wissenschaft und Mathematik entwickelt, die versuchte, „das Universum statisch zu machen", eine Wissenschaft und Technik, die sich auf Messen, Vorhersagen und Kontrolle (bzw. der Illusion von Kontrolle) konzentriert. Um dies zu erreichen, ist es notwendig, alles aus seinem Kontext zu reißen, es auf seine elementarsten Teile zu reduzieren und zu studieren (und zu kontrollieren!).

• Diese Vorgehensweisen führten dazu, dass wir das Verständnis für zwei äußerst wichtige Aspekte unserer Realität fast vollständig verloren haben: für Kontext und für Prozess.

In Wirklichkeit können wir ohne Kontext nicht existieren, und alles, einfach alles, ist im Prozess. Die Erde ist im Prozess, die Steine sind im Prozess, die Bäume, Pflanzen und Tiere sind alle ein Prozess. <u>Wir</u> sind ein Prozess. Wir würden gern an der Illusion festhalten, wir könnten uns (oder unsere Häuser) in Ordnung bringen und dann würden wir (sie) ein für alle Mal genau so bleiben. Und, <u>DEM IST NICHT SO</u>.

Wir Menschen sind ein Prozess. Unser natürlicher Zustand besteht darin, zu wachsen, zu lernen und zu heilen. Unser Wesen ist immer im Prozess. Unser Körper ist immer im Prozess. Unsere Institutionen sind ein Prozess und keine statische Realität, die sich nicht ändern dürfen und können. Alles ist ein Prozess im Prozess.

• Aus welchem Grund auch immer: Frauen sind mehr auf die Realität eingestimmt und akzeptieren, dass alles im Prozess ist.

Es war leicht für Frauen, den statischen Reduktionismus unserer gegenwärtigen wissenschaftlichen und mathematischen Weltsicht zu erlernen. Vielleicht sind sie jetzt in der Lage, die Führung zu übernehmen bei der Entwicklung einer Wissenschaft und Mathematik, die auf der Realität aufbaut, dass alles im Prozess ist.

- Wir sind nicht statisch, wir sind ein Prozess vor der Geburt, nach der Geburt, während unseres Lebens und wahrscheinlich nach unserem Tod – alles ist Prozess. Alles ist im Prozess.
- Unsere Wirklichkeit ist Prozess.
- Der Versuch, unser Selbst und unsere Welt auf ein selbstzentriertes „Ich" und „meine Arbeit" zu reduzieren, wird einfach nicht mehr gelingen.

Ich konnte erkennen, warum wir eine Wissenschaft entwickelten, die das Universum statisch zu machen versucht. Ich konnte erkennen, dass das Ignorieren und die Furcht vor Prozess die Illusion von Kontrolle genährt hatte, die in der TMM-Kultur so weit verbreitet ist, und warum einige Menschen tatsächlich davon überzeugt sind, sie könnten emotional, körperlich und spirituell „perfekt" sein und dann, wie Plastikfigürchen, ein für alle Mal so bleiben. Aus solchen Illusionen heraus entstand die Schönheitschirurgie/Botox-Welt.

- Dies nicht zuzugeben und nicht an unserem Leben und unserer Welt zu partizipieren, hat sich für alle als destruktiv erwiesen.
- Trotz ihrer Konditionierung und ihrer Schulung sind Frauen von ihrem Wesen her offener dafür, die Realität anzunehmen, dass alles ein Prozess ist. Wir können viel dazu beitragen, unsere Welt wieder in Balance und in ihre Realität zu bringen.
- Unser Körper, unser Leben und unser Kontext konfrontieren uns täglich mit der Realität von Prozess, wenn wir ihnen nur <u>zuhören</u>.

Das Unsichtbare, das Unbekannte und das Jenseitige

- Frauen fühlen sich im Allgemeinen wohl mit der Realität des Unsichtbaren und Unbekannten – des Immateriellen, Ätherischen und Jenseitigen, wohler als Männer.
- Wir können mit Ungewissheit viel besser umgehen.

Jahrhundertelang wurde gegen Frauen Krieg geführt, weil sie sich weigerten, das Wissen aufzugeben, dass in unserem Leben Einflüsse und Mächte wirken, die weit größer sind als wir selbst. Für dieses Wissen wurden wir als Hexen sogar auf dem Scheiterhaufen verbrannt. Dieses Wissen setzen manche mit Religion gleich. Ich nicht. Für mich sind Religionen – meist von Männern entwickelt und kontrolliert – im Allgemeinen der Versuch, unsere Erfahrung (unseren Prozess) in statische Konzepte zu gießen, die gleichgesetzt werden mit dem Denken über „Gott", und die nicht auf unserer Erfahrung der Teilhabe an Gott oder einer Macht, größer als wir selbst, basieren. Eines meiner Lieblingszitate und eine der wichtigsten Aussagen, die ich jemals zu hören bekam, stammt von einem indigenen amerikanischen Pfarrer, der in St. Louis am Eden Seminary lehrte. Er sagte: **„Wenn wir unsere Wahrnehmungen konkretisieren/ihnen eine feste Form verleihen, betreiben wir theologischen Götzendienst."** Damals spürte ich in meinem Inneren, wie wichtig diese Aussage war und ich glaube, erst jetzt geht mir allmählich die volle Bedeutung seiner Worte auf. Tatsächlich vertraue ich darauf, dass sich weitere Wahrheitsebenen offenbaren werden, wenn ich noch ein paar weitere Jahre darüber nachsinne. (Schließlich beginne ich erst mein achtzigstes Lebensjahr und er äußerte diese Worte in meinen späten Dreißigern!) Ich lade Sie dazu ein, eine Weile über diesen Satz nachzusinnen: „Wenn wir unsere Wahrnehmungen konkretisieren, betreiben wir theologischen Götzendienst." Vielleicht ist es das, was der neue Papst, Franziskus, uns zu lehren versucht. Wir Frauen haben einen ausgeprägten Sinn für das, was wichtig ist, vertrauen eher unserem Bauchgefühl und stützen uns auf vielerlei Informationen aus verschiedenen Quellen.

Ich glaube nicht, dass wir das Unsichtbare und Unbekannte messen, berechnen, vorhersagen und kontrollieren müssen, damit wir es kennenlernen und es in unserem Leben und unserer Kultur aktiv wird. Anerkennen müssen wir jedoch seine Existenz und unsere Begrenzungen, und dass wir sie als Menschen nie ganz verstehen können.

Die Ehe zwischen der Religion und der gegenwärtigen mechanistischen Wissenschaft wurde zum Versuch, diese Weisheit aus unserer Welt zu vertreiben, und trotz dieses Bündnisses wird es immer ein Unsichtbares und Unbekanntes geben, das uns beeinflusst. Und Frauen – wiederum vielleicht deshalb, weil wir vom System mehr ausgeschlossen waren als die Männer – haben auf diesem Gebiet etwas anzubieten.

Wie mir meine Mutter sagte, als ich noch ein Kind war: „Denke daran, Elizabeth Anne, es ist das Unsichtbare, das am wichtigsten ist." Welches Glück hatte ich, eine Mutter zu haben, die wollte, dass ich als werdende Frau offen bin für „das Wichtigste".

Frauen neigen dazu, Konzepte zu entwickeln, die auf der Wirklichkeit fußen

Eines der Probleme, mit denen wir in der westlichen Kultur ringen, ist, dass wir mehr und mehr in einer virtuellen Welt leben.

Unsere Wissenschaft wurde ausschließlich auf der materiellen Ebene aufgebaut, wobei die materielle Ebene die Wirklichkeit darstellt, und gleichzeitig beinhaltet diese Wissenschaft die Flucht vor Nähe. Das heißt, bei diesem Modell ist der perfekte Wissenschaftler, der perfekte Mensch derjenige, der von seinen Gefühlen, seinem Selbst, von anderen und von seinem Kontext abgespalten ist. Dieses Glaubenssystem führte zu dem Versuch, uns von uns selbst und unserem Kontext zu distanzieren und „objektiv" zu sein.

Die Folge davon ist, dass wir uns eine Welt geschaffen haben, die mehr in Konzepten als in der Realität lebt. In dieser Welt sind wir dahin gekommen, unserem Denken und unseren abstrakten Konzepten zu glauben und uns auf sie zu beziehen, als ob sie real wären – obwohl es nur Konzepte sind.

Ich weiß nicht, ob das Huhn zuerst da war oder das Ei, und als ich das Weiße Männliche System als Suchtsystem und später als Technokratisches Materialistisches Mechanistisches System bezeichnete, war ich mir im Klaren darüber, dass die komplexen Faktoren von Sucht eng verstrickt sind mit den Konzepten und Glaubenssätzen unserer gegenwärtigen Weltsicht.

Sucht wird oft (gewöhnlich) als Krankheit der Wahrnehmung und des Denkens beschrieben. Ein Süchtiger kann zum Beispiel eine unbegründete Wahrnehmung oder Idee nehmen, darauf eine ganze Welt aufbauen und dann beginnen, danach zu leben, zu arbeiten und allein aus ihr heraus zu handeln. Das ist die Krux des „Ismus".

- Dieser Prozess, in abstrakten Konzepten und Abläufen zu leben, ist in der TMM-Kultur epidemisch, führt zu einem zunehmenden Realitätsverlust und endet in Schmerz für alle Beteiligten.

Was nicht heißt, dass sich Frauen bei dieser Entkörperlichung von Informationen und Konzepten nicht beteiligen – wir spielen durchaus mit! Und, wir haben gelernt, es gut zu tun.

Die gute Nachricht ist: IN UNSEREM TIEFSTEN INNEREN GLAUBEN WIR NICHTS VON ALLEDEM.

So ist einer der Vorzüge, die wir einbringen, unser tief verwurzeltes MISSTRAUEN gegenüber entkörperlichten Konzepten. Sie sind gute intellektuelle „Spielzeuge" und zum Aufbau einer Zivilisation weniger gut geeignet.

Frauen sind partizipatorisch und packen die Dinge gern an

Ich sagte es bereits und möchte es hier nochmals betonen: Frauen sind partizipatorisch. „Willst du etwas getan haben, hol ein ‚altes Weib'."

- Partizipation ist eines der größten Geschenke und eine der größten Kraftquellen, die wir als Menschen, als Frauen haben.

Wenn wir uns aktiv in etwas einbringen, in irgendetwas, wissen wir nicht immer, wie es ausgehen wird, und wir können sicher sein, dass unsere Beteiligung (unsere volle Beteiligung!) einen Unterschied machen und das Ergebnis auf irgendeine Weise beeinflussen wird, selbst wenn wir nicht wissen, wie dies aussehen wird.

Vor Jahren kaufte ich auf der Insel Orcas im Puget Sound bei Seattle ein Stück Land mit einer alten Hütte darauf. Die Hütte war alt und ein großes Stück des Fußbodens war verfault und musste ersetzt werden. Mit dem Mann, mit dem ich damals zusammenlebte, fuhr ich hin, um den Boden zu reparieren. Da ich einen Vater gehabt hatte, der alles reparieren konnte, und ich damals glaubte, dieses Talent sei auf ein geschlechtsspezifisches Gen zurückzuführen, dachte ich, dieser Mann würde die Sache in die Hand nehmen. Was er nicht tat. Eineinhalb der insgesamt zwei Wochen, die wir dort sein mussten, lamentierte er darüber,

„nicht die richtigen Werkzeuge", „nicht das richtige Material" und später „nicht genug Zeit" zu haben. Offensichtlich geschah gar nichts.

Also fuhr ich zum Eisenwarenladen – glücklicherweise wurde er von den Ehefrauen geführt, die Männer kümmerten sich um den Bauholzverkauf. Ich erklärte ihnen das Problem und dann legten sie/wir los. „Du wirst dieses brauchen. Du wirst jenes brauchen. Hier, leihe dir meine Säge aus. Hier, ich leihe dir meinen Bohrer. Du brauchst sie für diese Arbeit nicht extra zu kaufen." Mit allem, was ich brauchte, kehrte ich zur Hütte zurück. Mein Partner verkrümelte sich, als ich das tat, was mein Vater mir beigebracht hatte: „Reiß alles ab bis zu der Stelle, wo das Holz nicht verfault ist und baue von da aus neu auf." Der Boden war bis zum Erdreich hinunter verfault. Ich benutzte behandelte Holzbalken, verband sie mit den verwertbaren Teilen des noch vorhandenen Holzes, ersetzte die Querbalken, legte den neuen Boden, installierte einen Holzofen und dahinter eine Asbestplatte, um die alte Mauer vor dem Ofen und dem Ofenrohr zu schützen. Alles wurde fertig. Hätte ich das ihm überlassen, dann hätten wir einen Monat mit Nachdenken und Untätigkeit verbringen müssen.

- Wir leben derzeit in einer Kultur, in der Partizipieren ersetzt wird durch Abstraktionen und Nicht-Teilnahme.

Wir neigen zu der Überzeugung, es sei wichtig, wertvoll und notwendig, reich genug zu sein, um nie wieder irgendetwas für uns selbst tun zu müssen. Deshalb engagieren wir uns immer seltener für unsere Beziehungen zu unseren Kindern, unserer Nahrung, unserem Heim, unseren Autos und unserem Leben. Durch dieses Nicht-Teilnehmen verlieren wir wertvolle Lektionen und Erfahrungen. Ich habe immer gesagt, dass ich niemandem traue, der nicht weiß, wie man arbeitet – körperlich. Durch körperliche Arbeit entstehen in unserem Gehirn besondere Verbindungen. Und, diese Verbindungen entstehen nicht im Umgang mit Handys, Computern und iPads.

- Das Spannende ist, dass sich durch aktives Teilnehmen die Realität verändert und neue Möglichkeiten auftauchen.

An diesem Punkt unserer Entwicklung als Menschheit und als Kultur sind Frauen sehr gut darin, sich aktiv einzubringen. Wir mussten es sein. Untersuchungen zeigen, dass Frauen einen Großteil der Arbeit erledigen, die auf diesem Planeten geleistet wird. Durch aktives Teilnehmen können neue Möglichkeiten entstehen – Optionen, die wir uns nicht einmal vorstellen können.

Frauen sind seit jeher partizipatorisch. Und wir sind sehr praktisch – praktisch in einer Welt, in der vieles auf abstrakten Konzepten basiert. Ist Geld real? Nein! Ist Macht real? Nein! – Man hat sich nur darauf geeinigt – abstrakt.

- Ist es so, weil wir als Unterdrückte die meiste Arbeit geleistet haben? Oder ist dieses Talent angeboren?
  Wen kümmert's?

Das weibliche Gehirn unterscheidet sich vom männlichen Gehirn

Als Erstes möchte ich zwei ausgezeichnete Bücher zu diesem Thema empfehlen (mit hervorragenden Informationen und gut zu lesen!): *Das weibliche Gehirn* von Louann Brizendine, M.D., und *The New Feminine Brain* von Mona Lisa Schultz. Diese Bücher sind einzigartig und erforschen die faszinierende Struktur und Funktionsweise des weiblichen Gehirns und wie es sich vom männlichen Gehirn unterscheidet. Sie bieten viel mehr wissenschaftliche und medizinische Informationen, als ich je zu verstehen hoffte. Und, wenn Sie tiefer in das Thema eintauchen möchten, empfehle ich Ihnen sehr, diese Bücher zu lesen.

- Als ehemalige Psychotherapeutin und Frau, die seit fast 60 Jahren intensiv mit Frauengruppen arbeitet, habe ich festgestellt, dass diese Bücher einige meiner Beobachtungen bestätigen.
- Brizendine schreibt, dass Forscher bis in die 1990er Jahre dem Unterschied zwischen der männlichen und der weiblichen Neuroanatomie wenig Aufmerksamkeit schenkten.

Gewiss, mir war in den späten 70er und Anfang der 80er Jahre des vergangenen Jahrhunderts aufgefallen, dass die wichtigsten Theorien in der Psychologie auf Studien basierten, die über Männer, von Männern und für Männer erstellt wurden. (Könnte eine Absicht dahinterstecken?)

Brizendine weist darauf hin, dass es Anfang der 90er Jahre mit neuen wissenschaftlichen Arbeitsmitteln immer mehr Dokumentationen über die Unterschiede zwischen Männern und Frauen gab, die nicht nur struktureller, sondern auch chemischer, genetischer, hormoneller und funktioneller Natur waren, was nicht nur von Interesse, sondern von großer Bedeutung hinsichtlich der Art unseres Denkens, Fühlens und unserer Lebensweise ist.

Wenn wir verstehen, dass Männer und Frauen in ihren Gehirnen unterschiedlich auf Konflikte und Stress reagieren, werden wir aufmerksam. Diese neuen Informationen belegen, dass Männer und Frauen unterschiedliche Gehirnareale und unterschiedliche Schaltkreise benutzen, um Probleme zu lösen und Sprache zu verarbeiten. Wir benutzen sogar unterschiedliche Gehirnbereiche, um unsere Emotionen zu speichern und zu erfahren.

Ich habe beobachtet, dass Frauen die „Gedächtnisspeicher" für die Familie und die meisten Beziehungen sind. Nach meiner Erfahrung verfügen sie über ein riesiges Gedächtnis für die winzigsten Einzelheiten emotional aufgeladener Erfahrungen, an die sich Männer vielleicht kaum noch erinnern. Während meiner Jahre als Paartherapeutin war ich immer fasziniert, wie unterschiedlich die Berichte über einen größeren Ehestreit ausfielen.

- Nach Brizendine werden diese Unterschiede von der Struktur und der Chemie des Gehirns verursacht.

Ich glaube nicht, wie manche früher annahmen, dass Anatomie Schicksal ist. Studien haben gezeigt, dass Männer, die mehr an der Kindererziehung beteiligt sind, im Allgemeinen mehr Querverbindungen im Gehirn entwickeln als Männer, die keine Kinder betreuen. Wir können unsere Gehirnstruktur durch die Art und Weise verändern, wie wir unser Gehirn gebrauchen, und wir können durch die Art und Weise, wie wir auf unsere Hormone reagieren, wahrscheinlich sogar unsere Hormonproduktion verändern. Wie mein Freund, der große Wissenschaftler, Künstler und Schriftsteller Frederick Franck, zu betonen pflegte, ist es unsere Aufgabe, allen Widrigkeiten zum Trotz menschlich (human!) zu werden und unser Leben nicht nur aus dem archaischen Bereich unseres Gehirns und der Gnade unserer Hormone heraus zu leben. Brizendine weist darauf hin, dass Männer ein 2,5-fach größeres Gehirnareal für den Sexualtrieb und außerdem größere Gehirnzentren für Aktion und Aggression haben. Sie führt weiter aus, dass das weibliche und das männliche Gehirn Informationen unterschiedlich verarbeiten in Bezug darauf, wie sie mit Reizen umgehen und selbst darauf, wie sie hören und sehen. Weibliche Gehirne unterscheiden sich von den männlichen sogar darin, wie sie die Gefühle anderer erspüren.

Nach Brizendine besitzen Frauen in den Sprach- und Hörzentren des Gehirns elf Prozent mehr Neuronen als Männer und der Hauptknotenpunkt für Emotionen und Bedeutungsbildung – der Hypocampus – sei im weiblichen Gehirn größer ausgebildet. Wenn wir uns vorstellen, was das für das Verständnis in Beziehungen bedeutet! Sie führt weiter aus, dass Frauen eine größere Neuronenkapazität für Sprache und das Erspüren der Gefühle anderer haben. Stellen wir uns einmal vor, was diese größeren Kapazitäten in diesen Bereichen bewirken könnten, wenn sie wertgeschätzt und entwickelt wären!

- Sind wir wirklich weiterhin bereit, unsere Macht an Menschen abzugeben, die ein überentwickeltes Gehirn für den Sexualtrieb, Aktion und Aggression haben?
- Wollen wir diesem Ungleichgewicht wirklich nacheifern?
- Sind wir bereit, uns unseren Anteil daran anzusehen, wie wir den Männern in unserem Leben dazu verhelfen, diese Bereiche ihres Gehirns übermäßig zu entwickeln auf Kosten anderer Bereiche, die einer positiveren Evolution der Menschheit förderlich sein könnte?
- Vielleicht hatte der alte Maori Tahunga recht: „Männer sind nicht schlecht – sie sind einfach unterentwickelt." Welche Verantwortung tragen wir für ihr „Unterentwickelt-Sein" und wie können wir sie einladen, zu wachsen und sich zu verändern – im Bewusstsein, dass sie es selbst tun müssen?
- Brizendine erklärt, das weibliche Gehirn habe erstaunliche Begabungen: hervorragende verbale Gewandtheit; die Fähigkeit, sich emotional mit anderen tief zu verbinden; die fast hellseherische Gabe, im Gesicht und Ton eines anderen Menschen zu „lesen"; die Fähigkeit, Konflikte zu zerstreuen. All diese Fähigkeiten sind, nach Brizendine, unsere Mitgift, die uns Frauen auszeichnen.

Das alles hört sich ganz gut für mich an, und wenn wir nicht versuchen, unsere neu gefundene Macht dafür einzusetzen, wie Männer zu sein, Männer bei Männerspielen auszustechen und die existierende TMM-Kultur zu unterstützen, sondern stattdessen unsere Fähigkeiten und Eigenschaften nutzen, um neue Paradigmen zu erschaffen, die übertragbar auf die ganze Schöpfung, uns inklusive, sein werden – wer weiß, was dann geschieht? Ich glaube, die Cherokees und andere indigene Völker haben erkannt, was möglich sein <u>könnte</u>.

Kehren wir also zurück zum weiblichen Gehirn und dem, was ich aus eigener Erfahrung beobachtet und gelernt habe.

Untersuchungen zeigen, dass Frauen im Allgemeinen einen höheren Prozentsatz an Gehirngröße im Verhältnis zu ihrem Körpergewicht haben als Männer. Als ich jedoch oft mit Kindern arbeitete, belegten Studien auch, dass Jungen meistens größere Köpfe haben, was manchmal schwierigere Geburten und mehr Druck auf das ungeformte Gehirn nach sich zog, und das könnte der Grund dafür sein, warum das, was wir damals diffuse Hirnschädigungen nannten, bei männlichen Kindern öfter auftritt als bei weiblichen.

- Wir neigen auch dazu, anderes zu denken. Wir sind weniger verliebt in abgehobene, abstrakte und lebensfremde Konzepte, obwohl wir leicht mit ihnen umgehen können und uns für gewisse Aspekte einiger Konzepte begeistern. Trotzdem sind wir weniger darauf erpicht, mit blutleeren, unpraktischen Konzepten zu jonglieren und zu spielen.
- Wir besitzen mehr Verbindungen zwischen der rechten und der linken Gehirnhälfte, und diese Tatsache eröffnet grenzenlose Möglichkeiten für mehr Balance und Flexibilität im Leben.

Und unsere Gehirne weisen noch andere Unterschiede auf. Vor Jahren war ich auf einer Konferenz zum Thema „Männer und Frauen" in Nordkalifornien. Ich war eine von mehreren Vortragenden, und da wir am Ende ein Diskussionsforum bilden sollten, plante ich, zu jedem Vortrag zu gehen und genau zuzuhören.

Einer der Redner war ein wunderbarer, sanfter und brillanter Hispanic. Er war Neurophysiologe.

Als er seine Forschungserkenntnisse darlegte, erwähnte er unter anderem, dass die linke Seite des Gehirns, der er den logischen/rationalen Teil des Gehirns zuschrieb, sich schneller entwickele als die rechte. Ich fand diese Idee faszinierend, da sie meine Beobachtung bestätigte, dass beim WMS der Fokus auf dem Logischen/Rationalen und nicht auf dem Emotionalen/Intuitiven liegt und Ersteres fördert. In meinem schwarzen Hosenanzug (er war damals modern) und einer jadegrünen Kaschmirstola flog ich ans Mikrofon, um ihm zu sagen, wie sehr mich seine Erkenntnisse faszinierten und dass sie meine Beobachtungen hinsichtlich eines Übergewichts der abstrakten Ideen des WMS in unserer Kultur bestätigten – und er legt tatsächlich dar, dass dieser Fokus <u>einen Einfluss auf unser Gehirn</u> und dessen Wachstum hat! Ich war so begeistert und wollte dies weiter untersuchen. Und – ich erschreckte ihn zu Tode mit meiner Begeisterung! Er ging mir in den nächsten paar Tagen aus dem Weg und nur langsam konnte ich ihm beweisen, dass ich nicht gefährlich, sondern nur begeistert war. Wir wurden Freunde.

Aus seiner Sicht berichtete er wissenschaftlich und objektiv über den natürlichen Evolutionsprozess des Gehirns. In diesem „natürlichen Prozess" wurde die emotionalere, intuitivere, gefühlsmäßige Seite des Gehirns von der logischen, rationalen, linearen, mechanistischen Gehirnhälfte überholt. Soweit ich mich erinnere, sah er das als positiv und als Teil der Evolution an.

Für mich klang es sofort nach einem SYSTEMISCHEN Problem und als Hinweis darauf, in welche Schieflage wir in einem System geraten sind, das von dem Weißen Männlichen System (WMS) und seinen Denkprozessen dominiert wird. Natürlich fiel keinem von uns auf, dass sich die damalige Gehirnforschung fast ausschließlich mit männlichen Gehirnen befasste und die Daten dann auf die gesamte Bevölkerung übertragen wurden. Das männliche Gehirn war die Norm.

Und, ich fand es faszinierend und beängstigend, dass die Entwicklung unseres Gehirns von den Annahmen, Glaubenssätzen und Praktiken der Gesellschaft beeinflusst werden könnte. Waren Männer für diese „Veränderungen" anfälliger als Frauen? Und würde sich das Gehirn von Frauen verändern, wenn sie mehr mit der WMS/TMM-Kultur verstrickt waren? Ich hoffte es nicht. Es ist möglich, dass wir die Funktionsweise des weiblichen Gehirns benötigen, um zurück ins Gleichgewicht zu finden.

Max Freedom Long, ein höchst interessanter Mann, der mit den alten hawaiischen Kahunas lebte, von ihnen tief beeindruckt war und sie studierte, stellte einige interessante Thesen darüber auf, wie unser menschliches Gehirn und wir als Menschen funktionieren.

Er postulierte – ähnlich und doch ganz anders als Freud –, dass wir dreimal ein „Selbst" haben. Als Erstes: das Bewusste Selbst, das dem bewussten Geist ähnelt, unser tagtägliches Leben lenkt und im Grunde mit unserem Handeln auf der materiellen Ebene verbunden ist. Dieses Selbst bestimmt unser konkretes Denken und Handeln. Es hat kein Gefühl und kein Gedächtnis. Zum Zweiten: unser Niedrigeres Selbst, in dem wir Erinnerungen, Gefühle, Emotionen, all das Unsichtbare und Unbekannte speichern, und das dem Freud'schen „id" ähnelt. Aufgrund meiner früheren Ausbildung in Psychologie hatte ich es mir immer als einen blubbernden, außer Kontrolle geratenen Kessel vorgestellt. Longs Arbeit und meine eigene Entwicklung veränderten diese frühere Auffassung. Und drittens gibt es noch das Höhere Selbst – dem Freud'schen Über-Ich ganz und gar nicht ähnlich. Es ist der Ort, an dem wir mit allem eins sind – unserem Gott – dem Grund unseres Seins – der Einheit – dem Alles-was-Ist – der Gesamtheit. Er postulierte, dies sei, woher „wir" kommen und dies sei, wohin wir zurückkehrten.

Was mich an seiner Forschung und Arbeit am meisten faszinierte, war die Aussage, das Bewusste Selbst habe keinen direkten Zugang zum Höheren Selbst. Diesen Zugang zum Höheren Selbst müsse der Mensch über das Niedrigere Selbst finden, und er dürfe sich nicht davor ängstigen, durch das „id" zu waten – die Emotionen, Gefühle, Erinnerungen.

Das faszinierte mich sehr, denn bei der Leben-in-Prozess-Arbeit, die ich tue, habe ich festgestellt, dass wir durch unseren denkenden Geist niemals heilen können. Kein Mensch wurde jemals durch eine Einsicht oder sein Denken geheilt. Um unsere Tiefenprozessarbeit zu tun, müssen wir loslassen, in unsere Gefühle/Emotionen eintauchen und dann führt der Tiefenprozess ein Eigenleben. Um die Lektion oder die Heilung zu verstehen, müssen wir sie in unseren bewussten Geist zurückbringen, sie in Worte fassen und ihnen eine fundierte, konkrete Bedeutung verleihen. Ich vergleiche dies mit dem Unterschied zwischen dem Versuch, sich Gott über Theologie (unserem denkenden Geist) anzunähern und der Erfahrung von Gott, die ganz anders ist.

Nach meiner Erfahrung fällt es Frauen leichter, einen Zugang zu ihrem Niedrigeren Selbst zu finden, in es hinein- und durch es hindurchzugehen. Wir ängstigen uns nicht so wie Männer vor unseren Gefühlen, unseren Erinnerungen (selbst den archaischen Erinnerungen) und einem „mentalen" Kontrollverlust.

Wir sind eher bereit, für unsere Heilung, unser Wachstum und unsere Veränderung unser ganzes Selbst einzubringen und zu benutzen. Auf einer gewissen Ebene wissen wir – auch wenn wir versuchen, anders zu sein –, dass unsere Illusion von Kontrolle eben nichts anderes ist als – eine Illusion. Und wir haben natürlich an diese Illusion geglaubt. Schließlich sind wir davon umgeben. Und, trotzdem, irgendwoher wissen wir es, wir wissen es einfach.

Als eine weltberühmte Hellseherin einmal zu mir sagte, „Männer haben keine eigene Spiritualität. Sie brauchen Frauen, um einen Zugang zur Spiritualität zu finden", war ich traurig. Und, bei der Arbeit mit sowohl Männern als auch mit Frauen in der Leben-im-Prozess- und der Tiefenprozessarbeit, die ich lehre, machte ich die Erfahrung, dass es Frauen leichter fällt, durch ihr „Niedrigeres Selbst" hindurchzugehen, einen Zugang zu ihrem Tiefenprozess zu finden und das „Einssein" zu erfahren. Und obwohl dies für Männer schwieriger ist, können auch sie einen Zugang zu ihrem spirituellen Selbst finden, wenn es ihnen gelingt, ihr Denken und ihre abstrakten Konzepte loszulassen. Aus meiner Sicht haben Frauen auf diesem Gebiet sehr vieles einzubringen.

Frauen scheinen ihren Stammeswurzeln näher zu sein und sich wohler mit ihnen zu fühlen

Ich mache diese Leben-im-Prozess-Arbeit seit vielen Jahren und habe mich nicht nur damit befasst, Einzelpersonen und dann auch Familien, Organisationen, Gemeinschaften, Gesellschaften/Nationen bei ihrer Heilung zu unterstützen. Wenn ich heute die ganze Menschheit und den Planeten im Blick habe, erscheint es mir manchmal ein bisschen viel zu sein. Und, indem ich meinem Prozess vertraue, immer nur einen Schritt nach dem anderen tue und dann das nächste Richtige angehe, entfalten sich meine Arbeit und meine Erkenntnisse organisch.

Indem ich „dem Prozess vertraue", vertraue ich darauf, dass mich dies alles dahin führen wird, wo ich sein soll. Es ist alles eine Frage von Partizipation und Vertrauen, und indem ich meine Arbeit tue, fällt mir beides immer leichter.

Selbst als ich noch nicht wusste, dass ich indigene Wurzeln habe, waren mir, unbewusst, meine indigenen Wurzeln wichtig und „arbeiteten" in mir. Ein Großteil meiner Arbeit und die Art und Weise, wie sie sich entfaltete, entstammen unbewusst diesen Wurzeln.

Wenn ich also sehe, wie wir global darum ringen, ein Paradigma zu finden, das für uns alle passt, ist es keine Überraschung für mich zu entdecken, dass einige der von uns benötigten Antworten vielleicht schon unter uns sind: in der Weisheit und dem Wissen der noch überlebenden indigenen Kulturen.

In Neuseeland zum Beispiel gab es vor langer Zeit eine Gruppe von Menschen, die sich aus drei Ethnien zusammensetzte, die Waitaha, die „in Harmonie mit dem Land, miteinander und mit dem Schöpfer lebten." Sie wurden von denen, die in Kriegskanus kamen, abgeschlachtet und leisteten keinen Widerstand. Sie hinterließen jedoch Lehren, die zur rechten Zeit auftauchen sollten für jene, die später kamen.

Viele Beweise dieser früheren Weisheit gibt es in Tibet, bei den amerikanischen Indianern, den australischen Aborigines, den Waitaha und anderen, und diese Weisheit ist uns immer noch zugänglich. Sie liegt nicht in den Dingen und statischen Konzepten der materiellen Ebene, sie liegt in der Weisheit des Lebensprozesses.

- Und, nach meiner Erfahrung sind Frauen besser in der Lage, einen Zugang zu diesen Informationen zu finden, sie zu verstehen, sich mit ihrem Wesen auf sie zu beziehen und an ihrer Entfaltung in unserer Welt mitzuwirken.
- Auf diese Art neigen Frauen dazu, sich im Naturschutz und der Bewahrung der Schöpfung zu engagieren. Sie haben auf diesen Gebieten etwas Besonderes beizutragen, indem sie auf die uralte Weisheit aus prä-TMMS-Zeiten zurückgreifen.

Leben in Balance

Als Letztes: Frauen bemühen sich sehr darum und sind bestrebt zu lernen, in Balance zu leben. Sie sind auf diesem Gebiet sehr weise.

Frauen waren schon immer Multitaskerinnen und haben diese Fähigkeit zu einer hohen Kunst entwickelt.

Schon heute, da Frauen einflussreiche Positionen in der Arbeitswelt einnehmen, gibt es mehr flexible Arbeitszeiten, flachere Hierarchien und Kooperation mit weniger Fokus darauf, die Konkurrenz abzuhängen. Frauen besitzen diese Fähigkeiten und können sich eine Arbeitsweise vorstellen, die für sie selbst, füreinander, für unsere Kinder, den Arbeitsplatz und den Planeten gut ist. Wenn der Einfluss von Frauen wächst, kann ihr Bemühen um ein Leben in Balance für uns alle eine heilende Kraft werden.

Ich sah kürzlich einen Bericht über Bobbi Brown, die ein Naturkosmetik-Sortiment entwickelte. Sie war in den Augen des WMS sehr „erfolgreich", und hat die Dinge offensichtlich anders als im WMS üblich angepackt.

Ihr Unternehmen, das Farben, Lippenstifte und Make-up auf Naturbasis produzierte, war so erfolgreich, dass es für einige der großen Kosmetikfirmen zur Bedrohung wurde. Also unterbreitete ihr eine dieser Firmen das Angebot, ihr Unternehmen aufzukaufen. Das geschah genau dann, als es Sinn gehabt hätte, groß ins Geschäft einzusteigen, mit Bobbi Brown an der Spitze. Was für eine Situation!

Die Idee, aufgekauft zu werden, gefiel ihr nicht, denn sie mochte und schätzte ihre Arbeit. Und sie fand die Idee gut, denn sie wollte im Grunde nicht all den Stress, der mit der Geschäftsleitung ihrer eigenen Firma verbunden war, obwohl sie auf diese Weise noch mehr Geld hätte verdienen können.

Sie fand deshalb eine dritte Möglichkeit (Frauen sind gut darin, Dualismen zu umgehen und dritte Optionen zu erkennen). Sie lehnte sich zurück und ging in Verhandlungen, um innerhalb des Stammhauses ihre eigene Sparte, die Entwicklungsabteilung, zu leiten. Dies war der Bereich, den sie nach ihren Vorstellungen leiten und kontrollieren konnte, bei dem sie die kreativen Aspekte des Geschäfts bestimmte und das bedeutete auch, dass sie neben ihrer Arbeit noch ein Privatleben führen konnte. Sie würde immer noch viel Geld verdienen – genug, und nicht so viel, wie sie als Firmenchefin verdient hätte, und – eine Menge.

Die ganze Vorgehensweise und der Prozess hörten sich für mich so EWS-mäßig an. Sie beschrieb, wie sie die Firma organisierte:

1. Da sie in der Modebranche tätig war, stellte sie im Büro eine Kosmetikerin ein, die als Maniküre in Vollzeit arbeitete. Sie sagte, die meisten Frauen hätten zwar gern eine professionelle Nagelpflege, fänden jedoch nicht die Zeit dafür, also war dies eine gute Lösung.
2. Sie kümmerte sich um flexible Arbeitszeiten und Kinderbetreuung, da viele Mitarbeiterinnen (einschließlich ihrer selbst) eine Familie hatten.
3. Sie sagte, Arbeiten von zu Hause aus werde akzeptiert und wenn daheim ein Notfall einträte (was sie verstand), gab es eine Vertretung.

Sie richtete eine neue Art von Arbeitsplatz ein, neu vom Prozess und Inhalt her! Kurz gesagt, sie bewies Folgendes:

- Frauen haben den Einblick und das Talent, neue Möglichkeiten zu erkennen, wenn sie sich selbst vertrauen.
- Frauen besitzen die Fähigkeit, Optionen zu erkennen und wahrzunehmen. Sie sind unser Reichtum.
- In einer statischen Welt müssen Wahlmöglichkeiten der Illusion von Kontrolle weichen.
- Optionen und das Schaffen von Optionen können zu Gleichgewicht führen.

Schlussfolgerung

Als ich dieses Kapitel nochmals las, war ich überaus begeistert und hoffnungsvoll. Begeistert darüber, was wir über uns als Frauen bereits entdeckt haben und sogar noch hoffnungsvoller darüber, welche wunderbaren, noch unbekannten Aspekte wir über uns selbst erfahren werden, wenn wir die Verantwortung dafür übernehmen, was wir und dieser Planet werden können.

Das oben Aufgeführte gibt uns einen kleinen Einblick in das, was Frauen einbringen können und was in der Welt von heute und von morgen besonders einmalig und kraftvoll sein kann. Jetzt werden wir weitergehen und einige spezifische Vorschläge darüber machen, wie diese Talente eingesetzt werden können, um das Wachstum des Einzelnen, der Familien, des Arbeitsplatzes, des Planeten und sogar die Entwicklung der Menschheit zu fördern.

Natürlich werden wir Fehler machen und, hoffentlich, aus ihnen lernen. Und wir können uns in dem Wissen entspannen, dass sie unmöglich schlimmer sein können als die gewaltigen Umwege, die die Menschheit in der Vergangenheit gemacht hat bei ihrem Versuch zu wachsen und sich auf diesem Planeten weiterzuentwickeln. Wir können erkennen, dass tatsächlich die Chance besteht, dass sich die Dinge zum Besseren wenden.

Ich habe nur einige der Besonderheiten angesprochen, die Frauen unserer Welt anzubieten haben. Wir kennen uns bereits mit Geburten und Kindererziehung aus, und dies ist nur die Spitze des Eisbergs dessen, was allein Frauen beitragen können und was in seiner unverfälschten und kraftvollen Form bisher nicht bekannt, wertgeschätzt oder erlaubt wurde. Doch wie gut ist es, auch nur einige der Dinge aufzuzeigen, die wir beitragen können, um uns allen ein stärkeres Gefühl dafür zu geben, was möglich sein könnte. In dem Prozess, uns immer mehr zu vertrauen und diese Vorzüge immer tiefer auszuloten, wird sich Weiteres zeigen.

Beenden wir also dieses Kapitel damit, dass wir ein bisschen träumen, fantasieren, Visionen entfalten und offen sind für das noch – Unbekannte.

KAPITEL VII

Die Fäden verknüpfen und die Zukunft eröffnen

Frauen stellen die Hälfte der Weltbevölkerung, leisten fast zwei Drittel der Arbeitsstunden, erhalten ein Zehntel des Einkommens und ihnen gehört weniger als ein Hundertstel des Eigentums auf der Welt.

Bericht der Vereinten Nationen, 1980

Die fortdauernde Versklavung der Frauen ist das dunkelste Kapitel in der Geschichte der Menschen.

Elizabeth Stanton (1815–1902)

Anders als die afroamerikanischen Männer, die die Sklaverei für das dunkelste Kapitel in diesem Land halten, würde ich sagen, dass die fortdauernde Versklavung der Frauen ein schrecklicher, tragischer Prozess der Menschheitsgeschichte ist – und es gibt viele dunkle Kapitel in der Geschichte der Menschheit.

Wer einmal mit dem Thema Frauen und Landschaft für eine Weile gelebt hat, stellt fest, dass sie untrennbar verbunden sind mit den Vorstellungen von Frieden, Spiritualität und Gemeinschaft. Als Frauen müssen wir lernen, Anführerinnen in der Gesellschaft zu werden, nicht nur um unserer selbst willen, sondern um aller Menschen willen. Wir müssen unsere Verwandtschaft mit Natur und Umwelt für kommende Generationen stärken und schützen.

China Galland

Um es zu wiederholen: Wir wissen nicht, was die Zukunft bringt. Doch können wir sicher sein, dass die Welt anders aussehen würde, wenn Frauen bereit wären, für ihre Wahrnehmungen, ihr Wissen und ihre Weisheit einzutreten; wenn sie nicht versuchen würden, wie Männer zu sein oder es in einer von Männern definierten Kultur zu „schaffen"; und wenn wir uns alle für unsere größere Weisheit und dem, was sich mit der neu gefundenen Klarheit und Balance entfalten wird, öffneten.

In diesem Abschnitt werden wir ein bisschen träumen und unsere Visionen anschauen, während wir gleichzeitig hellhörig sein wollen für die alten, vom WMS (Weißen Männlichen System) bestimmten Tendenzen zu Vorhersage und Kontrolle.

ES IST NICHT MÖGLICH ZU WISSEN, WIE EINE WELT AUSSE-
HEN WÜRDE, IN DER WIR AM PROZESS VON ALLEM, WAS WIR
TUN, VOLL UND AKTIV TEILNEHMEN. WENN WIR UNTERSCHIE-
DE WERTSCHÄTZEN UND NICHT DAVON AUSGEHEN, IRGENDEI-
NE GRUPPE WÜSSTE ALLES ODER HÄTTE DIE ANTWORTEN, UND
WENN WIR DARAUF VERTRAUEN, DASS WENN JEDE/R BEITRÄGT,
WAS SIE/ER KANN, WIR ETWAS ZUSTANDE BRINGEN, WAS BESSER
FUNKTIONIERT UND WAS FÜR ALLE HEILSAMER UND BEDEUT-
SAMER IST.

Offen gesagt, haben wir heute eine Chance, wie wir sie noch nie zuvor in
der Geschichte der Menschheit hatten, und wir besitzen ein breites Spektrum
an Wissen und an Erfahrungen darüber, was wir falsch gemacht haben, und an
Lektionen, auf die wir aufbauen können. Niemals zuvor in der Geschichte der
Menschheit verfügten wir über die Mittel, uns das, was wir tun und getan haben, aus einer globalen Perspektive anzuschauen.

In dem Wahnsinn der heutigen Menschheit liegt die Chance einer neuen
Wirklichkeit für alle von uns, WENN wir offen sind, WENN wir dazu bereit
sind, WENN wir den Mut haben, WENN wir die Vision haben, einem sich entfaltenden Prozess zu vertrauen. Für uns Frauen ist es von entscheidender Bedeutung, dass wir uns aktiv engagieren und fordern, mit unserer Stimme und unseren
Ansichten gehört zu werden, und dass wir stark, offen, flexibel und wahrhaftig
sind. So einfach ist das.

In diesem Kapitel komme ich auf die „Symptome", die im Kapitel V besprochen wurden, zurück und werfe einen kurzen Blick darauf, welche kraftvollen
Eigenschaften es sind, die ich bei Frauen beobachtet habe, die gewachsen sind
und ihre Arbeit tun, um ihr volles Potenzial als Menschen zu erreichen und das
Ihrige zum Ganzen beizutragen.

Natürlich müssen wir uns daran erinnern, dass die Zukunft immer ein sich
entfaltender, unbekannter Prozess ist, dessen Elemente sich fortwährend neu bilden und verändern. Und doch glaube ich, haben wir gesehen, wie sich die Welt
entwickelt hat, als wir Frauen unterdrückt, geknechtet und nicht gehört wurden,
und als wir unser eigenes angeborenes Wissen und unsere Erfahrung unterdrück-

ten, verdrängten und ignorierten. Wenigstens und endlich wissen wir, dass es die Möglichkeit für etwas anderes gibt.

Was könnte also geschehen, wenn wir uns erheben und unseren Beitrag leisten bezüglich:

1. Diskriminierung

Frauen standen bei Menschenrechtsthemen immer an vorderster Front. Wir haben Diskriminierung gekannt und erfahren. Sie war nicht gut für uns. Wir wissen, im tiefsten Inneren, dass sie für niemanden gut sein kann – weder für den Unterdrücker noch für die Unterdrückten.

Da wir unterdrückt wurden, kennen wir die Auswirkungen von Unterdrückung. Die Vorgehensweise im WMS ist der Versuch, zum Unterdrücker zu werden, da dies als die „bessere" Position angesehen wird. Die Realität ist, dass wir weder Opfer noch Täter sein müssen oder wollen.

Wir Frauen neigen dazu, die Dinge in ihrem Ganzen zu sehen. Aus einer ganzheitlichen Sicht unserer Welt ist es völlig klar: Wenn uns alle *ein* Gott geschaffen hat, sind auch alle Wesen gleich – alle Menschen, Tiere, Steine, Bäume. Wer hat das Recht zu sagen, eine bestimmte Spezies oder ein Teil einer Spezies sei wichtiger als eine andere?

Frauen haben ein feines Gespür dafür, dass beim Diskriminierungsspiel alle verlieren.

Wie werden wir es anders machen?

Wer weiß es?

Es wird unterschiedliche Vorgehensweisen geben und unsere Unterdrückung wird beeinflussen, wie wir die Welt sehen.

Unsere Neigung, im Kontext zu leben, unterstützt uns darin, Unterschiede wertzuschätzen. Unterschiede sind keine Bedrohung und brauchen nicht wie im WMS/TMM-System unterdrückt zu werden. Unterschiede bieten uns Optionen, bieten neue Möglichkeiten, bieten neue Chancen für menschliches Wachstum, wenn wir bereit sind, sie zu ergreifen. Wie die meisten indigenen Völker glauben, besitzt jedes Volk, jede Gruppe Teile des Puzzles. Niemand hat alle Teile. Wir müssen von allen Teilen lernen und auf alle Teile hören, wenn wir versuchen, unser Wissen und unsere Erkenntnisse zusammenzutragen, um ein besseres Verständnis vom Ganzen zu erhalten. Was wäre auf dieser Erde geschehen, wenn die Eroberer jedes für sie neue Land mit der Einstellung betreten hätten, seine Bewohner könnten sie mehr über das Ganze lehren und seien ihnen gleichwertig?

Aufgrund ihrer Fähigkeit, im Kontext zu leben, wissen Frauen eher, dass wir alle miteinander verbunden sind und einander tatsächlich beeinflussen. Das ist einfach unsere Realität. Wenn wir ganzheitlich denken, sehen und respektieren wir die verschiedenen Optionen als Chancen, nicht als Bedrohung. So einfach ist das.

Nicht alle Frauen sind für diese Leichtigkeit im Umgang mit Unterschieden bereit, und in einem im Entstehen begriffenen weiblichen System gibt es eine wachsende Chance, Unterschiede zu schätzen und zu suchen. Es ist eine indirekte Weise, mit Rassismus umzugehen, und Frauen können aufgrund ihrer Bereitschaft, Unterschiede zu akzeptieren und zu schätzen, auf diesem Gebiet viel Gutes beitragen.

2. Politik

Klarsichtige Frauen sind nicht gewillt, das, worauf es letztlich ankommt, aufs Spiel zu setzen. Wir haben das gelernt. Und Menschen, die in ihrem Leben ehrlich sein wollen, möchten ihre kostbare Zeit nicht mit „Albernheiten" verschwenden und das Wichtige ignorieren. Frauen sind eher praktisch veranlagt und sehr begabt in den praktischen Dingen des Lebens. Diese Fähigkeit lässt wenig Zeit oder Kraft für Dinge, die abstrakt, sinnlose Spielereien, kopflastige Konzepte oder nicht wirklich wichtig sind. Wenn Frauen klarer werden, möchten sie ihre Zeit einfach nicht mit Letzterem verbringen. (Es sei denn, sie machen sich einen Spaß daraus. Dann ist Herumalbern wunderbar!)

Wenn wir im Wörterbuch als Definition von Politik „Verschlagenheit" und „machiavellistisch" lesen, dann glaube ich, dass es in einem gesünderen System keine Politik in dem Sinne geben wird, wie wir Politik entwickelten und kennen.

Interessanterweise sehe ich gewisse Parallelen in der Art und Weise, wie diese „Demokratie" errichtet wurde und wie Frauen von Natur aus agieren. Wir reden gern. Wir bereden, behandeln und bearbeiten gern jeden Aspekt eines Themas und kommen dann zu einem Konsens – zu einer Übereinkunft, der wir auf einer bestimmten Ebene alle zustimmen können. Ursprünglich wurde dies als Aufgabe des US-amerikanischen Repräsentantenhauses und besonders des Senats angesehen. Diese Herangehensweise und Bedeutung haben sich jedoch geändert.

• Wer behauptete, in einer echten Demokratie müsse es eine regierende Klasse geben? Wir nicht! Wir wissen es besser: volle Teilnahme – ja; eine herrschende Klasse – meiner Meinung nach nicht.

• Frauen sind bereit zuzuhören und zu versuchen, eine andere Sichtweise zu erkennen und zu verstehen, und sie sind bereit, sich für diesen Prozess Zeit zu nehmen.

• Dies sind Fähigkeiten, die wir als Frauen gewonnen haben, und damit könnten die politischen Prozesse anders gestaltet, die Vorgehensweise verändert oder das, was wir als Politik kennen, vollständig abgeschafft werden.

Natürlich haben sich Frauen das WMS/TMM-System gut angeeignet. Und, ich spreche darüber, was Frauen einbringen können, wenn man ihnen Wertschätzung entgegenbringt, ihnen zuhört und ihrem Wissen und ihren besonderen Kompetenzen vertraut.

3. Religion

Wie gesagt, alle großen Religionen der Welt – die Offenbarungsreligionen – wurden von Männern gegründet. Fast alle, wenn nicht sogar alle, dieser „geoffenbarten" Religionen gingen anfangs von der von ihren Gründern formulierten Prämisse der Gleichheit zwischen den Geschlechtern und gleicher Rechte für alle aus. Dann wurden die meisten Religionen von Männern angeführt und wurden rassistisch und sexistisch. Bei den meisten Religionskriegen geht es mehr um Macht, Kontrolle, Materialismus und Vorherrschaft als um Spiritualität. Religion spielte und spielt bei Kolonialisierung, Vorherrschaft und Kontrolle, Rassismus und Sexismus eine Hauptrolle.

Was kann das tiefe innere Wissen der Frauen um Spiritualität zu diesem Symptom beitragen? Ich habe oft gesagt, dass die Leben-in-Prozess-Heilungsarbeit, die ich anbiete, zurückgeht auf eine Zeit vor den Offenbarungsreligionen, zu einer Zeit, als wir noch aus unserem Einssein mit dem Schöpfer und dem „Alles-was-Ist" heraus lebten. Wie schon erwähnt, bekundete die berühmte Hellseherin, Männer hätten keinen direkten Zugang zur Spiritualität (zumindest das, was aus Männern geworden ist, nicht!) und sie seien auf Frauen angewiesen, um mit Spiritualität in Berührung zu kommen. Ich sage, dass mein Tiefenprozess meine Spiritualität ist, wenn ich eins bin mit Gott (Max Freedom Longs Höherem Selbst).

Männer haben die Fähigkeit verloren, mit ihren Gefühlen und Emotionen in Kontakt zu sein und sie zu schätzen, und gerade diese Fähigkeiten sind die Türen zu ihrem Höheren Selbst. Frauen haben sich diese Fähigkeit erhalten, obgleich sie sie gelegentlich abwerteten. Leitungsbahnen im Gehirn können wieder aktiviert werden.

Wie würden Religion/Spiritualität beeinflusst werden, wenn Frauen ihr inneres Wissen akzeptierten? Erinnern Sie sich an die Gruppe der hawaiischen Unabhängigkeitsbewegung, die ihre eigene Form von Regierung zu entwickeln versuchte. (Ich hatte das Privileg, sie miterleben zu dürfen.) Die Gruppe hatte beschlossen, dass *Akua* (der Schöpfer, unser Seinsgrund, das Einssein – kein Mann) im Mittelpunkt des „Regierens" stehen sollte, und dass die Ältesten – jene Männer und Frauen, die *Akua* näherstanden, länger gelebt und mehr Erfahrung und Wissen hatten – <u>zusammen</u> den Kopf der Regierung bilden sollten. Dann würden die *Makua*, die Erwachsenen, die Arbeit der Regierung ausführen und die *Keiki*, die Kinder, wären die „Beine" und würden „laufen". Hier bildete sich eine andere Art von Regierung, eine indigene Gruppe, in der Männer und Frauen gleichberechtigt zusammenarbeiteten. Ich erlebte dort eine atemberaubende Schönheit und Weisheit. Es war ein Modell, das auf Respekt und Prozess basierte und sich völlig unterschied von jeglicher herkömmlicher Geschäftsordnung, die ich je gesehen hatte. Und es funktionierte, funktionierte wunderbar – bis das WMS/TMM-System darauf aufmerksam wurde.

Als ich sah, wie es entstand, war es ein Prozess, bei dem kaum jemand eine klare Vorstellung davon hatte, wie es sein „sollte".

• Da Frauen an Prozesse glauben, können sie einen Beitrag leisten, den jene, die an eine statische Welt glauben und nur eine statische Welt kennen, sich nicht vorstellen können.

4. Wirtschaft

Bevor die Engländer kamen, hatten die Iren die Wirtschaftsphilosophie, alle im Land müssten genug haben, und es sei <u>nicht notwendig</u>, dass einer wohlhabend sein müsse.

Wie der US-amerikanische Richter Brandeis sagte: „Wir können in diesem Land eine Demokratie haben oder eine Konzentration von großem Reichtum in den Händen einiger weniger, aber wir können nicht beides haben."

* Wussten Sie, dass die Superreichen die instabilste Kraft der US-amerikanischen Wirtschaft geworden sind? Und dass jeder danach strebt, zum obersten einen Prozent zu gehören? (Statistisch eine Unmöglichkeit!)
* Wie kam es dazu, dass wir als menschliche Spezies die „Notwendigkeit" einer Konzentration des Reichtums als Realität akzeptieren?
* Wie gesagt, keine auf Wirtschaft gegründete Gesellschaftsordnung wird jemals die Bedürfnisse der Menschen, des Planeten und all seiner Bewohner erfüllen.

Ich bin gespannt, wie wir uns vielleicht einmal organisieren werden, wenn Frauen in ihre Kraft kommen und eine Welt entwickeln, die mehr im Gleichgewicht ist und in der andere Themen und nicht die Wirtschaft im Mittelpunkt stehen.

5. Denken

Unser Denken wurde offensichtlich vom WMS/TMM-System ziemlich deformiert.

Es scheint allgemein bekannt zu sein, dass wir nur einen kleinen Teil unserer Gehirnkapazität nutzen. Aufgrund der Werte und Annahmen der Wissenschaft der TMM-Kultur haben wir die logischen/rationalen Teile der linken Gehirnhälfte überentwickelt und die intuitiven, nicht-linearen Teile unseres Gehirns zu wenig entwickelt und ihnen nicht vertraut. Wir haben konvergentes Denken betont und divergierendes Denken vernachlässigt. Wir haben unsere Kinder davon überzeugt, es gäbe eine gute Art des Denkens, die logisch und rational sei, und andere Denkweisen, die entweder nicht gut seien, nicht existieren sollten oder gar nicht existierten. Menschen, die Legasthenie haben und viele unterschiedliche Perspektiven gleichzeitig wahrnehmen können, erhalten die Botschaft, etwas an ihnen sei falsch, und sie werden ausgegrenzt. In einer indigenen Kultur werden sie in ihrer Einzigartigkeit – wie wir alle – als besonderes Geschenk des Schöpfers angesehen, das unser Universum um eine weitere Dimension bereichert.

Der Prozess des Denkens wird in der TMM-Kultur ignoriert, und es wird mehr Betonung auf das Auswendiglernen von Fakten gelegt als auf die Kreativität, die darin liegt, nicht zu wissen und offen zu sein für Möglichkeiten.

Wenig Betonung wird auf die Entwicklung der Kreuz-Mechanismen des Gehirns gelegt, was unser Potenzial für Problemlösungen um das Hundertfache erhöhen könnte und nicht nur das verändern würde, was wir denken: Es könnte verändern, wie wir denken.

Und wir haben sehr wenig getan, um das Intuitive zu entwickeln, den Zugang zu anderen Seinsbereichen oder den Informationen aus Gefühlen, Emotionen, Erinnerungen oder Fantasien. Es ist wie bereits gesagt so, als ob wir mit einem Fuß auf dem Boden festgenagelt wären und mit dem anderen ständig im Kreise gingen, ohne vorwärtszukommen.

Wer weiß, was wir erreichen könnten, wenn wir in einem System mit einer Weltsicht lebten, die an alle Bereiche der Realität glaubt und mehr Gehirnbereiche nutzt?

Frauen haben zu der Erforschung unseres Gehirns viel beizutragen und auch dazu, wie wir es zum Aufbau einer Welt einsetzen können, die jenseits von unbegründeten, abstrakten Konzepten liegt, und nicht die Fülle all unserer Erfahrungen, das Bekannte und Unbekannte, das Sichtbare und Unsichtbare, leugnet.

Es fällt einem schwer, der schmerzhaften Tyrannei einer alkoholischen Denkweise zuzusehen und zuzuhören, die in der gegenwärtigen Kultur zunehmend die Norm ist.

Frauen sind Multitaskerinnen. Sie denken multidimensional. Wie wird dies die Weise verändern, wie wir über das Denken denken und wie wir die in der Kultur anstehenden Aufgaben anpacken, wenn wir uns von einer eher linearen Vorgehensweise entfernen?

6. Gesundheit und Wohlbefinden

Frauen haben sich immer für Gesundheit und Wohlbefinden interessiert und waren, historisch gesehen, immer in den Heilberufen tätig. In der Vergangenheit engagierten sie sich am meisten für die sogenannten nicht-traditionellen Formen der Medizin. In letzter Zeit wurden sie von der westlichen, akademischen, allopathischen Medizin angezogen und engagierten sich auf diesen Gebieten – da, wo Geld und Macht sind.

Doch bei meiner Arbeit mit verschiedenen Ärztinnen fiel mir auf, dass sie im Laufe der Zeit weniger schulmedizinisch behandeln als bei Berufsbeginn. Wenn sich die Ärztinnen mehr etabliert haben, sehe ich, wie sie viele „alternative" Heilverfahren in ihre Praxis aufnehmen, besonders wenn sie aus den etablierten Institutionen aussteigen. Ich habe beobachtet, dass sie sich mehr hinbewegen zu dem, was bei den unterschiedlichsten Heilungsansätzen und Glaubenssystemen funktioniert. Dabei gehen sie mit diesen alternativen Methoden völlig anders um als einige der „aufgeschlossenen", „alternativen" männlichen Ärzte, die nach meiner Beobachtung diese Methoden in ihr allopathisches Modell einzufügen versuchen und sie wie Skalps am Gürtel tragen.

Bei meinen Gesprächen mit Frauen in den medizinischen Berufen, die über das Stadium hinaus sind, ihre eigenen persönlichen Bedürfnisse und Erwartungen erfüllen zu müssen, stimmten diese zu, dass erstens jede/r Zugang zur Gesundheitsfürsorge haben sollte, dass zweitens alle einen Zugang zu der Art medizinischer Versorgung haben sollten, die sie wünschen, dass es drittens im Gesundheitswesen kein Einparteien-System geben sollte und dass viertens das Ziel der heilenden Künste nicht darin liegt, reich zu werden – obwohl es nett ist, Geld zu haben – sondern darin, Heilung und Ganzheit zu fördern.

Die meisten dieser Frauen fühlen sich, auf einer bestimmten Ebene, unwohl mit den Prinzipien der mechanistischen Wissenschaft und sind sich darin einig, dass der menschliche Körper, der Mensch an sich, keine Maschine ist und nicht als eine solche behandelt werden sollte. Es fällt Frauen viel leichter, einen Körper als einen Prozess zu sehen.

Sie stimmen auch darin überein, dass Heilung nicht statisch ist und kein Ereignis, ebenso wenig wie Krankheit. Beides sind Prozesse, und es ist notwendig, dass der Mensch, der Heilung braucht, sich voll und ganz an dem Geschehen beteiligt.

- Folglich würde eine Frau in den heilenden Berufen, die um Prozesse weiß und sie versteht – wenn sie frei und unabhängig wäre –, Gesundheit und Krankheit prozesshaft angehen und sie als Prozesse verstehen.

Da Frauen außerdem mehr am Kontext orientiert sind und sich mit dem Suchtprozess weniger wohlfühlen, könnten sie eher bereit sein, Krankheit und Heilung anders zu sehen. Sie wären vielleicht bereit anzuerkennen, dass viele der Krankheiten, die sie behandeln, durch Formen der Sucht verursacht werden: Herzkrankheiten, Fettleibigkeit, Bluthochdruck, Leberprobleme und Lungenkrebs. Und vielleicht wären sie außerdem bereit, sich die Zusammenhänge vor Augen zu führen, die in dieser massiven Industrie existieren, und erkennen, wie viele dieser Krankheiten im Zusammenhang stehen mit Umweltvergiftung und ihrer Verbindung zu einer mechanistischen Wissenschaft und einem kapitalistischen Ordnungs- und Gesellschaftssystem. Wenn sie diese Zusammenhänge zu sehen beginnen, werden sie nach anderen Optionen Ausschau halten.

Jede kann von Geld verführt werden – sogar Macht, und, wenn jene Person mehr respektiert wird, gewinnt sie mehr Raum, um in Berührung zu kommen mit dem, was _wirklich_ wichtig ist für sie und _uns_.

Fragen Sie irgendeine Mutter, ob der militärisch-industrielle Komplex wichtiger ist als die Gesundheit ihres Kindes oder ihre eigene – und wenn wir frei wären, diese Frage zu stellen, könnte die Antwort überraschend ausfallen.

Nochmals, meine Ansicht ist, dass wir nicht vorhersagen können, wie sich die Dinge ändern werden, wenn Frauen sich vertrauen und achten. Und wenn das eintritt, können wir wohl davon ausgehen, dass sie ihre Stimme erheben und andere Standpunkte vertreten werden.

Wohlbefinden ist etwas anderes als Krankheitsbekämpfung und die meisten Frauen wissen das.

7. Erziehung und Bildung

Fast alle Menschen, die sich in dieser Kultur als machtlos erfahren, sind zutiefst davon überzeugt, dass Bildung der Weg aus ihrer Diskriminierung heraus ist.

Deshalb unterwerfen sie sich einem Bildungswesen, das ihrem eigenen tiefsten Wissen, ihrer Erfahrung und ihren Überzeugungen vielleicht fremd ist. Dieses Bildungswesen kann sogar verlangen, dass sie ihr eigenes Wissen aufgeben, um belohnt zu werden. Oder die <u>Art und Weise</u> ihres Denkens, Fühlens und Glaubens zu ändern.

Und, es gibt dieses innere Wissen immer noch – irgendwo.

Wenn Frauen einen Zugang zu ihrem eigenen Wissen und ihrer Weisheit finden, werden sie sich daran erinnern, dass Bildung ein Prozess und kein Ereignis ist, und für jedes Kind anders. Sie werden sich erinnern, dass die Dinge am besten gelernt werden, wenn sie mit Erfahrungen verbunden sind, und sie sind davon überzeugt, dass das Wichtigste ist, lernen zu wollen, und dass dann alles möglich ist. Angesichts dessen, was sie aufgrund ihres Wissens um Neugier und Prozess kennen, glauben und erfahren haben, werden sie mit Erziehung und Bildung vermutlich ganz anders umgehen – wenn man sie nur gewähren lässt und sie nicht an das System, seine Glaubenssätze und Abläufe bindet.

Wie mir mein australischer indigener Ältester und Freund erzählte, übernahmen in seiner Kultur die alten Frauen die Erziehung des Kindes, als es noch im Mutterleib war. Bereits dann sprachen sie mit ihm. Sobald die Kinder geboren wurden, sprachen die alten Frauen mit ihnen und zeigten ihnen Dinge ihrer Welt. Er behauptete, dass die Kinder im Alter von fünf Jahren einen Bildungsstand besaßen, der einem Doktortitel entsprach. Ihre Erziehung und Bildung umfasste das Praktische, das Spirituelle und das, wofür sie verantwortlich waren – eine Bildung, die vielen unserer Kinder heute fehlt.

Wenn Frauen die Optionen hätten, eine Erziehungsweise zu entwickeln, die den Kindern helfen würde, sich ihre tiefe Weisheit zu erschließen und eine Kultur aufzubauen, die nicht die Erde plündern oder die darauf lebenden Geschöpfe nicht vergewaltigen würde, wie sähe eine solche Erziehung dann aus? Würden die alten Frauen eine andere Richtung einschlagen als die, die wir heute verfolgen, oder bereiten wir unsere Kinder darauf vor, weiterhin ein System aufzubauen und zu gestalten, das zum Überleben Süchte und Abhängigkeiten erfordert und seine Bewohner und die Erde unseres/ihres vollen Potenzials beraubt?

Würden Frauen ihre angeborene Weisheit und ihre Talente nutzen, um etwas anders zu machen?

Ich glaube, dass wir am Rande der Möglichkeit stehen, genau einen solchen Prozess beobachten zu können.

Wir sind im Begriff, einer Veränderung – oder Veränderungen – Raum zu geben. Ich weiß nicht, welche es sein werden und sage voraus, dass es viele Lösungen und viele Umwege geben wird.

Veränderungen finden statt – wir wissen vielleicht nur nicht, welche es sind und können die Ergebnisse zunächst nicht erkennen.

Und, bei zumindest gleichem Input von Frauen, die ihren Fähigkeiten und ihrer Weisheit trauen, wird etwas anders sein.

LÖSUNGEN

Die Fäden verknüpfen

- Das Leben hat, wenn wir darauf hören, die Eigenheit, uns über unsere Vorstellungen von uns selbst hinauszudrängen.
- Wenn wir lange genug warten und offen bleiben für das Unbekannte oder Unmögliche, haben wir vielleicht die Gelegenheit, den Sinn schmerzhafter Augenblicke zu erhaschen.
- Anfangs mag der Schmerz nicht bereit sein, uns seine Geheimnisse zu zeigen.
- Es kann sein, dass er eine Zeit lang nicht gewillt ist, uns sein Unbekanntes zu enthüllen. Vielleicht taucht das Nicht-Offensichtliche erst auf, wenn wir den Prozess durchleben und daran teilhaben.

KOMFORTZONEN

Wenn
Unsere
Komfortzonen
So
Eingeengt sind

Wird
Alles
Zur Bedrohung

Wie glücklich
Wären
Wir
Wenn sich
Unsere Komfortzonen
Meilenweit
Erstreckten –
Für immer.

- Im Jahr 2010 waren 20 Prozent der US-amerikanischen Väter alleinerziehend.
- Eine steigende Anzahl von Frauen verdient heute mehr als ihre Ehemänner (aus einer Erhebung des Jahres 2010).

Untersuchungen haben gezeigt, dass sich das Gehirn von Männern verändert, wenn sie sich mehr in die Kinderbetreuung einbringen.

In dem Buch *Das weibliche Gehirn* liefert Louann Brizendine ein sehr interessantes Argument gegen die biologische Bestimmung des Menschen. (Auch hier irrte Siegmund Freud!) Sie weist darauf hin, dass bereits der Prozess der Schwangerschaft eine Frau und deren Gehirn während und nach der Schwangerschaft verändert. Sie betont, dass der Geburtsprozess selbst, das Stillen des Kindes, Berühren, Riechen und das Ihm-Nahesein die Frau selbst verändert. Sie betont außerdem, dass sich auch Adoptiveltern, Väter und Mütter, die keine Kinder haben, durch den regelmäßigen Kontakt mit einem Kleinkind verändern. Sie untersucht, dass selbst neurochemische Gehirnbahnen von Männern und Frauen durch den ständigen Kontakt zu einem Kleinkind verändert werden können. Dieser Kontakt kann tatsächlich unsere Vernetzung, unsere Chemie und unser Verhalten ändern. Wir sind nicht so unveränderbar wie wir im alten Dualismus von Erbanlagen/Umwelt geglaubt haben.

An diesem Punkt in meinem Leben und beim Schreiben dieses Buches ist es sehr tröstlich und spannend zu erkennen, dass ich es nicht weiß –, dass ich nicht viel von irgendetwas weiß.

Und, wir scheinen uns in einer Zeit großen Wandels für Frauen, für die Gesellschaft und für den Planeten als Ganzes zu befinden. Ich bin überrascht und hoffnungsvoll im Hinblick darauf, wo wir auf diesem Planeten bezüglich der Frauen stehen.

Ich war eine engagierte Feministin der zweiten Phase und wurde dann ein bisschen entmutigt, als es den Anschein hatte, dass Frauen entweder die Richtung einschlugen, mehr wie Männer zu sein – aggressiv, sogar gewalttätig, übermäßig ehrgeizig und „männlicher" als Männer – oder die Girlie-Rolle übernahmen und als 50-Jährige versuchten, den Körper von 18-Jährigen zu haben und Kleidung zu tragen, die nur für Mädchen bis zu einem Alter von zwölf Jahren akzeptabel gewesen wäre.

War all unsere Arbeit als Feministinnen vergeblich gewesen und hatten wir nichts erreicht? So viele Frauen, einschließlich unserer Töchter, schienen antifeministisch zu sein. Ich bin glücklich, dass meine Tochter <u>und</u> mein Sohn überzeugte Feministen sind. (Vielleicht machte ich doch etwas richtig!)

War der Feminismus tot?

Dann entdeckte ich im Jahr 2007 diese Gruppe junger Frauen auf Hawaii, die sich an einem experimentellen Theaterprogramm namens *What Girls Know* (Was Mädchen wissen) für Mittel- und Oberschulmädchen engagierte, die das sagte, was <u>wir</u> als junge Frauen gesagt hatten. Die jungen Frauen hatten ein Theaterstück mit dem Titel *What Girls Know* geschrieben und produziert, und meine 75 Jahre alten Ohren wussten, dass das, was sie sagten, stimmte. Meine Begeisterung für Frauen und für das, was wir tun müssen und tun könnten, wurde neu geweckt. Wie gesagt, in den Medien hatte ich über diese neue Entwicklung nicht viel gehört und gelesen!

Damals machte ich eine Liste mit dem Titel **Lösungen**

1. Macht Gebrauch von euren Stimmen als Frauen.
2. Ehrt eure natürliche Schönheit.
3. Verändert die wirtschaftlichen und institutionellen Strukturen.
4. Zeigt Unternehmergeist.
5. Zieht Nutzen aus eurer Hoffnungslosigkeit.
6. Bildet Gemeinschaften.
7. Seid Mentorinnen für Mädchen und junge Frauen.
8. Nutzt eure Adler-Perspektive.
9. Übt euren Einfluss aus, wisst um eure Macht.
10. Stellt euch euren Ängsten.
11. Generationsübergreifende Elternschaft – Großeltern ziehen Kinder auf.
12. Benutzt euer Geld und eure Macht, etwas Wichtiges und Sinnvolles damit zu machen.
13. Stärkt und lebt eure Spiritualität.
14. Übt euer Talent, Optionen zu erkennen.
15. Seid euch klar, was euch derzeit erfüllt und sucht diese Antwort nicht im Außen.
16. Kennt eure Werte – was wichtig und wesentlich für euch ist.
17. Gebt euer Zombie-Syndrom auf.
18. Nutzt den Vorteil des Älterwerdens! Steht zu eurer Weisheit. Um weise zu sein, erfordert es keinen Chic.
19. Genießt innere und äußere Behaglichkeit.
20. Seid nicht mehr bereit, eure Macht zu verstecken oder zu leugnen.
21. Seid.

Wenn die Zivilisation in Zukunft überhaupt noch vorankommen soll, muss es mithilfe der Frauen sein, Frauen, die von ihren politischen Fesseln befreit sind, Frauen im Vollbesitz ihrer Macht, um ihren Willen in der Gesellschaft umzusetzen.

Emmeline Pankhurst, (1858 –1928)

- Warum brauchen dann Frauen Macht und Einfluss?
- <u>Weil Macht Freiheit bedeutet.</u>

Macht erlaubt es uns, das, was wichtig für uns ist, auf die Weise zu vollbringen, die wir für die beste halten. Sie trennt die Handelnden von den Träumern.

Patti F. Mancini,

Rede aus dem Jahr 1989

Und ich füge hinzu:

Wenn wir Frauen von Macht sprechen, meinen wir nicht die Macht <u>über</u> jemanden. Wir meinen jene persönliche Macht, die daher rührt, genau zu wissen, wer wir sind und was wir anzubieten haben. Dann können wir es riskieren, sie nach außen zu tragen und dem Prozess zu vertrauen, der sich ergeben wird.

Nachdem ich Hanna Rosins ausgezeichnetes Buch *Das Ende der Männer* gelesen hatte – als ich ihre Recherchen und ihre klare Berichterstattung darüber, wo Frauen heute stehen, las, dachte ich: *„Ich lag falsch! Ich hatte kein Vertrauen in unseren Prozess als Frauen und als Menschheit. Wir haben nicht aufgehört, nach den Rechten für alle Menschen, nach einem Leben in Frieden und Harmonie mit dem Planeten und nach der Entwicklung eines neuen Paradigmas zu streben, um genau diese Dinge zu verwirklichen. Wir sind einfach ein bisschen im Zickzack gelaufen auf Wegen, die ich nie hätte voraussagen können, und mit Ergebnissen, die ich mir nie hätte vorstellen können.“*

- Es ist erleichternd, einen Prozess zu sehen, der größer ist als ich und größer als wir alle, und der sich auf eine Weise entwickelt, die ich mir nie hätte vorstellen können, hin zu einem Punkt, den ich zum jetzigen Zeitpunkt im Prozessverlauf nicht erkennen kann.
- Nichts anderes könnte aufregender sein!
- Also, ihr Frauen, wir müssen aufstehen und Farbe bekennen!
- Wir müssen unsere Stimmen finden und sie einsetzen!
- Wir müssen zu unseren Visionen, Wundern und unserem inneren Wissen stehen und sie äußern!

1. Ein Blick auf das „Hinter-meinen-Mann-Stehen"

Wir dürfen es nicht zulassen, dass sich die Männer in unserem Leben zum Narren machen, indem sie sich räuspern, ihre Hosen zurechtrücken und dümmliche Platituden von sich geben wie bei den Versammlungen der US-amerikanischen Demokraten und Republikaner im Jahre 2013. (Ich danke Euch, Elizabeth Warren und Nancy Keenan, dass Ihr uns weltweit gezeigt habt, dass Frauen über politische Themen auch anders reden und nicht nur „ihren Mann" anfeuern können.)

Nachdem ich mir die Versammlungen der Demokraten und Republikaner im Jahr 2012 angesehen hatte, erhielt der Ausdruck „hinter meinem Mann stehen" eine neue Bedeutung für mich.

Nicht, dass ich das Konzept des „Hinter-meinem-Mann-Stehens" ablehne. Ich stelle nur bestimmte Bedingungen. Damit ich hinter meinem Mann stehen kann, muss dieser:

1. Tun, denken oder für etwas stehen,
   a. dem ich zustimmen oder das ich zumindest unterstützen kann;
   b. das meiner ethischen/spirituellen Basis und meinen Überzeugungen entspricht;
   c. das für etwas steht, was meiner Meinung nach wert ist, dass man dafür eintritt und davon überzeugt ist;
   d. von dem ich weiß, dass er fest davon überzeugt ist, und mit dem ich zumindest teilweise übereinstimme;
   e. von dem auch ich zutiefst überzeugt bin, das ich gründlich untersucht habe und bei dem ich zu den gleichen Schlussfolgerungen gekommen bin.

2. Ich werde <u>nicht</u> hinter meinem Mann stehen, weil
   a. er mein Mann ist;
   b. es gut aussieht;
   c. es von mir erwartet wird;
   d. er nicht gewinnen kann, wenn ich nicht hinter ihm stehe;
   e. es als das „Richtige" gilt – ungeachtet meiner Gefühle.

Aus einem der obigen Gründe hinter meinem Mann zu stehen, hieße, mich und ihn nicht zu respektieren und gegen die spirituellen Prinzipien zu handeln, für die ich – und hoffentlich wir beide – stehen.

Es doch zu tun, wäre eine Beleidigung für ihn und für mich selbst.

Außerdem halte ich es für meine Verantwortung, den Menschen, die ich in meinem Leben liebe, zu helfen, ihre Einstellungen sorgfältig zu überprüfen und sie zu ermutigen, sich nicht zum Narren zu machen, und das versuche ich auch bei mir selbst umzusetzen.

Wenn Männer es vorziehen, sich lächerlich zu machen, ist das ihre Entscheidung und ich kann ihnen meine Liebe zeigen, indem ich mich entscheide, nicht in ihre Fußstapfen zu treten und mich selbst lächerlich zu machen, nur weil sie sich lächerlich machen, und indem ich ihnen liebevolle Rückmeldungen gebe.

So töricht zu handeln wäre eine Beleidigung für mich selbst und die Essenz meines Wesens ebenso wie für sie. Und, ich kann solche Dummheiten nicht ertragen oder sie mir leisten. Die Einstellung, sich bereitwillig zum Narren zu machen, nur weil unser Ehemann sich dafür entscheidet, kann vielleicht unter der Überschrift Ehefrau zusammengefasst werden, und ist nach meiner Meinung für eine Partnerin und/oder Lebensgefährtin nicht angebracht.

Wir können eine andere Person (oder Orte oder Dinge) niemals kontrollieren und wir leben jetzt in einem System, das auf der Illusion von Kontrolle beruht. Wir neuen Frauen lehnen das im Grunde ab und müssen auf diesem Gebiet manches verlernen. Und, wir stehen gegenüber denen, die wir lieben, in der Verantwortung, sie auf die Realität aufmerksam zu machen.

Es ist so offensichtlich geworden: Wenn die „alten Herren" die Macht und Kontrolle verlieren, die sie zu haben meinten, werden sie immer lächerlicher und handeln „verrückt" (Beispiel: Washington D.C. und der US-amerikanische Kongress). Es ist ein Stadium, das wir wohl durchlaufen müssen.

Ich habe viel von Tieren gelernt. Wir haben vier weibliche Enten, einen Gänserich und zwei Gänse. Der Gänserich hat beschlossen, den Laden zu schmeißen. Beim Füttern verjagt er alle außer seiner erwählten Partnerin. (Sie darf natürlich erst fressen, nachdem er damit angefangen hat.) Besonders gemein ist er zu den anderen weiblichen Gänsen – und auch den Enten. Er stolziert den ganzen Tag herum und stellt seine Wichtigkeit zur Schau. Wenn er nicht da ist, kommen alle anderen Gänse und die Enten gut miteinander aus und fressen friedlich miteinander. Ich habe mich oft gefragt, was geschehen würde, wenn seine Partnerin einfach zu ihm sagte: „Benimm dich nicht wie ein Idiot – <u>wir</u> kommen alle ganz gut miteinander aus, wenn du nicht da bist, und es gibt genug für alle."

Oder der Pfau und seine Henne, die ich einmal besaß. Der Pfau verbrachte viel Zeit damit, herumzustolzieren und seine Wichtigkeit unter Beweis zu stellen. Gelegentlich schlug er ein Rad und brüstete sich. Wenn er die Henne aus den Augen verlor, schrie er mit durchdringender Stimme nach ihr, immer wieder. Als dies zum ersten Mal geschah, rannte ich hinaus, um zu sehen, was los war. Ich dachte, jemand ginge den Pfauen an den Kragen. Ich hatte keine Schwierigkeiten, ihn zu finden. Er machte ja einen Höllenlärm. Doch die Henne konnte ich nicht finden. Da ich in den Bergen lebte, befürchtete ich das Schlimmste, und suchte und suchte. Dann fand ich sie. Sie hatte sich in der Garage versteckt. Erleichtert setzte ich mich zu ihr und dann saßen wir eine Weile ruhig beieinander, während er schrie. Ich sprach mit ihr.

„Kannst du ihn nicht hören? Er hört sich panisch an."

Sie pickte ruhig in der Garage herum. Seine Rufe wurden noch panischer. Schließlich – ich glaube, ich hörte einen kleinen Seufzer – spazierte sie hinaus.

Ich verließ die Garage und murmelte vor mich hin: „Ja, manchmal brauchen wir alle eine Pause von all dem eitlen Getue."

Ich hatte die Kongressabgeordneten vor Augen und wie oft und wie lange sie sich brüsten und schreien. Ich fragte mich, was geschehen würde, wenn die Ehefrauen, Freundinnen (falls sie welche haben) und sogar ihre Mütter sie anhielten und zu ihnen sagen würden: „Weißt du, wie närrisch du aussiehst? Hör auf herumzustolzieren und zu schreien, sonst verstecke ich mich in der Garage."

Wie oft tolerieren wir verrücktes Verhalten und nennen es uns und anderen gegenüber nicht beim Namen?

2. Der Sexismus blüht und gedeiht

Hier ein weiteres Beispiel von Frauen, die ihren Mund nicht aufmachten, als ein Mann sich lächerlich machte und völlig aus dem WMS heraus handelte, als er seine Offenheit beteuerte:

Ich schaute mir kürzlich eine Fernsehsendung an, bei der vier einflussreiche Frauen von einem Moderator interviewt wurden. Es ging darum, auf ein von einer Frau geschriebenes Buch einzugehen und es zu besprechen. Mir fiel auf, dass die Frauen als Powerfrauen bezeichnet wurden, dem Auge einen sehr angenehmen Anblick boten und die Kamera besonders lange bei der einen Frau verweilte, die man in unserer Kultur wohl für die attraktivste halten würde (ganz zufällig war sie ein Model). Jede war erfolgreich und aufgrund ihrer Verdienste anerkannt.

Er begann seine Interviews damit, dass er zu dem Model sagte: „Fangen wir mit Ihnen an. Sie sind die Wohlhabendste!"

Was für ein gutes Beispiel dafür, was an diesem von Männern entwickelten System, bei dem viele Frauen mitmachen, falsch ist:

a. Einflussreiche Frauen werden gegeneinander ausgespielt.

b. Das höchste Einkommen wird als wichtigstes Kriterium dafür genommen, welche Frau als Erste interviewt wird.

c. Sie war nach kulturellen Maßstäben auch die am „perfektesten" aussehende Frau – Frauen werden nach männlichen Wertmaßstäben zum Objekt gemacht.

Die Informationen waren – mehr oder weniger – interessant, der <u>Prozess</u> archaisch.

Niemand sagte irgendetwas über den Prozess. Der gesamte Fokus lag auf mehreren Dingen: 1. dem Inhalt, 2. die Show sollte ganz klar dem vorherrschenden männlichen Paradigma entsprechen, das a) die Frauen gegeneinander ausspielt, b) Frauen gemäß männlicher Werte zu Objekten macht, c) sich des Prozesses nicht bewusst ist, d) die Macht des männlichen Moderators betont und e) die Bereitschaft dieser – nach gängigen kulturellen Standards – erfolgreichen Frauen zeigt, bei dem etablierten Prozess des herrschenden Systems mitzuspielen.

Das Problem, das ich hier sehe, ist, dass nicht eine der Frauen die Art und Weise, wie sie vorgeführt wurden, zu verändern versuchte oder sich laut dazu äußerte. Und unglücklicherweise schienen die meisten so in das gegenwärtige Paradigma verstrickt zu sein, dass ihnen nicht bewusst wurde, dass da etwas falsch lief (Höflichkeit als Stopper).

Ich könnte endlos von diesem Interview erzählen. Jede Frau hatte etwas Wichtiges über ihr Wissen und ihre Erfahrung zu sagen, <u>und</u> der <u>Prozess</u>, d. h. wie es der Interviewer anstellte, diese Informationen zu bekommen, war ein sehr gutes

Beispiel für ein System, das von den Männern unserer Kultur entwickelt wurde und einfach nicht funktioniert.

Mir war klar, dass er absolut keine Ahnung hatte, was er tat und warum. Und, selbst wenn er eine Ahnung hatte, glaubte er, dies sei die „richtige" Art und Weise, wie man es tat.

Als ich, wie erwähnt, in die neuseeländische Buchhandlung ging, um „herauszufinden, was die Feministinnen in Neuseeland sagen", fand ich das Gleiche – das herrschende System, betrieben von den „Feministinnen". Die Ladenbesitzerin sagte mir: „Es gibt keine Frauen, die einfach über Frauenthemen schreiben (wie in den 1960ern bis Anfang der 1980er Jahre)." Die einzigen Bücher über Feminismus sind akademische Bücher auf der Basis <u>wissenschaftlicher</u> Studien über Frauen. Die „Feministinnen" dieser Ära waren den Idealen und Prozessen des dominanten Systems erlegen.

Der Talkshow-Moderator und die Schriften der Frauen waren also beide dem herrschenden System (dem WMS/TMMS/Patriarchat) zum Opfer gefallen und hatten es den Frauen übergestülpt. <u>Und</u> – wie die Gänse und die Enten, liefen sie mit.

Ich habe festgestellt, dass wenn Frauen zu diesem Zeitpunkt der Geschichte Gehör finden wollen, sie alle die Qualifikationen haben müssen, die in dem dysfunktionalen System etwas wert sind. Sie müssen Geschäftsführerinnen mächtiger Firmen sein, sie müssen sehr erfolgreich sein (d.h. viel Geld verdienen oder verdient haben), sie müssen Studienabschlüsse „wichtiger" Universitäten besitzen (es hilft, wenn es Harvard ist!), sie müssen – nach männlichen und kulturellen Standards – eine angenehme Erscheinung abgeben und, letztlich – gewillt sein, sich an diese Kriterien zu halten.

Ich erinnere mich daran, dass eine meiner Freundinnen, eine sehr intelligente Ärztin, den Entschluss fasste, berühmt zu werden. Sie ließ sich komplett umstylen und wurde nach den Maßstäben der gegenwärtigen Kultur glamourös.

Ich bin gerade auf Hawaii und vor ein paar Abenden sah ich mir den Lieder-Wettbewerb der Oberschulklassen der Kamehameha-Schule an. Als Teil der Zwischeneinlage trat eine *Kapuna* auf (eine Älteste, die ihrem Aussehen nach in ihren Achtzigern war) und die Rolle einer *Tutu* (Großmutter) spielte. Es gab viele Bemerkungen darüber, wie <u>schön</u> sie war. Es hat mit der Kultur zu tun. Ich habe so etwas im Fernsehen auf dem amerikanischen Festland nie gesehen.

Nun, als weiteres Beispiel dafür, wie Frauen in dieser Kultur sein können und was wir anders tun könnten: Ich habe meinen Studienabschluss nicht an einem angesehenen College der Ostküste gemacht, ich bin eine alte Frau, die kein Make-up trägt, ein bisschen übergewichtig ist und sich nach Lust und Laune anzieht. Meine gesamte Business-Kleidung wurde längst weitergegeben. Ich habe zwei Doktortitel – einen, den ich mir verdient habe, und einen anderen ehrenhalber. Ich bin Geschäftsführerin von zwei internationalen Unternehmen, die beide in den Augen des WMS sehr erfolgreich sind. Wir verdienen und wollen auch nicht mehr Geld verdienen, als wir brauchen. Und, was für uns wichtig ist: Wir wollen in der Lage sein, den Menschen, denen wir dienen, zu helfen; wir wollen offene und kollegiale Arbeitsbeziehungen mit und für die Führungskräfte, die Angestellten und die Menschen, denen wir dienen; wir wollen mit Respekt und Sorgfalt mit dem Land leben; wir wollen den Menschen, denen wir dienen, helfen zu heilen; wir wollen die Gebäude heilen und für sie Sorge tragen; wir wollen das Land heilen, auf dem unsere Gebäude stehen; wir wollen, dass alle Beteiligten heilen, wachsen und lernen; wir wollen den spirituellen Weg und das Wachstum jeder Person unterstützen und wir wollen auf gesunde Weise leben und arbeiten. Tatsächlich glaube ich, dass diese beiden Unternehmen außerordentlich erfolgreich sind und wir machen viele Fehler – aus denen wir lernen können. Uns liegt viel mehr daran, unseren Überzeugungen und unseren Seelen treu zu bleiben, als Geld zu verdienen. Und, diese Vorgehensweise scheint zu funktionieren und als Nebeneffekt Geld abzuwerfen. Das Ziel ist, jede Person zu ermutigen, die zu sein, die sie ist, und die zu werden, die sie werden kann. Es ist leicht.

Der Moderator der Talkshow würde wohl nicht zustimmen.

Dieses Buch wird uns also hoffentlich helfen zu sehen, dass <u>das</u>, worin wir leben und <u>wie</u> wir leben, <u>nur</u> ein <u>System</u> ist, eine <u>Weltsicht</u>, ein <u>Paradigma von Überzeugungen und</u> nicht die <u>REALITÄT</u>. Und wir müssen die Vision haben, dass es andere Möglichkeiten gibt, das Leben auf diesem Planeten zu leben und dass wir uns in einer Zeit befinden, in der es die Frauen und die indigenen Völker sind, die einen Prozess dieser neuen Lebensformen für alle einleiten können.

Eine Frau in einer Gruppe, die ich vor einiger Zeit in Australien begleitete, sagte neulich so etwas wie: „Ich dachte, ihr drei wärt die ‚Gescheiten‘ ". Sie sprach zu ein paar Frauen, die sie innerhalb der Gruppe als Untergruppe wahrnahm. Sie selbst sah sich natürlich in der Untergruppe der Nicht-so-Gescheiten, weil sie nicht so wie die „Gescheiten" denkt und die Dinge wahrnimmt.

Ich sprach eine Zeit lang darüber, dass es keine „Dummen" gibt. Es gibt einfach nur <u>unterschiedliche</u> Arten des Wahrnehmens, Denkens und Verarbeitens, und es geht uns als Gruppe und als Spezies viel besser, wenn wir Teilnahme und Input aus allen Sichtweisen haben und unsere Unterschiede wertschätzen. Wir verlieren eine Menge an Informationen und Kreativität, wenn wir glauben, eine Art der Wahrnehmung oder eine Art des Denkens sei besser als eine andere.

3. Was Frauen tun müssen

- Wir müssen uns mit Menschen umgeben, die uns konfrontieren, wenn wir auf Abwege geraten, und die uns genug lieben, dass sie unser mittelmäßiges Selbst nicht akzeptieren.
- Und: Wir müssen teilnehmen, teilnehmen, teilnehmen – und uns zurückziehen, wenn wir uns wieder sammeln und zentrieren müssen, und dann wieder nach außen gehen.
- Es ist notwendig, dass wir zu unserer Weisheit stehen und uns unserer größeren Weisheit öffnen, um unser Leben bis zu unserem letzten Atemzug voll und ganz zu leben.
- Denn für uns Frauen steht viel Arbeit an, die nicht getan wird, wenn wir sie nicht selber tun – den Beweis für diese Wahrheit haben wir gesehen.

Als Frank Fools Crow, der große spirituelle Führer der Lakota Sioux Nation, damals in den 1970er Jahren zu mir sagte: „Es wird eine lange Zeit des Friedens und Wohlstands kommen und sie wird eingeleitet werden von den Frauen", trug ich diese Botschaft in meinem Herzen und versuchte, mich im Laufe der Zeit in diese Worte „hineinzuleben". Jetzt, so glaube ich, habe ich ein klareres Verständnis davon, was er meinte.

LETZTLICH IST ES DAS, WAS WIR VERWERFEN UND LEUGNEN, WAS UNS UND UNSERE WELT VERFÄLSCHT – NICHT, WER WIR SIND, WAS WIR ERLEBEN ODER WAS WIR SIND. ES WIRD VIELE WEGE GEBEN, DIE UNS DAHIN FÜHREN, WAS WIR ALS MENSCH-

HEIT UND ALS PERSON WERDEN KÖNNEN. ALLES, WAS WIR TUN MÜSSEN, IST, EHRLICH UND OFFEN ZU SEIN UND DAVON ÜBERZEUGT, DASS WIR UNSEREN WEG VERFOLGEN – ALLES ANDERE WIRD GESCHEHEN, WIE ES SOLL.

Die eigentliche Natur dessen, was wir tun müssen, ist, NICHT wissen zu müssen, wohin wir gehen oder wie wir dahin gelangen. Dieses Unbekannte ist die Quintessenz eines Lebens in einem offenen System. Anzunehmen, wir wüssten es, und dann zu versuchen, es zu erreichen, hieße, im alten Paradigma stecken zu bleiben.

Es ist leicht, im alten Paradigma stecken zu bleiben. Wir tun das alle. Es ist uns vertraut. Und, wir alle brauchen Unterstützung, um die alte Konstellation überlebter Annahmen und Verhaltensweisen zu erkennen, die uns unbewusst durchdringen und festhalten. In dem Prozess, uns von unseren alten Mustern zu befreien, müssen wir uns bewusst werden, wenn wir in alte Verhaltensweisen zurückfallen, die uns nicht länger nutzen.

Um voranzukommen, brauchen wir so viel Input, wie wir nur finden können, aus einer Vielzahl von Blickwinkeln. Wir dürfen uns nicht der Illusion hingeben, Fachwissen und Kenntnisse im gegenwärtigen dominanten System würden hilfreich sein. Wir müssen uns daran erinnern, wenn uns unsere Kultur sagt, wir könnten etwas nicht sein und/oder etwas nicht tun, dass dies eine der besten Einladungen ist, um dysfunktional zu sein. Wir wollen uns nicht nur das Recht verdienen, Workaholics zu sein und an hohem Blutdruck und Burn-out zu sterben – denn genau dazu lädt uns das herrschende Paradigma ein.

• Wir wollen Freiheit für alle – Menschen, Pflanzen, Tiere, damit der Planet und wir alle das werden können, was wir sein könnten.

4. Von Harriet Tubman lernen

Wie Dr. Maulana Karenga, Professor und Abteilungsleiter des Africana Studienprogramms an der kalifornischen State University und Erfinder der Pan-Afrikanischen Holidays, Kwanzaa, sagt, wenn er von dem außergewöhnlichen Leben Harriet Tubmans erzählt:

„Woher kommt dies (der Wunsch nach Freiheit)? Diese Wünsche fallen nicht vom Himmel – sie wachsen nicht aus dem Boden – sie treiben nicht vom Meer heran. Sie kommen aus unserem Inneren und aus den gesellschaftlichen Umständen, in denen wir leben.

Ihre Mutter und ihr Vater wollten das Beste für sie. Wie stellen wir uns in einer unfreien Situation Freiheit vor? Wie machen wir das? In uns gibt es diese Würde, dieses innewohnende Gefühl von Wert, das uns auffordert, frei zu sein. Wir werden frei geboren. Es sind andere, die uns versklaven, und wir müssen uns gegen alle Formen von Versklavung wehren, um unsere Freiheit zu erlangen und zu behalten."

In einem Artikel unter dem Titel *Hearing Thunder with Harriet Tubman: Reaping the Harvests of History*, veröffentlicht im *Los Angeles Sentinel* (Ausgabe vom 3. 8. 2012), den Karenga mit mir besprach, sagte er:

„Harriet Tubman ist einer jener besonderen Menschen, die als heilige Quellen und kulturelle Anker unseres sich weitenden Selbstverständnisses dienen und deren Leben das kostbare und schwere Metall und Material ist, aus dem Geschichte und Hoffnung gehämmert werden. In diesem Monat der Erinnerung und der besonderen Ehrung unserer Ahninnen, Black History Month II – Women Focus, lasst uns ihrer am 10. März gedenken, des Tages, der von unserem gemeinsamen Heimatstaat Maryland dafür festgesetzt wurde. Wir wollen sie ehren und preisen mit den ihr rechtmäßig zustehenden Namen: Wirbelwindreiterin, die den Blitz sah, den Donner hörte, den Regen fühlte und die Ernte einfuhr. Hoch aufsteigendes Licht in der Nacht, das uns den Weg und den Willen zur Freiheit zeigte. Die Aufrechtstehende, die sich inmitten von Furcht und Schweigen erhob und Freiheit verkündete. Die Grenzüberschreiterin, uneingeschränkt und ungebunden von Beschränkungen und Grenzen. Die Wegbereiterin, die den anschwellenden Fluss überquerte, Leben verkündete und Befreiung brachte.

Immer wenn ich an Harriet Tubman denke, denke ich als Erstes daran, wie sie die Grenzlinie zur Freiheit überschritt, ihre spontane Freude und die gleich darauf folgende Traurigkeit, und dass sie nach ihrer eigenen Befreiung immer wieder zurückkehrte, um andere zu retten. Daraus gewinne ich Lektionen in Bewusstwerdung, Mut, Verpflichtung und Kampf. Harriet Tubman beschreibt ihr Überqueren der Grenzlinie vom Land der Versklavung zum Land der Freiheit als eine besondere und spirituelle Erfahrung von Erneuerung und Schönheit. Sie sagte: „Als ich feststellte, dass ich die

Grenze überschritten hatte, sah ich meine Hände an, um zu überprüfen, ob ich immer noch die gleiche Person war. Über allem lag eine solche Pracht. Die Sonne stieg wie Gold über die Bäume und über die Felder und ich fühlte mich wie im Himmel." Hier fühlt sie die verwandelnde Kraft der Freiheit, das Gefühl, sowohl mental als auch physisch Ketten zu sprengen, Grenzen zu überschreiten und zu überspringen, und dabei eine neue Vorstellung und ein neues Bewusstsein von sich selbst zu gewinnen. Sie sieht und spürt eine strahlende Schönheit und Pracht über allem. Und sie ist so emporgehoben, so hoch erhoben, dass sie sich wie im Himmel fühlt.

Aber dann legt sich ein Gefühl von Alleinsein und Verlust über sie. Sie sagt: „Ich hatte die Grenze überschritten. Ich war frei. Aber es gab niemanden, der mich im Land der Freiheit willkommen hieß. Ich war eine Fremde in einem fremden Land und mein Zuhause war schließlich da unten in dem alten Hüttenviertel, weil mein Vater, meine Mutter, meine Brüder und Schwestern, meine Freunde und Freundinnen dort waren. Aber dann fasste ich diesen ernsthaften Entschluss: Ich war frei und auch sie sollten frei sein. Ich würde für sie im Norden ein Zuhause aufbauen und sie mit der Hilfe Gottes alle dorthin bringen." Und sie tat das für sie und für so viele andere. Und dadurch definierte sie die Bedeutung von Freiheit neu, von der Befreiung einer Einzelnen zur kollektiven Praxis der Selbstbestimmung in einer und für eine Gemeinschaft.

Ihr Vater und ihre Mutter sahen in ihr von Anfang an etwas Besonderes und begannen früh, sie für ihre Reise in die Freiheit vorzubereiten, die sie sich einmal vorstellen und zwangsläufig machen würde. Ihr Vater lehrte sie die Zeichen der Natur zu lesen, in den Wäldern wie eine Indianerin zu gehen, leise, kenntnisreich und zuversichtlich. In der Tat lehrte er sie so gut, dass er sie schließlich nicht sehen oder hören konnte und mit den Worten lobte: „Du gehst wie eine Indianerin. Nicht einmal ein Blatt raschelt, nicht einmal ein Zweig bricht, wenn du durch den Wald gehst."

Und er zeigte ihr den Vogelflug und essbare Beeren, Pflanzen, die töten, heilen oder essbar sind, die Weise, wie der Wind weht, die Sterne aufgehen und wie man sich im Winter draußen warm hält. Durch diese Ausbildung, durch ihren Einsatz und einen unermesslichen Mut besaß sie die Fähigkeit, sich inmitten der Sklavenhalter zu bewegen, ihren versklavten Bruder und ihre Schwester zu befreien und sie nach Norden zu bringen, um sie an der Freiheit teilhaben zu lassen.

Von Anfang an nahm sie die Freiheit ernst und verpflichtete sich selbst gegenüber „frei zu leben oder zu sterben". Sie sagte: „Ich habe mir das wohl überlegt – es gibt zwei Dinge, auf die ich ein Recht habe: Freiheit oder Tod. Könnte ich eines nicht haben, hätte ich das andere; denn niemand sollte mich lebend fangen. Ich würde für meine Freiheit so lange kämpfen, wie meine Kraft reicht. Sie hatte die Schwelle zur Freiheit überschritten und keine Angst mehr vor dem Tod. Und nachdem sie dies getan hatte, konnte sie nicht abgelenkt, entmutigt oder abgeschreckt werden. Gehasst und gejagt von den Sklavenhaltern, die ein Kopfgeld von 40.000 Dollar auf sie ausgesetzt hatten, trotzte sie ihnen und dem Tod und kehrte immer wieder in den Süden zurück, um unser Volk zu retten, und in Sicherheit und Freiheit zu bringen. Die Sklavenhalter drohten ihr und ihre Freunde warnten sie davor, dass wenn sie gefasst würde, die Unterdrücker sie nicht nur töten würden, sondern foltern, verstümmeln und in aller Öffentlichkeit demütigen, bevor sie sie töteten. Aber sie ließ sich dennoch nicht davon abbringen.

Sie war ein hoch spiritueller Mensch und fühlte sich von Gott geführt, sie hatte Visionen, betete oft und prophezeite Freiheit, und alles, was sie tat, setzte sie in Befreiungsaktionen um.

So sagte sie beispielsweise, dass sie es ablehne, von den Sklavenhaltern religiös unterrichtet oder im Gebet unterwiesen zu werden, sondern sie beschloss, auf ihre eigene Weise zu beten. Sie sagte: „Ich betete zu Gott, er möge mich stark und kampffähig machen, und genau darum habe ich seitdem immer gebetet." In diesem Geist ist sie, die Aschanti-Frau, mit der Waffe in ihrer Hand und einem unbeugsamen Willen ins Zentrum des Schlachtfelds vorgedrungen.

Harriet Tubman hatte keine Liebe für den Sklavenhalter, den Unterdrücker. Sie hatte zu viel unter ihm gelitten und die grausame Unterdrückung, die er über ihr Volk ausübte, gesehen. Sie sagte sogar: „Ich habe ihr Stöhnen und Seufzen gehört und ihre Tränen gesehen, und ich würde jeden Tropfen meines Blutes hergeben, um sie zu befreien. In der Tradition von Martin (Luther King) betete sie zuerst um die Bekehrung der Sklavenhalter. Aber in der Tradition von Malcolm (X) betete sie darum, dass wenn diese sich nicht bekehrten, sie aus dem Weg ihres Volkes zur Freiheit weggeräumt werden sollten.

Von allen Seiten von feindlichen Mächten umgeben und konfrontiert mit den Zweifeln jener, die sie befreien wollte, forderte Harriet Tubman zu noch höherem Einsatz auf, indem sie sagte: „Wir müssen uns befreien oder sterben, und Freiheit lässt sich nicht mit Staub erkaufen." Tatsächlich stehen wir heute wieder an einem Scheideweg der Geschichte mit ihr. Und es ist eine Ironie der Geschichte, dass für uns *heute die Herausforderung nicht Freiheit oder körperlicher Tod ist, sondern wirkliche Freiheit ohne den kulturellen Tod als Volk, den die so genannte Post-Black-„Freiheit" uns als anonyme und geschichtslose Amerikaner anbietet.*

Karenga führt weiter aus:

„Unser Volk hat seine eigene kulturelle Art und Weise, wie wir in Würde unseren Weg in der Welt gehen. Sie ist afrikanisch.

1. *Wir dürfen unseren Unterdrücker nicht zu unserem Lehrer werden lassen.*

2. *Wir müssen unseren Unterdrücker und Versklaver zur Rechenschaft ziehen. Das heißt, wir müssen Reparationen einfordern und dafür kämpfen. Reparationen sind das Wiedergutmachen einer schweren und schmerzlichen Verletzung, und diese Verletzung ist die Auslöschung durch Versklavung und Rassentrennung und deren Folgen. Dafür ist Verschiedenes notwendig:*

a. *Ein öffentlicher Dialog, damit diese Leute nicht weiter leugnen können, was sie taten und was afrikanischen Menschen angetan wurde.*

b. *Öffentliches Eingeständnis dieser schweren und schmerzlichen Rechtsverletzung als Genozid, als einen moralisch ungeheuerlichen Akt von Völkermord.*

c. *Öffentliche Entschuldigung – für das, was wir als Genozid bezeichnen.*

d. *Eine Entschädigung auf verschiedenste Weise, z. B. Geld, Rückgabe des Landes, kostenlose Bildung; dies muss innerhalb der Gemeinschaft besprochen und gesellschaftlich diskutiert werden.*

e. *Verfahrensweisen und Strukturen müssen verändert werden, sodass dies nicht wieder geschehen wird. Was wiederum notwendigerweise den Kampf um eine radikale Umstrukturierung der Gesellschaft beinhaltet.*

Wir müssen uns auseinandersetzen mit unserem Schweigen darüber, was Muslimen angetan wird, und unser Schweigen brechen.

Wir müssen uns an unsere Rolle als moralische und gesellschaftliche Vorreiter erinnern und sie wieder aufnehmen – unsere Kämpfe haben den Bereich der Freiheit in diesem Land erweitert.

Wir können nicht schweigen, wenn andere Menschen leiden.

*Wir können nicht schweigen, wenn andere leiden, weil wir vielleicht unseren Prä-
sidenten oder Amerikas selbstgefällige Vorstellung von sich selbst verletzen könnten.
Der moralische Wert einer jeden Gesellschaft basiert darauf, wie wir die behandeln, die am verletzlichsten und am gefährdetsten sind, z. B. die Armen und Macht-
losen, die Kranken, Kinder und Ältesten, Behinderten, die Fremden.*

Harriet Tubman ist jede von uns und wir alle sind Harriet Tubman. Sie ist ein
Beispiel für alle Frauen, dem zu vertrauen, was wir innerlich wissen, und es zu
leben. Als sie Freiheit für sich erlangte, war sie nicht selbstzentriert auf die Weise, wie es in der jetzigen dominanten Kultur der Fall ist. Sie drehte um, kehrte
zurück und streckte die Hand aus nach denen, die der Unterstützung und Er-
mutigung bedurften, damit sie das erreichten, was sie erreicht hatte – sie selbst
zu sein und frei.

Ich danke Herrn Dr. Karunga, dass er mir erlaubte, diese inspirierenden und
hilfreichen Worte über Harriet Tubman weiterzugeben. Hinzufügen möchte ich,
dass wir weder die dominante Kultur als Lehrer akzeptieren <u>noch</u> ihr erlauben
dürfen, uns zu definieren. Alles, was er und Harriet Tubman für ihre schwarzen Brüder und Schwestern taten und sagten, müssen wir Frauen für uns alle
sagen und tun.

Als Hilfe für diesen Weg können wir uns einige der Eigenschaften von offenen und geschlossenen Systemen ansehen. Im Allgemeinen finden wir offene
Systeme häufiger in der Natur; das Konzept von geschlossenen Systemen wurde
von der mechanistischen Wissenschaft, nicht von der Schöpfung, die wir sehen
und um uns herum erleben, entwickelt.

Frauen können besser mit offenen Systemen umgehen und sind ihnen gegenüber aufgeschlossener. Diese Fähigkeit kann bei den anstehenden Veränderungen von großer Bedeutung sein.

Hier einige Eigenschaften offener und geschlossener Systeme.

Ich entschuldige mich dafür, dass sie dualistisch dargestellt sind, und vielleicht
müssen wir es anfangs so halten, um uns die dritte Option vorstellen zu können.

Offene und geschlossene Systeme

Offenes System	Geschlossenes System
Unterschiede werden respektiert und sind willkommen	Unterschiede sind eine Bedrohung und müssen eliminiert werden
Aufrichtigkeit und Ehrlichkeit werden geschätzt	Der Schutz des Systems und seiner Annahmen ist wichtiger als Aufrichtigkeit und Ehrlichkeit
Ist offen, die Dinge anzusprechen	Diskussionen werden als Angriff gesehen
Unterschiede sind eine Möglichkeit für neues Lernen	Unterschiede sind eine Bedrohung und/oder existieren nicht
Meinungen werden als Meinungen geäußert	Meinungen werden als Tatsachen geäußert
Wenig Toleranz für Dysfunktion in allem – sucht nach besseren Funktionsweisen für alle	Hohe Toleranz für Dysfunktion, wenn diese dem geschlossenen System entspricht
Versucht, mit Ängsten umzugehen	Basiert auf Angst – ermutigt zu Angst
Schätzt das Durcharbeiten von Groll und Beschwerden	Hält an Groll und Beschwerden fest
Schätzt persönliches Wachstum und Veränderung	Fürchtet und vermeidet Veränderung
Schätzt Neuerungen	Hält am Alten fest – „streng traditionell"
Ist bereit, „Regeln" zu überprüfen	Hält an starren Regeln fest und glaubt, wenn sie befolgt werden, sei alles in Ordnung

Prüft bei Konflikten die eigene Verantwortung	Auge um Auge – beschuldigt den anderen
Suche nach Optionen	Will Rache
Entscheidungen werden in einem Prozess getroffen, der Kopf, Intuition, Herz und das ganze Selbst umfasst	Entscheidungen werden (offensichtlich) mit dem Kopf getroffen, (starker unbewusster Faktor); großes Vertrauen in das Bewusste
Respektiert das wachsende Bewusstwerden und ist bestrebt, das Unbewusste ins Bewusstsein zu bringen	Kümmert sich nicht um Bewusstwerden, sondern eher um die Faktoren, die einen Einfluss haben könnten; fürchtet das Unbewusste, versucht es zu kontrollieren oder zu ignorieren
Unbewusstes und Bewusstes arbeiten zusammen	(Unerkanntes) unbewusstes Verhalten auf hohem Niveau
Schätzt Individualität	Schätzt Konformität
Sammelt Informationen und kommt zum Wissen über Emotionen, Körper und das ganze Gehirn	Trifft Entscheidungen über den Verstand und sammelt Informationen, um diese zu unterstützen; verwirft sie, wenn sie die Entscheidung nicht unterstützen
Vieldeutigkeit = aufregende Möglichkeit	Vieldeutigkeit = Furcht
Das Unbekannte vertrauensvoll erwartend	Hat Angst vor dem Unbekannten
Hat Vertrauen in den Prozess	Leugnet die Existenz von Prozess
Neugierig: „Wenn ihr nicht werdet wie die Kinder, werdet ihr nicht in das Himmelreich kommen"; nimmt dies ernst	Glaubt, die benötigten Antworten schon zu haben

Unbegrenzte Wahlmöglichkeiten	Keine Wahlmöglichkeiten
Begünstigt Lebendig-Sein	Begünstigt Vorsicht und geistigen Tod
Ermutigt zur Teilnahme, zum Engagement	Ermutigt zu Passivität gegenüber der „Autorität"
Regeln sind Richtlinien	Regeln werden nicht hinterfragt
Begierig, neue Kulturen kennenzulernen	Möchte alles zerstören, was ihm nicht gleicht
Bekämpft Rigidität	Fühlt sich wohl mit starren und einengenden Regeln und Benehmen
Weiß, dass wir teilnehmen, doch nicht viel kontrollieren können	Basiert auf der Illusion von Kontrolle
Unbekanntes ist eine Chance	Furcht vor dem Unbekannten
Voller Vertrauen	Vertrauen basiert auf starrer Kontrolle
Basiert auf dem Prozess der Natur	Basiert auf der Kontrolle der Natur
Versucht mit der Natur zu leben	Beutet die Natur aus
Weiß, dass Dualismen (wie diese Liste) ein Entweder/Oder-Denken errichten, bei dem gewöhnlich keine Wahl „gut" ist; fokussiert auf die Kraft von Prozess	Bricht Ganzes in Teilstücke auf, um zu kontrollieren – und schafft Dualismen
Ist natürlich für Mensch und Natur	Ist künstlich für Menschen und Natur
Ist offen dafür, sich neu zu organisieren	Rigides Festhalten am Status quo
Durchlässig	Undurchlässig

219

Respektiert Familienwerte – ist flexibel für unterschiedliche Familien – schätzt es, dass Familienwerte nicht die gleichen sein müssen	Starre Familienwerte – isolierend und ausschließend, korrekte und alleinige Familienwerte

Das _Ideal_ einer Demokratie war das Ideal eines offenen Systems. Unglücklicherweise ist es dazu gekommen, dass Demokratie heute mit Kapitalismus und Materialismus gleichgesetzt wird. Das war nicht immer so. Die Ideale des Demokratiebegriffs gründeten sich ursprünglich auf der Philosophie der Urvölker dieses Landes und ihre Regierungsformen. Als es dann darum ging, die Art und Weise, ein Volk zu organisieren, umzusetzen und zu implementieren, fielen unsere Gründer_väter_ auf das ihnen Bekannte zurück, eine Kombination aus Patriarchat, presbyterianischer Verfassung und britischem Regierungssystem. Keiner dieser Ansätze ist mit dem Ideal einer Demokratie wirklich vereinbar und ist gewiss nicht das, was die Ureinwohner des Landes (besonders die Cherokee) praktiziert hatten. Außerdem wurde der Gedanke, eine Gruppe von verschiedenartigen Menschen zusammenzubringen, um den Vorteil unterschiedlicher Kulturen und Weltsichten zu gewinnen, nicht einmal in Erwägung gezogen.

- Niemand hat jemals gesagt, wir müssten in einer Demokratie „Regenten" haben. Doch haben wir eine Klasse von „Regenten" in Washington entwickelt – meistens weiße Männer oder solche, die es sein wollen.
- Doch Demokratie – eine neue Art von Demokratie – hat vielleicht immer noch etwas anzubieten. Wie würden klar denkende Frauen es anpacken?

Ein faszinierender Gedanke, nicht wahr?

Es ist, als wäre das Universum ein riesiges Puzzle, und jede von uns ist ein Teil davon. Wenn wir uns weigern, unsere Talente zu benutzen, wenn wir uns weigern, unser Potenzial so voll wie möglich auszuschöpfen, ist es so, als ob das Universum ein Loch hätte. Wir Frauen müssen die Verantwortung für das Loch übernehmen, das jede von uns in unserem Universum verursacht hat und es so gut wie möglich füllen. Und, wir sind nicht nur die „Teile" jenes Puzzles. Der _Prozess_, wie wir das Ganze entwickeln, ist genauso wichtig oder noch wichtiger.

- Aufgrund des von uns geschaffenen Systems und unserer fortwährenden Teilnahme an ihm gibt es eine Menge Löcher im Universum. Wir müssen vortreten und diese Löcher mit einem lebendigen Prozess füllen.

Wahrscheinlich haben die Frauen nicht die Lösung, wie wir den Weg transformieren können, den die Menschheit in den vergangenen 2.000 Jahren gegangen ist. Und es ist gut möglich, dass wir dadurch, wer wir von Natur aus sind, und durch die Weise, wie wir die Dinge angehen und tun, eine völlig andere Gesellschaft aufbauen würden – wenn wir uns dafür entscheiden, dies zu tun.

- Wie ich zuvor sagte: „FRAUEN HABEN WAHRSCHEINLICH NICHT DIE ANTWORT. WIR SIND, ZUSAMMEN MIT DER GESAMTEN SCHÖPFUNG, DER PROZESS DER ANTWORT."

Als Frauen haben wir eher die Rolle angenommen, innerhalb der uns gesetzten Grenzen zu überleben und zu gedeihen, anstatt die Verantwortung zu übernehmen, die Gesellschaft auf der Grundlage des breiten Wissens und der tiefen Weisheit zu gestalten und zu definieren, die wir aus Jahrhunderten des Unterdrückt- und Unterworfenseins gewonnen haben.

Die Zeit ist gekommen, da es notwendig ist zu agieren und unsere Kräfte nicht in das Reagieren zu stecken. Offensichtlich haben wir uns täuschen lassen und dann unbewusst an der Entstehung der Situation, in der die Menschheit sich jetzt befindet, mitgewirkt.

Um durchzuhalten, haben wir abgewartet und gezögert. In unserer Passivität haben wir die Männer aufgefordert, die Bühne aufzubauen und die Verantwortung dafür zu übernehmen, uns zu sagen, was wir denken (und wie wir überhaupt denken!), fühlen und handeln sollen. Wir haben uns nicht von unserer spirituellen Weisheit leiten lassen, wenn sie im Widerspruch stand zu dem, was unsere Kulturen uns erzählten.

Wie die Iren haben wir uns angepasst und durch diese passive Anpassung haben wir unsere Identität, unsere tiefe und schwer errungene Weisheit und Spiritualität beiseite geschoben, weil wir dachten, die einzige uns verbleibende Alternative sei Eroberung (was uns auf einer tiefen Ebene zuwider war) oder Anpassung. So haben wir, zu einem hohen Preis für uns selbst, das dualistische

Denken akzeptiert, uns angepasst und abgewartet – und gehofft, nicht verantwortlich gemacht zu werden für das, was aus der Menschheit und der westlichen Kultur geworden ist.

Doch jetzt haben wir als Menschheit einen Punkt erreicht, an dem wir im Interesse von uns allen partizipieren und kreativ sein müssen. Unsere Passivität und unser Erdulden haben uns viel gelehrt. Unsere Samen wurden tief in die Furchen unseres Leidens gelegt, und jetzt ist es Zeit, dieses Wissen und diese Weisheit einzusetzen, um eine Menschheit und einen Planeten zu schaffen, die den Schöpfer und die gesamte Schöpfung ehren und in Harmonie mit sich selber, mit allen anderen und aller Schöpfung leben.

Die Samen des Wissens zum Hervorbringen dieser Weisheit wurden tief in unsere DNA eingepflanzt, gehegt und benetzt, und nun ist die Zeit gekommen, die Pflanze aus der fruchtbaren Erde unseres kollektiven Seins sprießen und voll erblühen zu lassen.

Ja, wir können Kinder zur Welt bringen und aufziehen und wir haben diese Rolle angenommen und machen es gut.

Und jetzt ist die Zeit gekommen, da die vom Beobachten, Abwarten, Zuhören, Lernen und Heilen kommende Weisheit notwendig ist, um die Menschheit und den Planeten zu retten.

- Sind wir gewillt vorzutreten, unsere Stimme zu erheben und wie der Diamant, der nur unter großer Hitze und hohem Druck entsteht, zu wagen, die Juwelen von Weisheit, die wir über Jahrhunderte menschlicher Entwicklung geschaffen haben, mit anderen zu teilen?
- Ich glaube, wir sind dazu bereit.
- Ich glaube, jetzt ist die Zeit dafür.
- Wir haben unsere Geister hinter uns gelassen.
- Wir sind bereit, eine neue Weise des Menschseins auf und mit diesem Planeten zu „gebären".
- Wir Frauen, die wir unsere Wut durchgearbeitet haben und klarer sehen, wollen nicht unsere Zukunft als Menschheit bestimmen. Wir wollen unsere eigene Zukunft als Frauen gestalten und wir wollen reife, intelligente, klare Männer, die ihre Zukunft als Männer gestalten. Und zusammen möchten

wir daran arbeiten, eine Kultur zu erschaffen, die besser ist und besser funktioniert als alles, was wir bis jetzt auf diesem Planeten gesehen haben.

Wir wollen nicht den Fehler der vorherigen Generationen wiederholen. Wir wollen Männer nicht beherrschen oder eine Zukunft ohne sie oder trotz ihrer schaffen. Idealerweise wollen wir unsere Weiterentwicklung als Spezies, die wir sind, fördern, und zwar in der Verbindung zu all den anderen Arten auf diesem Planeten und in Zusammenarbeit mit der Natur selbst.

Es ist nicht notwendig, dass wir dominieren. Es ist nicht notwendig, dass wir kontrollieren. Wir brauchen nicht alles zu wissen. Das erwarten wir auch nicht von den Männern. Als klare Frauen wissen wir: Je mehr Partizipation wir aus den unterschiedlichen Sichtweisen, Teilen der Menschheit und aller Schöpfung haben, desto besser wird es für jeden sein.

Wir brauchen Ruhezeiten allein mit uns selbst, um auf unsere innere Weisheit zuzugreifen, und wir brauchen andere Frauen, denen wir vertrauen, um diese Weisheit zu überprüfen.

Wie ich also anfangs sagte:
- In Wahrheit ging es bei der Frauenbewegung nie um Frauenbelange allein. Es war sicherer und weniger bedrohlich für andere und annehmbarer für sie (und für uns!), wenn wir uns auf Frauen- und Kinderbelange konzentrierten. Und, dieser Fokus war definitiv nötig, um voranzukommen. Doch andererseits konnten diese Belange von der herrschenden Kultur dann auch leichter abgewiesen werden.
- In Wahrheit waren die Anliegen der Frauen schon immer viel, viel größer, und sind das auch weiterhin.
- Die Sorge um die Menschenrechte, die Sorge um die gesamte Schöpfung und ihre Rechte – einschließlich der Männer – sind immer unsere Anliegen gewesen.
- Mit aller Schöpfung – dem Sichtbaren und Unsichtbaren – auf heilende und kraftvolle Weise zu leben, war schon immer unser Anliegen und ist es weiterhin.
- Beziehungen und das Spirituelle im weitesten Sinne des Wortes haben immer im Mittelpunkt unseres Seins gestanden.

• Doch fühlten wir uns nie stark genug und waren persönlich und kollektiv nie an dem Punkt, für das eintreten zu können, was wir als das Wichtigste für uns alle halten.

Es ist, als müssten wir zum ersten Mal in unserem Leben einen ganz außergewöhnlichen Kuchen für eine nur einmal im Leben stattfindende Feier backen, und wir haben nur die Hälfte der Zutaten, haben keine Ahnung, was die anderen Zutaten sein könnten, haben kein Rezept, das uns sagt, wie und in welcher Reihenfolge sie miteinander vermischt werden sollen, und unser Kuchenblech ist zu klein, sodass die kostbaren Zutaten überlaufen könnten – und dann beteuern die Männer, sie wüssten, wie es geht. Obwohl sie nach unserer Kenntnis noch niemals einen guten Kuchen gebacken haben, zögern wir vorzutreten und das Wissen einzubringen, das wir uns durch jahrhundertelanges Backen angeeignet haben. Wir lassen die Männer lieber einen weiteren Misserfolg landen, als selbst an den Herd zu treten.

• Ich weiß, das alles hört sich vielleicht nach viel zu viel an, und auch ich habe manchmal das Gefühl, mein Kopf würde platzen.

Und dann erinnere ich mich: Ich brauche es nicht allein zu tun, und ich brauche immer nur einen Schritt nach dem anderen zu gehen.
Was brauchen wir, um voranzukommen?

Ich wiederhole:
1. Wir brauchen Zeit für uns allein, um klar zu werden.
2. Wir müssen uns mit anderen Frauen, denen wir vertrauen, austauschen und als Frauen enger zusammenrücken.
3. Wir müssen unsere persönliche innere Arbeit tun, uns als Menschen klarer werden und unseren persönlichen Ballast durcharbeiten.
4. Wir müssen gesund werden und bleiben, und gute Nahrung einfordern und essen.
5. Wir müssen uns als Frauen selbst definieren.
6. Wir dürfen uns nicht dazu benutzen lassen, ein krankes/dysfunktionales System aufrechtzuerhalten. Ist Sucht/Abhängigkeit für ein dysfunktionales

System unerlässlich? Ich glaube, ja.

7. Wir müssen es zugeben: Dadurch, dass wir im System wenig Einfluss hatten, konnten wir Frauen passiv und unverantwortlich sein.

8. Wir müssen uns auf der Ebene engagieren, auf der wir gerade stehen.

9. Wir müssen schätzen, was wir wissen, und unseren Beitrag als Frauen leisten.

10. Wir müssen weiter spirituell wachsen (nicht religiös).

11. Wir müssen bereit sein, immer größere Zusammenhänge zu sehen (selbst wenn wir uns auf die Symptome konzentrieren).

12. Wir müssen feministische Söhne und Töchter aufziehen, die eine breitere Perspektive haben als die, die das alte TMM-System bieten kann.

WIR FRAUEN SIND EINE DER WICHTIGSTEN NATÜRLICHEN RESSOURCEN, DIE DIE MENSCHHEIT UND DER PLANET DERZEIT HABEN. Und es ist wichtig, dass diese Ressource nicht verschwendet wird bei unserem Versuch, uns anzupassen und ein dysfunktionales, destruktives System zu unterstützen. Nur wenn uns bewusst ist, wo wir versagten und nicht das Richtige taten, gibt es die Möglichkeit und Hoffnung, vorwärtszukommen.

Wir sind jetzt am Ende unseres Versuches, Frauen zu unterstützen und zu ermutigen, Profil zu zeigen, Farbe zu bekennen und ihre Verantwortung dafür zu akzeptieren, dass die Menschheit und der Planet Erde in eine neue Ära eintreten.

- Möchten Sie akzeptieren, dass Ihre Töchter, Ihre Enkeltöchter und Ihre Urenkelinnen sexuell, emotional und spirituell ausgebeutet werden?
- Möchten Sie, dass Ihre Söhne, Enkel und Urenkel die Ausbeuter werden?
- Möchten Sie, dass Ihre Töchter und Söhne in einem System aufwachsen, das ihnen nicht hilft, ihr volles Potenzial zu entfalten?
- Denken Sie, die Leserinnen, dass Sie sich unzulänglich und überwältigt fühlen von dem, was ich geschrieben habe?

Ich versichere Ihnen, dass ich diese Gefühle tausendfach mit Ihnen teile. Doch glaube ich, dies ist der Punkt, an dem wir als Spezies und als Planet stehen. Wie Martin Luther sagte: „Sündiget kräftig, sodass Gnade überfließt." Und – wir sind auf dem Weg.

- Nach meiner Erfahrung erhalte ich vom Schöpfer nie eine Aufgabe, für die ich nicht bereit bin. Es ist mein Denken, das mir etwas anderes einzureden versucht. Mein Job ist es, mir über die Aufgabe klar zu werden und mich darauf zu konzentrieren.

ABSCHLIESSEND

- Es stellt sich also die Frage: „Sind wir schon am Ziel?" Und als Antwort ertönt ein lautes „Nein"!
- Wir sind noch nicht am Ziel – weder als Einzelne noch als Frauenbewegung und auch nicht als Spezies.
- Und, wir werden nie „am Ziel" sein, weil alles ein Prozess ist, einschließlich des sich entfaltenden Prozesses der Menschheit.
- So ist es eben.

Wir befinden uns beispielsweise zurzeit in einer weiteren Phase der Frauenbewegung. In dieser Phase praktizieren Frauen immer noch eine Art „Kulturkonformität", was darauf hinweist, dass wir immer noch eine Wegstrecke zu gehen haben, bevor wir wirklich nicht mehr vom dominanten System kontrolliert werden.

Für die erfolgreiche Frau von heute gibt es eine „Uniform" (die von den Medien propagiert und unterstützt wird). Dieser „Dresscode" wird von „erfolgreichen Frauen" akzeptiert und angenommen. Die „erfolgreiche Frau" trägt ein unauffälliges, doch schickes Kostüm oder einen Anzug mit einer weicheren, „weiblicher aussehenden" Seidenbluse. Sie trägt Strümpfe und hohe Absätze. Ihr Haar ist perfekt frisiert und gestylt und ein bisschen länger als das ihrer Vorgängerinnen. Ihre Augenbrauen sind fachmännisch gezupft und ihr Make-up untadelig. Um in der Kultur als erfolgreich zu gelten, kleidet sie sich als Geschäftsfrau (egal, ob sie in der Politik ist oder der Wirtschaft – gibt es da einen Unterschied?). Sie verkörpert in der dominanten Kultur die angestrebte Norm. Bei allem ihr zustehenden Respekt – und ich respektiere sie durchaus – ist sie die Nancy Pelosi nach einer Stilberatung.

Wie erwähnt, kannte ich eine Feministin, die sich in den Kopf gesetzt hatte, auf ihrem Gebiet „groß" herauszukommen – erfolgreich war sie bereits. Sie ließ sich deshalb komplett umstylen, um im herrschenden System noch mehr akzeptiert zu werden. Vor ihrer Stilberatung sah sie entzückend und natürlich aus. Hinterher wurde sie eine Vorzeigefrau für das System und für sich selbst. Sie trug eine andere Frisur und ihr Haar hatte Strähnchen, ihre Augenbrauen waren bis auf einen millimeterdünnen Strich ihrer ursprünglichen Breite gezupft. Sie stellte eine Make-up-Spezialistin an, die ein spezielles Make-up für sie kreierte (früher trug sie wenig oder kein Make-up) und engagierte einen Kleidungsberater. PLÖTZLICH SAH SIE TOTAL ANDERS AUS ALS DIE FRAUEN, MIT DENEN SIE KOMMUNIZIEREN WOLLTE. Und, die Medien liebten sie! Sie war eine Vorzeigefrau ihrer selbst geworden. Aus meiner Sicht besaß das, wofür sie eintrat, seinen eigenen Wert und die Stilveränderung war ein trauriger Hinweis darauf, wo wir heutzutage als Frauen stehen.

Wir haben immer noch das Gefühl, uns verändern und dem „Geschäft" des dominanten Systems anpassen zu müssen, um erfolgreich zu sein.

Und ganz gleich, wie „gut" wir das Spiel spielen, wir werden (meistens negativ) davon beeinflusst.

Abgesehen von dem Bedürfnis, in dieser Kultur als erfolgreich zu erscheinen, gibt es ein weiteres Kennzeichen für die jetzige feministische Phase, das angesprochen werden muss.

Wie bereits dargelegt, habe ich die Beobachtung gemacht, dass es seit Kurzem bei „erfolgreichen" Frauen immer häufiger das Mantra gibt: „Wir wollen nicht, dass die Leute in uns das Geschlecht, die Frau, sehen. Wir wollen, dass sie unsere Eigenschaften und Fähigkeiten als ‚gender-frei' wahrnehmen. Wir wollen, dass die anderen (die Männer) ‚gender-blind' sind."

Einige von uns sind alt genug, um sich daran erinnern zu können – und werden heutzutage ständig daran erinnert – wie gut diese Methode bei den Schwarzen funktioniert hat, die von den anderen Leuten „Farben-Blindheit" einforderten. Was für eine subtile Weise, uns/sich kleinzumachen.

Das heutige „feministische Mantra" lautet: „Wähle, unabhängig vom Geschlecht, jene Person, die den Job am besten machen kann." Das hört sich so, so gut an und lässt doch vollständig außer Acht, was wir als Frauen an Wichtigem und Einzigartigem einbringen können und was so überaus wichtig in der heutigen Welt ist. Außerdem ist diese „Gleichmacherei" eine subtile Weise, um zu sagen: „Lasst uns alle wie weiße Männer sein."

Alles oben Gesagte sind starke Indizien dafür, dass die Frauen von heute, unsere weiblichen Führungskräfte und die feministische Bewegung auf dieser Ebene von Bewusstheit stecken geblieben sind, und dass wir Veränderungen herbeiführen und weitergehen müssen. Es ist unvermeidlich, dass wir als Personen und als Bewegung einen Stillstand erleben werden. Und wir brauchen einander, um uns zu lösen und voranzukommen.

Stellen wir uns also erneut die Fragen, mit denen wir diesen Abschnitt begannen.

- Es erhebt sich die Frage: „Haben wir das Ziel erreicht?" Und die Antwort ist ein schallendes „Nein"!
- Wir sind nicht am Ziel, weder als Einzelne noch als Frauenbewegung, und wir sind auch als Spezies noch nicht am Ziel.
- Und wir werden es nie sein, weil alles Leben ein Prozess ist, einschließlich des sich entfaltenden Prozesses der Menschheit.

So ist es eben.

Eine weitere Frage stellt sich.

- Haben wir als Frauen Fortschritte erzielt?
- Ja, das haben wir – enorme Fortschritte.
- Die Frauen haben, als Ganzes gesehen, wahrscheinlich die beste Position erreicht, die sie in der Geschichte dieser Spezies auf diesem Planeten jemals innehatten.
- Wir Frauen sind im Allgemeinen stärker und uns unseres rechtmäßigen Platzes auf diesem Planeten viel bewusster als jemals zuvor. Und uns ist viel stärker bewusst, dass auf der systemischen und der planetarischen Ebene umfassende Veränderungen notwendig sind.
- Und, wir haben das Ziel noch nicht erreicht.
- Tatsächlich befinden wir uns in einer neuen Phase des Feminismus. So wie es oft schwierig ist, einen Schritt zurückzutreten, um zu erkennen, dass wir uns als Individuum in einem bestimmten Wachstumsstadium befinden, so ist es leider sogar noch schwieriger, zurückzutreten und zu sehen, dass sich eine Bewegung in einer bestimmten Phase befindet, wenn wir gerade darin sind. Wegen dieser Schwierigkeit ist es gut, Älteste zu haben, die nicht so im „Tun" eingebunden sind und sich auf das „Erkennen" fokussieren können.
- Wir haben als Frauen große Fortschritte erzielt und kommen voran, und wir haben noch eine Wegstrecke vor uns, um den Punkt zu erreichen, der notwendig ist, um uns selbst, unsere Kultur und unseren Planeten in eine lange Zeit des Friedens und Wohlstands zu führen.
- Und, wenn wir bereit sind, unsere Arbeit als Individuen und als Gemeinschaft zu tun, können wir diesen Punkt erreichen.

- Was wäre, wenn der Dresscode erfolgreicher Frauen darin bestünde, sich leger und bequem zu kleiden und somit alle Frauen – auch sich selbst – zu repräsentieren, und wenn sie nicht versuchten, wie die erfolgreiche Geschäftsfrau der dominanten Kultur zu erscheinen, zu handeln und zu sein?
- Jeder Schritt, den wir in Richtung Freiheit des Ausdrucks und des Seins-wer-wir-sind unternehmen, führt uns weiter zu der Möglichkeit eines massiven kulturellen Wandels.
- Warum möchten die, die vorangehen, nicht aussehen wie die, die sie vertreten wollen?
- Auf Hawaii pflegten sich freitags alle in Aloha-Hemden und Mumus (Anm. d. Übers.: lockeres hawaiisches Kleid) zu entspannen. Dieses Statement war wichtig – einmal pro Woche.
- Wenn wir viele Jahre des Friedens und des Wohlstands wollen, ist kein Schritt zu klein und kein Schritt zu groß, um dies herbeizuführen. Und, wir dürfen nie die Hinterhältigkeit und Macht der derzeitigen von uns geschaffenen dominanten Kultur unterschätzen. Um weiter voranzukommen, müssen wir unser Bewusstsein dafür schärfen, wie sie in alles, was wir denken und tun, infiltriert ist.

In einer gesunden Gesellschaft wird es vielleicht keinen Grund dafür geben zu leugnen, dass wir alle älter werden oder alle versuchen, gleich auszusehen. Die Unterschiede, die es im Prozess des Lebens gibt, könnten akzeptiert und geschätzt werden.

POSTSKRIPTUM

Was die Männer anbetrifft

Ich habe versucht, nicht über Frauen zu schreiben, indem ich sie mit Männern vergleiche. Ich finde es gelegentlich schwierig, keine Vergleiche anzustellen, <u>und</u> dies ist ein Buch für und über Frauen und über ihre Rolle, uns in ein neues Paradigma zu führen, das „anwenderfreundlicher" sein wird als das, in dem Macht und Einfluss von patriarchalen Werten und Prozessen bestimmt sind. Wir werden hoffentlich ein Paradigma erreichen, das ganzheitlicher und prozessorientierter ist und besser für die gesamte Schöpfung sein wird.

Dieses Buch ist nicht für Männer, es ist nicht gegen Männer und es ist nicht über Männer. Es ist für die Frauen hier und heute.

Es gibt vielleicht einige Männer, die bereit sind, es zu lesen, weil sie Teil der Lösung sein wollen. Und, bei dem Versuch, ihr Denken, ihre Überzeugungen, ihre Weltsicht und ihr Verhalten zu ändern, werden sie selber für sich sorgen müssen. Dieses Buch könnte hilfreich sein für Männer, wenn und falls sie bereit sind, die folgenden Dinge beiseite zu schieben: ihren Egoismus, ihr Überlegenheitsgefühl, ihre Überzeugung, alles wissen, verstehen und definieren zu können, ihre Selbstzentriertheit, ihre Motivation, ihren Sexismus und ihren Glauben, das System, das sie mit unserer aller Hilfe geschaffen haben, sei die Realität. Sie möchten es vielleicht lesen und verdauen, besonders dann, wenn sie eine Ahnung davon haben, wie zerstörerisch das dominante System selbst für Männer und für die ganze Schöpfung ist.

Wenn wir dachten, die sexuelle Revolution sei etwas Umwälzendes gewesen – dann lasst uns nur abwarten, wie sich diese <u>neue</u> Revolution etablieren wird.

Aus meiner Sicht sind Männer weiterhin sehr daran interessiert, im „Recht" zu sein. Welche Beziehung besteht zwischen Testosteron und im „Recht" sein? Frauen wollen gehört werden. Männer wollen im Recht sein. Es ist so schwierig für jemanden, der immer im *Recht sein* will, etwas zu lernen.

Das neue Paradigma ist eine große Aufgabe und aufgrund der Art und Weise, wie Frauen beschaffen sind und der ihnen innewohnenden Ganzheit, die wir als Frauen anstreben, *muss* es die ganze Schöpfung umfassen. Das hieße – und ich glaube, die meisten Frauen würden dem zustimmen –, dass sie sich am wohlsten fühlen würden mit einem System, das den besten Beitrag der Frauen und den besten Beitrag der Männer in einem Kontext umfasst, in dem beide ihre Potenziale ausschöpfen können. Ich glaube außerdem, dass das neue Paradigma die Achtung vor der ganzen Schöpfung und die Sorge um sie sowie eine Entwicklung zur Ganzheit in einem Ausmaß enthalten wird, wie wir es auf diesem Planeten noch nie kennengelernt haben, außer vielleicht bei einigen indigenen Kulturen wie der Waitaha.

Diese Ganzheit wird und muss uns alle einschließen – das heißt, auch die Männer und die ganze Natur.

In ihrem Buch *Das Ende der Männer* gelingt es Hanna Rosin erstaunlich gut, die Verschiebungen aufzuzeigen, die derzeit weltweit bei den Rollen und den Verhaltensweisen der Männer (und Frauen) zu beobachten sind.

In Übereinstimmung mit ihrem Bericht möchte ich einige eigene Beobachtungen hinzufügen:

Seit einigen Jahren beobachte ich eine kulturelle Veränderung in den Indianerreservaten, wie sie meines Erachtens auch in den Ghettos, den Innenstädten und der Gesellschaft insgesamt stattfinden.

In den Reservaten spielen Männer immer weniger eine Rolle. Sie gehen nicht mehr auf die Jagd, um Nahrung für ihre Familien zu beschaffen, sie gehen nicht mehr auf Raubzüge – das ist verboten, und sie haben keine Vorbildfunktion mehr. Die Frauen passen sich dem herrschenden System besser an, sie verlassen das Reservat, arbeiten für ihre Ausbildung und schaffen es, Arbeit zu finden und ihre Familien zu unterstützen.

Die Männer trinken, sitzen herum, versuchen sich als Machos zu geben, erzählen Geschichten und haben ihre „Spielzeuge". (Ich finde es interessant, dass seit geraumer Zeit der Abwärtstrend der Männer als Erstes bei den Entrechteten zu beobachten ist.)

Im Allgemeinen sind diese Männer verloren. Sie passen nicht in die herrschende Kultur (obwohl viele die kulturell geprägte Illusion der männlichen Überlegenheit übernommen haben). Und, sie haben einfach keine Rolle mehr, was nach Hanna Rosin in der herrschenden Kultur ebenfalls der Fall ist.

Wenn außerdem die Medien und Politiker melden, wir hätten keine Mittelschicht mehr oder die Mittelschicht würde schrumpfen, so ist es nach meiner Beobachtung in Wirklichkeit eher so, dass die männliche Mittelschicht verschwindet. Wenn im herrschenden System ein Mann nicht vermögend ist und das heißt normalerweise, dass er irgendeinem kapitalistischen Geschäft nachgeht (ich schließe Politiker ein, die sich bemühen dazuzugehören), dann – existieren sie nicht oder sind nicht wichtig.

Was so viel heißt, dass wir die <u>männliche</u> Mittelschicht verlieren.

Die Frauen andererseits sind mobiler, streben nach oben und sind durchaus bereit, in die Mittelschicht aufzusteigen – wobei viele dabei die Männer hinter sich lassen.

Alles in allem werden derzeit die Männer mehr und mehr zurückgelassen – es sei denn, sie besitzen viel Geld und Reserven.

Die Männer stecken in Schwierigkeiten und wir Frauen werden sie, glaube ich, nicht davor bewahren können, die für sie anstehende innere Arbeit zu tun, damit sie ein Paradigma hinter sich lassen können, das ihnen einredet, sie seien von Natur aus überlegen, allwissend und alles verstehend. Und wenn sie „es" nicht verstehen, existiert „es" per Definition nicht.

- Es ist hart, diese Illusionen aufzugeben. Viel schwieriger für Männer, glaube ich, als für Frauen.

- Von außen gesehen mag es erscheinen, als seien Männer in der günstigeren Position – und vielleicht sind sie es auch, da sie das herrschende Geschlecht sind. Sie definieren sich und alles andere, und glauben, die gottgegebene Macht in Händen zu halten und die Welt im Sinne ihres Denkens und ihrer Wahrnehmung zu entwickeln. Es hört sich alles gut an.

Doch trotz allem, was sie an Macht und Kontrolle im Patriarchat gewonnen haben – wie viel haben sie dabei an spiritueller und seelischer Heilung, an Wachstum und Reife verloren? War es das wert, wenn Männer dabei das Materielle/Physische überentwickelten und in ihrer spirituellen Entwicklung stecken geblieben sind?

Als der Maori-Älteste sagte, die Männer seien in ihrer Entwicklung 5.000 Jahre zurück, waren dann das Beherrschen, das Bestimmen und Kontrollieren das alles wert? Und zu welchem Preis?

Wir beginnen jetzt zu erkennen, dass der Preis hoch war. Wie Rosin beobachtete, scheinen Männer sich mehr und mehr für ihre Spielzeuge zu interessieren und weniger dafür, sich für das Wohl aller einzusetzen. Sie glauben ihrem Denken und ziehen sich in eine illusionäre Welt zurück.

- Was steht für Männer als Nächstes an?
- Was für eine spannende Frage! Was für eine spannende Zeit! Was für eine spannende Gelegenheit, sich neu zu definieren mit all der Erfahrung darüber, was wahrhaftig nicht so gut funktioniert hat – für die Männer, für die Frauen, für die gesamte Schöpfung!
- Werden die Männer es auf sich nehmen, ihre innere Arbeit zu tun und so wie die Frauen aus ihren Fehlern lernen?
- Werden Männer die Chance nutzen und in ihrer Entwicklung als menschliche Wesen voranschreiten, um ganzheitlicher zu werden und besser in Balance zu sein?

Wir Frauen haben bewiesen, dass fortwährendes Wachstum und Wandel möglich sind, intellektuell, psychisch, emotional und spirituell.

Ich glaube, die meisten von uns wünschen und hoffen, dass die andere Hälfte der Spezies „an Bord kommt" und ihre Arbeit tut.

Ich bin sicher, dass Frauen dieses Wachstum und diese Veränderung unterstützen werden.

Wobei wir Frauen uns sehr klar darüber sind, dass wir es nicht für die Männer tun können und dürfen. Die Männer müssen ihren eigenen Weg finden, aufbauend auf ihrer Erkenntnis, dass das, was sie für die Menschheit auf diesem Planeten gestaltet und aufgebaut haben, nicht so gut geworden ist.

Mit der jahrhundertelangen Erfahrung von Unterdrückung in unserer DNA werden wir Frauen hoffentlich nicht den Wunsch haben zu unterdrücken. Und wir müssen es respektieren, dass wir die Männer aus dem Loch, das sie sich selbst gegraben haben, nicht befreien können, so sehr wir uns das auch wünschen. Wir wissen, wie es ist zu versuchen, ein Leben in Fülle in einem Loch zu leben, und das wünschen wir keinem.

Also, ja ihr Männer, ihr habt unsere Liebe und unsere Unterstützung und wir Frauen können und werden es nicht für Euch tun. Wir hoffen nur, dass ihr nicht 5.000 Jahre dazu braucht. Und – die Geschichte von uns Menschen zeigt, dass wir manchmal langsam lernen.

An diesem Punkt in der Geschichte tauschen Männer ihren Platz mit den Frauen. Es ist zu hoffen, dass die Frauen keine Unterwerfung und Unterwürfigkeit fordern. Es ist zu hoffen, dass Frauen aufgrund ihrer Geschichte als unterdrücktes und von anderen definiertes Geschlecht nicht dem alten Unterdrückungsmodell folgen, wenn sie Macht und Einfluss erlangen. Die heutigen Frauen sind vermutlich einfach zu sehr damit beschäftigt, sich selbst und eine neue Gesellschaft zu definieren, als dass sie es auf sich nehmen wollen, ihre männlichen Gegenüber zu definieren. Es gibt zunehmend die Einstellung: „Ich bin beschäftigt. Ihr müsst für euch selber sorgen und euch selbst definieren und ein neues Männermodell für die Zukunft erfinden, weil das nicht meine Aufgabe ist. Ich werde mit euch arbeiten, wenn ihr euch selbst kennenlernen, neue Wege finden und selbst die Veränderung <u>sein</u> wollt, die möglich ist. Und, ich habe kein Interesse daran, Männern das anzutun, was diese den Frauen in der bisherigen Geschichte der Menschheit angetan haben und sie aus meiner Perspektive zu definieren."

Partner, Kollegen – ja! Kontrollieren, dominieren, definieren – kein Interesse! Es gibt einfach zu viele andere faszinierende Möglichkeiten, meine Zeit zu verbringen. Jetzt seid ihr am Zug.

Euer altes Selbst beginnt jetzt ziemlich überholt auszusehen. Was ihr in der Zukunft tut, hängt von euch ab. Wir sind einer Welt müde, die von der Herrschaft von Testosteron, Sex und Machtmissbrauch in Form von Herrschaft und Kontrolle regiert wird. Die Dinosaurier mussten gehen, als sie sich nicht anpassen konnten.

Wir wollen keine Dinosaurier sein. Wir beteiligen uns an einer neuen Weise des Seins auf diesem Planeten.

Wollt ihr als teilnehmende Partner mitmachen? Es gibt viel Platz für jeden.

Ebenfalls nicht interessiert sind wir an jenen Männern, die Frauen zu Objekten machen und kontrollieren wollen und die den Beitrag von Frauen als nicht relevant für den Aufbau einer umfassenden, erfüllten Gesellschaft abtun. Sie können sich mit ihren Pornoheften und ihrem Spielzeug in ihre „Männerhöhlen" zurückziehen, bis sie bereit sind, am Aufbau einer neuen Phase der menschlichen Entwicklung und des Lebens auf diesem Planeten mitzuwirken. Wir Frauen würden es wirklich schätzen, wenn wir miteinander etwas Neues entwickeln könnten.

Erinnern Sie sich, in den geoffenbarten Religionen, des Islams und des Christentums zum Beispiel, stand anfangs unbestreitbar die Gleichberechtigung von

Frauen und Männern. Erst als die Menschen anfingen, die Lehren zu interpretieren und zu verdrehen, kamen Sexismus und Rassismus mit ins Spiel. Wir Frauen können nur hoffen, dass die Männer, wie wir, ein anderes Paradigma erlernen können.

Brizendine weist darauf hin, dass manche glauben, das Gehirn ebenso wie andere Teile des Körpers könnten durch Übung verändert werden. Wenn wir andere Gehirnareale benutzen, können sich vielleicht andere und mehr Verbindungen bilden, so wie zwischen der rechten und linken Gehirnhälfte.

Wir sehen, dass Menschen in Machtpositionen und mit großem Einfluss weniger Gründe und Motivation haben, das Neue zu erforschen als die Unterdrückten, und vielleicht weniger motiviert sind. Es ist so hoffnungsvoll zu wissen, dass wir das, was wir haben, üben und darauf aufbauen können.

Zusammenfassend lässt sich also sagen: Es wird wahrscheinlich für Männer schwieriger sein als für Frauen, die Überzeugungen, Annahmen, Muster und Prozesse des alten TMM/patriarchalen Paradigmas abzuschütteln. Und, es ist möglich. Ich beobachte das bei einigen Männern.

Ich kenne viele ältere Männer, die seit geraumer Zeit erkannt haben, dass das alte Paradigma, in dem sie Götter sein und alles wissen und verstehen sollten, und das auf der Illusion von Kontrolle und Materialismus aufgebaut ist, ihren Körper, ihren Geist und ihre Seele zerstört. Diese Männer versuchen, ganzheitlichere Menschen zu werden und ihr Potenzial voll auszuschöpfen, und ich liebe und lobe sie dafür.

Außerdem machte ich kürzlich eine spannenden Erfahrung, als ich einige junge Frauen und Männer in ihren frühen zwanziger Jahren kennen lernte, die in einer Gesellschaft aufwachsen, in der die alten Werte, Überzeugungen und Prozesse des patriarchalen TMM-Systems nicht funktionieren, und SIE SIND ANDERS!

Sie wollen mit dem alten Paradigma nichts zu tun haben und versuchen, neue Wege für sich zu finden.

Meine Erfahrung sagt mir, dass Männer anders sein können und wollen, und dass sie anders leben wollen. Ich hoffe sehr, dass sie ihre innere Arbeit tun werden und wir sind alle hier, um sie zu unterstützen, einen neuen Weg zu finden.

Literaturverzeichnis / empfohlene Bücher

Auden, W.H. *W.H. Auden Collected Poems.* Abdruck-Erlaubnis von Random House/Penguin Random House LLC

Berman, Morris. *The Reenchantment of the World.* Ithaca: Cornell University Press, 1981; deutscher Titel: *Wiederverzauberung der Welt,* Reinbek bei Hamburg, Rowohlt-TB 7941, 1985

Bobby, Dir. Emilio Estevez. *The Weinstein Co.,* 2006

Brandeis, Justice Lois. Richter des US Supreme Court von 1916 – 1939

Brizendine, Louann. *The Female Brain.* New York, Broadway Books, 2006; deutscher Titel: *Das weibliche Gehirn.* Hoffmann und Campe Verlag, Hamburg, 2007

Burke, Edmond. 1729–1797, irischer Politiker

Dillard, Irving. *Mr. Justice Brandeis, Great American.* 1941

Ensler, Eve. *Fracking is a Feminist Issue.* Ms. Magazine, Ausgabe Frühjahr 2013

Fools Crow, Frank. Persönliche Gespräche mit Anne Wilson Schaef. Bücher über Frank Fools Crow: *Fools Crow Wisdom and Power* von Thomas E. Mails, Council Oak Books, 1995, *Fools Crow* von Thomas E. Mails, Bison Books, 1990. *Fools Crow* von Thomas E. Mails

Franck, Frederick. *Art as a Way: A Return to the Spiritual Roots.* Crossroad Pub. Co., 1981

Franck, Frederick. *The Zen of Seeing/Drawing as Meditation.* Vintage Press, 1973; deutscher Titel: *Zen in der Kunst des Sehens.* Heinrich Hugendubel Verlag, München, 1998

Franck, Frederick. *To be Human Against all Odds.* Asian Humanities Press, 1991

Franck, Frederick. *Zen Seeing, Zen Drawing: Mediation in Action.* New York, Bantam Books, 1993

French, Marilyn. *From Eve to Dawn. A History of Women in the World, Volume I: From Prehistory to the First Millenium.* New York, Feminist Press, City University of New York, 2008

French, Marilyn. *From Eve to Dawn. A History of Women in the World, Volume II: Masculine Mystique: From Feudalism to the French Revolution.* New York, Feminist Press, City University of New York, 2008

French, Marilyn. *From Eve to Dawn. A History of Women in the World. Vol. III: Infernos and Paradise., The Triumph of Capitalism in the 19th Century.* New York, Feminist Press, City University of New York, 2008

French, Marilyn. *From Eve to Dawn. A History of Women in the World. Volume IV: Revolutions and Struggles for Justice in the 20th Century.* New York, Feminist Press, City University of New York, 2008

Galland, China. *A Bond Between Women.* Riverhead Trade, 1999

Harman, Willis. *Global Mind Change: The Promise of the 21st Century.* San Francisco Berrett-Koehler Publishers Inc. and Institute of Noetic Sciences, Sausalita, CA., 1998

Henning, Denise K. "Yes My Daughters. We are Cherokee Women." *Making Space for Indigenous Feminism.* Herausgegeben von Joyce Green, 2007

Heywood, Leslie, Jennifer Drake. Herausgeber. *Third Wave Feminism: Being Feminist, Doing Feminism.* Minneapolis: University of Minnesota Press, 1997

Jackson, Norman. Indigener amerikanischer Pfarrer, der am Eden Seminary, St. Louis, lehrt

Jensen, Derrick. *A Culture of Make Believe.* White River Jct.: Chelsea Green Publishing, 2004

Jensen, Derrick. *A Language Older than Words.* White River Jct.: Chelsea Green Publishing, 2004

Jensen, Derrick. *Deep Green Resistance: Strategy to Save the Planet.* Seven Stories Press, 2011

Jensen, Derrick. Herausgeber. *Earth at Risk: Building a Resistance Movement to Save the Planet.* Oakland PM Press, 2013

Jensen, Derrick. *Endgame, Vol. 1: The Problem of Civilisation.* Seven Stories Press, 2006

Jensen, Derrick. *Endgame, Vol. 2: Resistance.* Seven Stories Press, 2006

Jewtuschenko, Jewgenji. *Ausgewählte Gedichte.* Diogenes Verlag, Zürich, 1972

Judd, Ashley. *Ashley Judd Slaps Media in the Face for Speculation Over her Puffy Appearance.* The Daily Beast, 9. April 2012

Karenga, Maulana. Geb. 1941. Professor und Vorsitzender der Africana Studies, California State University Long Beach, Gründer der Kwanzaa Holiday

Kennedy, Robert F. US-amerikanischer Oberstaatsanwalt von 1961–1964, *Profile in Courage. Make Gentle the Life of This World: The Vision of Robert F. Kennedy*. Broadway Books, 1999

Kennedy, Robert F. Rede: University of Georgia Law School, 1961

Kierkegaard, Søren. *Fear and Trembling and Sickness Unto Death*. Princeton: Princeton University Press, 2013; deutscher Titel: *Die Krankheit zum Tode. Furcht und Zittern. Die Wiederholung. Der Begriff der Angst*. Herausgegeben von Hermann Diem, Deutscher Taschenbuch Verlag, München, 2005

Kierkegaard, Søren. *Purity of Heart is to Will One Thing*. Feather Trail Press, 2009

Kierkegaard Søren. *Works of Love*. Harper Perennial Modern Classics, 2009

Kinloch, Patricia J. *Talking Health But Doing Sickness*. Wellington: Victoria University Press, 1985

Long, Max Freedom. *The Huna Code in Religions*. Huna Research Pub., 1965

Long, Max Freedom. *Growing into Light*. Kessinger Publishing. LLC, 2006

Long, Max Freedom. *Secret Science Behind Miracles*. Los Angeles, Kosmon Press, 1948; deutscher Titel: *Geheimes Wissen hinter Wundern. Die Entdeckung der Huna-Lehre,* Schirner Verlag, 2013

Long, Max Freedom. *What Jesus taught in Secret*. Devorss & Co., 1983; deutscher Titel: *Die verborgene Lehre Jesu: Eine Huna-Interpretation der Vier Evangelien*. Schirner Verlag, 2004

Mancini, Patti F. „The Politics of Power". *Vital Speeches of the Day,* Vol. 55, 15. Aug. 1989

Marx, Karl. *Ausgewählte Briefe, 1843 – 1895*. Dietz Verlag, Berlin, 1953

Montessori, Maria. *To Educate the Human Potential*. Copyright of Montessori-Pierson Publ. Co., 1973

Norbert-Hodge, Helena. *Ancient Futures*. San Francisco: Sierra Club Books, 1991

Obama, Barack. *The Audacity of Hope*. Crown, 2006; deutscher Titel: *Hoffnung wagen: Gedanken zur Rückbesinnung auf den American Dream*. Riemann Verlag, München, 2008

Pankhurst, Emmeline. Britische Aktivistin für das Frauenwahlrecht.
1858 – 1928

Redfern, Catherine and Kristin Aune. *Reclaiming the F Word: The New Feminist Movement.* England: Zed Books, London, 2010

Rich, Adrienne. *On Lies, Secrets and Silence.* W.W. Norton & Co., 1995

Rodgers, Richard and Oscar Hammerstein. II. "South Pacific".
Theaterstück. 1949

Roosevelt, Eleanor. *You Learn by Living: Eleven Keys For A More Fulfilling Life.* Harper & Row, 1960

Rosin, Hanna. *The End of Men.* New York: Penguin Group, 2012;
deutscher Titel: *Das Ende der Männer und der Aufstieg der Frauen.*
Berlin Verlag, 2013

Sandberg, Sheryl. *Lean In.* New York, Alfred A. Knopf, 2013; deutscher Titel:
Frauen und der Wille zum Erfolg, Ullstein Taschenbuch, Berlin, 2015

Schaef, Anne Wilson and Diane Fassel. *The Addictive Organization.* New York, HarperCollins, 1988; deutscher Titel: *Suchtsystem Arbeitsplatz.* Deutscher Taschenbuch Verlag, München, 1994

Schaef, Anne Wilson. *Becoming a Hollow Bone: Responding to the Call of Our Ancestral Blood.* San Franciso: Council Oak Books LLC, 2014

Schaef, Anne Wilson. *Beyond Therapy, Beyond Science.* New York: HarperCollins, 1992; deutscher Titel: *Mein Weg zur Heilung. Jenseits von Wissenschaft und Therapie.* Deutscher Taschenbuch Verlag, München, 1995

Schaef, Anne Wilson. *Co-Dependence: Misunderstood – Mistreated.* New York, HarperCollins, 1986; deutscher Titel: *Co-Abhängigkeit: Die Sucht hinter der Sucht.* Heyne Verlag, München, 2002

Schaef, Anne Wilson. *Escape from Intimacy.* New York: HarperCollins, 1989;
deutscher Titel: *Flucht vor der Nähe,* Deutscher Taschenbuch Verlag, München, 1992

Schaef, Anne Wilson. *Laugh! I Thought I'd Die (If I Didn't). Daily Meditations on Healing Through Humour.* New York. Ballentine Books, 1990

Schaef, Anne Wilson. *Living in Process.* New York: Wellspring/Ballantine, 1999; deutscher Titel: *Leben im Prozess. Wahrheiten, den Weg der Seele zu leben.* Vollenweider Verlag, Adelberg, 2004

Schaef, Anne Wilson. *Meditations for Living in Balance*. San Francisco, Harper San Francisco, 2000; deutscher Titel: *Jeden Tag ein bisschen Zeit für dich*. Knaur Verlag, München, 2001

Schaef, Anne Wilson. *Meditations for People Who (May) Worry Too Much*. New York: Wellspring/Ballantine, 1996; deutscher Titel: *Denk dich frei*. Heyne Verlag, München, 1998

Schaef, Anne Wilson. *Meditations for Women Who Do Too Much*. New York: HarperCollins, 1990; deutscher Titel: *Nimm Dir Zeit für Dich selbst – Tägliche Meditationen für Frauen, die zu viel arbeiten*. Heyne Verlag, München, 2005

Schaef, Anne Wilson. *Native Wisdom for White Minds*. New York: Random House, 1995; deutscher Titel: *Weisheiten der Urvölker für westliche Köpfe*. Vollenweider Verlag, Adelberg, 2007

Schaef, Anne Wilson. *When Society Becomes an Addict*. New York: HarperCollins, 1987; deutscher Titel: *Im Zeitalter der Sucht*. Deutscher Taschenbuch Verlag, München, 1993

Schaef, Anne Wilson. *Women's Reality*. Minneapolis: Winston Press, 1981; deutscher Titel: *Weibliche Wirklichkeit*. Heyne Verlag, München, 1996

Schaef, Anne Wilson. In Vorbereitung: *Journey Toward Total Societal Transformation: Simple Truths for Profound Change*

Schaef, Anne Wilson. In Vorbereitung: *Tales of the Klamath River*

Schulz, Mona Lisa. *The New Feminine Brain: Developing Your Intuitive Genius*. New York, Free Press, 2005

Sivaraska, Sula. *Conflict, Culture, Change: Engaged Buddhism in a Globalizing World*. Boston, Wisdom Publications, 2005

Stanton, Elizabeth. Aktivistin und Leitfigur der frühen Frauenbewegung. *History of Women's Suffrage, Solitude of Self*

Streitmatter, Roger, Herausgeber. *Empty Without You: The Intimate Letters of Eleanor Roosevelt*. Decapo Press, 2000

Studdert Kennedy. George Ankatell. *Rhymes*. London: Hodder & Stoughton, 1929

Treff, Erinn Michèle. Leitende Sozialarbeiterin, Tim Horton Children's Foundation

Tubman, Harriet, 1822–1913. Freiheitskämpferin und Spionin der US-amerikanischen Nordstaaten

Tyler, Alexander. Schottischer Geschichtsprofessor. (Schreibweise des Namens
umstritten)

Williamson, Marianne. *A Return to Love.* New York. HarperCollins, 1992;
deutscher Titel: *Rückkehr zur Liebe.* Goldmann Verlag, München, 1993

KONTAKTINFORMATIONEN FÜR ANNE WILSON SCHAEF UND DIE LEBEN-IM-PROZESS-ARBEIT

USA:

Wilson Schaef Associates
PO Box 990
Boulder, Montana 59632
USA
Tel. 001 406 225 9171
E-Mail: wsa@gte.net
Web: www.annewilsonschaef.com
Web: www.livinginprocess.com
Blog: annewilsonschaef.wordpress.com
Facebook: Anne Wilson Schaef
Twitter@AnneWSchaef

Europa:

Michaela Bögner
Tel. 0211 925 24 75
www.livinginprocess.com
www.livinginprocess.de

Es wird eine lange Zeit in Frieden
und Wohlstand kommen –
und sie wird eingeleitet von den Frauen

IMPRESSUM

Deutsche Erstausgabe: *Es wird eine lange Zeit in Frieden und Wohlstand kommen – und sie wird eingeleitet von den Frauen;* ISBN 978-3-9809719-3-5 ISBN E-Buch 978-3-9809719-4-2 (folgt) Vollenweider Verlag, D 73099 Adelberg, Friedhofstr. 22 www.vollenweider-verlag.de

Titel des US-amerikanischen Originals: *There will be a Thousand Years of Peace and Prosperity and They will be Ushered in by the Women;* ISBN 978-1-4917-9528-6, ISBN E-Book 978-1-4917-9529-3; iUniverse, Bloomington, IN 47403 USA www.iuniverse.com

Deutsche Übersetzung: IR Vollenweider und die europäische Leben-im-Prozess-Gemeinschaft

Layout und Satz: Sabine Koch, Kommunikationsdesign
Umschlaggestaltung: Sabine Koch, unter Verwendung der US-amerikanischen Titelvorlage von Annika Hirmke
Lektorat: Buch 1: Marie-Luise Heller, Buch 2: Kerstin Schlager
Druck: UWS Papier & Druck, Stuttgart

Buchbestellung direkt beim Verlag: Vollenweider Verlag & Versandbuchhandlung D 73099 Adelberg, Friedhofstr. 22 www.Vollenweider-Verlag.de oder Ihrem Buchhändler

Anne Wilson Schaef

Es wird eine lange Zeit in Frieden und Wohlstand kommen – *und sie wird eingeleitet von den Frauen*

Die essentielle Rolle der Frauen beim Finden persönlicher und planetarer Lösungen

VERSION 11

VOLLENWEIDER VERLAG

INHALTSANGABE

ABSCHNITT II: WELCHEN SPEZIFISCH WEIBLICHEN BEITRAG FRAUEN LEISTEN KÖNNTEN

ABSCHNITT III: DIE FÄDEN VERKNÜPFEN UND DIE ZUKUNFT EINLEITEN

Danksagungen

Als Erstes möchte ich dem großen spirituellen Führer der Lakota, Frank Fools Crow, für den Titel dieses Buches danken. Er war mein Lehrer, mein Mentor und einer meiner liebsten Freunde.

Es war in den frühen 1970er Jahren, als er zu mir sagte: „Es wird eine lange Zeit des Friedens und des Wohlstands geben, und sie wird eingeleitet werden von den Frauen."

Ich wusste damals, dass dies wichtige Worte waren, und ihre Bedeutung hat sich mir im Laufe der letzten 35 Jahre immer mehr erschlossen.

Als ich erkannte, dass es für mich wieder an der Zeit war, ein weiteres Buch über und für Frauen zu schreiben, wusste ich, dass er mir den Titel schon vor Jahren gegeben hatte. Ich bin dankbar für alles, was er mich lehrte und weiterhin lehrt.

Danken möchte ich außerdem den Hunderten von Frauen und Männern aller Hautfarben, Nationalitäten und sozialer Schichten, die mir die Ehre erwiesen, ihre persönlichsten Einzelheiten ihres Lebens mit mir zu teilen. Sie rangen darum, tief in ihr Inneres einzutauchen und ihre kulturelle Gehirnwäsche abzuwerfen in ihrem Bemühen, ganzheitlichere Menschen zu werden. An ihrem Ringen teilzunehmen ist eine immerwährende Inspiration für mich. Sie alle versuchen, ein klareres Wissen darüber zu entwickeln, wer sie sein könnten, und eine bessere Welt für die aufzubauen, die nach ihnen kommen. Ich danke allen, die zu diesem Buch beigetragen haben und hoffe, dass es jede/n Einzelne/n von ihnen ehrt.

Besonders erwähnen möchte ich auch die Männer, die aktiv an meinem Leben teilnehmen: Pete, mein Manager; Roddy, mein Sohn; Chuck, mein früherer Ehemann und Joe Hughes. Sie haben mich immer wieder gelehrt, dass das gegenwärtige TMMS (das Technologische, Mechanistische, Materialistische System) nicht nur Frauen gegenüber gewalttätig und wesensfremd ist, sondern dass es genauso zerstörerisch ist für jene, die es geschaffen haben und denen die Macht übertragen wurde.

Zu guter Letzt möchte ich den jungen Frauen danken, die in die Welt nach der zweiten feministischen Phase hineingeboren wurden und wissen, dass sie als Frauen Rechte und besondere Beiträge zu leisten haben: Annika, Sidney und Grace aus drei verschiedenen Ländern, die im internationalen Leben-im-Prozess-

Netzwerk aufgewachsen sind und heute als Erwachsene daran teilnehmen. Und dann den jungen Frauen aus England und Hawaii, die die Verantwortung auf sich nehmen, mit einer klaren feministischen Stimme zu sprechen. Und überhaupt der ganzen Generation junger Frauen, die wissen, dass ihre Identität von innen kommt und dass sie im Kontext des Ganzen leben.

Diese jungen Frauen geben mir die große Hoffnung, dass sich für die Menschheit auf diesem Planeten neue Wege finden werden.

Hinweis der Autorin

1. Nach sorgfältiger Überlegung habe ich zwei Versionen dieses Buches geschrieben. Beide enthalten die gleichen Informationen.

   Das erste Buch ist im Stil einer Frau mit irischen und Cherokee-Wurzeln geschrieben. Es enthält Gedichte, Geschichten, Träumereien und mäandert. Es soll das ganze Wesen ansprechen.

   Die zweite Version ist magerer. Sie ist (soweit mir das möglich ist) in einer Form gefasst, die eher der entspricht, wie Bücher in der gegenwärtigen dominanten Kultur geschrieben werden „sollten". Sie soll den denkenden Geist der Lesenden ansprechen und stützt sich mehr auf entkörperlichte Konzepte und Konstrukte. Sie zielt nicht darauf ab, das gesamte Sein der Leserin, des Lesers, einzubeziehen.

2. In beiden Bänden wird Ihnen auffallen, dass ich nicht die übliche, systemische Form des Wortes „Aber" benutze, und zwar aus folgenden Gründen: A. Im allgemeinen Sprachgebrauch ist das, was in einem Satz vor dem „Aber" kommt, eine Lüge, wie z. B. „Ich mag dich wirklich, aber …", und B. wirft dieses „Aber" unseren Intellekt in dualistisches Denken, eine in der dominanten Kultur übliche Denkweise. Diese reduziert a) unsere komplexe Welt auf zwei grob vereinfachende Möglichkeiten, und b) hält unseren Geist davon ab, nach anderen Möglichkeiten zu suchen, und c) macht uns glauben, es gäbe nur zwei Optionen.

   Achten Sie darauf, was mit Ihrem Verstand und Ihren Gefühlen geschieht, wenn Sie einem „Und" begegnen, wo sie ein „Aber" erwarten.

3. In keinem der beiden Bücher gibt es Fußnoten. Ich empfinde sie als störend. Wenn ich andere Autoren zitiere, mache ich das nicht, um meine eigenen Wahrnehmungen zu bestätigen oder zu „beweisen". Ich zitiere andere, um Ihre Erfahrung zu bereichern. Und da ich schätze, was sie sagen, übernehme

ich so weit wie möglich ihre Art des Ausdrucks und ehre und anerkenne ihren Input.

Im Literaturverzeichnis am Ende von Version I des Buches liste ich die von mir benutzen Quellen auf. Ich ermutige Sie, so viele dieser Bücher zu lesen wie Sie möchten. Diese Autorinnen und Autoren haben meine Seele in hohem Maße „genährt" und mein Denken gelegentlich herausgefordert. Ich bin sicher, Sie werden die gleiche Erfahrung mit ihnen machen.

Ich danke Ihnen, dass Sie offen sind für das Material, das ich mit Ihnen teile. Ich freue mich über Rückmeldungen von Ihnen.

Einführung

Eines möchte ich ganz klar sagen: Männer sind nicht schlecht. Frauen sind nicht schlecht.

In diesem Buch werden wir uns nicht auf einzelne Frauen oder Männer konzentrieren. In diesem Buch werden wir uns mit Systemen befassen. Wir werden ein weltweites Lebenssystem untersuchen, das primär von Männern konzipiert und entwickelt wurde und das Frauen als Komplizinnen bislang passiv unterstützt haben.

Dieses System hat sich für alle und für alles, womit es in Berührung kommt, als destruktiv erwiesen. Heute erkennen wir allmählich, dass wir für unser Überleben und Gedeihen als Menschheit und als Planeten einen grundlegenden, allumfassenden Wandel herbeiführen müssen in der Art und Weise, wie wir uns und unsere Welt wahrnehmen. Die Menschen, die vortreten müssen, um den notwendigen Wandel einzuleiten in unserem Denken, in der Wissenschaft, in unserer Weltsicht, unseren Verhaltensweisen und der Entwicklung von Ideen, und die die Führung übernehmen müssen – all diese Menschen müssen Frauen sein.

Damit Frauen das tun, was gerade jetzt auf der Welt so notwendig ist, brauchen wir das Bewusstsein, die Kraft, die Besonderheit, die Art von Intelligenz, die Sichtweisen und die Talente, die Frauen einbringen können, damit die notwendigen globalen Veränderungen umgesetzt werden können.

Diese Veränderungen erfordern keine militärischen Auseinandersetzungen, keine Revolution, keinen Konflikt, keinen Flächenbrand. Notwendig ist nur, dass starke, klarsichtige, kraftvolle Frauen mit ihrer aus Jahrhunderten der Unterdrückung gewonnenen Weisheit und ihren besonderen Talenten als Frauen vortreten.

Wir dürfen als Frauen nicht vergessen, dass der Widerstand, dem wir begegnen, nicht gegen uns persönlich gerichtet ist (auch wenn es manchmal so aussieht). Es ist ein systemischer, meist unbewusster Widerstand, und er entspringt der Angst, der systemischen Illusion von Kontrolle, einem falschen Anspruchsdenken und einer ganzen Reihe archaischer Überzeugungen und Annahmen, die längst jegliche Berechtigung, die sie vielleicht einmal gehabt haben mögen, verloren haben.

Dieses Buch versucht also Frauen dabei zu helfen, dorthin zu gelangen, in größeren Dimensionen zu denken und ihre Kräfte dafür zu bündeln. Dies hilft ihnen herauszufinden, was sie auf einer systemischen Ebene einbringen können. Das Buch wird, so hoffe ich, Frauen helfen, ihren Standort zu bestimmen und wie wir durch das System an diesen Punkt gelangt sind. *Und,* es wird Türen öffnen, um das anzuregen und wertzuschätzen, was Frauen beitragen können und müssen, um für uns alle eine besser funktionierende Lebensweise zu entwickeln: für uns persönlich, für unser Zusammenleben miteinander und mit der gesamten Schöpfung.

Dieses Buch hat zwei Anliegen. Es soll erstens benennen und klar darlegen, wie zerstörerisch die Gesellschaften und Kulturen sind, die wir Menschen entwickelt haben, und dass sie von Gehirnen gesteuert werden, die aufgrund von Testosteron, Gewalt und der Illusion von Kontrolle zu stark arbeiten. Wir müssen erkennen, dass diese Kulturen größtenteils ohne die Mitwirkung von Frauen errichtet wurden, die in sich klar sind und Vertrauen in das Einzigartige haben, das sie beitragen können. Ich werde aufzeigen, wie diese aus dem Gleichgewicht geratenen Kulturen in einer kontinuierlichen Entwicklung die katastrophale Situation herbeigeführt haben, in der der Mensch, die Natur und der gesamte Planeten sich heute befinden. Eines möchte ich klarstellen. Ich sage nicht, dass das Fehlen der weiblichen Weisheit das einzige Problem ist, dem wir als Spezies gegenüberstehen. Ich sage jedoch, dass der Input von Frauen und von indigenen Menschen notwendig ist, wenn wir uns eine Zukunft auf diesem Planeten erhoffen.

Der zweite Fokus dieses Buches liegt darauf, Frauen mit den Entscheidungen zu konfrontieren, die sie getroffen haben, um an diesen dysfunktionalen Gesellschaften und Kulturen teilzunehmen und sie zu unterstützen.

- Es lädt die Frauen ein, die ihnen zugewiesenen Rollen und ihre antrainierten Denkweisen in diesen ausgedienten Kulturen zu verändern.
- Es ermutigt Frauen, sich auf eine aufregende Reise zu begeben, um herauszufinden, wie kostbar und einzigartig ihre Wahrnehmungen, ihr Wissen, ihre Weisheit, ihr „inneres Wissen" und ihre Handlungsweisen sind, und dies wertzuschätzen.
- Wenn Frauen dann erkennen und verstehen, was jahrhundertelang in ihnen selbst und von anderen in der Welt, in der sie leben, abgetan und geleugnet wurde, werden sie hoffentlich lernen, sich mehr zu vertrauen als in der Vergangenheit.

Vielleicht werden Frauen dann in der Lage sein, sich den Herausforderungen zu stellen und darauf zu vertrauen, dass ihre besonderen Beiträge für die anstehenden Veränderungen notwendig sind, um eine besser funktionierende und sinnvollere Lebensweise für uns als Menschen zu schaffen, die *mit* der gesamten Schöpfung leben.

Frauen wissen, wenn sie ehrlich sind, dass sie die Antworten nicht *haben*. Und die meisten wissen, dass sie, wenn sie klar sind, sich selbst und dem Prozess vertrauen und aktiv teilnehmen, zum Entstehen neuer, besser funktionierender Lösungen beitragen können und so, vielleicht, die Lösung für den Wandel *sind*.

In diesem Buch geht es also um individuelle, gesellschaftliche und planetare Heilung und Veränderung. Und es geht um die Rolle der Frauen bei diesem anstehenden notwendigen Wechsel.

Zweifellos müssen Frauen heilen. Sie müssen heilen von Jahrhunderten der Unterdrückung, Brutalität und Gewalt. Sie müssen heilen von Jahrhunderten des Stockholm Syndroms, bei dem sich der Unterdrückte, um zu überleben, mit dem Unterdrücker identifiziert. Aufgrund dieses Syndroms und der Notwendigkeit zu überleben, haben Frauen in der Tat mitgeholfen, Kulturen zu schaffen, die nicht nur dysfunktional sind, sondern zerstörerisch für das gesamte Leben auf diesem Planeten. Diese Kulturen müssen ebenfalls heilen.

Außerdem müssen wir als Menschheit heilen. Die Menschheit hat bei ihren unbeholfenen Entwicklungsversuchen viele Fehler und Umwege gemacht. Sie muss wieder zurück in die Spur, um unser positives Potenzial als Spezies zu verwirklichen und zu lernen, *mit* diesem Planeten zu leben.

Auf allen Ebenen dieses Heilens und Entfaltens können und müssen Frauen eine entscheidende Rolle spielen. Sie müssen sich für ihre eigene Heilung und die aller Frauen einsetzen, und sie müssen sich erheben, um ihre dysfunktionalen Kulturen herauszufordern und ihnen helfen zu heilen. Und sie müssen mit ihren besonderen Talenten, mit ihrer hart erworbenen Weisheit und ihrer besonderen Sichtweise der Menschheit helfen, neue Lebensweisen mit sich selbst, miteinander und mit diesem Planeten zu finden.

So wird dieses Buch uns allen hoffentlich dabei helfen, als Einzelne, als Kulturen und Gesellschaften und als Menschheit zu heilen und größere Lern- und Wachstumsmöglichkeiten zu entwickeln.

ABSCHNITT I: Definition der Probleme

Teil 1 der Definition der Probleme

In diesem Abschnitt werden wir kurz den Blick auf einige Beispiele globaler Probleme werfen.

Um die enormen Veränderungen herbeizuführen, die wir auf diesem Planeten für das Überleben der Menschheit und des Planeten brauchen, müssen wir fähig und willens sein, mit unserem Wissen und unseren Visionen weit über das hinauszugehen, wozu wir in der Vergangenheit bereit waren.

Wir müssen bereit sein, einen Schritt zurückzutreten und zu erkennen, dass wir einen Punkt erreicht haben, an dem unser stümperhaftes Ausprobieren als Menschheit uns und den ganzen Planeten vollständig vernichten könnte.

Wir dürfen uns nicht mehr mit unserer eigenen Nabelschau zufrieden geben und uns auf unsere eigene kleine Version davon konzentrieren, was geändert und wie es geändert werden muss. In unserer Evolution als Spezies haben wir einen Punkt erreicht, an dem es notwendig ist, die viel größeren Zusammenhänge ins Auge zu fassen – viel größer, als wir es je für möglich hielten – und eine neue Art des Seins mit uns selbst, miteinander und dem Planeten als Ganzes zu entwickeln.

Um diese notwendige Reise zu unternehmen, müssen wir als Erstes zugeben, dass wir nur mit einem Blick auf Individuen, auf einzelne Institutionen oder auf bestimmte Ethnien und Kulturen nicht den Herausforderungen begegnen können, denen wir zu diesem Zeitpunkt gegenüberstehen.

Wir werden die erforderlichen Informationen niemals erhalten, wenn wir nicht bereit sind, uns die größeren Probleme der Kulturen, Systeme, Überzeugungen, Bewusstseinslagen, Wissenschaften und Sichtweisen anzusehen. Wir müssen anfangen, von einer höheren Warte aus zu denken und zu handeln, und erkennen, wie uns diese größeren Probleme individuell und kollektiv beeinflussen.

Ich beabsichtige nicht, die ganze Bandbreite dieser Probleme in diesem Buch zu behandeln. Und: Ich möchte die notwendige Rolle der Frauen in diesem notwendigen Wandlungsprozess untersuchen.

Wir werden beispielsweise bei der Definition der Probleme einige der „Symptome" unserer gegenwärtigen Kultur genau unter die Lupe nehmen. In einem dysfunktionalen System dienen diese „Symptome" mehreren Zwecken: 1. Sie halten uns sehr, sehr beschäftigt bei unserem Versuch, mit der gegenwärtigen Kultur klarzukommen. 2. Wir sind von ihnen so besetzt, dass sie die darunter liegenden Probleme der Kultur maskieren – einer Kultur, die selbst völlig dysfunktional und zerstörerisch für die Heilung und das Leben im Allgemeinen ist. 3. Dieser Prozess des Maskierens macht uns blind für die Überzeugungen, Annahmen und Verhaltensweisen, die einfach nur Auswüchse des von uns geschaffenen Systems sind. 4. Aufgrund unserer Blindheit und unseres Beschäftigtseins sind wir unfähig zu erkennen, dass die von uns geschaffenen Systeme nicht die „Realität" sind und „der menschlichen Natur entsprechend", sondern Systeme, Überzeugungen und Handlungsweisen, die von Menschen geschaffen wurden und deshalb veränderbar sind. Die Beispiele der untersuchten „Symptome" sind a) Frauenprobleme, b) Diskriminierung, c) Politik, d) Religion, e) Wirtschaft, f) Denkweisen, g) der Erziehungs- und Bildungsprozess, h) Gesundheit/Wohlbefinden/Krankheit, i) Prominenz, Gurus, königliche Hoheiten, j) die Umwelt, k) Gewalt, l) Krieg, m) das Tolerieren aller Arten von Lügen und am Ende n) moralischer Verfall.

Teil 2 der Definition der Probleme

In diesem Abschnitt beginnen wir unser Augenmerk auf Frauen zu richten, da in ihnen ein großer Teil der Lösungen für die Probleme liegt, denen wir uns gegenübersehen.

Dies umfasst:
1. Eine kurze Geschichte des Feminismus
   a. Historischer Feminismus
      Wir werden einen kurzen Blick auf die Geschichte des schriftlich überlieferten Feminismus werfen
   b. Die erste feministische Phase
   c. Die zweite feministische Phase
   d. Die Zeit nach der zweiten feministischen Phase
      Wir werden untersuchen, warum es falsch ist, diese Phase als postfeministische Ära zu bezeichnen. Wir werden uns weiterhin größere feministische Themen ansehen, darunter den Neuen Feminismus, kulturelle

Annahmen in Bezug auf Frauen und andere, und wie diese Themen miteinander verbunden sind mit kulturellen Belangen, Annahmen und Bedürfnissen. Und wir untersuchen, warum es notwendig ist, über das, was wir als „Wissenschaft" bezeichnen, hinauszuwachsen.

Wir alle hätten nur zu gerne geglaubt, dass die Themen Frauenrechte, Gleichberechtigung und die Probleme des patriarchalen Systems von den Feministinnen der zweiten Phase gelöst wurden. Doch so, wie die Probleme der Menschenrechte und des Rassismus leider nicht von der (US-amerikanischen) Bürgerrechtsbewegung gelöst wurden, so wurden auch die von den Frauen angesprochenen Themen, wie die Gleichstellung aller Frauen, nur aufgeworfen und nicht wirklich gelöst, weder durch die Feministinnen der zweiten Phase noch durch die Kulturen der Welt. Wir werden obige Themen auf einer tieferen Ebene behandeln.

Die Bewegungen haben die Aufmerksamkeit auf diese Probleme gelenkt *und* die Lösung dieser Themen ist vielschichtig, fassettenreich und wird ein langer Prozess sein. Wir werden untersuchen, wie sehr einige der Probleme, denen wir als Frauen und als Spezies gegenüberstehen, Teil des Systems selbst sind.

Teil 3 der Definition der Probleme

In Abschnitt I Teil 2 werden die größeren Probleme benannt und anschließend wird darauf geblickt, dass Frauen bei der Errichtung unserer menschlichen Kultur keine Rolle spielten. In Teil 3 von Abschnitt I konzentriere ich mich darauf, auf welche Weise Frauen davon abgehalten wurden und sich selbst davon abhalten, ihren Beitrag zu leisten, um zu einem Gleichgewicht und einer Verbesserung bei der Ausformung von Kulturen beizutragen.

Die Stopper

Zur Definition der Probleme gehört auch, dass wir einige der „Stopper" unter die Lupe nehmen, die verwendet werden und wurden, um „Frauen in ihre Schranken zu weisen" und so sicherzustellen, dass sie ihre besonderen Fähigkeiten nicht einbringen, um eine gesunde Kultur zu erschaffen. Wir schauen uns die Botschaften an, die sich Frauen selbst einreden, um sich zu stoppen. Anschließend konzentrieren wir uns auf die zwischenmenschlichen Stopper und wie effektiv sie Frauen davon abhalten, zu wachsen und sich zu weiten. Und zuletzt werden wir die kulturellen Stopper untersuchen, die institutionalisiert wurden, damit Frauen nicht jene Art von Einfluss erhalten, die für eine positive kulturelle und gesellschaftliche Evolution erforderlich ist. Zu diesen Stoppern gehören kulturelle Mythen, Glaubenssätze und Verhaltensmuster.

Abschnitt I endet mit einer kurzen Zusammenfassung der bis dahin angesprochenen Probleme und einem Ausblick auf das größere Bild, die größeren Zusammenhänge.

ABSCHNITT II: Welchen spezifisch weiblichen Beitrag Frauen leisten könnten

In Abschnitt II werden wir untersuchen, welche Möglichkeiten Frauen haben, einen einzigartigen Beitrag zu leisten, um als Menschen auf diesem Planeten und mit diesem Planeten eine effektivere und bessere Funktionsweise zu gestalten.

Es gibt eine allgemeine Einführung und eine Zusammenfassung der zuvor erörterten Themen.

Wir werden Folgendes betrachten:
A. Der momentane Wissensstand der Frauen.
B. Die heutigen Frauen sind ein neuer Frauentyp.
C. Auf welche Weise Frauen ihre frühere Unterdrückung als Vorteil einsetzen können.
D. Wir prüfen die Rolle von Dualismen in unserer derzeitigen Kultur, wie Dualismus und Hierarchie Hand in Hand gehen und wie wir über Dualismen hinauswachsen können.
E. Wir erforschen die Wahrheit, dass alles Leben im Kontext lebt und dass Frauen ein gutes Verständnis für diese Realität haben.
F. Wir greifen noch einmal das Konzept der Wahrheit bei Frauen auf und welche Rolle diese bei der Schaffung sicherer Gesellschaften spielt.
G. Wir besprechen vier wichtige weibliche Eigenschaften:
   1. Weitblick **2.** Scharfsinn **3.** Beharrlichkeit **4.** Pingeligkeit

H. Wir erkunden, wie für die meisten Frauen Beziehungen im Mittelpunkt der Welt stehen. Frauen schätzen Beziehungen zu sich selbst, zu ihrer Arbeit, zu der gesamten Schöpfung, und ein solcher Fokus kann einen großen Unterschied darin machen, wie man mit der Welt umgeht.

I. Wir erforschen die allgegenwärtige und oft geleugnete Realität von Prozess. Frauen sind eher bereit zuzugeben, dass jeder und alles ein Prozess ist. Im gegenwärtigen dominanten System wird und wurde die Bedeutung und Realität von Prozess grundsätzlich ignoriert.

J. Wir erkunden, wie Frauen mit dem Unsichtbaren, dem Unbekannten und dem, was darüber hinausgeht, umgehen und es akzeptieren. Wir werden erkennen, dass die Akzeptanz dieser Wirklichkeiten zur Ganzheit beiträgt.

K. Wir untersuchen die Neigung von Frauen, Konzepte zu entwickeln, die in der Realität fußen, und wie wichtig diese Fähigkeit ist. Und wie verwirrend und potenziell kontrollierend abstrakte Konzepte sind, wenn sie zum Aufbau einer Kultur eingesetzt werden.

L. Wir beleuchten, dass Frauen teilnehmende Menschen sind, die die Arbeit nicht scheuen und sich aktiv engagieren.

M. Wir betrachten die Unterschiede zwischen dem weiblichen und männlichen Gehirn.

N. Wir erkennen, dass Frauen ihren Stammeswurzeln näher stehen und sich wohler mit ihnen fühlen.

Abschnitt II endet mit einer Diskussion über ein Leben im Gleichgewicht und einer Schlussfolgerung.

ABSCHNITT III: Die Fäden verknüpfen und die Zukunft einleiten

In diesem Abschnitt werden wir einige der in Abschnitt I und II diskutierten Probleme unserer Kultur aufgreifen und beschreiben, wie Frauen, die an sich selbst glauben und ihre Wahrnehmungen schätzen, mit einigen dieser Probleme vermutlich umgehen würden. Wir werden sehen, dass klare Frauen eine Sichtweise einbringen, die die Möglichkeit eröffnet, uns zu einem neuen Lebensparadigma auf diesem Planeten zu führen – für uns als Individuen, im Miteinander und für den Planeten als Ganzes.

Wir können es uns nicht mehr leisten, den besonderen und wertvollen Beitrag von 52% unseres menschlichen Potenzials zu ignorieren.

Dem letzten Abschnitt folgen zwei Nachträge:
A. Was die Männer anbetrifft
B. Literaturverzeichnis
Das Buch endet mit einer ausführlichen Liste empfohlener Bücher, die ich gelesen und als hilfreich empfunden habe und deshalb wärmstens empfehle. Ich habe mich auf viele dieser Autorinnen und Autoren gestützt, um das, was ich in diesem Buch zu sagen hatte, zu bereichern.

Kontaktinformationen für Anne Wilson Schaef und die Leben-im-Prozess-Arbeit

Dies sind Informationen darüber, wie Sie mich erreichen und mehr über die gemeinschaftliche Leben-in-Prozess-Heilungsarbeit erfahren können, die ich weltweit anbiete. Diese Arbeit unterstützt die Heilung von persönlichen und kulturell bedingten Verletzungen, die Genesung vom Suchtprozess und das Erlernen eines neuen Lebensparadigmas.

Definition der Probleme

TEIL 1: BETRACHTUNG EINIGER SORGFÄLTIG AUSGEWÄHLTER SYMPTOME EINES DYSFUNKTIONALEN SYSTEMS

Einführung

E iner der Gründe, weshalb Frauen und die Menschheit nicht den Fortschritt erzielt haben, den sie hätten erzielen können, liegt darin, dass wir uns mit den Symptomen eines dysfunktionalen Systems herumschlagen und niemand viel Zeit und Energie dafür übrig hat, sich mit den wirklichen Problemen des Lebens zu befassen. Tatsächlich maskieren diese Symptome die im System selbst liegenden Probleme und machen es fast unmöglich, diese als systemisch oder als Teil eines von Menschen gemachten Systems zu erkennen – und sie nicht als Realität zu sehen. Um zu erkennen, wie effektiv uns diese Symptome davon abhalten, die größeren Probleme wahrzunehmen, habe ich einige dieser „Symptome" ausgewählt, auf die wir uns konzentrieren können, um zu verstehen, wie sie zum Fortbestand eines dysfunktionalen Systems beitragen und Auswüchse eines solchen Systems sind.

Dabei möchte ich klarstellen: All diese „Symptome" sind an und für sich äußerst wichtige Probleme und müssen angesprochen, behandelt und geändert werden. *Und, die notwendigen Veränderungen wird es nie geben, solange wir die „Symptome" als Gegebenheiten an sich sehen und nicht als symptomatisch für ein größeres System, nämlich des gesamten Systems mit all seinen Annahmen und Verfahren.* So möchte ich sagen, wir können wie Don Quixote eine Menge Zeit und Kraft im Kampf gegen die symptomatischen Windmühlen aufwenden – doch wenn wir nicht die ihnen zugrunde liegende Kultur ändern, wird die nächste Generation vielleicht einen gewissen Fortschritt erzielen und doch immer noch gegen die gleichen Windmühlen ankämpfen.

Ich habe ein paar offensichtliche Symptome ausgewählt. Sie sind nicht *verborgen* und auch nicht allumfassend. Nur widmen wir allen von ihnen eine Menge Zeit und Kraft, und dieses Fokussieren auf die „Symptome" und ihre Auswirkungen trägt zum Fortbestand des existierenden Systems bei.

A. Frauenthemen

Wenn Frauen damit beginnen, die Symptome zu erforschen, die sie beschäftigen und davon abhalten, die größeren systemischen Fragen zu erkennen und sich mit ihnen zu befassen, dann sind Frauenthemen ein guter Ausgangspunkt.

Frauen spüren mehr und mehr den leidenschaftlichen Wunsch, über ihren eigenen Körper zu bestimmen. Aufgrund der Errungenschaften der Feministinnen des vergangenen Jahrhunderts sind die meisten Frauen der Überzeugung, dass Frauen selbst bestimmen sollten, *wann* und *mit wem, unter welchen Umständen* und *auf welche Weise* sie Sex haben wollen. Wobei die meisten Frauen keineswegs die Sexualität ihrer Partner kontrollieren wollen. Sie spüren einfach, dass sie mitbestimmen sollten, wie sie ihre Sexualität ausdrücken und leben. Diese Wahlmöglichkeit hatten ihre Ahninnen offensichtlich nicht und selbst viele der heutigen Frauen glauben nicht, dass sie diese Wahl haben sollten.

Enthalten in diesem Recht auf Mitsprache bei ihrer eigenen Sexualität ist das Mitspracherecht darüber, ob sie Kinder haben wollen, wann und wie viele Kinder sie haben wollen und mit wem.

Wenn wir diese Rechte schwarz auf weiß gedruckt lesen, erscheint diese Forderung sehr rational und logisch, und doch haben und hatten Frauen im Allgemeinen diese Wahl, die heute noch infrage gestellt wird, nicht. Darüber hinaus gibt es weitere Aspekte bei der Akzeptanz ihres Körpers und dem Respekt davor und ihn nicht entstellen zu müssen, damit er männlich-verzerrten Erwartungen oder Normen entspricht.

Frauen würden gerne abschütteln, was die Kultur und die männlichen (und weiblichen) Designer als die „richtige" Kleidung vorschreiben. Sie wollen ihren eigenen Weg zu Kleidung, Farben und Mustern, die ihnen gefallen und in denen sie sich wohlfühlen, finden – und sie wollen nicht, dass andere über ihren Körper und ihre Geldbörsen verfügen.

Was ihre Körper anbetrifft: Die meisten Frauen wollen die Freiheit haben, die Frau zu sein, die sie in ihrem Körper sind, und sie wollen nicht über ihren Körper beurteilt werden. Leider scheint das herrschende System darauf konzentriert und fixiert zu sein, den weiblichen Körper zu kontrollieren. Ist das Thema hier wirklich der weibliche Körper oder handelt es sich um ein Symptom von etwas viel Größerem?

Immer wieder hat die Frauenbewegung darum gekämpft, dass Frauen ihre eigene Entscheidung über ihre Gesundheit, über Schwangerschaft und die von ihnen gewünschte Gesundheitsfürsorge und diejenigen, die sie ausüben, treffen können – mit dem Ergebnis, dass die Ärzte und Ärztinnen, die ihnen die gewünschte Art von Fürsorge zukommen lassen, bedroht oder getötet und gezwungen werden, dem einzig „richtigen" und alleinigen Gesundheitssystem beizutreten, dem der westlichen Kultur.

Das Recht der Frau über den eigenen Körper zu bestimmen, ist ein sehr gutes Beispiel für ein Symptom, für das Frauen kämpfen, mit dem sie ringen, bei dem sie gewisse Erfolge erzielen – um schließlich festzustellen, dass die nächste Frauengeneration gegen dieselben Probleme anrennt. Diese Wiederholung entspringt der Tatsache, dass es ein Symptom ist, das Frauen beschäftigt, ablenkt und davon abhält, die größeren Themen ins Visier zu nehmen, nämlich, dass die von uns Menschen errichteten Systeme erschreckend stark aus dem Gleichgewicht geraten sind.

Ob es gläserne Decken im Berufsleben, das Recht der Frauen auf Bildung, das Recht auf ihre Kinder, das Recht auf gleiche Bezahlung bei gleicher Arbeit sind – all diese Themen sind wichtig und berechtigt. *Und*, sie halten Frauen so auf Trab und beschäftigt, dass sie darüber vergessen, dass diese Probleme nur Symptome einer sehr dysfunktionalen Art und Weise sind, wie wir uns selbst als Menschen organisieren. Frauen müssen sich mit diesen Themen befassen und gleichzeitig im Auge haben, dass sie wirklich einen Wandel des größeren Systems – von dem die meisten Frauen aufgrund ihrer Gehirnwäsche glauben, es sei *die* Realität – anstreben müssen.

Es scheint eine gewisse Toleranz zu geben, wenn Frauen sich mit diesen „Frauen"-themen befassen, weil diese (für das System) weniger wichtig sind als die „wirklichen" Probleme. Frauen geraten in größere Schwierigkeiten, wenn sie in den „wirklichen", zum Terrain der Männer gehörenden Themen herumzuschnüffeln beginnen: Geld, Politik, Kriegsmentalität, Wirtschaft und der allgemeinen Kontrolle über alles.

In einem eingefahrenen System sieht sich deshalb jede Frauengeneration den gleichen „Frauenthemen" gegenüber, was zum Teil darauf zurückzuführen ist, dass sich, wenn überhaupt, nur wenige Frauen mit den größeren systemischen Problemen befassen.

B. Diskriminierung

Jedes auf Hierarchie, Vergleichen, Gegenüberstellen und Macht aufgebaute System läuft letztlich auf Diskriminierung hinaus. Wenn eine Gesellschaft glaubt, bestimmte Menschen seien wichtiger und/oder wertvoller als andere, erzeugt dies Diskriminierung. Wenn die Überzeugung vorherrscht, der Beitrag und die Leistung bestimmter Menschen seien wertvoller als die anderer Personen, erzeugt dies wiederum Diskriminierung. Die Überzeugung, die rein zufällige Hautfarbe eines Menschen sollte zu mehr Privilegien führen, erzeugt Diskriminierung. Geht man davon aus, das eine Geschlecht sei mehr wert, habe wertvolleres Wissen oder sei auf irgendeine Weise dem anderen überlegen, gibt es Diskriminierung. Altersdiskriminierung, Sexismus und Rassismus sind alles logische Auswüchse größerer Themen und Glaubenssysteme.

Wie dysfunktional ein System ist, können Frauen am Ausmaß der in ihm praktizierten und geduldeten Diskriminierung ermessen. Doch Diskriminierung ist nicht das Problem. Sie ist nur ein Symptom, das durch das tieferliegende Glaubenssystem und durch die darunterliegende Weltsicht hervorgerufen wird. Ein bestimmtes, auf Diskriminierung basierendes Glaubenssystem vermittelt uns keine guten Vorgaben darüber, wie wir mit uns selbst, miteinander und mit dem Planeten umgehen sollten.

C. Politik

- In Roget's International Thesaurus, 3. Auflage, werden als erste Synonyme von Politik unter der Überschrift „Verschlagenheit" aufgeführt: Machiavellismus (Intrigantentum, Unwahrhaftigkeit), machiavellistische Politik, Diplomatie, Vetternwirtschaft.
- Unter dem Stichwort Politik findet sich: „Ökonomie in Aktion" (Robert La Follette), „die Wissenschaft des Erforderlichen" (Theodore Parker) und Kompromisslosigkeit/Machtpolitik.
- Abraham Lincoln sagte (zum Thema Staatsführung), Politik sei „die weise Anwendung individueller Gemeinheit zum Wohle der Allgemeinheit". (Ich füge hinzu: Jeder Mensch, der tatsächlich arrogant genug ist zu glauben, er oder sie wisse, was gut für alle ist, ist tatsächlich gefährlich.)

- Shakespeare definierte einen Politiker als „einen, der Gott umgehen würde".
- Oder hier eine anonyme Definition: „Einer, dessen größter Vorzug seine Fähigkeit zu lügen ist."

Unter Politik verstehen wir offensichtlich immer öfter, das jeweils eigene Glaubenssystem zu fördern und zu schützen. Es steht außer Frage, dass wichtige Themen, die alle Menschen betreffen, angesprochen werden müssen. Anderen Menschen die eigene Weltsicht aufzuzwingen und die Bedürfnisse des Ganzen zu vernachlässigen, scheint hingegen nicht sehr gut zu funktionieren. Besonders dann nicht, wenn Politiker sich selbst standardmäßig zur regierenden Klasse der Gesellschaft ernennen.

Der Umgang mit Politik, mit Politikern und den verheerenden Auswirkungen ihrer Entscheidungen hat definitiv das Potenzial, eine Menge unserer Zeit und Kraft zu beanspruchen. Doch Politik ist wiederum nur ein *Symptom* einer dysfunktionalen Gesellschaft.

Es ist sehr wahrscheinlich, dass wir in einer gesunden Gesellschaft die heutige Form von Politik nicht brauchen. Sie ist nur Auswuchs und Symptom eines dysfunktionalen Glaubenssystems und einer dysfunktionalen Weltanschauung.

D. Religion

Den meisten Menschen fällt es vermutlich sehr schwer, Religion als Symptom eines größeren Ganzen zu sehen. Doch sehen wir Religion unter diesem Aspekt, beginnen wir zu erkennen, dass sie ein Symptom von etwas viel Größerem ist als jede Religion für sich allein genommen.

- Wenn wir uns einen Moment Zeit nehmen, um zwischen Spiritualität und Religion zu unterscheiden, hilft uns das vielleicht, das ganze Thema unter einem anderen Gesichtspunkt wahrzunehmen.

Sehen wir Religionen als systematisierte Glaubenssysteme und Rituale, die auf den Lehren einer bestimmten Person beruhen, die als Gott oder als von Gott gesandt wahrgenommen wird, dann umfasst dies fast alle der offenbarten Reli-

6

gionen. In jeder Religion ist es von essentieller Bedeutung, dass die Lehren befolgt und ihre Richtigkeit anerkannt werden.

Treten wir einen Schritt zurück, so ist es leicht ersichtlich, dass auch die Religionen selbst zu Hierarchie, zu Diskriminierung und anderen Problemen beitragen und uns damit ganz schön beschäftigt halten, und obwohl Religionen uns auf der Oberfläche ein Gefühl von Gemeinschaft geben, führen sie uns doch, auf einer größeren Ebene, in größere Isolation.

- Ansätze, die den Menschen helfen sollen, sich verbundener zu fühlen, führen für die Gruppe als Gruppe oft zu einer größeren Entfremdung.

Bei Spiritualität hingegen es ist anders. Wenn wir unter Spiritualität jenen Funken in uns verstehen, der uns mit dem Allem-was-Ist, der Einheit, der Ganzheit verbindet, erzeugt ein solcher Glaube bzw. eine solche Erfahrung in uns das Gefühl größerer Verbundenheit mit dem Ganzen, weniger Isolation und Entfremdung. Spiritualität hilft uns, dass wir uns mit der gesamten Schöpfung tiefer verbunden fühlen, und sie lässt uns weniger davon überzeugt sein, unsere eigene kleine Glaubensnische schützen zu müssen.

Wenn wir uns gründlich und ganz genau anschauen, wie Religion dazu tendiert, unsere Welt in Schubladen und Dualismen (wir oder sie) zu verkleinern, erkennen wir, dass Religion zum Symptom werden kann und dass sie nicht das größere Bild repräsentiert – und uns auch ganz schön auf Trab hält.

E. Wirtschaft

Nachdem ich in kapitalistischen, kommunistischen und sozialistischen Kulturen gewesen bin und sie studiert habe, bin ich mir sehr im Klaren darüber, dass Wirtschaft, Geld, und Geschäfte auf der materiellen Ebene keine praktikablen Glaubenssysteme sind, auf denen eine funktionierende Gesellschaft strukturiert oder aufgebaut werden kann, und es auch nie sein werden.

Wirtschaftswissenschaften sind eine Abstraktion, eine entkörperlichte Abstraktion, die im Geist und auf dem Papier sehr gut aussieht und sich gut anhört. Doch der Gebrauch dieses entkörperlichten Konzepts als Ordnungsprinzip zur Strukturierung und zum Aufbau einer Gesellschaft hat sich nicht als vorteilhaft erwiesen. Es ist wahrscheinlich generell keine sehr gute Idee, irgendeine Gesellschaft auf abgehobenen Konzepten aufzubauen, und deshalb wird in diesem Buch nach Kräften versucht, diese verführerischen Fallen zu vermeiden.

Die Wirtschaftswissenschaften entstanden aus entkörperlichten Konzepten wie Politik und Religion, und haben viel zur gleichen Fehlfunktion und Verwirrung beigetragen. Sie befassen sich eindeutig nur mit der materiellen Ebene, die für sie die alleinige Ebene der Existenz ist, und kümmern sich nicht wirklich um das große Ganze oder die Konsequenzen einer solchen verengten Sichtweise. Sie halten uns jedoch sehr beschäftigt.

F. Denkweisen

Nur wenige Menschen sind sich darüber im Klaren, dass es vielerlei Arten zu denken gibt. Einige funktionieren besser als andere und jede führt zu bestimmten Ergebnissen.

Wir entwickeln uns rapide hin zu einer Überbetonung der linksseitigen Gehirnfunktionen, zu einem entkörperlichten, abstrakten, konzeptionellen Denken. Gleichzeitig vernachlässigen wir die anderen Gehirnfunktionen, die uns helfen könnten, die Kulturen, die wir aufbauen wollen, ins Gleichgewicht zu bringen.

Jede indigene Person und jeder genesende Alkoholiker, der es „kapiert" hat, weiß, dass wir uns in alles hineinphantasieren können, dies schon getan haben und es auch weiterhin tun werden. Die gegenwärtige dominante Gesellschaft phantasiert sich in ein abgehobenes/abstraktes Konzept hinein, das in ihren Augen gut oder erstrebenswert ist. Und weil diese Idee oder dieses Konzept in ihrem (betäubten) Geist existiert, ist es für sie real. Sie errichtet darauf eine kleine konzeptionelle Struktur und lebt bald die ganze Zeit aus diesem Konzept heraus in dem Glauben, sie sei *real* und *gut*, weil sie der Verstand so deklariert. Alkoholiker und Schizophrene haben uns viel über diese Art von Denkprozessen gelehrt, die in der westlichen Kultur so verbreitet sind.

Diese Denkweise erreicht ihr Ziel, ohne die eigentliche Reise zum Ziel zu unternehmen, und dies führt dazu, dass wir in einer immer abstrakteren Welt (Geld, Sicherheit, Ehe, Religion) leben und ein immer weniger teilnehmendes und funktionsfähiges Leben führen. Es ist wichtig, sich bewusst zu werden, wie viel unserer kreativen Zeit wir damit verbringen, uns Sorgen zu machen, zu phan-

8

tasieren, zu versuchen, unsere Welt und unser Leben zu kontrollieren oder zu lügen und zu versuchen, die Lügen zu vertuschen – anstatt unser Leben zu *leben*.

- Unser entkörperlichtes Denken kann Spaß machen, kreativ, aufregend, beängstigend und wunderbar sein – und es ist nicht real. Es ist nur unser Denken.

Die in dieser westlichen, dominanten Gesellschaft favorisierte und vorherrschende Denkweise ist das Symptom einer übermäßig denkenden Gesellschaft. Sie hält uns jedoch beschäftigt und am Laufen und ist, wie die anderen Suchtprozesse, nicht unbedingt produktiv.

G. Der Prozess der Erziehung und Bildung

In einer Demokratie war die Idee eines öffentlichen Schul- und Ausbildungswesen die, dass jede Person mithilfe dieses Wissens befähigt werden würde, am Betrieb einer Regierung teilzunehmen. Das *Ideal* war, dass jede/r eine gleichberechtigte Stimme haben sollte. Doch wir erkennen mehr und mehr, dass nicht jede/r dieselben Bildungschancen hat, und dass jene, die zum Beispiel in Harvard graduieren, bessere Chancen haben, innerhalb der Hierarchie der regierenden Partei die Karriereleiter zu erklimmen.

Das Ziel von Bildung besteht also im Allgemeinen zunehmend darin, immer besser vorbereitet zu sein, das ‚Technologische, Mechanistische, Materialistische System' und seine Überzeugungen, Verfahren, Methoden und Ziele zu unterstützen. Über die Jahre hinweg wurden Bildung und Erziehung immer technologiebetonter und sie zielen immer mehr darauf ab, das gegenwärtige dominante System voranzubringen. Tatsächlich verwenden wir sehr viel Zeit und Geld auf Bildung und Weiterbildung, damit wir ins System passen.

Aufgrund der Begrenztheit unseres Bildungskanons nutzen wir einige der kreativsten und besten Köpfe unserer Kultur nicht zu unserem Vorteil. Unser System neigt dazu, sich auf das visuelle Lernen abstrakter Konzepte zu konzentrieren. Einige unserer kreativsten Köpfe arbeiten nicht auf diese Weise, und es wird ihnen das Gefühl vermittelt, begriffsstutzig und dumm zu sein. Ihrem abweichenden Denken wird kein Wert beigemessen. In indigenen Kulturen werden Menschen mit solchen Talenten wegen der wichtigen Beiträge, die sie dem Stamm als Ganzes bringen, geschätzt.

Als ich im Auftrag der *Abteilung für mentale Gesundheit* das Bildungs- und Erziehungsministerium in Illinois beriet, entwickelten wir Programme, um genau diese Themen in der normalen Klassenzimmer-Situation anzugehen. Die Schüler, Lehrer, Eltern und die ganze Schule erhielten dadurch neue Impulse.

• Aufgrund der Art und Weise, *wie* wir unsere Kinder erziehen, verliert unsere Kultur die Einsichten einiger unserer wertvollsten und kreativsten Köpfe.

Bei all der Informationsflut taucht die Frage auf, wie viel Gewicht überhaupt darauf gelegt wird zu lernen, ein guter Mensch zu sein. Wie viel Zeit wird dafür aufgewandt, von (persönlichen, familiären und kulturellen) Traumata zu heilen und zu lernen, dass diese Art von Heilung für jeden Menschen eine notwendige Aufgabe ist, die er auf seiner Lebensreise angehen muss? Wie viel Fokus liegt darauf, überhaupt anzuerkennen, dass es unsere Aufgabe als Mensch ist, zu wachsen und zu lernen. Haben wir ein Erziehungs- und Bildungssystem, das Heilung, Wachstum und Lernen von Geburt (oder von einem noch früheren Zeitpunkt) an bis zum Tode (und darüber hinaus) unterstützt?

Wenn wir uns darauf konzentrieren, abstrakte Konzepte und Technologien zu lernen und wenn wir das unter Bildung verstehen, berauben wir uns dann nicht dessen, was es bedeuten kann, ein Mensch zu sein? Berauben wir dann die Gesellschaft nicht der Menschen, die zurücktreten und das größere Bild erkennen können, jener Menschen, die nicht so sehr in den Einzelheiten und „Fakten" verstrickt sind, dass sie noch die größeren Zusammenhänge erkennen und sich einbringen können? Hat uns unsere reduktionistische Wissenschaft nicht die Fülle unserer Visionen und unseres inneren Wissens beschnitten?

Unsere gegenwärtige Gesellschaft und unser Bildungssystem haben fast vollständig ausgeblendet, wie notwendig es ist zu lernen, was Prozesse sind, und dass alles Leben ein Prozess ist. Wenn wir nicht einmal um die Existenz von Prozess wissen, wie können wir dann jemals lernen, an unserem eigenen Prozess, am Prozess der Gesellschaft und am Prozess des Ganzen teilzunehmen? Abstrakte und statische „Fakten", „Technologie" und „Informationen" zu lernen, ist einfach nicht ausreichend.

Haben wir vergessen, dass Bildung ein lebenslanger Prozess ist und dass Neugier als fortlaufender Prozess eine menschliche Eigenschaft ist, die durch die Art und Weise, wie wir unsere Kinder aufziehen und erziehen, verdrängt wird? Unsere Ausbildung hat das Ziel, uns an ein System anzupassen, das von den zeitraubenden Symptomen einer dysfunktionalen Gesellschaft besetzt ist. Ist es wirklich das, was wir für uns und unsere Kinder wollen? Was ist geschehen mit der Zielsetzung, ein Mensch zu werden, der sein Potenzial so vollständig wie möglich ausschöpft – ohne vorab zu wissen, was das bedeutet? Was ist geschehen mit der Freude darüber, etwas zu lernen, was sich noch nie zuvor jemand gedacht oder vorgestellt hat?

• Wir werden einfarbig und gleichartig. Und, wir verwenden dafür eine Menge Zeit.

H. Gesundheitsfürsorge/Wohlbefinden/Krankheit

In der westlichen Kultur wenden wir immer mehr Geld und immer mehr Zeit für Gesundheitsvorsorge auf. Unsere Bemühungen, einfach nur am Leben zu bleiben, sind sehr zeitraubend. Viele der Gesundheitsprobleme, die uns plagen, sind ein Resultat der Kultur, in der wir leben.

Wir werden immer abhängiger von unseren Süchten, da wir sie brauchen, um uns der von uns geschaffenen Kultur zu entziehen und abzuschalten. Doch im Allgemeinen ignoriert unser Gesundheitssystem die Tatsache, dass es sich zum großen Teil mit Krankheiten befasst, die von Süchten verursacht werden. Unser „Gesundheits"-Fokus ist zu einem Prozess der Krankheitsbekämpfung geworden, und viele dieser Krankheiten werden von den Nebenwirkungen von Süchten hervorgerufen oder von Krankheiten, die in Verbindung stehen mit der Luft-, Wasser- und Nahrungsmittelverschmutzung oder von den Medikamenten selbst.

Unsere mangelnde Bereitschaft, uns der Tatsache zu stellen, dass viele unserer Gesundheitsprobleme Nebenprodukte der Profitgier der Gesellschaft sind, ist äußerst vielschichtig – vielleicht deshalb, weil die Medizin selbst tief in das Profitdenken verstrickt ist. Außerdem wollen wir nicht wahrhaben, dass der gegenwärtige Heilungsansatz ein Einparteiensystem ist, das auf der mechanistischen Wissenschaft basiert.

Obwohl der Ansatz, den menschlichen Körper als Maschine zu sehen und ihn entsprechend zu behandeln, zu gewissen Fortschritten in der Medizin führte, wird er unser Bedürfnis nach Heilung niemals erfüllen können. Die Vorgehensweise, etwas aus seinem Kontext zu nehmen und zu versuchen, es auf seine elementarsten Teile zu reduzieren und wie eine Maschine mit austauschbaren Teilen zu behandeln, mag zwar die „Symptome" kurzfristig mildern, wird jedoch nie zu einem lebendigen Gesundheitsprozess führen. Wird nur diese eine Vorgehensweise akzeptiert, verschärft sich das Problem noch weiter und trägt zum Fortbestand des dysfunktionalen Systems bei.

Die Erörterung von Gesundheitsfragen erfordert außerdem, dass wir uns mit den Nebenwirkungen der westlichen Medikamente auseinandersetzen. Auch wenn diese Medikamente und selbst die Operationen nicht zum Tode führen, verschlimmern sie oft die Probleme oder schaffen neue Probleme, die natürlich wiederum mit derselben Methode „behandelt" werden müssen.

Da die westliche Wissenschaft die Philosophie der herrschenden Kultur übernommen hat, sie „wisse und verstehe alles", und alles, was sie nicht wisse und nicht verstehe, sei per Definition nicht existent, wird die riesige Bandbreite der Behandlungsmöglichkeiten stark eingeschränkt. Wir werden nie eine gesunde Gesellschaft haben, wenn sie weiterhin einige der Hauptfaktoren ignoriert, die zu Krankheiten führen, und an mechanistischen Ansätzen festhält.

Wir müssen uns die Frage stellen: „Trägt dies (was immer es ist) zu unserer Heilung, unserem Wachstum, unserem Leben und unserem Wohlbefinden bei, und trägt es bei zu Heilung, Wachstum, Leben und Wohlbefinden der anderen Menschen und des Planeten?" Lautet die Antwort „Nein", müssen wir es als Einzelne und als Gesellschaft 1. ändern, 2. abschaffen oder 3. die Auswirkungen im Rahmen unserer Möglichkeiten modifizieren.

- Es ist notwendig, sich das größere Bild zu vergegenwärtigen und sich nicht mit den „Einzelheiten" aufzuhalten.
- Ich sah neulich einen Autoaufkleber mit einem Zitat, das von Krishnamurti stammen soll: „Es ist kein Zeichen guter Gesundheit, gut an eine kranke Gesellschaft angepasst zu sein."

Wie viel der medizinischen, psychologischen und selbst der spirituellen „Hilfe" will uns dazu verhelfen, uns einer kranken Gesellschaft anzupassen?

I. Prominente, Gurus und königliche Hoheiten

Meine Güte – wie viel Zeit und Geld geben wir für den Versuch aus, Berühmtheiten und königlichen Hoheiten nachzueifern?

Wir zelebrieren seit Langem den Kult von Prominenten und sind als Gesellschaft dazu übergegangen, statt königliche Häupter Prominente zu verehren. In all diesen Fällen sind wir eine Gesellschaft geworden, die bereit ist, ein System zu unterstützen, das Hierarchien errichtet, an diese glaubt und entsprechend handelt. Dabei geben wir unsere persönliche Macht ab an jene, die in unseren Augen hierarchisch „über uns" stehen.

Ich erinnere mich an eine chinesische Neujahrsfeier auf Hawaii. Ich war oft zu diesen Veranstaltungen gegangen und hatte immer einige Kupuna (Älteste) mitgenommen. Ich mochte diese Feiern unter anderem wegen der chinesischen Sitte, den Ältesten mit großem Respekt zu begegnen. Doch diesmal war es anders! Den Ältesten wurde nicht mehr der Vortritt eingeräumt und sie erhielten nicht mehr die besten Plätze. Sie wurden auf die hinteren Sitze verwiesen, und beim Anstehen für das Buffet wurden lokale Politiker nach vorne gebeten und zu den besten Sitzen geleitet. Die chinesische Gemeinde hatte sich westlichen Sitten angepasst! Sie/wir verloren die Erfahrung und das Vergnügen, unsere Ältesten zu ehren. Sie/wir hatten unsere Macht und unsere Weisheit abgegeben, um der Prominenz zu „huldigen".

Warum meinen wir, nur weil Menschen Filmstars oder berühmte Sportler sind, besäßen sie besonders viel Weisheit, um sie mit allen anderen zu teilen, oder wissen sogar, welche Kleidung wir tragen sollten? Das Errichten einer Hierarchie führt immer zu einer Situation, die uns einlädt, unser Denken und unser Urteilsvermögen, unsere Entscheidungen, das Lernen aus *unseren* Fehlern und unsere persönliche Macht abzugeben.

- Jede Gesellschaft, die die Praxis der Verehrung von höhergestellten Personen institutionalisiert, wird ständig mit Dingen beschäftigt sein, die persönlich und gesellschaftlich irrelevant sind.

Wann immer wir irgendjemanden über uns stellen – sei es eine Berühmtheit, einen Guru oder eine Person königlichen Geblüts – verlieren wir unsere Fähigkeit, für uns selbst zu fühlen und zu denken, unsere eigenen Erfahrungen zu machen und als Person und als Nation zu wachsen. Und gleichzeitig wird uns dieser Prozess ständig beschäftigt halten und für jedes Individuum und für jede Gesellschaft eine kostspielige Ablenkung sein.

• Unsere Ältesten zu ehren, kann hingegen eine ganz andere Praxis sein, die uns viel, viel mehr gibt als wir geben.

J. Die Umwelt

Allein schon durch unsere Existenz leben wir im Kontext. Wir sind von allen möglichen Umwelten umgeben – von unserem Körper (mit seinen Stärken und Begrenzungen), unseren Familien (mit ihren Stärken und Begrenzungen), unseren Gemeinschaften (sie verstehen, was ich meine), unseren Organisationen, unseren Gesellschaften und Kulturen, unserem Planeten und unserem Kosmos. Wir können gar nicht anders, als im Kontext zu leben. Wir können zwar versuchen, dies zu leugnen, was dazu führt, dass wir unsere Realität verleugnen. Die westliche Wissenschaft hat mit ihrer Methodik versucht, uns dem Kontext zu entziehen und unser Wissen um und unsere Interaktion mit unserem Kontext zu beseitigen. Doch trotz all ihrer Bemühungen leben wir weiterhin im Kontext, beeinflussen ihn und werden von ihm beeinflusst – im Guten wie im Schlechten für beide Seiten.

Wir alle bringen viel Zeit und Kraft dafür auf, unsere verschiedenen Umwelten zu beeinflussen und von ihnen beeinflusst zu werden. Sind sie gesund, funktionsfähig, unterstützend, wachsend, gedeihend und rundum lebendig, gedeihen wir und auch sie. Sind unsere Umgebungen krank, dysfunktional, depressiv, feindselig, lebensbedrohlich und sogar destruktiv, kämpfen wir mehr und mehr, und sie ebenfalls.

• Da wir uns als Gesellschaft weigern zuzugeben, dass wir im Kontext leben, vergiften und zerstören wir unsere lebendige Umwelt immer mehr, beginnend mit unserem persönlichen Körper bis hin zu unseren Familien und dem Planeten, und jetzt zerstören wir auch zunehmend das Universum mit unserem Müll.

Für all diese Verschmutzung und Vergiftung zahlen wir persönlich und als Gesellschaft einen hohen Preis. Wir bringen immer mehr Zeit für den Versuch auf, mit der Verschmutzung auf allen Ebenen klarzukommen. Dabei erzielen wir wenig oder keine positiven Ergebnisse, denn wir konzentrieren uns immer darauf, mit den Ergebnissen umzugehen und treten selten, wenn überhaupt, zurück, um uns mit der eigentlichen Weltsicht und ihren Annahmen, die diese Dysfunktionen hervorrufen, auseinanderzusetzen.

• Wann immer wir den Kontext leugnen, sterben wir – auf körperlicher, geistiger und seelischer Ebene.

Wir müssen erkennen, dass wir aus Profitgier die Natur und den Planeten plündern und dass unser eigenes kurzsichtiges Vergnügen ganz einfach verrückt ist. Wir müssen außerdem erkennen, dass wir lernen müssen, mit all unseren Mitwelten zu leben und sie zu unterstützen. Dies nicht zu tun, ist Teil eines dysfunktionalen Glaubenssystems und einer Weltsicht, die alles zerstört.

Tatsächlich ist bereits das Konzept von Herrschaft an sich dysfunktional. Die Vorstellung und der Glaube, der Mensch sei der übrigen Schöpfung überlegen, sind letztlich, verbunden mit dem Glauben an und der Vorstellung von Hierarchie, destruktiv für alle, die diesen Glauben für „richtig" und realisierbar halten. Im Grunde heißt dies, dass diese Weltsicht – wenn wir uns entscheiden, ihr zu glauben – für die ganze Schöpfung destruktiv ist.

• Der Auftrag „Gehet hin und macht euch die Erde untertan" hat zu großem Schaden geführt.

K. Gewalt

Es gibt nicht viele unter uns, die leugnen, dass die Welt immer gewalttätiger wird. Von persönlicher Gewalt bis hin zu internationalen Kriegen, von dem Bedürfnis, zu „unserer Unterhaltung" immer blutrünstigere Filme im Kino und Fernsehen

15

zu sehen, bis dahin, dass wir den sexuellen Sklavenhandel mit Frauen und Kindern akzeptieren – unsere „Empörung" hat nachgelassen und wie die pawlowschen Hunde sind wir so erschöpft, dass wir nicht mehr reagieren können.

• In vielen Teilen der Welt ist Gewalt gegen Frauen, Kinder, Tiere und die Umwelt ein akzeptierter Modus Operandi.

Häusliche Gewalt hat ein solches Ausmaß erreicht, dass wir auch hier zu erschöpft sind, darauf zu reagieren. Und, wenn wir gerade bei dem Thema Gewalt sind: Wer kann das Problem mit Waffen und den weltweiten „Waffenkult" ignorieren? Und wer braucht ein Sturmgewehr und jede Menge Munition für die Jagd?

Als Kind lernte ich, dass ein Jäger, der für die Jagd ein Sturmgewehr und viel Munition braucht, ausgelacht werden sollte und als Jäger zu gefährlich ist.

Das Argument gegen eine Waffenkontrolle ist aus systemischer Sicht interessant. Wie wir wissen, werden Dualismen errichtet, damit wir feststecken und unbeweglich werden. Wenn man Menschen an etwas hindern möchte, errichtet man einen Dualismus oder eine Entweder-oder-Situation, die dazu führt, dass die Leute wie angewurzelt stehen bleiben, und zwar deshalb, weil sie mit keiner der beiden Positionen vollständig übereinstimmen und/oder weil am Ende die Diskussion völlig zum Erliegen kommt.

Wenn beispielsweise die US-amerikanische National Rifle Association (NRA, Verband der Waffenbesitzer) argumentiert, dass „nicht die Waffen das Problem sind, sondern die Gesellschaft und psychische Krankheiten", dann ist diese Art des Argumentierens sehr wirkungsvoll, weil der Fokus verlagert und die Diskussion beendet wird. Was geschieht, wie zuvor vorgeschlagen, wenn man für ein „Sowohl-als-auch/und" plädiert? Ja, das Töten unschuldiger Schulkinder weist auf bestimmte oder auf viele Geisteskrankheiten hin. *Und*, was wäre passiert, hätte die Person keinen leichten Zugang zu einer Menge Munition und gefährlichen Waffen gehabt?

Können Sie den Unterschied und die offenen Türen sehen, wenn wir uns von den typischen dualistischen „Diskussions"-Techniken des dominanten, geschlossenen Systems hin zu den größeren, systemischen Fragen bewegen?

Muss die menschliche Natur gewalttätig sein? Wer weiß. Es gab durchaus Gesellschaften, die nicht gewalttätig waren. Wir müssen sehr vorsichtig damit sein, die „menschliche Natur" für das verantwortlich zu machen, was in einer dysfunktionalen Gesellschaft normal geworden ist. Und gleichzeitig müssen wir über den Einzelfall hinausgehen und die größeren Muster und Tendenzen ins Auge fassen.

- Es wäre tatsächlich töricht zu leugnen, dass die westliche Kultur und die „zivilisierten" Kulturen im Allgemeinen nicht gewalttätiger geworden sind. Ist Leben in den gegenwärtigen, dominanten Kulturen weniger wert? Wahrscheinlich.
- Hat sich unser Blick auf uns selbst (z. B. unsere Süchte) und auf andere getrübt? Wahrscheinlich.
- Wird Gewalt heutzutage und weltweit eher akzeptiert? Sehr wahrscheinlich!
- Ist Gewalt akzeptabler geworden? Ja.
- Wurde jemals berechnet, wie lange sich der Durchschnittsmensch täglich mit Gewalt befasst – sie fürchtet, sie vermeidet und versucht, eine gewalttätige Kultur persönlich, beruflich und systemisch zu verändern? Wahrscheinlich nicht.

Und doch bindet Gewalt tatsächlich einen Großteil unserer Ressourcen, unserer Zeit und Kraft, und die meisten von uns weigern sich, sie als ein kulturelles Problem anzuerkennen, welches vom System und der tiefer liegenden Weltsicht unterstützt wird.

L. Krieg

Es erscheint logisch, dass wir vom Thema Gewalt zum Thema Krieg als einem systemischen Problem übergehen, das angesprochen und als das, was es ist, angesehen werden muss. Wann sind wir als menschliche Spezies an den Punkt gekommen, Kriege als eine logische, vernünftige und effektive Art und Weise zur Beilegung von Differenzen zu sehen? Wenn wir Unterschiede als Bedrohung und nicht als Chance sehen, und wenn wir unser Wissen um die Ganzheit und das Einssein als Realität der Schöpfung verloren haben, ist Krieg sicher eine logische Option, die in Erwägung gezogen werden muss. Hätte sich irgendetwas

17

anderes als so kostspielig und ineffizient zur Erreichung des erklärten Ziels erwiesen, so hätten wir es schon vor Jahrhunderten verworfen. Doch Krieg ist für einige sehr profitabel.

Wenn wir einen Schritt zurücktreten und erkennen, wie eng Handel, Kommerz und der militärisch-industrielle Komplex mit unserer Wirtschaft und Politik verflochten sind, ist Krieg ein notwendiger Bestandteil der modernen Gesellschaft. Krieg ist eine wirkungsvollere Art der Geburtenkontrolle als Enthaltsamkeit, die Beobachtung der weiblichen Rhythmen oder Krankheiten. Außerdem ist Krieg profitabel. Er festigt Hierarchien, Klassensysteme und Prestige. Wer wagt es da, die Notwendigkeit von Krieg infrage zu stellen?

Es ist sehr schwierig sich vorzustellen, dass Frieden innerhalb unserer Spezies möglich wäre, wenn wir einige grundlegende Annahmen der Menschheit veränderten – wie z. B. unsere Wissenschaft, unsere religiösen (nicht spirituellen) Glaubenssätze und unsere allgemeinen Annahmen über das Leben, was es ist und wie es funktionieren könnte. „Eine lange Zeit des Friedens und Wohlstands ..." ohne die Umwelt und ohne einander zu vergewaltigen. Könnte das wirklich möglich sein?

- Vielleicht, ganz vielleicht, haben wir doch so viel gelernt, dass wir den größeren Zusammenhang sehen und etwas anderes tun können. Warum verschwenden wir weiterhin unsere Zeit und Kraft für Annahmen und Herangehensweisen (Symptome), die sich als ineffektiv, unproduktiv, ungesund und unausführbar erwiesen haben?
- Warum nehmen wir als menschliche Spezies Krieg als unvermeidlich hin, auch wenn er in der Gesellschaft akzeptiert und in sie integriert ist?

M. Toleranz für Lügen in all ihren Formen

Lügen, Betrügen und Irreführen wurden nicht immer als Kommunikations- und Interaktionsweisen akzeptiert – außer vielleicht in der Politik. Wie viel Zeit und Kraft wenden wir Menschen auf für den Versuch herauszufinden, was wirklich vor sich geht (in uns selbst, in unseren Beziehungen, in unseren Familien und in unseren Regierungen)? Die Nebenwirkungen von Lügen in allen Bereichen unseres Lebens sind gewaltig.

Lügen in jeglicher Form zerstört Vertrauen. Es beeinträchtigt die Fähigkeit, sich mit einem anderen, sogar mit sich selbst, sicher zu fühlen, und es trägt zu unserer Verwirrung und Ängstlichkeit bei. Lügen macht einsam. Es verstärkt unsere in dieser Kultur natürliche Neigung, sich allein und isoliert zu fühlen, und nicht als Teil eines größeren Ganzen.

Ganz gleich, wie gut der Lügner lügt – die andere Person oder Nation spürt, dass sie belogen wird. Ganz gleich, wie versiert der Lügner zu sein glaubt, die Angelogenen haben immer das Gefühl, dass etwas nicht stimmt. (Seit Jahrhunderten wird den Frauen beigebracht, *sie* seien diejenigen, die falsch liegen – oder *sie* seien die Falschen. Aufgrund dieser Erfahrung haben Frauen sehr ausgeprägte Fähigkeiten dafür entwickelt, Lügen zu erkennen.)

Das Lügen ist eine jener tückischen Verhaltensweisen, die es gewaltig in sich haben, da sie auf so vielen Ebenen und auf so vielerlei Weise zerstörerisch sind. Eine auf Lügen aufgebaute Beziehung ist immer unbequem, schwierig, zeitraubend und voller Misstrauen. Die verschiedenen Ebenen von Lügen führen zu immer neuen Lügen in immer weiteren Bereichen, bis alles Reale mehr und mehr in den Hintergrund tritt. Sie erreichen einen Punkt, an dem es keine aussagekräftige Kommunikation mehr gibt, es sei denn, alle Beteiligten wären bereit, tief in sich zu gehen, zu ihren Lügen zu stehen und demütig um Entschuldigung zu bitten. Ein solcher Prozess geschieht selten und nur dann, wenn die Menschen dazu bereit sind, Bloßstellung und Zurückweisung zu riskieren, und dazu sind nur wenige bereit. Doch es lohnt sich sehr.

• Nur wenigen Menschen ist die destruktive Dimension des Lügens bewusst, da sie in unserer Kultur so integriert ist.

Ehepartner belügen Ehepartner. Eltern belügen ihre Kinder (zu deren Wohl natürlich). Familienangehörige belügen Familienangehörige. Pfarrer belügen ihre Gemeinden. Politiker belügen einander, ihre Wählerschaft, ihr Land und andere Nationen. Lügen wird als Norm akzeptiert. Firmen belügen ihre Arbeiter. Ihre Arbeiter belügen sie. Die Industrie belügt die Öffentlichkeit über ihre Erzeugnisse und deren gute oder schlechte Wirkung. Wir haben eine Gesellschaft errichtet, in der Lügen institutionell akzeptiert ist, in der gelogen wird, wann immer man meint, damit durchkommen zu können. Der Profit ist immer wichtiger als Ehrlichkeit.

- Wer nicht lügt, wird als Whistleblower, als Verräter, als verrückt oder als naiv bezeichnet. Ehrlichkeit wird, wenn sie denn auftritt, als mutig oder sehr gewagt angesehen, selbst wenn es um die einfachsten Dinge geht.
- Diese institutionalisierte Unehrlichkeit verdirbt unsere Seelen und unser Wesen und lässt uns traurig, einsam und verwirrt zurück. Selbst der Versuch, mit unseren Lügen Schritt zu halten, erschöpft uns und frisst riesige Mengen an Zeit und Kraft. Über die langfristigen Auswirkungen systemischen Lügens haben wir wenig oder keine Informationen. Doch sehen wir systemisches Lügen überall.

N. Moralischer Verfall

Ich habe viele „Symptome" beschrieben und dargestellt, die unsere Zeit, Kraft, unser Geld und unsere Ressourcen beanspruchen, und doch unser Leben oder unseren Planeten kaum verbessern. Als Letztes möchte ich mich auf das Symptom des allgemeinen moralischen Verfalls konzentrieren.

Wieder und wieder höre ich ähnliche Aussagen wie die, die einmal ein Mann mir gegenüber äußerte. Er sagte, dass die Geschäftsleute früher ehrlicher waren. Seine Familie sei seit Jahrhunderten im Bankensektor tätig und das, was sie als Familie taten, sei immer in die Gemeinschaft integriert und zum Wohl der Gemeinschaft als Ganzes gewesen. Es ging damals nicht nur um die Gewinnspanne.

Sein Gesicht und seine Stimme waren voller Trauer, als er mir erzählte, dass dies sich alles verändert habe. Die Banken würden nicht mehr nach ethischen Gesichtspunkten arbeiten. Und so traurig er darüber auch sei, er könne die Familientradition eines Bankgeschäfts nicht mehr fortführen, da die Banken nicht mehr ethisch korrekt arbeiteten und er so, wie es jetzt sei, nicht mehr in einer Bank arbeiten könne. Beim Erzählen standen Tränen in seinen Augen.

- Ein Blick auf diesen Abschnitt lässt leicht ein System erkennen, das nicht mehr funktioniert und sich im moralischen Verfall befindet.

- Wir sehen überall Anzeichen moralischen Verfalls, ganz egal, welchen Teil der Gesellschaft wir unter die Lupe nehmen.
- Eltern haben nicht mehr die Zeit und Kraft, Eltern für ihre Kinder zu sein. Sie sind zu sehr mit den Symptomen und mit dem Versuch zu überleben beschäftigt.
- Es gibt so viele junge Menschen, die nicht wissen, wie man arbeitet oder sich selbst erhält, und sie kennen nicht einmal die Freude oder den Wert des Arbeitens. Sie sind zu privilegiert und zu wenig erzogen.
- Wie bereits erwähnt, ist Unehrlichkeit die Norm und die Fähigkeiten, ehrlich zu sein, werden weder gelehrt, noch vorgelebt oder entwickelt.
- Sexualität und Lüsternheit werden wirr miteinander vermischt und die Heiligkeit des Liebens wird nur wenigen jungen Menschen vermittelt. Man lehrt sie die Regeln und Verbote, und es gibt niemanden, der ihnen das Heilige der menschlichen sexuellen Liebe nahebringt. Man instruiert sie über Romantik und Sex, doch wissen sie wenig oder nichts über Nähe. Vieles, was ihnen von Familie, Freunden, Gleichaltrigen und Institutionen beigebracht wird, besteht darin, wie man vor Nähe flüchtet, der Nähe zu sich selbst, zu anderen, zum Planeten und ihrem inneren Sein.
- Wir wollen nicht zugeben oder uns damit befassen, dass Kinder für Sex oder für Arbeit ausgebeutet werden. Wir wollen einfach nur unser Leben so friedlich wie möglich leben und nicht gestört werden. Und auch nur wenige Kirchen befassen sich konkret mit den wirklichen Problemen. Sie wollen, dass ihre Gemeindemitglieder glücklich und wohlhabend sind, was ihnen, wenn sie glauben, auch zustünde.
- Natürlich tun viele von uns genug „Gutes", um uns besser mit uns selbst zu fühlen, und wir empören uns auch gebührend über Schießereien an Schulen, über Massenmorde (nicht so sehr, wenn diese in einem anderen Land stattfinden!) und über schreckliche Gewalttaten, insbesondere dann, wenn sich diese „auf unserem Terrain" ereignen. Doch für den moralischen Verfall, der um uns herum gedeiht, haben wir eine erstaunlich hohe Toleranz.
- Wir wollen einfach ein privates, kleines, bequemes Leben mit einer guten Rente/Pension bis wir sterben.
- Wir wollen unser Universum klein machen.

21

- Bitte stört uns nicht mit den größeren Problemen. Da gibt es nichts, was wir tun könnten.
- Warum sollten wir uns einbringen, teilnehmen, wenn wir sowieso nichts ändern können?

Dies ist moralischer Verfall.

Zusammenfassung der Diskussion der Symptome

Ganz offensichtlich gibt es zahlreiche weitere Handlungen, Praktiken und Prozesse, die als Symptome eines dysfunktionalen größeren Bildes beschrieben werden könnten. Tatsächlich gibt es vermutlich unendlich viele. Und, wie zuvor dargelegt, widmen die meisten, wenn nicht gar alle von uns, diesen „Symptomen" übermäßig viel Zeit, statt unser Leben zu leben und unseren Beitrag zum größeren Wohl der gesamten Schöpfung beizutragen.

Eine meiner Leserinnen und Lektorinnen bemerkte nach dem Lesen dieses Kapitels, es sei in seinem Fazit unerbittlich und sie fühle sich dadurch erschöpft und deprimiert. Meine Antwort war: „Gut! Manchmal müssen Informationen unerbittlich sein, um durchzudringen und gehört zu werden. Vielleicht haben wir in diesem von Menschen geschaffenen dysfunktionalen System so sehr die Verbindung mit allem verloren, dass nur unerbittliche Wahrheit durchdringen kann."

Der Schwerpunkt dieses Kapitels liegt darauf, das riesige Ausmaß des vor uns stehenden Problems zu erkennen und darauf, dass wir uns niemals nur mit einem Teilaspekt befassen dürfen, wenn wir auf die Art von Wandel hoffen, den wir brauchen. Wir müssen die Fragestellungen erkennen, die unsere Zeit, Ressourcen und emotionale Kraft verschlingen. Und auch verstehen, dass die meisten Frauen, die sich um diese Themen sorgen, sie allzu oft nur als isolierte Aspekte und nicht als Teil eines viel größeren Problems erkennen: dem System der Wissenschaft, unserer Denkweise, unserer Weltsicht und unseres Bewusstseins. Wir müssen nicht nur den *Inhalt*, sondern die *Art und Weise* unseres Denkens verändern.

Außerdem müssen wir erkennen, dass dieses System im Allgemeinen von den Männern unserer Spezies gestaltet, beherrscht und kontrolliert wurde, und dass sich die Frauen nicht erhoben und nicht die Verantwortung dafür übernahmen, die Entwicklung dieses Systems ins Gleichgewicht zu bringen. Wir müssen erkennen, dass das System in der Tat so *angelegt* wurde, dass es jenen, die es entwickelten, den größten Nutzen einbringt.

In späteren Abschnitten werden wir erfahren, dass auch Frauen verstehen müssen, dass sie aufgrund ihrer Unterdrückung/Unterwerfung und anderer „Gaben" bestimmte Kenntnisse, Fähigkeiten und Wahrnehmungen entwickelten, die den Weg für einen positiven Wandel bahnen können. Interessanterweise teilen Frauen einige dieser Fähigkeiten, Wahrnehmungen, Erfahrungen und Erkenntnisse mit den indigenen Menschen dieses Planeten. Es ist gut möglich, dass beide, Frauen und indigene Völker, wichtige Informationen, Wahrnehmungen und Kenntnisse haben und dass sie, was am Wichtigsten ist, eine wichtige Rolle bei den notwendigen Veränderungen spielen können.

Ein Wandel ist immer schwierig und sogar unmöglich ohne die Einsicht, dass ein Wandel unumgänglich ist. Vielleicht wird die „Unerbittlichkeit" dieses Abschnittes uns alle beflügeln, weiter und tiefer zu forschen, damit wir die Symptome und das von Menschen gemachte System hinter den Symptomen erkennen und uns damit auseinandersetzen.

- Kommen wir nun zu Teil 2, wo wir sehen, wie Frauen ins Spiel kommen.

TEIL 2: EINE KURZE GESCHICHTE DES FEMINISMUS

Seitdem wir geschichtliche Aufzeichnungen auf dieser Erde haben, gibt es auch einige geschichtliche Dokumentationen über „feministische" Themen.

A. Historischer Feminismus

Miao Shan, eine Frau adliger Abstammung aus dem Jahre 700 v. C. weigerte sich, ihre Füße binden zu lassen in einer Zeit, als allen Frauen ihrer Klasse in China die Füße gebunden wurden.

Außerdem wurde sie eine verehrte spirituelle Führerin, die ihrem Volk und besonders den Frauen ihrer Zeit diente. Bis heute wird sie für ihr Stehvermögen und ihre Kraft, ihren Mut und ihre spirituelle Führung bewundert.

Im Laufe der Geschichte (engl.: *his*tory, nicht *her*story) gab es immer wieder Anführerinnen – wenngleich weniger als Männer –, die sich für alle Frauen und

23

immer auch für die gesamte Menschheit einzusetzen versuchten. (Siehe Marilyn Frenchs vierbändiges Werk über die Geschichte der Frauen).

Alle von uns haben bruchstückhafte Informationen über Frauen der Frühgeschichte gehört. Wenn wir jedoch die Menge an Informationen mit dem, was wir über die Männer wissen, vergleichen, ist es verschwindend gering. Doch Forscherinnen wie Marilyn French versichern uns, dass es zu allen Zeiten unserer menschlichen Vergangenheit Frauen gab, die sich einsetzten. Natürlich ist die Geschichte größtenteils *seine* Geschichte (his-story), und die Tatsache, dass Frauen überhaupt erwähnt werden, ist der Beweis dafür, dass sie (und viele andere) tatsächlich existierten.

Geschichtlich gesehen begannen sich Frauen auf der Basis der erstaunlichen Arbeit von Mary Wollstonecraft in den späten 1700er Jahren in England in Bewegungen zu organisieren.

Frauen schlossen sich in Frauenbewegungen zusammen und wir erkennen im Rückblick, dass sie so Einfluss nehmen konnten auf notwendige Veränderungen im Leben der einzelnen Frauen und bis zu einem gewissen Grad auch auf Veränderungen bei den Menschen insgesamt. Doch obwohl wir uns mit der Forschung größte Mühe gaben, ist der weibliche Einfluss auf Kultur und die Entstehung der Kultur größtenteils vom Wind der Zeit hinweggefegt worden.

B. Die erste feministische Phase

In jüngerer Zeit, während der ersten Phase des Feminismus, wie wir sie heute nennen (vom späten 19. bis ins frühe 20. Jahrhundert) bestand das Ziel hauptsächlich darin, 1. das Elend der Frauen ans Tageslicht zu bringen und 2. ihre gesetzlichen Rechte als Bürgerinnen zu sichern. Es waren wirklich tapfere Frauen, und wir Nachfolgenden (Frauen und Männer) dürfen nicht vergessen, ihnen dankbar zu sein für das, wer sie waren und was sie leisteten. Nur auf der Grundlage ihrer Arbeit war die zweite Phase des Feminismus möglich.

C. Die zweite feministische Phase

Da ich den Feminismus der zweiten Phase gelebt habe, werde ich ihn anhand meiner eigenen Erfahrungen schildern.

Die Feministinnen der zweiten Phase (in den 1960er Jahren) machten eine Menge wichtiger Arbeit und packten spezifische Probleme an. Zwei der wichtigsten Themen, auf die sie sich konzentrierten und die eine andere Sichtweise auf Frauen- (und größere) Themen vermittelten, waren Bewusstseinsbildung und das Benennen des Patriarchats als kulturelles System.

Durch Bewusstseinsbildung lernten Frauen, die Opferrolle abzulehnen. Sie lernten, ihre systemische Gehirnwäsche zurückzuweisen und erkannten, dass sie selbst an und mit sich arbeiten mussten. Sie benannten ihre Diskriminierung als Frauen, drückten ihre Wut darüber aus und fassten gemeinsam die Entscheidung, über jene Diskriminierung hinauszuwachsen und als Einzelne und miteinander zu heilen.

Darüber hinaus bezeichneten sie das Patriarchat als eine Ansammlung von Überzeugungen, Ideen und einer Ideologie, die aus einem Verhaltenskodex bestand, der von Männern (insbesondere weißen Männern) entwickelt wurde. Und so entstand ein System, das von uns allen unterstützt wurde.

Frauen erkannten, dass sie es nicht nur mit einzelnen Männern oder Institutionen zu tun hatten, sondern mit einem ideologischen System von Überzeugungen, Ideen und Verhaltensweisen, das sich als „Realität" festgesetzt hatte. Diese systemische Ideologie hatte sich über Jahrhunderte hinweg entwickelt.

Infolge meiner *Teilnahme* an der zweiten feministischen Phase schrieb ich mein erstes Buch *Weibliche Wirklichkeit* (1981). Ich benannte in diesem Buch drei Systeme, die ich damals in meiner eigenen und in anderen Kulturen am Werk sah.

Das dominante/kontrollierende System bezeichnete ich als das **Weiße Männliche System (WMS)**, da es von weißen Männern (mit passiver oder aktiver Unterstützung vieler Frauen) entwickelt worden war. In diesem System lagen Macht und Einfluss in den Händen weißer Männer. Zu jenem Zeitpunkt hatte ich nur die westliche Kultur im Blick.

Außerdem benannte ich ein Begleitsystem, das stillschweigend und offen das WMS unterstützte, seine Existenz überhaupt erst ermöglichte und sich aus Frauen zusammensetzte. Ich nannte es das **Reaktive Weibliche System (RWS)**. Es entsprach nicht der weiblichen Natur und Frauen fühlten sich darin auch nicht wohl. Es entsprach dem, was den Frauen über all die Zeitalter hinweg gesagt worden war, was sie schließlich selbst über sich glaubten und was sie tun mussten, um als Frauen in einer feindlichen/fremden Kultur zu überleben. Und, Frauen hatten getan, was sie so gut können: Sie hatten sich angepasst. Anpassung war die Reaktion darauf, in einem kontrollierenden, gewalttätigen und für Frauen fremden System zu leben und damit zurechtzukommen. Dieses WMS war das gleiche System, das die Eroberer in die von ihnen kolonialisierten Länder eingeführt hatten und das für die eingeborenen Völker jener Länder ebenfalls gewalttätig und fremd war. Also war das RWS, wie wir sehen, der Versuch, sich anzupassen und zu überleben. Es war eine Reaktion, keine natürliche Realität.

Als Nächstes beschrieb ich ein weiteres System, das sich aus dem Wesen von Frauen heraus entwickelte, die die Gewalt, Kontrolle und Verrücktheit des WMS nicht länger ertragen konnten. Ich nannte es das sich **Entfaltende Weibliche System (EWS)** und engagierte mich dafür.

Ich visualisierte jedes System als einen Ball mit einem zentralen Punkt, der es definierte. Alles, was in diesem System existierte, musste durch diesen Punkt im „Zentrum des Universums" gehen und wurde von ihm definiert.

Im WMS stehen das selbstzentrierte Selbst und die Arbeit im Mittelpunkt der Welt. Alles muss sich darauf beziehen, durch es hindurchgehen und vom selbstzentrierten Selbst und *meiner* Arbeit/*der* Arbeit definiert werden. Alles andere liegt an der Peripherie. Spiritualität, persönliches Wachstum, Kinder, die Umwelt, Beziehungen und alles andere sind nebensächlich im Vergleich zu dem selbstzentrierten Selbst und der Arbeit des Mannes und den männlichen Überzeugungen, Wahrnehmungen und Praktiken.

Das RWS, Reaktive Weibliche System, versuchte mit aller Macht, diesem Modell nachzueifern und aus ihm heraus zu leben (nicht *ihre* Arbeit – *seine* Arbeit!). Frauen versuchten, „ihrem Mann den Rücken zu stärken", was ihr *seine* Identität gab, während sie *seine* Überzeugungen, *seine* Art, die Dinge zu tun, und *seine* Verhaltensweisen unterstützte. Das sich Entfaltende Weibliche System, das während der zweiten Phase des Feminismus aufkam, war ganz anders. Im EWS stehen Beziehungen im Zentrum des Universums, und alles ist im Prozess. Frauen haben eine *Beziehung* mit sich selbst, mit ihrer Arbeit, sie haben eine Beziehung mit ihrer Spiritualität und mit der gesamten Schöpfung, und alle diese Beziehungen sind dynamische, sich verändernde, lebendige Prozesse. Stillstand ist im EWS nicht sinnvoll.

Frauen hatten gelernt, im WMS zu überleben. Sie hatten dieses System sogar begriffen und konnten sich darin, innerhalb bestimmter Grenzen, entfalten. Und doch hatten sich die Frauen nie wohl gefühlt mit Stillstand, mit einem selbstzentrierten Selbst und einer Arbeit, die sie und ihre Welt definierte.

Nach der zweiten Phase des Feminismus wussten Frauen, dass es da noch etwas anderes gab – *viel mehr gab* – als das, was ihnen als Realität vom WMS über sie selbst und über ihre Welt beigebracht worden war.

Ich persönlich begann, mich in meiner Arbeit auf Alkoholiker und Alkoholikerinnen und alle Süchte/Abhängigkeiten zu konzentrieren. Es wurde mir sehr schnell klar, dass die Eigenschaften von Sucht passgenau den Eigenschaften des WMS entsprachen, und die Eigenschaften der Al-Anon (Freunde und Verwandte von Alkoholiker und Alkoholikerinnnen) genau denen des RWS (siehe mein Buch *Im Zeitalter der Sucht*). Und so wie das WMS ohne das RWS nicht überleben und gedeihen kann, kann auch das Suchtsystem ohne die Al-Anon nicht überleben.

Das EWS war eine andere Art des Auf-der-Welt-Seins, ähnelte viel mehr den indigenen Kulturen, war ganzheitlicher und mit der gesamten Schöpfung verbunden.

Frauen hatten eine Aufgabe und sie haben sie nicht erledigt.

D. Der Feminismus nach der zweiten Phase

Einige bezeichnen die Verhaltensweisen von Frauen nach der zweiten Phase des Feminismus als Postfeminismus. Dies ist keine gute Bezeichnung, da sich der Feminismus weiterentwickelt und nicht stillsteht. Es gibt keinen „Postfeminismus", denn Feminismus ist nichts „Statisches". Feminismus ist, wie die Geschichte, ein Prozess und geht weiter.

Während der Zeitspanne, die beschönigend als „Postfeminismus" bezeichnet wird, versuchten Frauen, insbesondere junge Frauen, sich in einer Welt zurechtzufinden, in der sie mehr Macht als ihre Mütter hatten und in der es anscheinend mehr offene Türen für sie gab.

Während dieser Phase versuchten Frauen im Allgemeinen, männlicher als die Männer selbst zu sein. Einige versuchten, ihre Sexualität offen zur Schau zu stellen, kleideten sich provozierend, agierten aus wie die Männer und lebten ihre Sexualität ohne Bindung. Andere erstrebten Macht um der Macht willen und suchten sie in der männlichen Vorstellung von „Macht über " (etwas oder andere). Einige wollten die berufliche Karriereleiter aufsteigen und beweisen, dass sie „Männerarbeit" besser konnten als Männer. Wieder andere wehrten sich gegen den Feminismus ihrer Mütter.

Diese Zeiten waren aufregend, doch zu jenem Zeitpunkt der Geschichte war das Verhalten von Frauen offensichtlich der Versuch, Macht (und Freiheit!) in einem männlichen WMS-Modell zu finden.

Was euphemistisch als Postfeminismus bezeichnet wurde, scheint jetzt durch eine weitere neue Phase des Feminismus abgelöst worden zu sein, die den Platz bereitet für die Phase eines neuen, in seiner Bedeutung weiter gefassten Feminismus.

Die meisten feministischen „Phasen" wurden aus gutem Grund erst nach ihrer Existenz „benannt".

Da wir uns „in" dieser neuen Phase befinden, ist es schwierig, sie zu benennen. Es ist leichter zu sagen, was sie nicht ist.

Eines steht jedoch fest:
In der sich entfaltenden Geschichte der Menschheit hatten und haben Frauen eine Aufgabe und aus den verschiedensten Gründen haben sie sich bislang nicht voll an dem Prozess beteiligt. Offensichtlich sind Frauen heute dabei, in eine „neue Phase" einzutreten.

1. Aspekte des Feminismus von heute

Dieses Buch handelt davon, warum Frauen nicht ihren vollen Beitrag geleistet haben, um die Menschheit zu einem neuen Paradigma hinzuführen und welchen ganz besonderen weiblichen Beitrag sie als Frauen in diesem historischen Prozess leisten können. Um als Spezies voranzukommen, müssen Frauen sich klarer darüber werden, wo sie heute stehen und wer sie als Frauen sind und was sie für die bevorstehenden Veränderungen einbringen können.

Da ich mit unterschiedlichen Gruppen von Menschen auf der ganzen Welt arbeite, konnte ich ihre kulturellen Probleme studieren und mich damit vertraut machen. Ich kam zu dem Schluss, dass sich das Frauenproblem weit über die weiße westliche Kultur hinaus erstreckt, obwohl ich das Problem anfangs als das Weiße Männliche System bezeichnete. Frauenprobleme und Frauenbelange gab es und gibt es schon immer in den meisten Kulturen, seit Jahrhunderten.

2. Kulturelle Aspekte

Und, Frauenthemen sind nur Symptome weitaus größerer Themen, mit denen wir uns befassen bei unserem Versuch, unseren Weg als menschliche Spezies zu finden. Es ist offensichtlich, dass es in den *meisten* Kulturen der Welt kein Gleichgewicht gab zwischen dem Input der Frauen und dem Input der Männer bei der Bildung der jeweiligen Kultur, und dieses fehlende Gleichgewicht war für alle Beteiligten destruktiv. Und, wo wir heute stehen in unseren Bemühungen, als Spezies das zu werden, was wir auf diesem Planeten sein können, dafür ist der Input der Frauen und der indigenen Menschen unbedingt notwendig und wesentlich, um für die Zukunft funktionierende Kulturen zu erschaffen.

Der Begriff *Weißes* Männliches System erscheint deshalb nicht mehr zutreffend, wohingegen Männliches System (MS), Suchtsystem (SuS) und Technologisches, Mechanistisches, Materialistischen System (TMMS) für die vorliegenden Themen alle relevant sind und im Wesentlichen von Männern mit all unserer Unterstützung konzipiert und entwickelt wurden.

Zum jetzigen Zeitpunkt muss die Fragestellung, wie wir an diesen Punkt in der Entwicklung der Menschheit gekommen sind, zusammengenommen werden mit der Frage, wo wir heute stehen und was getan werden muss, damit es eine Zukunft des Friedens und Wohlstands für uns alle geben wird.

Um voranzukommen, müssen wir erkennen, dass wir es nicht nur mit Individuen oder auch nur Teilen des Systems zu tun haben. Wir haben es zu tun mit Annahmen, Verfahrensweisen, Symptomen einer Weltsicht, mit einer Philosophie, einer Wissenschaft, einem Glaubenssystem und einer Einstellung zu uns selbst und anderen, die unbedingt geändert werden müssen. In seinem Buch *Global Mind Change* drückte Willis Harman diese Wahrheit sehr gut aus, obwohl sich sein Buch mehr auf westliche Wissenschaft als auf Frauenthemen konzentriert. Jeder Aspekt dessen, was wir seiner Meinung nach schufen, ist jetzt klarer.

Und er hatte definitiv Recht: Um zu erkennen, was unbedingt geändert werden muss, müssen wir uns anschauen und verstehen, welche Rolle die westliche Wissenschaft gespielt hat in dem Prozess, uns dahin zu bringen, wo wir heute stehen.

3. Die westliche Wissenschaft

Die westliche Wissenschaft hat mit ihren Annahmen, Überzeugungen und Verfahren nicht nur den Westen durchdrungen und stark beeinflusst, sie ist auch eine der „Sprachen" der Welt geworden, und ihre Weltsicht wird anderen weltweit aufgezwungen.

Westliche Wissenschaft basiert auf Reduktionismus, Empirismus, Messen und Kontrolle. Das ist für Mechanik, Technologie und die materielle Ebene gut. Sie ist nutzlos und destruktiv als Lebensphilosophie, als Leitprinzip, als Prozess des Seins und Werdens oder als Weltsicht. Ihre Methoden und Verfahren wurden fast universell als „der" Weg zum Sammeln, Verstehen und Verwerten von Informationen akzeptiert.

Was wir heute als westliche Wissenschaft (oder *die* Wissenschaft) kennen, wurde anfangs fast ausschließlich von weißen Männern entwickelt.

Von einer höheren Warte aus gesehen hat diese Form von Wissenschaft die größten Probleme der Menschheit und des Planeten nicht „gelöst", sie wurde stattdessen zu einem großen Teil des Problems. Sie eignet sich gut für Mechanik und Technologie und trägt wenig dazu bei, dass wir erfüllte, ganzheitliche Menschen werden, die mit und in unserem Kontext leben.

Ich (und andere) haben die Begrenzungen dieser wissenschaftlichen Herangehensweise erörtert und im Rahmen dieses Buches möchte ich mich auf die Begrenztheit des Prozesses des Reduktionismus konzentrieren.

Unsere westliche Wissenschaft lehrt uns, dass wir, um etwas zu verstehen, es aus seinem Zusammenhang reißen, auf seine kleinsten Bestandteile reduzieren und dann studieren müssen (Reduktionismus). Unser übertriebener Glaube, dieser Prozess sei die beste und tatsächlich einzige Vorgehensweise, um gültige Daten zu erhalten, hat unsere Intelligenz und unsere Weisheit verzerrt. Es macht ein Denken in Begriffen von Ganzheit, Kontext und Prozess sehr viel schwieriger.

Im Übrigen hat Reduktionismus unserer Neigung Vorschub geleistet, uns auf Symptome und nicht auf das ganze Bild zu konzentrieren. Diese Herangehensweise zum Wissenserwerb war und ist sehr zeitraubend und trägt nicht dazu bei, unser Wissen um die systemischen Themen, denen wir jetzt gegenüberstehen, zu vergrößern.

Die wissenschaftliche Methode von Reduktionismus und Empirismus macht uns außerdem weis, dass alles, was nicht reduziert, gemessen und von den Werkzeugen dieses wissenschaftlichen Systems kontrolliert werden kann, per Definition einfach *nicht existiert*.

Dies hat dazu geführt, dass einem großen Teil des weiblichen und indigenen Wissens die Existenz aberkannt wurde.

Nach oben Gesagtem lassen Sie uns jetzt untersuchen, welche Rolle dieser Fokus auf die Symptome des süchtigen (TMM)-Systems spielte, und wie dieser Fokus unsere Zeit verschwendet und uns bislang davon abgehalten hat, das größere Bild, die größeren Zusammenhänge, zu erkennen, nämlich das System selbst.

Bitte vergessen Sie dabei nicht, dass diese Themen einfach nur „Symptome" der tieferliegenden Glaubensüberzeugungen und des wissenschaftlichen Systems sind.

Nach der Erforschung der „Symptome" des gegenwärtigen Systems werden wir untersuchen, wie wir und andere diese „Stopper" einsetzen, um Frauen (und die gesamte Menschheit) von einem Weiterkommen abzuhalten.

Nach der Erforschung der Stopper werden wir den Reichtum anderer Ressourcen untersuchen, die uns zur Verfügung stehen und die Frauen für die notwendigen Veränderungen beitragen müssen.

TEIL 3: DIE STOPPER

Einführung

Als „Stopper" wird alles bezeichnet, was Frauen als Einzelne, andere Menschen oder die Kultur einsetzen, um Individuen, Familien, Institutionen oder Kulturen davon abzuhalten, ihr volles Potenzial zu erreichen und ihren bestmöglichen Beitrag für ihr persönliches Wachstum, die Menschheit und den Planeten Erde zu leisten. Stopper können bewusst oder unbewusst, physisch, verbal oder angedeutet sein, und sie sind in den meisten Fällen sehr trügerisch, tückisch und wirksam.

Wir werden auf verschiedene Arten von Stoppern eingehen und die Art und Weise betrachten, wie sie von Frauen und gegen Frauen eingesetzt wurden und werden, damit sie selbst und andere nicht ihren vollen Beitrag zum großen Ganzen leisten. (Die gleichen Stopper werden generell zur Unterdrückung von Minderheiten benutzt und einige, die speziell auf Frauen abzielen, gibt es schon seit Jahrtausenden.)

Wenn Menschen etwas verstehen möchten, ist das Benennen für sie oftmals der 1. Schritt, um das zurückzuerlangen, was ihnen genommen wurde oder was sie hergegeben haben. Das, was existiert, zu benennen, ist ein notwendiger Schritt im Prozess der Veränderung und allein dies zu tun, gibt der Person Kraft zurück. Die Feministinnen der zweiten Phase haben dies immer wieder bewiesen. Und da im Heilungs- und Veränderungsprozess das Benennen ein notwendiger Schritt ist für uns selbst, für andere und für die Gesellschaft als Ganzes, ist das Benennen der Stopper in dieser Erörterung von höchster Bedeutung. Natürlich gibt es viel mehr als die in diesem Buch angesprochenen Stopper und ich bin mir sicher, dass weitere am Entstehen sind.

Lassen Sie es mich noch einmal sagen: Stopper sind all das, was verbal oder nicht-verbal, bewusst oder unbewusst, von uns selbst, von anderen, von Familien, Einrichtungen, Gesellschaften oder von ganzen Kulturen kommuniziert wird und was Frauen in ihr Sein aufnehmen, was sie wiederum daran hindert, als Frauen und als Menschen zu heilen, zu wachsen, Wissen zu erlangen, zu lernen und zu reifen. Aufgrund dieser „Stopper" leisten Frauen nicht ihren vollen Beitrag zu ihrem inneren Wachsen und ihrer Weisheit und somit können sie auch nicht ihre volle Wirkungskraft für sich selbst, die Gesellschaft, die Menschheit und den Planeten entfalten.

Stopper können alles Mögliche sein, angefangen bei den eigenen Botschaften, die wir uns selbst einreden, bis hin zu kulturellem Sexismus und den Stereotypen, Frauen seien von Geburt aus minderwertig – dieser Stopper tritt heutzutage weniger auf, existiert jedoch immer noch. Sexismus wie auch Rassismus sind noch nicht überwunden. Der Schwerpunkt dieses Buch liegt darauf, wie notwendig es ist, dass Frauen ihre besonderen Talente in die Gesellschaft einbringen und wie dies erleichtert werden kann. Frauen müssen deshalb ihre Stopper benennen und sich mit ihnen auseinandersetzen.

Dabei müssen wir im Auge behalten, dass Stopper von Menschen gemacht und deshalb nicht real sind. Ihr Gebrauch kann und muss verändert werden.

Wir werden uns auf drei Arten von Stoppern konzentrieren.

1. Botschaften, die Frauen sich selbst einreden und sich so davon abhalten, ihr höchstes Potenzial zu entwickeln.
2. Zwischenmenschliche Stopper, d. h. jene Stopper zwischen Frauen und einer anderen Person, die es Frauen erschweren, ihren Beitrag zu leisten.
3. Gesellschaftliche Glaubenssätze und Stopper, die die Beiträge von Frauen verhindert haben.

Diese drei Bereiche sind nicht so klar von einander getrennt wie oben beschrieben und keine Kategorie ist vollständig. Eine solche Beschreibung würde ein ganzes Buch umfassen. Die hier erörterten Stopper sind nur Beispiele und die Spitze des Eisbergs. Alles, wirklich alles kann von den Frauen selbst und von anderen als Stopper benutzt werden. Sie unterscheiden sich nur in ihrer Wirksamkeit.

Lassen Sie uns nun einige der gebräuchlicheren Stopper näher betrachten.

A. Persönliche Stopper

Persönliche Stopper sind oft falsche Ideen, Überzeugungen und/oder Ideologien, die sich Frauen einreden. Sie halten sich davon ab, 1. ihr Potenzial zu entfalten, 2. sie bestärken Frauen, sich schlecht mit sich selbst zu fühlen, 3. sie hindern sie daran, Risiken einzugehen für das, was sie tun wollen und 4. sie bestärken Frauen in ihrem Versuch, "akzeptierten Normen" zu entsprechen. Persönliche Stopper sind im Grunde wie eine Polizei in uns selbst, die uns kleinhält. In Australien nennt man sie das *Tall Poppy Syndrom* (Hohe-Mohnblüten-Syndrom). Wer seinen Kopf höher hält als die anderen, dem wird er abgeschnitten. Also, zieht eure Köpfe ein, Frauen. Ragt nicht heraus.

Nachfolgend einige der selbst auferlegten Unzulänglichkeits- und Negativstopper, die Frauen für wahr halten und verinnerlicht haben.

Frauen reden sich ein:

- Ich bin zu dumm.
- Ich bin zu dick.
- Ich bin zu dünn (eher selten).
- Ich bin zu alt.
- Ich bin zu groß.
- Ich bin zu klein.
- Ich bin nicht hübsch genug.
- Ich bin zu hübsch. Man denkt, ich habe keinen Verstand.
- Ich werde nach meinem Äußeren beurteilt.
- Ich bin zu gescheit. Die Leute werden von klugen Frauen abgeschreckt.
- Ich kann das nicht, warum sollte ich es also probieren?
- Ich bin zu gut ausgebildet.
- Ich bin nicht gut genug ausgebildet.
- Ich würde das nie verstehen, selbst wenn ich es versuchte.
- Das ist mir zu hoch.
- Für so etwas interessiere ich mich nicht.
- Das mag für andere Leute in Ordnung sein, aber nicht für mich. Ich verdiene das nicht.
- Männer mögen keine zu klugen Frauen.
- Ich müsste zu hart dafür arbeiten.
- Ich muss mich klein machen, damit ich sicher bin.
- Wenn ich nicht richtig aussehe, hört mir niemand zu.

Viel zu oft geben Frauen auf, ohne die Sache auch nur ausprobiert zu haben. Sie reden sich ein:

- Es ist besser, durch Passivität zu kontrollieren. So bin ich sicherer.
- Ich brauche Experten, die mir sagen, was ich tun soll – wie ich z. B. für meinen Körper sorge.

In vielerlei Hinsicht sind Frauen ihre schlimmsten Feinde und greifen auf Manipulation, Unehrlichkeit und subtile Kontrolle zurück, um sich sicher zu fühlen und sich einzureden, wenigstens etwas Macht zu haben.

- Frauen haben Angst, dumm auszusehen oder sich dumm anzuhören. Unterscheiden sich ihre Ansichten von denen anderer, geben Frauen allzu oft ihre eigenen Wahrnehmungen auf und versuchen sich anzupassen.
- Frauen haben es als ihr Los akzeptiert, dass sie ignoriert werden, dass ihre Ideen von Männern gestohlen werden, dass sie isoliert oder unsichtbar gemacht werden, und nehmen einfach den leichteren Weg. Sie versuchen zu „akzeptieren", was auch immer dies sein mag.
- Frauen haben Angst davor, einen Fehler zu machen und ein Fehler zu sein.
- Frauen benutzen Angst als Stopper. Sie sind zu der Überzeugung gelangt, Angst zu spüren sei Grund genug, das, was sie wollen und an was sie glauben, loszulassen und sich davon zu distanzieren. Angst zu spüren ist in Ordnung. Wenn Frauen sich allerdings von ihrer Furcht stoppen lassen, ist es eine andere Sache. *Und*, es ist gut zu merken, wann wir vorsichtig sein müssen, z. B. wenn Körperverletzung droht.

Es gibt viele Situation, in denen Frauen gefährdet sind – zum Beispiel bei häuslicher Gewalt. Und, Frauen lernen, dass Angst in einer gefährlichen Situation nützlich ist, und sie dürfen es nicht zulassen, sich in jeder Situation von dem Gefühl der Angst aufhalten zu lassen. Wenn Frauen das Gefühl von Angst pauschal als Stopper benutzen, ist Angst oft dysfunktional.

- Frauen glauben, keine Wahl und keine „akzeptablen Lösungen" zu haben.
- Früher sexueller Missbrauch kann etwas sein, das Frauen bewusst oder unbewusst in sich tragen, und dies kann in vielen Bereichen ihres Lebens ein Stopper sein. Wenn Frauen bereit sind, ihre Heilungsarbeit zu tun, kann sich dieser Stopper in persönliche Kraft umwandeln. Diese frühen Erfahrungen können nur dann Stopper sein, wenn Frauen sich nicht mit ihnen auseinandersetzen wollen, wenn sie diese Erfahrungen in sich „eitern" lassen und wenn sie nicht die Lektionen aus ihnen ziehen, die ihnen dabei helfen, Frauen zu werden, die ihr Potenzial voll ausschöpfen.
- Frauen können Passivität als Stopper und als Mittel zur Kontrolle einsetzen.
- Frauen können die Angst vor der eigenen Wut als Stopper benutzen. Stellen sie sich ihrer Wut und arbeiten sie sich hindurch, kann diese eine mächtige Motivationskraft werden.

- Frauen können Schuld als Stopper benutzen – z. B. wenn sie berufstätige Mütter sind.

B. Zwischenmenschliche Stopper

Diese Stopper werden in zwischenmenschlichen Situationen benutzt und führen dazu, dass Frauen nicht ihren Platz in der Welt einnehmen.

Frauen reden sich ein:
- Verhalte dich nicht so, dass andere sich unwohl fühlen.
- Wenn ich meine Meinung äußere, mag mich niemand, und ich möchte gemocht werden.
- So etwas kann ich nicht sagen. Ich wurde zu einer „Südstaaten-Lady" erzogen (dt. in etwa: „eine Lady mit Stil, die immer die Contenance bewahrt")
- Wenn ich ehrlich bin, werde ich alle meine Freundinnen und Freunde verlieren.
- „Er hat Schuld", „Diese Person hat verletzende Dinge gesagt", „Ich wäre nicht so, wären da nicht meine Mutter – mein Vater – meine Freunde – der amerikanische Präsident gewesen." Schuldzuweisung kann ein zwischenmenschlicher Stopper sein.
- Frauen sind überzeugt, ihre Kraft liege in ihrer Fähigkeit, niemanden vor den Kopf zu stoßen.

Dann gibt es noch weitere Stopper:
- Sich für die Opferrolle zu entscheiden, ist einer der wirkungsvollsten und beängstigenden zwischenmenschlichen Stopper, weil Opfer immer zu Tätern werden.
- Viele Frauen werden zu Opfern gemacht. Sich dafür zu entscheiden, Opfer zu werden, ist eine Wahl.
- Frauen balancieren immer auf einem Hochseil und fürchten den Fall.
- Beziehungen stehen für Frauen an erster Stelle, und deshalb ist das Risiko, eine Beziehung zu verlieren, für viele Frauen einer der grundlegendsten Stopper.
- Als Miststück bezeichnet zu werden.

- Als „aggressives Weib" angesehen zu werden.
- An die Wichtigkeit ihrer passiven Kraft zu glauben.

Um nur einige der offensichtlichsten Stopper zu nennen.

C. Kulturelle Stopper

Kulturelle Stopper sind viel tückischer als die persönlichen und die zwischenmenschlichen, vor allem deshalb, weil sie äußerst subtil sind und nur selten, wenn überhaupt, verbalisiert werden.

Kulturelle Stopper treiben sich in den entferntesten Winkeln des weiblichen Unterbewusstseins herum und üben einen machtvollen Einfluss auf das Leben der Frauen und auf das Leben anderer Menschen aus. Über sie wird nur selten offen gesprochen und noch seltener wird auf ihrer Grundlage bewusst gehandelt – weder durch Einzelne noch durch die Gesellschaft. Sie sind die unsichtbare Polizei, die verschwiegen wird, die offiziell (angeblich!) nicht existiert und dazu dient, die Kultur (das Patriarchat) aufrechtzuerhalten. Diese verleugneten Stopper üben eine starke Wirkung auf uns alle aus und finden ihren Weg in jede Ritze und jeden Winkel des Lebens der Gesellschaft. Eine der größten Leistungen der Feministinnen der zweiten Phase bestand darin, einige dieser unbewussten Glaubenssätze und Annahmen (Stopper) ans Licht zu bringen.

Wie bereits erwähnt, erörterte und untersuchte ich in meinem Buch *Weibliche Wirklichkeit* (1981) drei Systeme, die ich in dieser Gesellschaft (und vielen anderen) am Werk sah. Ich entdeckte das Weiße Männliche System (WMS), entworfen und entwickelt als System der westlichen Kultur und von ihm kontrolliert; das Reaktive Weibliche System (RWS), ein von Frauen (und Männern!) in Verbindung mit dem WMS entwickeltes, künstliches System mit dem Ziel, das WMS zu ergänzen, zu unterstützen und sich im WMS sicher zu fühlen. Dann beschrieb ich ein System, das anders und von diesen beiden getrennt ist, das ich das sich Entfaltende Weibliche System (EWS) nannte. Dieses System entstand als Teil der feministischen Bewegung und aufgrund des weiblichen Bedürfnisses, sich selbst zu definieren, nicht mit dem WMS co-abhängig zu sein und nicht von ihm kontrolliert zu werden. Im Entstehungsprozess des EWS begannen Frauen den langen, langsamen und oft schmerzhaften Prozess der Selbstbestimmung und des Versuchs, sich als eigenständig und nicht als eine Reaktion auf das WMS/ RWS zu etablieren. Nach Jahrhunderten der Fremdbestimmung, in denen Frauen diese zumindest teilweise akzeptierten, kämpften sie in einem schleppenden und oft schmerzhaften Prozess darum herauszufinden, wer sie sind und was sie von sich heraus beisteuern können. Diese neue, selbstbestimmte Definition ist offensichtlich nicht eindimensional, hat viele noch unerkannte Fassetten und wird, im Prozess der Selbstbestimmung, viele Umwege und Richtungswechsel einschlagen. Zweifellos sind Frauen „noch nicht angekommen". Sie werden auch nie angekommen sein, weil sie und das System, das sie neu definieren, immer ein Werk im Prozess sein werden. Die Devise heißt Prozess. Frauen sind, wenn man sie lässt, nicht an einem System interessiert, das statisch ist und statisch bleiben möchte, und sie wollen ein solches System nicht entwickeln. Frauen wissen, dass die Welt nicht auf der Basis von Stillstand funktioniert, und hoffen ein System zu entwickeln, das im Einklang steht mit dem Wissen, dass alles im Prozess ist, und das dieses Wissen widerspiegelt.

Frauen wissen, dass sie zur Entwicklung einer besser funktionierenden Lebensweise für sich, die anderen und die gesamte Schöpfung die kulturellen Glaubenssätze, Annahmen und Stopper benennen und definieren müssen, die wie inaktive Viren ihr Wesen durchfluten. Es ist deshalb wichtig, die in der Vergangenheit wirksamen kulturellen Stopper zu benennen, und dies immer wieder aufs neue.

In *Weibliche Wirklichkeit* benannte ich ein Glaubenssystem „Die Ursünde, als Frau geboren zu sein". Als Frau geboren zu sein bedeutete kulturell, dass Frauen von Geburt an „unrein" sind, und zwar aufgrund irgendeiner „Sünde", die sie niemals völlig wiedergutmachen konnten. Ganz gleich, wie gut Frauen waren oder wie genau sie die Regeln befolgten, wie intelligent oder kompetent sie waren, sie konnten sich nie ganz von der „Ursünde, als Frau geboren zu sein" befreien. Das gleiche kulturelle Phänomen sehen wir heute, wenn ein Mensch als Schwarzer, als Hispanoamerikaner, als Indianer geboren ist – oder als was auch immer. Frauen glauben in ihrem Inneren vielleicht nicht an diese „Ursünde" (besonders nicht zum jetzigen Zeitpunkt in der Geschichte), und doch müssen sie als Gruppe die Regeln sogar noch besser kennen als jene, die sie machten. Sie müssen sie buchstabengetreu befolgen, sie müssen die weit und breit Klügsten sein und gehören trotzdem nicht wirklich dazu. Es ist äußerst schwierig, diese

Glaubenssätze aus ihrem Unterbewusstsein zu löschen. Und es hilft, Licht darauf zu werfen. Und es hilft, wenn neue Generationen geboren werden, während die Macht dieser Überzeugungen abnimmt. Heutige Frauen haben den Griff der „Ursünde, als Frau geboren zu sein" gelockert *und* sie wirkt in unserer Kultur immer noch als Stopper.

Wie Willis Harman schreibt: „Breit angelegte klinische und experimentelle Forschungen belegen, dass die Wahrnehmung stark von unbewussten Glaubenssätzen beeinflusst wird, welche wiederum von den subtilen Botschaften, Erwartungen, dem Einfluss von Autoritäten, kulturellen Überzeugungen geformt werden. Von frühester Kindheit an werden wir von dem kulturellen Milieu, in das wir eingetaucht sind, im wahrsten Sinne des Wortes hypnotisiert; wir sehen die Welt so, wie die Kultur, an die wir uns anpassten, uns geprägt hat." *Eine der Hauptaufgaben des Erwachsenen besteht darin, enthypnotisiert, „erleuchtet" zu werden – die Realität so zu sehen, wie sie ist und „sich selbst zu erkennen".*

Unsere Annahmen, Überzeugungen und Werte gelangen nicht nur durch unsere Eltern und Institutionen in uns, sie kommen auch aus unserer Kultur. Wenn Frauen jene Überzeugungen als *Überzeugungen* benennen, sind sie in der Lage, eine Wahl zu treffen.

Der Glaube an die „Ursünde, als Frau geboren zu sein" ist in unserer Kultur weiterhin unterschwellig als Glaubenssatz vorhanden, auch wenn er weniger offensichtlich ist als in den 1970er, 1980er und 1990er Jahren.

Als Frau in dieses Glaubenssystem hineingeboren zu werden, bedeutet, dass Frauen in der Tat mit einem Makel auf die Welt kommen und dass dies eine Tatsache der weiblichen Existenz ist, wobei es keine Möglichkeit gibt, wie sich Frauen von dieser „Sünde" freisprechen können, außer durch die Intervention einer Macht von außen. Seit Jahrhunderten wird den Frauen vermittelt, der einzige Weg, sich von dieser Sünde zu befreien, sei, sich mit einem Mann zu verbinden und männliche Anerkennung und Zustimmung zu erlangen. Das Bedürfnis nach männlicher Bestätigung und Zustimmung wirkt in der gegenwärtigen Kultur immer noch, doch nicht so stark wie in früheren Jahrhunderten.

Eine andere Weise, wie sich Frauen von dieser Sünde befreien können, besteht darin, Kinder zu haben, vorzugsweise männliche Kinder. Trotz all der Freiheit, die junge Frauen in dieser Gesellschaft gewonnen haben, sind sie immer noch sehr in dem Bedürfnis gefangen, Kinder zu haben, um sich als menschliche Wesen zu beweisen, und dieses „Bedürfnis" ist nicht nur „biologisch". Der Mythos, Kinder haben zu müssen, um die eigene Existenz zu rechtfertigen, ist für heutige Frauen immer noch eine Last, ebenso wie der tief verwurzelte Glaube, sie müssten mit einem Mann verbunden sein. Diese Überzeugung lässt nach *und* es gibt sie noch. Um wirklich freie Entscheidungen treffen zu können, müssen Frauen diese kulturellen Stoppermythen erst ausgemerzt haben und/oder ihnen entwachsen sein.

• Vergessen Sie nicht: Menschen sind durchaus dazu fähig, die Realität zugunsten ihrer unbewussten Überzeugungen zu verzerren.

• In dieser Kultur wurden und werden wir außerdem stark beeinflusst von der empirischen, reduktionistischen, mechanistischen Wissenschaft, ihren Methoden und ihrer Herangehensweise an Informationen, Wissen und Lernen – viel mehr als es die meisten Menschen realisieren.

• Tatsächlich übt unser Unterbewusstsein - einfach deshalb, weil wir dazu neigen, es zu ignorieren und abzuwerten - einen sogar *noch* stärkeren Einfluss auf unser Leben aus als wir zuzugeben bereit sind. *Und*, das Hauptproblem beim Unterbewusstsein ist, dass es *unbewusst* ist.

• Ich habe beispielsweise neulich entdeckt, dass ein von Frauen derzeit vorgebrachtes Argument, warum sie dieses neue Paradigma nicht anstreben können, besagt, sie könnten das nicht, ohne die Männer mitzunehmen. Sie halten sich deshalb zurück in der Hoffnung, die Männer würden „aufholen".

D. Süchte als Stopper

Wir können unsere Süchte und Abhängigkeiten als Stopper benutzen. In meinem Buch *Im Zeitalter der Sucht* verglich ich die westliche Kultur mit einem aktiv Süchtigen und stellte fest, dass dieser Vergleich perfekt passt. Diese Kultur unterstützt Süchte nicht nur, sie erfordert sie. Wir brauchen unsere Süchte, damit wir uns betäuben und abschneiden können von dem, was wir wirklich fühlen und denken, und damit wir die von uns geschaffene Kultur (WMS/TMMS) unterstützen können.

Du fühlst dich unwohl. Nimm eine Pille. Du fühlst dich unglücklich. Nimm einen Drink. Du fühlst dich leer. Gehe einkaufen, esse oder hole dir einen sexuellen Fix. Unsere Süchte unterdrücken die Wahrnehmung, dass wir heilen und wachsen müssen. Süchte unterdrücken das Bedürfnis und den Wunsch nach Nähe zu uns selbst und zu anderen.

Wüssten Menschen tatsächlich, was sie denken, fühlen, sehen und wissen, dann müssten sie sich vielleicht mit den Konsequenzen ihrer Entscheidungen und ihrem Verhalten auseinandersetzen und Veränderungen vornehmen. Und würden die Menschen nicht ihre „Drogen" nehmen – sowohl stoffliche Drogen (Alkohol, Drogen und Essen ...) wie auch prozessgebundene Drogen (Arbeit, Beziehungen, Sex ...), um sich zu betäuben und sie so als Stopper einzusetzen, würden sie vielleicht in einer ganz anderen Welt leben.

E. Der Mythos, alles zu haben

• Alles zu haben ist ein kultureller Mythos, den Frauen als real internalisiert haben.

„Alles zu haben" kann bedeuten, dass die Frauen vor Erschöpfung so betäubt sind, dass sie keine Zeit und keine Kraft haben, um wahrzunehmen, was in ihrem Inneren oder in der Kultur geschieht. Frauen sind einfach zu erschöpft. Dieses „Alles zu haben" ist auch für unsere älteren Menschen ein sehr wirksamer Stopper geworden.

In einem Lebensabschnitt, in dem unsere Älteren in der Lage sind, ihre wohlverdiente Weisheit in die Kultur einzubringen und den anderen zu helfen, nicht die gleichen Fehler zu machen und somit das weiterzugeben, was sie aus ihren Fehlern gelernt haben, sind unsere Älteren so sehr damit beschäftigt, „alles mitzunehmen", dass sie außer für sich selbst keine Zeit und Kraft mehr übrig haben. Was für eine Verschwendung! Was für ein kultureller Stopper!

Vielleicht kann sogar die in unserer Kultur gängige Vorstellung von „Erfolg" und Ruhestand als Stopper gesehen werden – für unsere Genesung, unser Lernen und unser Wachsen als Mensch und als Menschheit.

F. Verbaler Missbrauch

Wie bereits erwähnt, trifft es Frauen auch heute noch, wenn sie als „Miststück" oder als „aggressiv" bezeichnet werden, und es gibt diese Art von Stopper, die allzu oft sehr effektiv sind, auch auf kultureller Ebene.

Es gibt nicht nur bestimmte Ausdrücke, die persönlich und in zwischenmenschlichen Beziehungen als Stopper wirksam sein können, z. B. wenn jemand als herrschsüchtig, eingebildet, aggressiv, teamunfähig, egozentrisch oder unfeminin bezeichnet wird – um nur einige zu nennen. Es entwickelt sich auch, besonders in politischen Kreisen, eine neuartige Taktik verbalen Missbrauchs, die ein besonders wirksamer kultureller Stopper ist. Dazu gehören Bezeichnungen wie Feministin (was zum „F-Wort" wurde), Liberaler, Softie, Weltfremder oder Ignorant, der die „wirklichen" Themen nicht verstehe. Diese Bezeichnungen werden von derzeitigen Politikern wirkungsvoll eingesetzt, um Frauen zum Schweigen zu bringen und sie von ihrem Weg abzubringen. Als Feministin bezeichnet zu werden, ist in einigen Kreisen so schlimm wie als Hure beschimpft zu werden (auch ein effektiver Stopper) und bringt Frauen als Einzelne oder als Gruppe dazu, sich von ihren legitimen Anliegen zurückzuziehen. Rufmord ist eine akzeptierte Stopperform geworden, ebenso wie ausgemachtes Lügen.

G. Gewalt

Eine weitere Art kultureller Stopper ist die Angst vor einem körperlichen oder emotionalen Angriff auf die Frauen selbst oder auf die, die sie lieben. Mit der Ausnahme extremer Fälle wird Gewalt gegen Frauen ebenso wie häusliche und sexuelle Gewalt systematisch und kulturell ignoriert und deshalb als normal betrachtet. Solange es jedoch diese Einstellung bewusst oder unbewusst in der Kultur gibt, ist die *Androhung* von Gewalt ein sehr wirksamer Stopper, der Frauen von dem Risiko abhält, ihre Weisheit als wesentlicher Teil der Kultur zu äußern. Eine solche Androhung, sei sie nun verbal, als Einstellung geäußert oder körperlich, hat dazu geführt, dass auch andere „Minderheiten" ihre Weisheit nicht in die Kultur einbringen. In dieser Kultur steht das Überleben immer vor Prinzipien. Die Androhung von Gewalt kann sehr wirksam sein. Frauen und Minderheiten haben das große Bedürfnis, gemocht und angenommen zu werden in einer Kultur, die systematisch beides verweigert. Frauen sind diesen Stoppern gegenüber weniger verletzlich, wenn sie sich kennen, mögen und akzeptieren.

Wir müssen in diesem Abschnitt über Gewalt die Androhung, wirtschaftlich nicht zu überleben, mit einbeziehen.

H. Romantische Liebe

Romantische Liebe kann ein Stopper sein. Der Kultglaube, Sex und romantische Liebe führten zu Intimität und Nähe, hat sich für Frauen jahrhundertelang als wirkungsvoller Stopper erwiesen. In Wahrheit sind weder romantische Liebe noch sexuelle Anziehung sehr erfolgreiche Wege zu Nähe und Intimität. Tatsächlich ist *keines von beiden* ein wirklich zuverlässliches Mittel, um Nähe aufzubauen, und beide führen nur selten zu jener tiefen Intimität, auf der eine dauerhafte Beziehung aufgebaut werden kann. Der Wunsch nach beidem kann Frauen jedoch davon abhalten, sich für die Entwicklung der von ihnen gewünschten tiefen, engen Beziehungen einzusetzen.

Die Mythen der romantischen und sexuellen Liebe/Nähe sind und waren sehr wirkungsvolle kulturelle Stopper, die Frauen seit Jahrhunderten von ihrem eigenen Weg abgelenkt haben. Im Grunde weiß die gegenwärtige TMMS-Kultur wenig über intime Liebe, und noch weniger darüber, wie diese anzugehen und zu erreichen ist.

• Die Sehnsucht nach Liebe kann ein kultureller Stopper sein.

Zusammenfassung

Jede unserer Gemeinschaften, Institutionen und Kulturen entwickelte ein Glaubenssystem mit akzeptierten Praktiken und Vorgehensweisen. Tatsächlich besteht allzu oft der einzige wirkliche Zweck einer Kultur darin, ihren Fortbestand zu sichern. Im Allgemeinen gehen diese Kulturen davon aus, sie seien die Realität und wollen, dass andere das glauben. Dieses Selbstbild dieser Gemeinschaften, Institutionen und Kulturen wird als Realität hochgehalten, und Frauen und andere haben es als Realität in sich aufgenommen und internalisiert. Das Aufsaugen, Absorbieren und Befolgen dieser Konzepte dient häufig als Stopper, um den Menschen „ihren Platz" zuzuweisen und sie von Wachstum und Entwicklung abzuhalten.

- Zusammen mit der eigenen Furcht und Bequemlichkeit von Frauen können solche Druckmittel dazu führen, dass Wachstum, Bewusstwerdung und Entwicklung sehr effektiv gestoppt werden.
- Die Stopper der romantischen Liebe, die Realität von Bürokratie, der Glaube an die westliche Wissenschaft und das Leben in einer mechanistischen Welt haben sich in der Tat als äußerst wirksame kulturelle Stopper erwiesen. Werden sie benannt, beginnen sie ihre Macht zu verlieren.

Zusammenfassung von Abschnitt I

In diesem Abschnitt haben wir uns das dominante System der westlichen Kultur, das WMS/Suchtsystem/TMMS angeschaut, das zu diesem Zeitpunkt der menschlichen Evolution durch Kolonialismus und andere Techniken versucht, seine Macht und seinen Einfluss weltweit zu verbreiten. Was nicht heißt, dass es andere Systeme nicht gibt. Es gibt sie. In den USA haben wir ein System der Schwarzen, ein schwarzes männliches System, ein schwarzes weibliches System, ein indigenes amerikanisches System mit männlichen und weiblichen Elementen, ein hispanoamerikanisches System mit männlichen und weiblichen Elementen, ein asiatisches System mit männlichen und weiblichen Elementen, und viele andere mehr.

Doch an diesem Punkt der Menschheitsgeschichte auf diesem Planeten verbreitet sich die Vorherrschaft dieses weißen männlichen Systems des Westens über den ganzen Planeten und der Fokus vieler anderer Systeme liegt im Allgemeinen nicht darauf, den Beitrag und die Einzigartigkeit ihrer eigenen Systeme zu erhalten, sondern vielmehr darauf, einen Zugang zum dominanten WMS/TMM-System zu bekommen, von ihm anerkannt und bestätigt zu werden oder es zu bekämpfen. Keine dieser Optionen bietet eine fruchtbare Lösung (insbesondere nicht für das Überleben des Planeten!).

Obwohl diese Vereinigten Staaten von Amerika auf dem Ideal von Pluralität gegründet wurden, haben wir im Laufe der Zeit immer mehr ein Einparteiensystem forciert und idealisiert. Wie bereits erwähnt, ist eines der wichtigsten Instrumente für die Vorherrschaft dieses Systems die westliche Wissenschaft. Sie hält an dem Glauben fest, dass alles, was von ihr nicht erfasst, gemessen, vorhergesagt und kontrolliert werden kann, einfach nicht existiert. Diese Weigerung, die Macht und die Begrenzungen des westlichen wissenschaftlichen Systems anzuerkennen, beeinträchtigt nicht nur andere Kulturen. Dieses Leugnen beeinträchtigt auch weite Bereiche der definierten Realität und Existenz. Dies führt zu einer Kultur im Ungleichgewicht und zur Vernichtung wertvoller Unterschiede, die zu größerem Wachstum und zu einem besseren Gleichgewicht beitragen könnten und müssen. Wir erkennen heute, dass das Reaktive Weibliche System (RWS) in der Vergangenheit zu diesem Ungleichgewicht beigetragen hat, indem es offen (und weniger offen) das dominante System akzeptierte und stützte.

Wir erkennen außerdem, dass über Jahrhunderte Frauen, die von diesem System systematisch unterdrückt und geknechtet wurden, darum kämpften, ein System zu bestimmen und für sich zu beanspruchen, das sich von dem dominanten System unterscheidet. Die Unterdrückung der Frauen und ihres weiblichen Systems existiert in fast allen Systemen der Erde und scheint noch vor dem Rassismus und anderen Formen von Diskriminierung aufgetreten zu sein.

Bei der Betrachtung der Symptome, die ein Ergebnis des jetzigen Herrschaftssystems sind, und der systematisierten Stopper, die jahrhundertelang praktiziert wurden, muss die Widerstandskraft der Frauen bewundert werden, die trotz großer innerer und äußerer Widerstände gekämpft und durchgehalten haben in ihrem Bemühen um die Entwicklung einer menschlicheren Lebensweise für sich selbst, für andere und den Planeten. Nicht nur hat dieser Faden des Überlebens in einer fremden Kultur bis heute gehalten, er ist stärker geworden. Wir befinden uns heute hoffentlich in einer Zeit, in der die gesamte Menschheit aus ihren Fehlern und Umwegen lernen kann. Wir sind *vielleicht* dabei, in eine lange Phase des Friedens und Wohlstands einzutreten. Und, die Frauen spielen bei dem Prozess eine Schlüsselrolle.

Wir Männer und Frauen sind nicht mehr gewillt zuzulassen, dass Männer, auch nicht Sportshelden, ihre Ehefrauen verprügeln. Wir bewegen uns in eine Zeit hinein, in der wir keine Art von Diskriminierung mehr tolerieren wollen. Wir sind nicht mehr gewillt zuzulassen, dass uns ein kleines Segment unserer Kultur mit seiner begrenzten Weisheit und Vision vorschreibt, was aus uns allen werden soll.

• Doch an diesem Punkt der Geschichte ist das WMS/Suchtsystem/TMMS nicht nur überall um uns herum, es ist *in* uns allen und wir *sind* es alle.

Frauen finden sich in Gesellschaften gefangen, die sie nicht schufen oder nicht mögen, bei deren Errichtung sie jedoch als Komplizinnen beteiligt waren. Was auch immer die Gründe waren – Angst, das Bedürfnis akzeptiert zu werden, Zugang zu Macht, der Wille zu überleben, Trägheit oder der Unglaube, etwas ändern zu können –, Frauen haben dieses System unterstützt.

Indem sie diese Thesen, Glaubenssätze, Vorgehensweisen und Zuweisungen akzeptierten, hatten es Frauen im Grunde beinahe zugelassen, dass sie selbst, ihr System und ihre wertvollen Beiträge als nichtexistent erklärt wurden. Dies bedeutete im Wesentlichen, dass der Ausgleich fehlte, den Frauen hätten beitragen können, um ein von Männern beherrschtes und definiertes System davon abzuhalten, Amok zu laufen.

• Es ist größtenteils der Leistung von Feministinnen und dem Zustand des Planeten zu verdanken, dass sich Frauen heute ihrer grundlegenden Weisheit, ihrem Wissen und ihren Kenntnissen öffnen und diese wiedererwecken.
• Es scheint, dass das, was Frauen heute wieder neu lernen und entwickeln, genau das sein könnte, was der Planet Erde und die Menschheit heute brauchen.

Vor einigen Jahren sagte mir ein alter australischer Aborigine-Ältester, die Weißen hätten vor Jahrhunderten entschieden, den Weg der Wissenschaft und Technologie einzuschlagen. Er sagte, die von uns entwickelte Wissenschaft und Technologie werde den Planeten zerstören, wenn wir es nicht rechtzeitig erkennen würden.

Er sagte weiter, dass Wissenschaft und Technologie nicht schlecht sind. Sie seien grundsätzlich nicht schlecht. Sein Volk hätte das, was die Menschen des Westens entwickelten, auch entwickeln können. Die Intelligenz und die Ressourcen dafür hätten sie in seinem großen Land gehabt.

Dann sagte er, sie hätten diesen Weg jedoch nicht eingeschlagen, weil sie wussten, *dass sie in ihrer spirituellen Entwicklung nicht fortgeschritten genug waren, um eine Wissenschaft und Technologie zu entwickeln, die den Planeten nicht zerstören würden, und deshalb ließen sie es bleiben.* Die von den Weißen entwickelte Wissenschaft und Technologie werde den Planeten zerstören und sein Volk hoffe nur, dass wir dies erkennen werden, bevor es zu spät ist. Seine Worte und seine tiefe Traurigkeit drangen tief in mein Herz ein.

Wenn Frauen dem vertrauen, was sie wissen, können sie vielleicht eine Wissenschaft und eine Technologie entwickeln, die das Leben auf dem Planeten *bereichern* wird. Es gibt bereits andere wissenschaftlichen Herangehensweisen, die vielleicht weniger destruktiv sind als die TMMS-Wissenschaft. Da gibt es die Wissenschaft des Alten Ägyptens und Mesopotamiens, die Wissenschaft Chinas, der Maya, der Navajo, der Hawaiianer, der Azteken und der Cherokee, um nur einige zu nennen.

- Jede Wissenschaft, die zum jetzigen Zeitpunkt der Geschichte entwickelt wird, muss sich auf Prozess und auf alle Ebenen der Existenz konzentrieren.

Unsere westliche Wissenschaft hat zudem das dualistische Denken zum Erfassen der Welt hervorgebracht. Wie bereits ausgeführt, erstickt dualistisches Denken unseren Denkprozess. Es ist auf einer bestimmten Ebene praktisch, hält uns in unserem Denken fest und ist für ein prozesshaftes, partizipatorisches Universum nicht ausreichend.

Weiter oben erforschten wir den Reduktionismus als ein weiteres Merkmal unseres gegenwärtigen wissenschaftlichen Prozesses. Wir können durch diese Methode nützliche Informationen über *Teile* unseres Universums bekommen. Sich unserer Welt über Reduktionismus anzunähern vereinfacht die Wirklichkeit und stellt unsere Welt nicht in ihrer Gesamtheit dar. Diese reduktionistische Vorgehensweise zum Verstehen erfordert, dass wir unsere Welt statisch machen, um sie zu studieren. Wir leben nicht in einer statischen Welt. In unserer Welt wimmelt es von pulsierenden Prozessen.

- Frauen wissen, dass sich ihre Welt nicht aus statischen Einzelteilen zusammensetzt. Sie setzt sich zusammen aus wirbelnden, pulsierenden, sich ständig verändernden und sich wandelnden Prozessen, an denen sie teilnehmen können.
- Also, warum jetzt, warum Frauen, warum Minoritäten? Wer weiß?

Allem Anschein nach steuert diese Welt, dieses von weißen Männern beherrschte und mit der Hilfe aller errichtete System hoffentlich auf sein Ende zu, wie das bei Symptomen und Kulturen immer der Fall ist.

In unserer schneckengleichen, langsamen Evolution als Spezies war es unvermeidlich, dass wir Fehler und Umwege machten. Wir können Visionäre haben, die eine andere Realität sehen, wahrnehmen und spüren, und bei dem Versuch, diese Visionen umzusetzen, werden wir durch unser Menschsein und die geschichtliche Zeit, in der wir uns befinden, begrenzt.

- Zum jetzigen Zeitpunkt ist es offensichtlich, dass Frauen und indigene Menschen eine wesentliche Rolle dabei spielen, wohin wir von hier aus gehen.

- Ist es deshalb, weil Frauen und Indigene Fähigkeiten, Wahrnehmungen und Erkenntnisse haben, die bei der Errichtung des gegenwärtigen Systems nicht anerkannt, nicht wertgeschätzt und nicht eingesetzt wurden? Vermutlich!

- Ist es deshalb, weil diese Gruppen, wenn sie akzeptiert und ermutigt würden, dann Lösungen und Vorgehensweisen einbringen würden, die einzigartig, nützlich und sinnvoll wären? Vermutlich!

- Ist es deshalb, weil im jetzigen System Frauen und Indigene und ihre Weisheit so unterdrückt und verleumdet wurden, dass sie sich fürchteten, diese zu äußern? Vermutlich!

- Ist es deshalb, weil dieses innere Wissen nicht deutlich gemacht wurde und es deshalb die Chance hatte, im Stillen zu wachsen und zu reifen? Vermutlich!

- Könnte es sein, dass die tatsächliche Unterdrückung von Frauen und Indigenen zum Wachsen bestimmter Eigenschaften führte, die sich für die Zukunft als unabdingbar erweisen werden? Vermutlich!

- Könnte es ein, dass Unterdrückung und Unterjochung hilfreich und notwendig dafür sind, dass Frauen und Indigene nach einer anderen, vielleicht besseren Ordnungsweise und nach größerer Gleichberechtigung dürsten? Vermutlich!

- Könnte es sein, dass Frauen aufgrund dieser Unterdrückung gezwungen waren, neue Fähigkeiten zu entwickeln, die der Schlüssel zu einem neuen Paradigma sein können, in dem Diskriminierung und Unterdrückung nicht akzeptiert oder nicht möglich sind? Sehr wahrscheinlich!

Vielleicht sind die Dinge, die wir als menschliche Merkmale bezeichnen, einfach nur die Merkmale eines TMMS, und vielleicht hat die weiße, westliche Kultur sich nicht zu Nutze gemacht, was für die menschliche Spezies möglich ist. Wie oft benutzen wir den Ausspruch „Das ist nur menschlich", um darauf hinzuweisen, was Menschen in einer süchtigen TMMS-Kultur tun?

- Die Menschen wissen zum jetzigen Zeitpunkt der Geschichte vielleicht nur, was es heißt, auf den niedrigeren Ebenen unseres Menschseins einen Beitrag zu leisten.

Mit diesem größeren Blick auf das, was möglich sein kann, ist es jetzt an der Zeit, dass Frauen und Indigene (siehe mein Buch *Becoming a Hollow Bone*) prüfen und bewerten, was sie zur Entstehung eines besser funktionierenden Paradigmas beitragen können. Vielleicht kann ein lebendiges Paradigma entstehen, das in einer tieferen Spiritualität gründet und für die gesamte Schöpfung anwenderfreundlicher ist.

- Aus globalen Gründen können wir nicht mehr klein denken und uns von Symptomen und Stoppern ablenken lassen.
- Es ist Zeit, unsere kulturelle Programmierung abzuwerfen und zur Essenz unserer Weisheit und Kreativität vorzudringen.

Welchen spezifisch weiblichen Beitrag Frauen leisten könnten

EINFÜHRUNG

B is hierher haben wir uns mit der Geschichte der Frauenbewegung befasst und uns kurz im Allgemeinen angesehen, welchen Platz Frauen in der Geschichte der Menschheit und ihrer Entwicklung als Spezies eingenommen haben. Wir haben die eindeutige Dominanz der Männer bei der Entwicklung unserer Spezies auf diesem Planeten erkannt. Wir haben das Ergebnis einer von Testosteron gesteuerten, aggressiven und von der linken Gehirnhälfte des Menschen dominierten Evolution gesehen und die Wissenschaft und Institutionen betrachtet, die diese Art von Kultur hervorbrachten. Es ist klar, dass jede Wissenschaft eine Schöpfung der Kultur ist, in der sie existiert. Das trifft auch auf die Religionen zu. Jede offenbarte und dominante Religion wurde von „Propheten" oder „Göttern" geschaffen, die wertvolle und wichtige Lehren brachten. Bei der Betrachtung unserer Spezies wird außerdem ersichtlich, dass Macht und Einfluss in den Händen von Männern lagen und liegen, und dass die dominanten Kulturen von Männern mit der Hilfe von uns allen entwickelt wurden. Auch können wir klar den Einfluss der indigenen Völker und ihrer Anschauungen auf die Gründungsdokumente der USA erkennen, und dass bei der Umsetzung dieser Ideale die Gründungs*väter* auf das zurückgriffen, was sie aus der Politik und den kirchlichen Strukturen ihrer Herkunftsländer kannten.

Zum jetzigen Zeitpunkt werden alle dominanten Kulturen von den Männern unserer Spezies kontrolliert. Mit der sich global immer weiter ausbreitenden westlichen Kultur und Wissenschaft sind unsere bisherigen Versuche, uns über die Welt, in der wir leben, zu informieren und über sie zu lernen, von der westlichen Wissenschaft beherrscht, von männlich dominierten Religionen und gesellschaftlichen Strukturen, die von Männern konzipiert wurden.

Dies ist die Situation, in der wir uns befinden. Und es ist offensichtlich: Obwohl diese religiösen Glaubenssysteme, wissenschaftlichen Überzeugungen und Methoden von Männern dominiert sind, haben Frauen passiv und als Komplizinnen bei ihrer Entwicklung und ihrem Aufbau mitgemacht. Denn diese Systeme wären nicht und hätten nicht ohne die Hilfe und die (wenn auch stillschweigende) Unterstützung von Frauen entwickelt werden können. Noch wären sie ohne die aktive und passive Unterstützung von Frauen gewachsen und hätten ihren Fortbestand sichern können.

Obwohl Frauen diese Systeme erlernt haben und in ihnen immer kompetenter werden, gibt es bei vielen Frauen ein wachsendes Unbehagen darüber, wie diskriminierend diese dominanten Systeme gegenüber Frauen sind und wie sehr sie weibliches Wissen ignorieren. Dieses Unbehagen wird den Frauen und hoffentlich auch den etablierten Systemen immer stärker bewusst. Außerdem funktionieren diese Lebensanschauungen einfach nicht.

Seit über 50 Jahren sagen eingeborene spirituelle Führer und Älteste, es werde eine Zeit kommen, in der indigenes Wissen zur Rettung des Planeten notwendig sein werde und Frank Fools Crow sagte, es werde viele Jahre des Friedens und des Wohlstands geben und sie würden von den Frauen eingeleitet. Vielleicht ist jetzt diese Zeit gekommen

Im ersten Abschnitt dieses Buches erforschten wir kurz die Geschichte der Frauenbewegung. Wir untersuchten außerdem die Phasen und den Fortschritt, den Frauen erzielt haben, um in diesem System die regulären Menschenrechte zu erhalten, und wir stellten fest, dass Frauen heute dank der aufeinander folgenden Phasen der Frauenbewegung mehr Selbstachtung und Selbstbewusstsein besitzen.

Wir haben untersucht, wie Frauen durch dieses wachsende Bewusstsein immer weniger gewillt sind, sich von außen (durch Männer) definieren zu lassen, und sich in einem Prozess der Selbstfindung und Selbstbewusstheit befinden, der nicht von außen kommt. In dem Maße, wie Frauen die alten Mythen der „Ursünde, als Frau geboren zu sein", des „Mangelhaft-Seins" und des „Ein-Fehler-Seins" abschütteln können, weitet sich ihr Bewusstsein.

Es fiel Frauen sehr leicht, sich die Überzeugungen, Kompetenzen und Verhaltensweisen des dominanten Systems anzueignen und sie zu meistern. Sie haben sich in der Wissenschaft und Mathematik des dominanten Systems ausgezeichnet und beginnen dabei die Begrenzungen beider zu erkennen.

Die westliche Wissenschaft und ihre Institutionen sind, so wie sie entwickelt wurden und heute existieren, in den Augen der Frauen nicht in der Lage, die Bedürfnisse der Menschen, der gesamten Natur und des Planeten Erde zu stillen. Das Suchtsystem/das Technologische, Materialistische, Mechanistische System ist interessant. Es kann definitiv unsere Zeit und Kraft absorbieren – und es ist einfach nicht das, was die Erde zum jetzigen Zeitpunkt braucht und wohin die Menschheit sich entwickeln muss.

Wir haben gesehen: Das gegenwärtige System zerstört den Planeten. Im Abschnitt über Symptome wurden wir eingeladen, einen langen, genauen, wenn auch schmerzlichen Blick auf die Resultate und Folgen des von uns geschaffenen Systems zu richten. Angesichts unserer Gehirnwäsche im reduktionistisch antrainiertem Denken ist es leicht ersichtlich, dass wir selten dazu gezwungen werden, unseren Blick auf die Systeme als Ganzes zu lenken. Und wenn wir es, wie im Abschnitt über Symptome, tun, erscheint die Wahrheit als unbarmherzig und schockierend.

Sodann betrachteten wir die Stopper, die Frauen gegenüber sich selbst und welche andere Menschen gegenüber den Frauen einsetzen, um sie davon abhalten, heil zu werden, zu wachsen, sich als Menschen oder kulturelle Systeme zu entwickeln. Aufgrund dieser Stopper haben die Frauen nie ihren vollen Beitrag zur Schaffung einer modernen Gesellschaft geleistet. Und so hatten die Kultur und die Menschheit nie das erforderliche Gleichgewicht, um die zu werden, die sie werden könnten.

In Abschnitt I bündelten wir alle diese Informationen, um eine breitere Sichtweise zu erlangen. Und was steht für uns als Nächstes an? Dieses Buch ist kein Angriff auf Männer, keine Beschwerde über Männer und fokussiert auch nicht auf die Begrenzungen des Systems, das sie (wir) geschaffen haben. Die Erkundung all dieser Informationen sollte uns allen einen Realitätscheck und eine gemeinsame Hintergrundperspektive ermöglichen. Das haben wir hiermit gemacht.

Dieses Buch ist ganz eindeutig ein Buch für Frauen. Um ihnen erkennen zu helfen, wie weit sie gekommen sind. Um ihnen erkennen zu helfen, wie sie dazu beigetragen haben, diesen Schlamassel zu schaffen, der in der westlichen Kultur heute vorherrscht. Und, was am wichtigsten ist: Es ist ein Buch, das Frauen herausfordert, ihr Wissen einzubringen und ihre besonderen Fähigkeiten und Kompetenzen einzusetzen, damit sich die Menschheit zu dem entwickelt, was sie sein kann. Frauen haben zu diesem Zeitpunkt in der Geschichte eine ganz bestimmte Rolle zu spielen und dank all der Arbeit, die sie als Einzelne und als Kollektiv geleistet haben, sind sie dazu fähig und der Aufgabe gewachsen.

Dieser Abschnitt widmet sich der Erforschung der speziellen weiblichen Beiträge zum Aufbau der Kultur und wie wir Frauen als Individuen und als Spezies vorankommen können.

Wir stehen an der Schwelle einer Revolution, die ebenso groß oder noch größer ist als der Übergang des Menschen vom Jäger und Sammler zum Ackerbauern, noch größer als die kopernikanische oder industrielle Revolution. Und, sie kann sich nur ereignen, wenn Frauen vortreten und darauf bestehen, als Gleichwertige behandelt zu werden, die wertvolles Wissen besitzen.

Wir besitzen durchaus einige Indizien dafür, was Frauen aus ihrer Veranlagung heraus einbringen können und was anders ist aufgrund ihrer Erfahrungen, ihrer DNA, ihrer Gehirn- und Hormonstruktur und des Wissens, das sie als ausgebeuteter Teil der Menschheit gewonnen haben (diese Gruppe umfasst natürlich eine große Anzahl von Menschen).

In den meisten Fällen wurden diese Bereiche des Wissens von den Frauen aus Angst geheim gehalten (sogar vor sich selbst) und blieben unausgesprochen. Darüber hinaus gibt es Unterschiede, die bekannt und offensichtlicher sind. Sexismus und Patriarchat haben teilweise das von Frauen über Jahrhunderte erworbene Wissen nicht unterstützt oder wertgeschätzt. Frauen wurden ermutigt, Fertigkeiten in solchen Bereichen zu entwickeln, die das Patriarchat unterstützten und sich nicht störend oder bedrohlich auf die Regelung der „wichtigen" Handlungsbereiche und seine Machtbasis auswirkten. Im Laufe der Jahrhunderte haben Frauen ihr eigenes Sachwissen auf Gebieten entwickelt, die über eine technologische, mechanistische und materialistische Gesellschaft hinausgehen.

Lassen Sie mich zu Beginn dieses Abschnitts eindeutig sagen, dass diese neuen Entwicklungen bereits im Gange sind und in ihrem Verlauf weiterhin Prozesse sein werden, keine Muster und keine vorgefassten Schritte zur Erreichung eines vorab festgesetzten Ziels. Und, wie bei den meisten menschlichen Unternehmungen wird es auf diesem Weg vermutlich einige Umwege geben.

A. Der momentane Wissensstand der Frauen

Wir wissen, dass Frauen noch nie zuvor in der Menschheitsgeschichte eine bessere Chance hatten, die Richtung der menschlichen Entwicklung zu beeinflussen und eine bessere Welt zu erbauen. Es gibt weltweit einfach mehr Bewusstheit, mehr Stärke und mehr Teilnahme seitens der Frauen als jemals zuvor. Diese Teilnahme, dieses Teilnehmen ist entscheidend. Spiritualität ist Teilnehmen. Konzeptionelle, intellektuelle und nicht-partizipatorische Religionen reichen nicht mehr aus, um die spirituellen Wege des Planeten zu lenken. Frauen haben die Fähigkeit, aus einer größeren Perspektive heraus ein Bewusstsein dafür zu entwickeln.

Frauen sind teilnehmende Wesen und ihre Entwicklung und ihr Wachstum verlaufen besser, wenn beides aus ihrer Erfahrung und ihrem Teilnehmen kommt und nicht nur aus entkörperlichten Konzepten. Diese können interessant sein und Spaß machen – und wir müssen uns daran erinnern, dass sie aus unserem Denken kommen und damit möglicherweise unreal sind. Frauen sind auch geborene Forscherinnen. Ihr Forschen erfolgt hauptsächlich über Wahrnehmen und Beobachten. Sie sammeln immer Informationen – und zwar solche, die auf Erfahrung beruhen. Sie nehmen wahr, was um sie herum geschieht und überprüfen ihre Hypothesen durch ihr Teilnehmen. Die empirische Wissenschaft schätzt diese Art des Informationen-Sammelns nicht. Und es ist trotzdem ein Sammeln von Daten, von nützlichen Informationen für das Leben. Außerdem sind es jene Daten, die in der herrschenden Kultur ignoriert worden sind. Man könnte sagen, das empirische Sammeln von Daten leugnet die tiefe partizipatorische, spirituelle Basis der Frauen, die wiederum die Wahrnehmungen der Frauen, die tendenziell eher ganzheitlich sind, ins Gleichgewicht bringt.

Ich mag sehr, was Ashley Judd im Internet zu diesen Themen gepostet hat. Ähnlich wie mit den Themen, die ich in meinem ersten, 1981 veröffentlichten Buch *Weibliche Wirklichkeit* ansprach, bringt sie die Themen, mit denen sich Frauen konfrontiert sehen, auf eine systemische Ebene. Sie erkennt klar, dass es in dem System, in dem wir leben und das sie als Patriarchat bezeichnet, nicht nur um Männer geht. Auch sie erkennt, dass es von Männern *und* von Frauen (dem Weißen Männlichen System und dem Reaktiven Weiblichen System) unterstützt wird. Wie ich beschrieb, wird dieses System von Männern definiert – mit all unserer Hilfe, und Macht und Einfluss liegen bei Männern – mit all unserer Hilfe. Ihr besonderer Fokus liegt darauf, dass die Interessen von Jungen und Männern den Vorrang haben gegenüber den Interessen von Mädchen und Frauen, wenn es um die „Integrität, Autonomie und Würde" von Mädchen und Frauen geht. Das sind Gedanken, die ich uneingeschränkt teile.

Sehr interessant fand ich ihre Erkenntnis, dass Mädchen und Frauen die männliche Obsession bezüglich des Gesichts und des Körpers der Frauen übernommen haben. Besonders bewegte mich ihr Eingeständnis, auch sie habe (wie die meisten von uns) „das Patriarchat fast nahtlos internalisiert". Sie erklärt weiter, wenn Frauen das Patriarchat internalisieren, auch sie missbräuchlich werden gegenüber sich selbst und anderen Frauen.

Wie tiefgründig – und befreiend – ist es zu *erkennen*, dass Frauen in das Problem verstrickt worden sind. Nur wenn Frauen diese Wahrheit erkennen, können sie individuell und kollektiv als Mädchen und Frauen wirklich heilen.

Ich spürte Hoffnung und Erleichterung, als Ashley Judd den alten Spruch zitierte: „Was andere über mich denken, geht mich nichts an." Mit kraftvollen Worten führt sie weiter aus, gut und schlecht seien nur Interpretationen und sie sei nicht mehr bereit, ihre Kraft, ihre Selbstachtung oder die Bestimmung über ihren Körper an andere abzugeben. Abschließend spricht sie darüber, wie sie sich mit sich selbst fühlt, über ihre persönliche Integrität und ihre Beziehung zu ihrem Schöpfer, *was für uns alle ein gutes Mantra ist.*

Frauen als Gruppe beginnen zu erkennen, was die Teilnahme an diesem System sie selbst, das System und den Planeten Erde gekostet hat. Vom alten System/Paradigma/Patriarchat umgeben, waren Frauen gezwungen, selbst Anstrengungen zu unternehmen, um einen Weg zu finden, der ihrer Integrität und ihrer Beziehung mit dem Schöpfer entspricht. Das ist und war nicht leicht.

Um sich selbst definieren zu können und sich dem Angriff des dominanten Systems zu widersetzen, mussten sich Frauen zurückziehen und auf das zurückgreifen, was sie von innen her als wahr erkannten. Dieser Prozess des In-sich-Zurückziehens hat sie viel über ihre persönliche Integrität gelehrt. Ein solcher Prozess des Kämpfens um persönliche Integrität ist vielleicht nicht so wichtig, wenn man akzeptierter Teil des herrschenden Systems ist. Wer sich bequem im dominanten System eingerichtet hat, braucht diese Fähigkeiten in der Tat vielleicht überhaupt nicht zu entwickeln. Doch sind es wertvolle Talente. Vielleicht ist ein solcher Entwicklungsprozess noch schwieriger, wenn man ein akzeptierter Teil des herrschenden Systems ist, weil man bereits akzeptiert ist!

Die Erfahrung, sich selbst definieren und die eigene persönliche Integrität verteidigen zu müssen, ist für Frauen von hohem Wert und mit tiefen Gefühlen verbunden. Diese notwendigen Prozesse haben den Frauen schmerzhafte und wesentliche Lektionen erteilt. Es ist hilfreich für Frauen zu wissen, dass sie es mit einem Glaubenssystem und einem System von Überzeugungen zu tun haben und nicht nur mit Einzelpersonen, mit der menschlichen Natur und definitiv auch nicht mit der Realität.

Frauen lernen diese Dinge durch ihre persönlichen Kämpfe und weil sie diese Dinge erfahren haben, können sie etwas zum großen Ganzen beitragen. Diejenigen, die dominieren, werden nie die Gelegenheit haben, dies zu tun.

B. Die heutigen Frauen sind ein neuer Frauentyp

Für die gesamte Menschheit auf diesem Planeten und für den Planeten selbst ist dies eine sehr aufregende und entscheidende Zeit. Wir scheinen uns einer Phase zu nähern, in der wir als Spezies die Chance haben, uns von Ausbeutung hin zu Partizipation an der gesamten Menschheit und an allem Leben auf dem Planeten zu bewegen.

Was unsere Entscheidungen bezüglich der menschlichen und planetarischen Entwicklung anbelangt, stehen wir allem Anschein nach wiederum an einem weiteren Scheideweg, was in seiner Bedeutung vergleichbar ist mit dem Aufkommen der Landwirtschaft, der kopernikanischen Revolution, der Einführung der modernen Wissenschaft und der industriellen Revolution. Während wir uns als Rasse irgendwie durchwursteln, müssen wir erkennen, dass die in der Vergangenheit getroffenen Entscheidungen nicht nur nicht die besten für den Planeten als Ganzes, sondern oft auch nicht gut für die Menschheit waren. Wir stehen heute an einem Punkt, wo wir anders denken, ein neues Bewusstsein erreichen und uns in ganz neuen, noch unbekannten Verhaltensweisen üben müssen. Die Möglichkeiten sind weitgespannt, aufregend und verlockend.

Es ist klar, dass Frauen eine wichtige Rolle bei der Entscheidung spielen, was aus ihnen werden wird. Außerdem werden diese Entscheidungen nicht nur die materielle Ebene betreffen, so wie das in der Vergangenheit bei den meisten „Lösungen" und Entscheidungen angestrebt wurde. Diese Revolution wird eine Revolution darin sein müssen, was und wie wir denken, sie wird unsere Weltanschauungen, unsere partizipatorische Ethik und unser Sein umfassen. Sie muss alle dieser Bereiche herausfordern und neu gestalten und gleichzeitig dem Prozess des Entfaltens vertrauen, ohne zu versuchen, dieses Entfalten aus einer bestimmten Perspektive heraus zu kontrollieren oder aus der Überzeugung, dass wir das Ergebnis bereits kennen. Und, Frauen müssen die Verantwortung übernehmen und sich mit ihrer Weisheit und Weitsicht einbringen, ohne zuzulassen, dass die Männer die gesamte Verantwortung schultern.

Ein neuseeländischer Ältester und Tahunga sagte mir vor vielen Jahren: „Die Männer hinken den Frauen um 5.000 Jahre hinterher. Sie hörten einfach auf, weiter zu wachsen. Es ist nicht ihre Schuld. Sie sind nicht schlecht. Sie hörten einfach auf, sich weiterzuentwickeln. Frauen müssen jetzt die Führung übernehmen." Da die Frauen tatenlos zugesehen und sich auf die „Stopper" verlassen haben, führten die Männer dieses Planeten aufgrund ihrer Hormone, ihrer chemischen Abläufe und Gehirnstruktur die Menschheit auf Wege, die sich für die ganze Schöpfung als nicht so gut erwiesen haben. Die menschliche Kultur ist aus dem Gleichgewicht geraten. Während Männer dabei sind, einige der Glaubenssätze, Denkweisen und Verfahren zu verlernen, die ihnen ihr Denken als „Realität" vorspiegelte, müssen Frauen vortreten, um ein gewisses Gleichgewicht wiederherzustellen, die Führung zu übernehmen und um einen Teil jener Weisheit einzubringen, die sie aus ihrer Perspektive und ihrer Art, die Dinge zu tun, gewonnen haben und die sich als wirkungsvoll erwiesen haben.

Bei den in diesem Buch diskutierten und entwickelten Themen geht es nicht um Männer per se. Der Schwerpunkt liegt auf den Frauen und dem, was Frauen tun müssen, um kollektiv und als Spezies das persönliche und spirituelle Wachstum zugunsten der Gesundheit und des Wohlbefindens des gesamten Planeten zu fördern.

Frauen haben Jahrhunderte gebraucht, um dahin zu kommen, wo sie heute stehen in puncto Kraft, Klarheit, Kooperation, ihrer Bereitschaft zu vertrauen und das Risiko einzugehen, ihre Wahrnehmungen und ihre Wahrheit zu behaupten. Sie haben gekämpft und gerungen, um gehört zu werden und sie haben gekämpft und gerungen, um die kulturellen Mythen und Glaubenssätze darüber, wer sie sind und was sie sind und sein sollten, abzuwerfen.

Zu keiner Zeit der Menschheitsgeschichte waren Frauen als Individuen und insgesamt stärker. Verstehen Sie mich nicht falsch: Frauen waren immer stark, sonst hätten sie nicht überlebt. Und, zu keinem Zeitpunkt der Menschheitsgeschichte (von ganz wenigen individuellen Ausnahmen abgesehen) waren Frauen bereit und gewillt, als Gruppe vorzutreten und zu fordern, dass man sie hört und ihnen zuhört.

Vielleicht war es notwendig, dass Frauen, wie im Kapitel über Symptome beschrieben, an den Rand einer globalen Katastrophe gestoßen werden mussten, um gemeinsam etwas zu unternehmen, und diese Zeit ist jetzt.

Vielleicht sind die heutigen Frauen bereit, ans Licht zu treten und ihre Stimme zu erheben.

C. Die frühere Unterdrückung der Frauen kann ein Vorteil sein

Versuchen Sie sich vorzustellen, dass heutige Frauen etwas Wertvolles und Einzigartiges einbringen können, gerade weil sie jahrhundertelang ihr Inneres selbst unterdrückt haben und geknechtet wurden. Wie Shakespeare sagte: „Nichts ist nur gut oder nur schlecht, nur das Denken macht es so."

Ja, Frauen wurden (als Gruppe) während der gesamten Geschichte zu Opfern gemacht und unterdrückt. Das ist eine Tatsache. Ihre Fähigkeiten und ihre besondere Weisheit wurden und werden ständig abgewertet (wie die der indigenen Völker auch). Frauen wurden körperlich, emotional, spirituell und psychisch von einer feindlichen, respektlosen Welt geschlagen, die selten schätzte, was sie anzubieten hatten, es sei denn, es unterstützte und stärkte das dominante System.

Zweifellos spiegelt dieser Missbrauch die allgemeine Geschichte der Frauen auf diesem Planeten wider. Alle geschichtlichen Fakten belegen diese Realität. Und es ist zu hoffen, dass die zweite Phase der Frauenbewegung einen Teil jener kollektiven Wut beseitigte und die nachfolgenden Frauen weitere Teile jener kollektiven Wut löschten. Aufgrund ihrer Arbeit für alle Frauen sind die heutigen Frauen vielleicht bereit, mit Dankbarkeit gegenüber allen, die vor ihnen kamen, weiter vorwärts zu streben.

Was haben Frauen aus ihrer Unterdrückung gelernt?
Sehr viel!
Sie haben Folgendes gelernt:

- Unterdrückung ist nicht fair.
- Unterdrückung führt zu Problemen, wenn versucht wird, die aufgestaute Wut zu lösen.
- Unterdrückung fühlt sich nicht gut an.
- Unterdrückung macht aus potenziellen oder wirklichen Freunden Feinde.
- Unterdrückung funktioniert nicht und trägt nicht zum Wohl des größeren Ganzen bei.

- Unterdrückung beutet wertvolle Ressourcen aus und verschwendet sie.
- Unterdrückung ist keine gute Lebens- oder Geschäftsweise.
- Unterdrückung ist für den Unterdrücker ebenso tödlich wie für den Unterdrückten.
- Unterdrückung verzerrt und verschlingt Spiritualität.
- Unterdrückung verhindert Heilen und Wachsen, sowohl beim Unterdrückten wie beim Unterdrücker.
- Unterdrückung eines Menschen oder einer Gruppe von Menschen stört und hemmt das Wachstum einer Person, einer Gesellschaft und einer Spezies für alle Beteiligten.
- Letztendlich lohnt sich Unterdrückung einfach nicht.

Frauen haben viel über die Auswirkungen von Unterdrückung gelernt und wie es sich anfühlt, unterdrückt zu sein. Frauen wollen eine andere Art und Weise finden, in dieser Welt zu sein und mit ihr in Verbindung zu treten. Das ist vermutlich der Grund, warum in jeder Menschenrechtsbewegung so viele Frauen sind. Wenn Frauen klar werden, wollen sie mit der Unterdrückerrolle nichts zu tun haben. Sie haben gelernt, dass *wie* sie sich verhalten wahrscheinlich *ebenso wichtig* oder *sogar noch wichtiger* ist als das, was sie schließlich zustande bringen. Da sie unterdrückt wurden, haben Frauen einige wichtige Lektionen gelernt und besitzen ein scharfes Gespür dafür, in welche Richtung sie als Menschheit gehen wollen und auf welche Weise sie *nicht* dahin gelangen wollen.

Jahrhundertelang unterdrückt zu werden, war nicht angenehm. Aus diesen Erfahrungen zu lernen, kann fantastisch sein!

D. Dualismen in menschlichen Beziehungen

Die Auswirkungen und Begrenzungen von Dualismen habe ich bereits angesprochen. Ich möchte wiederholen: Der Gebrauch von dualistischem Denken reduziert ein überaus reiches und komplexes Universum pulsierender Prozesse auf ein Dieses oder Jenes.

Wenn wir unsere Welt auf Dualismen reduzieren, gibt es folgende Auswirkungen: a) die Welt wird vereinfacht, b) es werden zwei Möglichkeiten angeboten, von denen keine ganz wünschenswert ist und deshalb c) halten sie uns fest und werden eine Art mentale Kontrolle. Dualismen sind einfach nicht praktisch und oft zerstörerisch.

Dualismen und die Welt als Hierarchie zu sehen gehen Hand in Hand.

Wenn es um mehr Macht für Frauen geht, sagen, fühlen oder reagieren Männer sehr häufig reflexartig so: Wenn Frauen mehr Macht bekämen, würden sie ihnen, den Männern, genau das antun, was Männer den Frauen angetan haben. Ihre Überzeugung scheint zu sein, dass ihre *Einschätzung* darüber, wie das Universum funktioniert, real und Realität ist, also ist es unvermeidlich, dass Frauen sie genauso behandeln werden, wie sie, die Männer, Frauen behandelten. Es gibt wenig oder keine Belege, die diese Illusion untermauern, doch das ist die Art und Weise, wie dualistisches Denken funktioniert.

Die meisten Frauen haben und hatten genug von einem Oben und Unten. Die meisten Frauen haben genug vom Unterdrücker-/Unterdrückte-Sein. Die meisten Frauen wollen etwas ausprobieren, das funktioniert und anders ist – Gleichberechtigung – Partnerschaften. Frauen interessieren sich nicht für Paternalismus oder Maternalismus. Beide sind zu umständlich und funktionieren nicht.

Frauen haben viel gelernt über den Ärger, den Groll, die Feindseligkeit und Hoffnungslosigkeit der dualistischen Entscheidungen und einer Gesellschaft mit einem Oben oder Unten. Obwohl sie die Fähigkeiten erlernten, diese Spiele zu spielen, halten Frauen sie im Allgemeinen für langweilig und uninteressant.

Frauen sind bereit, Gesellschaften aufzubauen, die den Wert von Unterschieden und Gleichheit voraussetzen.

E. Leben im Kontext

Frauen wissen, dass absolut alles im Kontext existiert. Im WMS/TMM-System konzentriert sich die Wissenschaft darauf, das zu untersuchende Objekt aus seinem Zusammenhang zu entfernen, es auf seine elementarsten Teile zu reduzieren und es zu studieren. Da diese Methode (Prozess) zum Wissenserwerb die Gesellschaft so sehr durchdringt, hat die Gesellschaft diese Methode für das Leben im Allgemeinen übernommen. Dies hat dazu geführt, dass wir in unserem

Denken und unserer Haltung zunehmend dazu neigen, den Kontext und seine Bedeutung für unser Verstehen und unser Leben zu leugnen und zu ignorieren. Frauen besitzen einen ausgeprägten Sinn für Kontext und sind aufgrund dieses Gewahrseins Multitaskerinnen und gute Organisatorinnen. Die Fähigkeiten, die Frauen einsetzen, um genau zu wissen, was im Kühlschrank liegt, wie lange jedes Lebensmittel noch gut ist, welche Lebensmittel sich gut miteinander kombinieren lassen, was bald ungenießbar wird und wie man aus den Zutaten interessante und gesunde Mahlzeiten komponiert, sind die gleichen Fähigkeiten, die zur erfolgreichen Führung eines Unternehmens erforderlich sind. In beiden Situationen ist es gut, sich des Kontexts bewusst zu sein und die Kompetenzen zu haben, damit umzugehen.

Frauen brauchen nicht die perfekte Situation, die perfekten Werkzeuge und eine ablenkungsfreie Umgebung, um ihre Arbeit zu erledigen, sonst käme (wie so oft in der TMMS-Kultur) überhaupt nichts zustande. Man könnte einwenden, Frauen seien sich des Kontexts deshalb so bewusst, weil sie unterdrückt wurden und deshalb immer wachsam und auf der Hut sein mussten. Diese Neinsager würden sagen, Frauen seien nicht *von Natur aus* kontextbewusst. Die Wahrheit ist – wen kümmert's?!

An diesem Punkt in der Menschheitsentwicklung haben die Frauen meistens einen ausgeprägten Sinn für den Kontext und wie er sich auf sie auswirkt.

Wie kann die Gesellschaft diese Kompetenz nutzen, damit wir 1. uns und unsere Welt besser verstehen, 2. eine sinnvollere, ganzheitliche, wissenschaftliche Herangehensweise entwickeln, und 3. besser mit einander und mit unserem Planeten leben?

Die Wahrheit ist, dass Frauen, was den Kontext betrifft, eine andere Sichtweise haben als Männer. Neulich sagte Patti Sellers, Herausgeberin des Fortune Magazine, im Fernsehen, sie habe das Leben erfolgreicher Frauen 15 Jahre lang verfolgt und mächtige Frauen seien anders als mächtige Männer. Sie sagte, Männer sähen sich die Karriereleiter aufsteigen und wollten im Grunde immer die nächst höhere Stufe erklimmen. Männer würden dazu neigen, Macht vertikal zu sehen. Frauen hingegen sähen sie horizontal. Ihrer Meinung nach gehe es den Frauen mehr um Einfluss. Nach meiner Erfahrung geht es Frauen von Natur aus nicht um Macht <u>über</u> etwas oder jemanden. Ihr Anliegen ist eher, ein Teilen der Macht zu fördern.

Patti Sellers vermutet, dass dies vielleicht auch der Grund dafür sein könnte, warum eine Gehaltserhöhung oder eine große Beförderung Frauen nicht in der US-amerikanischen Wirtschaft halten. Dem würde ich hinzufügen, dass Frauen vielleicht auch mehr an ernsthafteren menschlichen und humanen Problemen interessiert sind als daran, illusionäre „Macht über Dinge und Menschen" in der Wirtschaft zu erlangen – es sei denn, sie hätten, wie Ashley Judd es ausdrücken würde, „das Patriarchat internalisiert". Vielleicht sind Frauen einfach mehr an größeren und wichtigeren Themen interessiert als daran, die Karriereleiter aufzusteigen.

Dies ist ein Beispiel für das ausgeprägte und andersartige Gespür für Kontext, das Frauen bei Themen haben, über die Männer mehr zu wissen glauben.

Selbst Sheryl Sandbergs Beispiel, wie Frauen sich ihrer Meinung nach nicht „reinhängen" wollen (engl. Buchtitel *Lean In*), lässt außer Acht, was Frauen hinsichtlich eines ausgeprägten Bewusstseins für Kontext und seiner meist übersehenen Bedeutung anzubieten haben.

Sie wies darauf hin, dass Frauen eine berufliche Beförderung nicht auf die gleiche Weise anstrebten wie Männer (sie interpretierte dies so, dass Frauen weniger ambitioniert seien, eine Führungsrolle anzustreben). Das von ihr benutzte Beispiel dafür, dass sich Frauen nicht „reinhängen" und nicht für sich werben, sei die von ihnen vorgebrachte Rechtfertigung, sie würden in ihrem derzeitigen Job immer noch lernen und wären für eine Beförderung nicht bereit oder wollten keine. Nach ihrer Interpretation war dies negativ. Sie schien davon auszugehen, dass Frauen, wie im dominanten System üblich, immer die Beförderung anstreben *sollten*.

Im Kontext gesehen ist da vielleicht etwas anderes am Werk. Wie viele Männer gibt es in der Geschäftswelt, von denen wir gerne gehört hätten: „Ich lerne immer noch in diesem Job", oder „Ich bin noch nicht so weit". Dies ist oft kein Mangel an Ehrgeiz. Es ist gesunder Menschenverstand. Viel zu häufig wollen Männer nur um der Beförderung willen befördert werden (ist es ein Ego-Ding?) oder um mehr Geld zu verdienen (kein „Mehr" wäre jemals genug). Könnten diese Männer so selbstzentriert sein, dass sie sich der Bedeutung des Kontexts für sich selbst, für andere, für ihren Arbeitsplatz und für ihre Familien nicht bewusst sind? Wahrscheinlich, in dem jetzt herrschenden System.

Frauen haben eine Menge einzubringen über ihr Wissen um Kontext und ihren Respekt davor und über die Art, wie sie, im Kontext, Erfolg interpretieren und andere, wichtige Themen.

F. Ehrlichkeit

Wie Frauen auf Unehrlichkeit reagieren und damit umgehen, unterscheidet sich davon, wie Männer und das TMM-System mit Ehrlichkeit und Unehrlichkeit umgehen.

Sicher wird jemand das hier Gesagte gleich in Frage stellen und einwenden: „Das ist ja wohl ein Witz! Frauen sind vollendete Lügnerinnen. Was ist mit all den ‚kleinen Notlügen‘, die Frauen die ganze Zeit von sich geben? Frauen lügen ständig, um zu manipulieren, die Oberhand zu gewinnen und zu kontrollieren, um zu bekommen, was sie wollen, um einem Konflikt aus dem Weg zu gehen oder – ohne jeglichen Grund. Was in der Welt könnten Frauen zur Ehrlichkeit beitragen?"

Die obige Aussage und Fragen sind alle wahr und ein „Sowohl-als-auch/und mehr" stimmt ebenfalls (kein dualistisches Denken mehr!). Und, Frauen gehen mit Ehrlichkeit und Unehrlichkeit anders um als Männer.

Lügen und Unehrlichkeit sind das, was Psychologen als ego-syntonisch (integriert) in das WMS/Sucht-/TMM-System bezeichnen. Tatsächlich stellten wir während meiner jahrelangen Arbeit mit aktiven Alkoholikern und Süchtigen fest, dass eine der Haupteigenschaften von Sucht gewohnheitsmäßige Unehrlichkeit und Lügen ist, selbst wenn es anscheinend keinen Grund für das Lügen gibt. In dem von Männern mit all unserer Hilfe entwickelten und errichteten Paradigma/System werden Unehrlichkeit und Lügen vorausgesetzt, akzeptiert und erwartet. Wenn im dominanten System zwei oder mehr Menschen zusammenkommen, wird davon ausgegangen, dass der andere täuscht und unehrlich sein wird. Die Spielregel heißt Unehrlichkeit. Es herrscht die Überzeugung, nur naive und leichtgläubige Menschen *erwarteten,* dass die anderen ehrlich mit ihnen sind.

Und ja, Frauen haben gelernt, wie man das Spiel spielt, und sie spielen es gut. Tatsächlich gibt es dieses Phänomen bei Frauen und bei indigenen Menschen weltweit. Um zu überleben, mussten Indigene lernen, zu täuschen, zu lügen und zu manipulieren, wie die Frauen. Als ich dieses Thema mit eingeborenen Menschen auf der ganzen Welt besprach, sagten viele mit Tränen in den Augen: „Ich musste lernen, zu täuschen und gerissen zu sein. Wie sonst hätte ich unter den Weißen überleben können?"

Stellen wir also klar. Es ist nicht so, dass Frauen nicht lügen. Frauen lügen. Und, kommen wir darin überein, dass Unehrlichkeit in der westlichen Kultur die Norm ist und tief verwoben im Gewebe der Kultur. Und stimmen wir auch darin überein, dass Frauen, wie Männer, unehrlich sind. An diesem Punkt stehen wir heute in der Geschichte unserer Kultur.

Und, was Frauen einzubringen haben und was wichtig ist für die Zukunft, liegt darin, wie Frauen mit Unehrlichsein und Angelogen-Werden umgehen.

Wie Louann Brizendine in ihrem Buch *Das Weibliche Gehirn* sagen würde, ist das Talent der Frauen auf diesem Gebiet auf ihre Hormone und auf die Unterschiede in ihrer Gehirnstruktur zurückzuführen. Was auch immer es ist, Frauen besitzen von Natur aus das Talent zu wissen, wenn sie angelogen werden. Viele Frauen haben versucht, dieses Wissen abzuschalten oder in sich zu vergraben, und es ist immer noch da und wartet darauf, dass es geweckt wird und wir ihm vertrauen.

Für einige Frauen befindet sich dieses Warnsystem in ihrem Solarplexus. Werden sie belogen oder versucht jemand, sie zu betrügen oder zu manipulieren, „schlägt" ihr Solarplexus „an". Sie spüren ein leichtes Ziehen, einen Schmerz, ein Unwohlsein, fast ein Gefühl von Übelkeit in ihrem Solarplexus. (Dieses Bewusstsein besitzen natürlich nur Frauen, die nicht alle ihre Körperwahrnehmungen abgespalten haben. Vielen Frauen wurde das abtrainiert.) Sie versuchen vielleicht, diese Gefühle zu ignorieren, und wenn sie immer mehr zu ihrer eigenen Klarheit finden und sich selbst immer mehr vertrauen, heißen sie dieses Bewusstsein willkommen. Es kann sogar sein, dass Frauen in einer Situation sind, in der sie dem anderen wirklich *glauben* wollen, es wirklich *wollen*, dass die betreffende Person sie nicht anlügt (*wollen* ist hier das Schlüsselwort), und ihr Solarplexus schlägt dennoch an. Wächst ihr Selbstbewusstsein und ihr Selbstvertrauen, stellen die meisten Frauen fest, dass diese Warnung sie nie in die Irre geführt hat.

Sie wissen vielleicht nicht, über was der andere sie anlügt. Ihre *Interpretation* (Vorsicht vor Interpretationen!) trifft oft nicht ins Schwarze. Und, wenn sie einfach ihrem Solarplexus vertrauen und das Gesagte nicht leichtgläubig schlucken und einfach eine Weile damit sitzen, werden sie oft darauf kommen, was die

Unehrlichkeit ist. Erstaunlicherweise ist die Person, die sie anlügt, sich der Lüge oft selbst nicht bewusst, und wenn die lügende Person die andere kennt und ihr vertraut, ist sie vielleicht sogar erleichtert, dass sie auf die Lüge hingewiesen und ihr nicht geglaubt wurde. Dann haben beide etwas zu lernen und eine Strecke Weges miteinander zu gehen. Lügen ist in der heutigen Kultur so normal geworden, dass es fast nicht mehr auffällt und oft vorausgesetzt wird.

Frauen besitzen also in ihrer Veranlagung ein besonderes Talent, das ihnen hilft zu wissen, wann sie angelogen werden. Dieses Geschenk kann bei der Entwicklung eines neuen Paradigmas sehr hilfreich sein, ob im persönlichen Leben oder im Beruf, in der Regierung oder selbst der Religion. Unehrlichkeit muss nicht mehr eine Gegebenheit sein, die vorausgesetzt wird.

Im Allgemeinen tendieren Frauen dazu, sich mit Unehrlichkeit unwohler zu fühlen als Männer. Da scheint es wiederum etwas in ihrer Veranlagung zu geben, das bei Ehrlichkeit Erleichterung bringt, selbst wenn es schwierig ist. Für Frauen ist Unehrlichkeit ein persönlicher Angriff auf ein angeborenes Wertesystem, das unbekannt, unverstanden und unbewusst sein mag. Bei meiner Arbeit mit Frauen auf der ganzen Welt haben diese immer wieder ihre Erleichterung zum Ausdruck gebracht, wenn sie auf ihre unbewussten Unehrlichkeiten angesprochen wurden. Tatsächlich höre ich Frauen in den von mir angebotenen Gruppen oft sagen, sie fühlten sich sicherer in einer Gruppe, in der persönliche Ehrlichkeit und Ehrlichkeit in der Gruppe die Norm sind.

Nach meiner Erfahrung glauben Frauen auf einer ganz tiefen Ebene der Lüge nicht oder sie haben weniger Interesse daran, ihr zu glauben, als die Männer (was, wenn man darüber nachdenkt, auch Sinn macht, nicht wahr? Schließlich ist es *ihr* Paradigma). Nach meinen Beobachtungen wissen Frauen in den meisten Fällen, dass sie lügen, wenn sie lügen, und wie gut sie es auch können, sie fühlen sich unwohl damit. (Dies steht natürlich in umgekehrtem Verhältnis dazu, wie „integriert" sie in das dominante System sind.)

Vielen Frauen wird, wenn sie in sich stärker geworden sind, gesagt: „Du bist zu ehrlich, sei lieber vorsichtig damit." Mutig sind jene Frauen, die sich nicht von ihrer Überzeugung abbringen lassen, dass Ehrlichkeit eine sichere Umgebung schafft und angestrebt werden sollte. Selbst die kleinste, bedeutungslose Lüge kann ein Gefühl von Unsicherheit hervorrufen.

Lassen Sie mich noch einmal bekräftigen: Frauen wissen, wenn sie unehrlich sind. Sie haben die Fähigkeit zu merken, wenn jemand ihnen gegenüber unehrlich ist. Sie fühlen sich sicherer in einer Umgebung, in der Ehrlichkeit die Norm ist.

Wir leben in einem System, in dem Unehrlichkeit die Norm ist in Politik, Wirtschaft, in Familien und unseren persönlichen Beziehungen. Unehrlichkeit und das Fehlen einer persönlichen und öffentlichen Moral funktionieren nicht allzu gut.

Frauen können tatsächlich viel zum Aufbau eines ehrlicheren Paradigmas beitragen.

G. Vier besondere Talente der Frauen: Weitblick, Scharfsinn, Beharrlichkeit, Pingeligkeit

1. Weitblick

Frauen haben die Gabe einer sehr breiten und tiefen Sichtweise, die sie in alles, was sie tun, einbringen. Sie können sich dem winzigsten Detail hingeben (bis an den Punkt, an dem sie alle um sich herum zum Wahnsinn treiben), und sie können gleichzeitig scheinbar divergierende und zusammenhangslose Teile und Prozesse zum besseren Verständnis des Ganzen zusammenbringen.

Frauen sind, wie bereits erwähnt, unermüdliche Forscherinnen, die äußere und innere Daten aus den unterschiedlichsten Quellen zusammentragen. Ohne große Anstrengungen registrieren Frauen in einer Gruppe von Menschen gleichzeitig, wer welche Kleidung trägt, wer mit wem spricht, welche Cliquen bestehen oder neu entstehen. Sie können außerdem aufnehmen und registrieren, wer mit wem flirtet, wo sexuelle Energie herumschwirrt und welche Situationen und Interaktionen angespannt sind oder potenziell stressig erscheinen.

Gleichzeitig bemerken Frauen, welches Essen und welche Getränke serviert wurde, wer was mochte, wer vermutlich ein Trinkproblem hatte oder auf das Essen fixiert war, wie der Raum dekoriert war und ob er zu Wohlbefinden, Unwohlsein, gelassener Entspannung einlud oder überladen war.

Während Frauen bewusst oder unbewusst all diese Informationen aufnehmen und abspeichern, sind sie sich auch ihres eigenen inneren Zustandes oder ihrer Befindlichkeit bewusst. Sie spüren, an welchem Platz im Raum sie sich am wohlsten *fühlen*. Mit welchen Personen sie sich wohl oder unwohl fühlen. Wie leicht oder schwierig es ist, unerwünschte Energie und Aufmerksamkeit abzuwehren und sich gleichzeitig zu amüsieren und voll präsent zu sein.

Da sich Frauen des Kontextes bewusst sind – ihres inneren lebendigen Kontextes und ihres äußeren lebendigen Kontextes – verfügen sie oft über eine sehr breite Perspektive auf das, was im Innern und im Außen vor sich geht. Ihre Fähigkeit, die verschiedenen Beziehungen und Prozesse in, zwischen und innerhalb ihrer Welt zu erkennen und zu *erfahren*, schenkt ihnen den Zugang zu einer Sichtweise, die in einer technologischen, reduktionistischen, empirischen, mechanistischen Welt nicht die Norm ist.

Angesichts einer reduktionistischen Wissenschaft, die alles beherrschte und Amok lief, war unsere Kultur in der Vergangenheit mehr daran interessiert, unsere Welt auf ihre kleinsten Teile zu reduzieren und diese endlos zu studieren. Leider ging durch diese Herangehensweise eine Menge an Informationen verloren, die eine umfassendere Sichtweise ermöglicht hätte.

Es ist nicht möglich, eine breite, umfassende Sichtweise zu haben ohne ein Bewusstsein für Kontext und die Bedeutung des Wissens, dass alles im Kontext existiert. Frauen besitzen ein besonderes Talent dafür, die Welt (im Innen und Außen) aus einer solchen Perspektive heraus zu sehen, und das beeinflusst die Art und Weise, wie Frauen auf ihren Planeten reagieren, in ihm und mit ihm reagieren, für sich und für ihn reagieren.

Wir scheinen in eine Phase einzutreten, in der diese Gabe des Erkennens, Erlebens und Verstehens großer und kleiner Perspektiven und ihrer Beziehungen zueinander an vorderster Front der sich neu entwickelnden Natur- und Sozialwissenschaften stehen wird. Und, wie Frauen und andere erkennen werden, wird der Fähigkeit, sich von archaischen Annahmen und Überzeugungen zu lösen und das größere Bild sehen zu können, in der Zukunft ein immer höherer Wert beigemessen werden. Ich hörte einmal die Geschichte eines jungen Ojibwa Mädchens, das ihre Urgroßmutter fragte: „Großmutter, warum ließen wir die Weißen kommen und bleiben? Wir waren in der Überzahl. Wir hätten sie alle töten können. Warum haben wir das nicht gemacht?"

Die alte Großmutter schwieg eine Weile und sagte dann ruhig: „Weil sie uns brauchten."

Sie hatte eine umfassende Perspektive.

Ich habe festgestellt, dass indigene Menschen weltweit eine gut entwickelte, ungeheuer große Perspektive haben. Am augenfälligsten zeigt sich dies in ihrem Respekt gegenüber Ältesten und besonders weiblichen Ältesten.

In den östlichen Stämmen Nordamerikas waren es allein die Frauen, insbesondere die älteren Frauen, die entscheiden konnten, ob der Stamm in den Krieg zog, *und* sie waren die einzigen, die den Häuptling absetzen konnten. Und zwar deshalb, weil sie als ältere Frauen den größten Weitblick hatten. Da es uns in der gegenwärtigen westlichen Kultur an Respekt für Älteste und Frauen mangelt, können wir nicht auf diese wertvolle Ressource zurückgreifen, wenn sie gebraucht wird.

Wenn Menschen älter werden, beginnen sie zu erkennen, dass das Leben aus Phasen besteht, die sie durchlaufen. Während sie diese Phasen bewältigen, setzen sie den Hauptteil ihrer Kraft für die Bewältigung der jeweiligen Phase ein: für Ausbildung/Bildung, um sich als aktives Mitglied der Gesellschaft zu etablieren, um Kinder aufzuziehen oder mit Beziehungen klarzukommen. Ihre Zeit und Kraft sind damit erfüllt, mit den unterschiedlichen Erfahrungen, die jede Phase bietet, umzugehen und (hoffentlich) ihren Sinn zu erkennen.

Werden diese Individuen dann (hoffentlich) älter, sehen sie das Leben nicht nur als die Erfahrung, in die sie so involviert sind. Wenn sie im Laufe ihres Lebens ihre innere Arbeit gemacht haben, erhalten sie mit der Zeit eine andere *Sichtweise* auf jede Erfahrung, die damals ihre gesamte Energie beanspruchte, und sie sehen ihr Leben mehr und mehr in seinem sich entfaltenden *Kontext* und gewinnen eine breitere Sichtweise auf das Leben selbst. Sie sehen das Leben nicht als ein statisches Stadium, sondern als einen sich entfaltenden, fortlaufenden Prozess.

Gerade diese sich entfaltende Perspektive ist es, die Älteste und besonders weibliche Älteste, die diese Fähigkeiten in hohem Maße besitzen, uns allen anbieten können.

Eine breitere und tiefere Sichtweise zu entwickeln, ohne sich von den Stoppern und Symptomen allzu sehr ablenken zu lassen, ist eine *Fähigkeit* und eine *Verantwortung* von Frauen.

2. Scharfsinn

Scharfsinn, was für ein wunderbares Wort, ein Wort, mit dem Frauen sich anfreunden und dessen Eigenschaften sie fördern müssen, da es Eigenschaften sind, die Frauen von Natur aus haben.

Frauen sind in ihrem Denken und ihren Beobachtungen sehr scharfsinnig. Ihre Fähigkeit, Gemeinsamkeiten und Unterschiede wahrzunehmen und zu unterscheiden, ist tatsächlich sehr ausgeprägt. In früheren Generationen haben Frauen dieses Talent aufgrund der kulturellen Gegebenheiten viel zu häufig im Kampf gegen andere Frauen verschwendet. Nur weil sie diese Kompetenz in der Vergangenheit zur Unterstützung unserer männer-dominierten dysfunktionalen Gesellschaft eingesetzt haben, heißt das nicht, dass diese Fähigkeit in der heutigen Welt nicht wertvoll ist. Ob Sie es mögen oder nicht, Frauen sind scharfsinnig.

Frauen können Unterschiede, selbst kleinste Unterschiede, in Menschen, Maschinen und Situationen ausmachen. Frauen können clever sein, wenn sie es sein müssen. Warum sollte diese Fähigkeit nicht zur Unterstützung anderer Frauen eingesetzt werden? Warum sollten sie nicht auf klare und ehrliche Weise zum Aufbau einer besseren Welt für uns alle eingesetzt werden? Frauen werden sich dann mit sich selbst viel besser fühlen. Es liegt in ihren Genen. Warum also diese Fähigkeit nicht einsetzen?

3. Beharrlichkeit

Und ob Frauen Beharrlichkeit kennen! Frauen haben überlebt!

Das Wörterbuch definiert Beharrlichkeit als Hartnäckigkeit, Ausdauer, als Fähigkeit, an einem Zustand, Stadium und Verständnis trotz widriger Einflüsse, Widerstand oder Entmutigung festhalten zu können und weiterzumachen. Diese Definition trifft auf Frauen ziemlich gut zu.

In der Vergangenheit war dieses Talent ein zweischneidiges Schwert für Frauen. Sie beißen sich an etwas fest und lassen nicht los, selbst wenn es schlecht für sie ist, wie z. B. an einer schlechten Ehe oder einer Arbeit, die sie umbringt. Frauen bleiben dran – und dran – und dran. Frauen machen weiter.

Seien wir doch ehrlich. Frauen wird unter anderem ihr Eigensinn vorgeworfen und dass sie einfach nicht aufgeben oder ihren Mund halten, wenn sie von etwas überzeugt sind. Und Frauen waren, wie Karl Marx sagte, oft die notwendige Kraft hinter den großen gesellschaftlichen Umwälzungen, die sich auf der Welt ereigneten.

Bis vor Kurzem fiel es Frauen leichter, diese Fähigkeit für andere und nicht so sehr für sich selbst einzusetzen. Und, dieser Fokus hat sich in letzter Zeit geändert und umfasst heute auch die Frauen selbst.

Es ist ganz klar, die Kompetenzen der Frauen werden für uns alle und für den Planeten Erde gebraucht, und ihr Talent zur *Beharrlichkeit* ist zum jetzigen Zeitpunkt der Menschheitsgeschichte besonders wichtig.

Es gibt ein altes Sprichwort: „Willst du etwas getan haben, hol' ein paar ‚alte Weiber' dafür". Genau! Wie wahr! Frauen wollen erst aufhören, wenn die Arbeit beendet ist. Frauen haben einen „Fertigstellungszwang". Sie wollen alles unter Dach und Fach bringen und sich so vergewissern, dass die Arbeit, jegliche Art von Arbeit, so weit wie möglich abgeschlossen ist.

Ich habe beobachtet, dass es im Baugewerbe, einer traditionellen Domäne der Männer, derzeit fast unmöglich ist zu erreichen, dass die Arbeiter die Arbeit beenden. Sie nähern sich dem Ende und sind dann – hui – weg. *Und*, sie zur Rückkehr zu bewegen ist ein Ding der Unmöglichkeit. Sie wollen das Nächste, Neue, anpacken. „Alte Weiber" sind nicht so. Das ist der Grund, warum „alte Weiber" das Rückgrat der meisten Freiwilligenorganisationen bilden.

Frauen wollen und müssen die Arbeit beenden. Frauen wollen sich nicht ablenken lassen. Sie wollen die Dinge beenden, was es auch sei. Beharrlichkeit ist eine fantastische Eigenschaft und „alte Weiber" kennen sich gut damit aus.

Dieses Talent wird Frauen beim Aufbau einer besseren Welt gute Dienste leisten.

4. Pingeligkeit

Pingelig bedeutet laut Wörterbuch wählerisch, anspruchsvoll, pedantisch, penibel, heikel. Genau! Pingeligkeit ist gut!

Als Kind wurde einem gesagt: „Sei nicht so pingelig!" Pingeligkeit schien einen schlechten Beigeschmack zu haben – damals. Nun, heute nicht mehr. Wir alle müssen bei vielen Dingen pingelig, pedantisch sein, wenn sich diese Welt verändern soll.

Frauen müssen pingelig sein bei der Wahl ihrer Partner. Offen gesagt hat das alte Eheparadigma nicht allzu gut funktioniert, besonders nicht für Frauen. Wird der Ehestand dazu benutzt, Männern die Gewissheit zu geben, wer der Vater der Kinder ihrer Frau ist, oder wegen Erbangelegenheiten oder um unter der Schirmherrschaft Gottes zu stehen, hat er sich für Frauen nicht als vorteilhaft erwiesen. Die Ehe taugt einfach nicht als Geschäftsmodell, wenn sie von Kirche und Staat kontrolliert wird. Leider praktizieren viele der Männer, die verbal die Verbindung von einem Mann mit einer Frau anpreisen, die Variante: ein Mann und viele Frauen.

Gestehen wir es uns also ein, dass sich in der Vergangenheit viele der Kriterien der Frauen und der Gesellschaft hinsichtlich der Partnerwahl als nicht gerade gut erwiesen haben.

Heutzutage plädieren Frauen dafür, pingelig zu sein bei der Partnerwahl und der Person, *die einem hilft, die Kinder aufzuziehen.* Wählen Sie jemanden, der Ihnen auf Ihrem Lebensweg ein reifer Partner sein kann, der sich verantwortlich in die Kindererziehung einbringt, damit Sie beide wachsen und vollmächtige Menschenwesen werden können. (Zur Erinnerung: Das männliche Gehirn verändert sich, wenn sich der Mann bei der Kindererziehung einbringt!) Wählen Sie jemanden, der möchte, dass Sie Ihre Lebensreise mit ihm teilen und dass Sie lernen und wachsen, und der bereit ist, dies ebenfalls zu tun.

- Frauen müssen pingelig sein bei der Arbeit, die sie für sich wählen. Sie müssen sich für die Arbeit entscheiden, bei der sie das Gefühl haben, genau dafür auf der Welt zu sein, oder für die Arbeit, von der sie wissen, dass sie sie tun möchten.
- Frauen müssen pingelig sein, wenn es darum geht, ihrem Prozess, ihrer Intuition und ihrer inneren Führung zu vertrauen, und sie müssen sich die Zeit, die sie brauchen, nehmen, um auf sich selbst zu hören.
- Frauen müssen pingelig sein, wenn es um die Sorge für ihren Körper und ihre Gesundheit geht und ihrem inneren Wissen vertrauen.
- Frauen müssen pingelig sein, wenn es darum geht, wie sie leben möchten – nicht selbstzentriert, sondern einfach klar und darauf vertrauend, was sie und die anderen um sie herum brauchen, und dann auf dieser Basis verhandeln.

- Frauen müssen pingelig sein, wenn sie herausfinden wollen, wer sie sind, und sich dafür einsetzen, immer mehr die zu werden, die sie sind. Und sie müssen sich der Definition durch andere widersetzen.
- Frauen müssen pingelig sein, wenn sie Entscheidungen darüber treffen, ob sie sich einem Paradigma anpassen, das nicht für sie passt.
- Frauen müssen pingelig sein, wenn es darum geht, Zeit für sich allein zu haben, um sich klar zu werden, womit *sie* pingelig sein müssen.

Ich liebe dieses Wort – pingelig!!

Beim Pingeligsein geht es nicht um irgendeine abstrakte Theorie des „Alles haben zu wollen". Pingelig zu sein ist die sehr reale Erfahrung, das zu bekommen, was Frauen brauchen, um so umfassend wie möglich sie selbst sein zu können, damit sie den Beitrag zum großen Ganzen leisten können, den nur *sie* leisten können, und andere darin unterstützen, dies ebenfalls zu tun.

Wenn Frauen all dies machen, ist es genug!

H. Beziehungen

Im Zentrum des EWS stehen, wie bereits erwähnt, Beziehungen. Alles, was die Frau ist und/oder tut, muss durch den Mittelpunkt ihres Universums gehen, und das sind Beziehungen. Für Frauen ist alles in Beziehung und alles im Prozess. Im EWS (neues Paradigma) ist Statischsein keine Tugend.

Statt der selbstzentrierten Konzentration auf das eigene Selbst und die Arbeit, wozu Männer tendieren, geht es bei Frauen – wenn man sie lässt – eher darum, dass Beziehungen aller Art im Zentrum ihres Handelns, Denkens und Fühlens stehen. Frauen scheinen instinktiv zu wissen, dass alles Leben aus Beziehungen besteht und in Beziehung zueinander steht. Während der Herrschaft des WM/TMM-Systems wurde dieses Wissen gewissermaßen verzerrt und wandelte sich im RWS zu der Überzeugung, im Mittelpunkt des Lebens einer Frau stehe die Beziehung zu einem Mann, der die Frau definieren und ihr ihre Bedeutung geben würde. Dank der Frauenbewegung wurden sich Frauen darüber klar, dass dieser Glaube eine Illusion war, und sie erkannten im Laufe ihrer weiteren Entwicklung, dass alles Leben aus Beziehungen besteht: lebendige, pulsierende, sich verändernde und hoffentlich wachsende Beziehungen mit der gesamten Schöpfung.

Mit der Zeit kamen Frauen dahinter, dass der Schlüssel für alle Beziehungen der ist, eine Beziehung zu sich selbst zu entwickeln. Und zwar als sie zu entdecken begannen, dass ein wichtiger Teil dieser Reise der Prozess ist, eine Beziehung zu sich selbst, auf nicht selbstzentrierte Weise, zu entwickeln und dabei zu mehr Selbsterkenntnis und Selbstbewusstheit zu gelangen, und dass diese Beziehung mit dem Selbst eine lebenslange Reise ist. Frauen begannen zu erkennen, dass ihre Lebensreise – was sie tun, wer sie werden, was sie leisten können und leisten werden – tief und stark davon abhängt, wie sie die Reise in ihr Inneres unternehmen.

Wer sind sie? Was brachten sie in dieses Leben ein? Wie können ihre Lebenserfahrungen sie mehr über sich selbst lehren und darüber, wer sie werden können? Auf welche Weise halten sie sich zurück? Wie erleichtern Selbsterkenntnis und Selbstbewusstheit die Veränderungen, die konstante Gegebenheiten des Lebens sind? Was müssen sie aus den Erfahrungen lernen, die ihnen das Leben beschert hat? Sie lernen, sich nicht darauf zu konzentrieren, was das Leben ihnen an Negativem beschert hat, sondern richten ihr Augenmerk darauf, was sie aus dem, was ihnen zugeteilt wurde, lernen können. Sie lernen zu fragen, was sie aus ihren Fehlern, ihren Misserfolgen und ihren Erfolgen zu lernen haben, ohne anderen Schuld zuzuweisen oder ein Opfer zu werden. Frauen lernen, ihre Fehler zu schätzen, und zu wissen, dass sie *kein* Fehler sind. Sie beginnen zu erkennen, dass ihre Zeit vergeudet sein wird, wenn sie nicht aus ihren Fehlern lernen. Frauen beginnen zu sehen, dass letztlich das einzig schlechte Ergebnis jeder Erfahrung, ganz egal, wie schlimm sie war, darin besteht, nichts daraus gelernt zu haben.

Schließlich sind Frauen hier in diesem Leben auf einer persönlichen Reise geistigen, emotionalen und spirituellen Wachsens und Werdens, und ihr einziger *wirklicher* Verlust wäre, nicht zu wachsen und nicht daraus zu lernen, ihr Leben zu leben.

Im Verlauf ihres Lebens erkennen Frauen immer deutlicher, dass alles Beziehung ist. Ihre Beziehungen zu sich selbst, ihre Beziehungen zu ihrer Arbeit (und sie haben *ihre* Arbeit; und allein diese zu finden, ist ein Grund, weshalb die Reise spannend ist!), ihre Beziehungen zu anderen, ihre Beziehungen zu ihrem Kontext, ihre Beziehung zur Natur, die sie erhält, ihre Beziehung zum Planeten Erde, ihre Beziehung mit allem Lebendigen und ihre Beziehung mit allen Bereichen der Realität, dem Sichtbaren und Unsichtbaren und dem „Alles-was-Ist".

In dem Maße, wie Frauen innerlich wachsen, werden diese Beziehungen immer realer und immer wichtiger.

Diese Sichtweise auf Beziehungen ist der Kultur des WMS/TMMS und ihrem Paradigma weiterhin sehr fremd.

Es fällt Frauen sehr leicht, flexibel zu sein und sie können sich mühelos von einem egozentrierten Selbst, das sich als Mittelpunkt des Universums sieht, entfernen. In unserem Versuch, einige der Umwege zu verlassen, die wir als Menschen eingeschlagen haben, und unsere Evolution als Menschen voranzubringen, wird das Talent einer solchen Sichtweise besonders benötigt.

I. Im Prozess sein

Frauen haben von Natur aus ein Verständnis dafür, dass Prozess eine entscheidende Realität des Lebens ist.

Wie bereits erwähnt, steht im WMS/TMMS beim Lernen der Versuch im Mittelpunkt, das Universum dadurch zu verstehen, dass man es (was immer „es" auch ist) aus dem Zusammenhang nimmt, es auf seine kleinsten Bestandteile reduziert und dabei den Prozess als Gegebenheit ignoriert. Diese Wissenschaft hat deshalb die Realität stark vereinfacht und statisch gemacht.

Als ich vor Jahren mein Buch *Leben im Prozess* schrieb, versuchte mein Lektor mich ständig davon zu überzeugen, dass ich den Begriff Prozess „definieren" müsse. Ich widersetzte mich und wusste damals nicht, warum ich mich widersetzte. Ich widersetzte mich einfach. (Dies ist oft die Art und Weise, wie ich lerne. Ich habe eine Intuition, ein Gefühl, und wenn es stark ist, vertraue ich darauf in dem Wissen, dass ich, wenn ich offen für mein inneres Erkennen bin, zu gegebener Zeit wissen werde, um was es geht). Also blieb ich dran und begann meine Art von Forschung: Ich sprach mit allen, die ich kannte, über dieses Thema.

Wenn ich mit Menschen sprach, die fest im WMS/TMMS verankert waren, erhielt ich ziemlich oft die gleiche Antwort: „Das ist eine gute Idee." „Eine Definition wird es festnageln." „Wie kannst du wissen, über was du sprichst, wenn es keine Definition gibt, auf die man sich geeinigt hat?" und so weiter.

Was mich noch mehr erschütterte: Als ich Menschen fragte, die gelernt hatten, „im Prozess zu leben", ob sie wüssten, was Prozess ist, verneinten sie. Ich war schockiert und am Boden zerstört. Was hatte ich ihnen die ganze Zeit beigebracht?

Dann erkannte ich, dass sie die *Erfahrung* eines Lebens im Prozess gemacht und gelernt hatten, dem Prozess ihres Lebens zu vertrauen und an ihm teilzunehmen. *Und,* sie hatten kein abstraktes, entkörperlichtes Konzept von Prozess. In ihrer TMMS-Welt „kannten" sie Prozesss nicht.

An diesem Punkt im Definitionsprozess befand ich mich auf Hawaii bei meiner hawaiischen Familie und erzählte ihnen von meiner Erfahrung, dass die Menschen um mich herum nicht „wussten", was Prozess sei. Sie reagierten kurz geschockt und mit Entsetzen auf ihren Gesichtern. Unbewusst wichen sie auch körperlich zurück.

„Was heißt das? Wie können sie nicht wissen, was Prozess ist? Alles ist Prozess. Alles ist im Prozess. Prozess ist eine Gegebenheit." Ich fühlte, wie eine Welle der Erleichterung meinen Körper durchflutete. Kein Wunder, dass ich mich auf Hawaii so zu Hause fühlte!

Nach weiteren Nachforschungen entdeckte ich, dass alle meine indigenen Freundinnen und Freunde auf der ganzen Welt wussten, was unter Prozess zu verstehen ist. Bei Menschen der westlichen Kultur traf das nicht so zu. Sie fühlen sich wohler mit statischen, entkörperlichten Konzepten.

Was also *ist* Prozess? Alles ist Prozess. Wir Menschen *sind ein Prozess.* Wir sind keine Sache, kein statisches Wesen. Wir sind Wesen *im Prozess.* Unser Leben *ist ein Prozess,* in welchem wir das Privileg haben, zu lernen und zu wachsen und zu partizipieren. Unsere Fahrzeuge sind ein Prozess. Unsere Häuser sind ein Prozess, sie werden gebaut, sie werden instand gehalten und ihr Zustand wird allmählich schlechter. (Die Deutschen, in der Hoffnung, die Realität von Prozess zu vermeiden, bauen ihre Häuser so, dass sie 300 Jahre lang halten sollen. Doch auch diese Häuser sind ein, wenn auch langsamerer, Prozess).

Als ich einen Schritt zurücktrat und mir unsere Gesellschaft und ihre Überzeugung ansah, es sei möglich, *die Welt statisch zu machen,* war ich erleichtert zu hören, dass eingeborene Menschen weltweit immer noch um Prozess wissen.

Unter der gegenwärtigen Weltsicht (ungefähr der letzten tausend Jahre und insbesondere der letzten Jahrhunderte) haben wir, wie gesagt, eine Wissenschaft und Mathematik entwickelt, die „das Universum statisch zu machen" versuchte. Unsere Wissenschaft und Technik konzentrieren sich auf Messen, Vorhersagen und Kontrolle (bzw. der Illusion von Kontrolle). Dazu ist es notwendig, alles aus seinem Kontext zu reißen, auf seine elementarsten Bestandteile zu reduzie-

ren und diese dann zu untersuchen (und zu kontrollieren!) Was auch immer „es"
ist. Diese Methode zum Wissenserwerb führte dazu, dass wir das Verständnis
für zwei immens wichtige Aspekte unserer Realität fast vollständig verloren haben: Kontext und Prozess.

In Wahrheit können wir ohne Kontext nicht existieren und alles, absolut alles, ist im Prozess. Die Erde ist im Prozess, die Steine sind im Prozess, die Bäume,
Pflanzen und Tiere sind alle ein Prozess. *Wir* sind ein Prozess. Wir würden gern an
der Illusion festhalten, wir könnten uns (oder unsere Häuser) in Ordnung bringen und dann ein für alle Mal so bleiben – *und* wir (sie) werden das aber nicht.

Als Menschen sind wir ein Prozess. Unser natürlicher Zustand ist es, zu wachsen, zu lernen, heil zu werden. Unser Wesen ist immer im Prozess. Unser Körper
ist immer im Prozess. Unsere Institutionen sind ein Prozess und keine statische
Realität, die sich nicht verändern darf und kann. Alles ist ein Prozess im Prozess.
Frauen scheinen, aus welchem Grund auch immer, empfänglicher dafür zu sein
und die Realität zu akzeptieren, dass alles im Prozess ist.

Es fiel Frauen leicht, den statischen Reduktionismus unserer gegenwärtigen
wissenschaftlichen und mathematischen Weltanschauung zu erlernen. Vielleicht
sind sie jetzt in der Lage, in den Wissenschaften und der Mathematik auf neue
Wege zu führen, die auf der Realität beruhen, dass alles im Prozess ist.

- Menschen sind nicht statisch; wir sind ein Prozess vor der Geburt, nach der
  Geburt, während unseres Lebens und wahrscheinlich auch nach unserem Tod.
  Alles ist Prozess. Alles ist im Prozess.
- Unsere *Wirklichkeit* ist Prozess.
- Zu versuchen, uns selbst und unser Universum auf ein selbstzentriertes „Ich"
  und auf „meine Arbeit" als Zentrum unserer Welt zu reduzieren, ist eine Wei-
  gerung, die Realität zu akzeptieren.

Ich begann zu erkennen, warum wir eine Wissenschaft entwickelten, die das
Universum statisch zu machen versucht. Wir hatten, in der Tat, eine Wissenschaft
entwickelt, die wir an diesem Punkt unserer Entwicklung als Spezies „verdienten". Ich konnte sehen, dass dieses Nichtwissen um Prozess und die Angst davor
die Illusion von Kontrolle genährt hatten, die in der TMMS-Kultur so vorherr-
schend ist, und warum einige Menschen zu der festen Überzeugung gekommen

sind, sie könnten sich emotional, körperlich und spirituell „perfekt" machen und ein für alle Mal so bleiben, wie Plastikfiguren. Aus solchen Illusionen heraus entstand die plastische Chirurgie/Botox-Welt.

• Die Weigerung zuzugeben, dass alles Prozess ist, sowie die Weigerung, an unserem Leben und unserer Welt zu teilzunehmen, hat sich für beide als destruktiv erwiesen.

• Trotz ihrer Konditionierung und Erziehung sind Frauen von Natur aus offener dafür, die Realität zu akzeptieren, dass alles ein Prozess ist, und können deshalb viel dazu beitragen, die Welt wieder ins Gleichgewicht und in ihre Wirklichkeit zu bringen.

• Unser Körper und unser Leben konfrontieren uns täglich mit der Realität von Prozess, wenn wir nur darauf hören.

J. Das Unsichtbare, das Unbekannte und das, was darüber hinaus geht

Frauen fühlen sich im Allgemeinen viel wohler mit der Realität des Unsichtbaren und Unbekannten, dem Immateriellen, dem Ätherischen und dem, was darüber hinausgeht. Während das gegenwärtige Paradigma (System) fast ausschließlich auf die materielle Ebene fokussiert ist und davon ausgeht, diese sei die *einzige* Realität, kannten und erfuhren Frauen weitere Realitäten.

• Frauen können im Allgemeinen viel besser mit Ungewissheit umgehen und entwickeln keinen „probabilistisch herausgeforderten und definierten Geist."

Jahrhundertelang wurde Krieg gegen Frauen geführt, weil sie sich weigerten, ihr Wissen darum aufzugeben, dass es viel größere Mächte als sie selbst gibt, die in ihrem Leben wirken und es beeinflussen. Weil sie das wussten, wurden sie sogar (als Hexen) verbrannt. Einige Menschen setzen dieses Wissen mit Religion gleich. Was falsch ist. Im Allgemeinen sind Religionen – meistens von Männern entwickelt und kontrolliert – ein Versuch, die Erfahrungen (den Prozess) der Frauen in statische Konzepte zu gießen, die gleichgesetzt werden können mit dem *Denken* über „Gott". Sie basieren nicht auf ihrer Erfahrung mit dem, was manche Gott oder eine Macht größer als sie selbst nennen. Eines meiner Lieblingszitate und eine der wichtigsten Aussagen, die ich jemals gehört habe, stammt von einem indigenen Pfarrer der UCC-Kirche (American Congregrational Church), der sagte: *„Wenn wir unseren Wahrnehmungen eine feste Form verleihen, nehmen wir an einem theologischen Götzendienst teil.“* Damals wusste ich in meinem Inneren, wie wichtig dieser Satz war, und erst jetzt geht mir allmählich die volle Bedeutung seiner Aussage auf. Und, ich vertraue sogar darauf, dass sich mir weitere Ebenen der Wahrheit erschließen werden, wenn ich noch ein paar Jahre damit sitze (schließlich beginne ich erst mein 81. Lebensjahr und er äußerte diese Worte in meinen späten Dreißigern!). Ich lade Sie ein, eine Weile diesen Satz in sich zu bewegen: „Wenn wir unseren Wahrnehmungen eine feste Form verleihen, nehmen wir an einem theologischen Götzendienst teil.“ Ist es das, was aus den Religionen geworden ist? Vielleicht ist es das, was der Papst Franziskus uns zu lehren versucht, oder ist es nur ein anderer, einfacherer Götzendienst? Oder beides? Aufgrund dieser Fähigkeiten, das Unsichtbare und Unbekannte zu verstehen und sich damit wohl zu fühlen, besitzen Frauen ein scharfes Gespür für das, was wichtig ist, vertrauen eher ihrem Bauchgefühl und verlassen sich auf vielfältige Informationen aus vielerlei Quellen.

Wir brauchen das Unsichtbare und Unbekannte nicht zu messen, zu berechnen, vorherzusagen und zu kontrollieren, um es zu „kennen“, und es im Leben und in der Kultur aktiv sein zu lassen. Allerdings müssen wir seine Existenz anerkennen und unsere Unfähigkeit, es als Menschen jemals ganz verstehen zu können. Auf einer gewissen Ebene akzeptieren Frauen die Begrenzungen dessen, wie viel wir als Menschen wissen und verstehen können.

Durch die „Heirat“ der Religion mit der gegenwärtigen mechanistischen Wissenschaft wurde und wird versucht, die Weisheit des Unbekannten und Unsichtbaren auszuschalten, es sei denn, sie werden durch eine gegenwärtige Religion definiert. Und trotz dieses Zusammenschlusses von Kräften wird es immer ein Unsichtbares und ein Unbekanntes geben, das uns alle beeinflusst. Und Frauen haben, vielleicht wiederum deshalb, weil sie mehr als die Männer vom System ausgeschlossen waren, auch hier etwas einzubringen.

Wie meine Mutter mir als Kind sagte: „Vergiss nicht, Elizabeth Anne, es ist das Unsichtbare, das am wichtigsten ist.“ Was für ein Glück, eine Mutter zu haben, die wollte, dass ich als werdende Frau offen für das „Wichtigste“ war.

80

K. Frauen neigen dazu, Konzepte zu entwickeln, die in der Realität fußen

Eines der Probleme, mit denen Frauen in der westlichen Kultur kämpfen, besteht darin, dass sie mehr und mehr in einer virtuellen Welt leben.

Die Wissenschaft, auf der diese Kultur ausnahmslos aufbaut, basiert auf der materiellen Ebene und gilt als *die* Realität. *Und,* gleichzeitig, ist sie eine Wissenschaft, die eine Flucht vor Nähe beinhaltet und vollständig auf abstrakten Konzepten und Ideen basiert, ohne dass diese in der notwendigen Realität gründen, obgleich ihre Methodik dies zu erreichen versucht. Das heißt, in diesem Modell ist der perfekte Wissenschaftler, der perfekte Mensch eine Person, die von Gefühlen, von ihrem Selbst, von anderen und dem Kontext abgetrennt ist. Dieses Glaubenssystem führte zu dem Versuch, sich vom Selbst und dem Kontext zu lösen und „objektiv" zu sein.

Dies führte dazu, dass wir eine Welt entwickelt haben, die mehr in Konzepten als in der Realität lebt. In dieser Welt sind wir dahin gelangt, dem Denken und abstrakten Konzepten zu *glauben* und uns auf sie zu beziehen, als ob sie real wären, obwohl es nur Konzepte sind.

Ich weiß nicht, was das Huhn ist und was das Ei, und als ich das WMS als Suchtsystem und später als das TMMS bezeichnete, war ich mir im Klaren darüber, dass die komplexen Faktoren von Sucht tief verwoben sind mit den Konzepten und Überzeugungen der gegenwärtigen Weltanschauung.

Sucht wird oft (gewöhnlich) als Krankheit der Wahrnehmung und des Denkens bezeichnet. Süchtige können eine unbegründete Wahrnehmung oder Idee nehmen und in ihrem Kopf eine ganze Welt darauf aufbauen, aus der heraus sie dann zu leben, zu arbeiten und zu handeln beginnen. Das ist die Krux des „Ismus" der Krankheit.

Dieser Prozess, in abstrakten Konzepten und Prozeduren zu leben, ist in der TMMS-Kultur epidemisch und führt zu einem zunehmenden Kontaktverlust mit der Realität. Dieser Verlust ist für alle Beteiligten schmerzhaft.

Was nicht heißt, dass Frauen an dieser Abstraktion von Informationen und Konzepten nicht mitmachen – sie tun es durchaus. Und sie haben gelernt, es gut zu tun. Die gute Nachricht ist, dass sie, tief im Innern, nichts von alledem glauben.

Ein Vorteil, den Frauen einbringen, ist also ihr instinktiver Unglaube an abstrakte Konzepte. Solche abstrakten Konzepte sind gute intellektuelle „Spielzeuge", doch zum Aufbau einer Zivilisation weniger gut geeignet.

L. Frauen sind partizipatorische Menschen und lieben es, etwas anzupacken

Ich möchte es wiederholen und nochmals betonen: Frauen sind partizipatorische Menschen. „Willst du etwas erledigt bekommen, hol' ein ‚altes Weib' dafür."

Partizipation ist eines der größten Geschenke und eine der größten Kraftquellen, die wir Menschen und besonders wir Frauen haben. Wenn wir uns aktiv an etwas beteiligen, an *irgendetwas,* wissen wir nicht immer, was das Ergebnis sein wird, und wir können sicher sein, dass unser Engagement (unsere volle Teilnahme!) einen Unterschied machen und das Ergebnis beeinflussen wird – auf eine Weise, die wir nicht einmal begreifen.

Wir leben derzeit in einer Kultur, in der Partizipation durch Abstraktionen, Nicht-Teilnahme und entkörperte Konzepte, durch Denken oder Maschinen ersetzt wurde. Erfinden wir doch einfach eine Maschine dafür, dann brauchen wir nicht mit der Welt in Kontakt zu treten.

Diese Kultur will uns einreden, es sei wichtig, wertvoll und notwendig, so reich zu sein, dass wir nie mehr irgendetwas für uns selbst tun müssen. Deshalb bringen wir uns immer weniger in unsere Beziehungen zu unseren Kindern, unserem Essen, unserem Zuhause, unseren Fahrzeugen und unserem Leben ein. Durch diese Nicht-Teilnahme verlieren wir wertvolle Erfahrungen. Ich sage immer, dass ich keinem traue, der nicht weiß, wie man *körperlich* arbeitet. Durch körperliche Arbeit bauen sich in unserem Gehirn besondere Verbindungen auf. Und, sie bilden sich nicht durch den Gebrauch von Handys, Computern und iPads.

• Das Spannende ist, dass sich durch Partizipieren die Wirklichkeit verändert und neue Optionen entstehen.

Zum jetzigen Zeitpunkt in der menschlichen und kulturellen Evolution liegt ein großes Talent der Frauen darin, sich zu engagieren, zu partizipieren. Sie mussten und müssen es sein. Untersuchungen belegen, dass Frauen einen Großteil der Arbeit auf diesem Planeten machen. Durch Teilnehmen können neue Optionen entstehen, Optionen, die wir uns nicht einmal ausmalen können. Entgegen der landläufigen Überzeugung haben wir nicht das Nirwana erreicht, wenn alles für uns getan wird, denn dadurch verlieren wir das Wissen, das nur durch partizipatorische Arbeit über unseren ganzen Körper und unser Sein erlernt werden kann.

Frauen sind von Natur aus partizipatorische Menschen. Und sie sind sehr praktisch – praktisch in einer Welt, in der viel auf abstrakten Konzepten aufgebaut ist. Ist Geld real? Nein! Ist Macht real? Nein! Auf beide hat man sich nur verständigt, abstrakt verständigt.

Liegt es daran, dass wir als unterdrückte Gruppe die meiste Arbeit getan haben? Oder ist dieses Talent angeboren? Wen kümmert es?

• Tatsächliches Teilnehmen an etwas, an irgendetwas, verändert die Wirklichkeit des Teilnehmenden und das Ergebnis. Das darüber Nachdenken verändert nicht so viel.

M. Das weibliche Gehirn unterscheidet sich vom männlichen Gehirn

Auch die weiblichen Hormone sind anders.

Glauben Sie, unsere Urgroßmütter hätten sich je eine Zeit vorstellen können, in der die Funktionsweise der weiblichen Hormone und die Funktionsweise und Reaktion des weiblichen Gehirns von grundlegender Bedeutung sein würden für die notwendigen Veränderungen in der Welt? Was für eine Vorstellung!

Als Erstes möchte ich zwei hervorragende Bücher zu diesem Thema empfehlen (ausgezeichnete Informationen und gut zu lesen!): *Das Weibliche Gehirn* von Louann Brizendine, M.D., und *The New Feminine Brain* von Mona Lisa Schutz, da ich dem Thema sicher nicht gerecht werden kann. Diese Bücher sind gut recherchiert und gut geschrieben und beschreiben auf faszinierende Weise die Struktur und Funktionsweise des weiblichen Gehirns und seiner Unterschiede zum männlichen Gehirn. Sie enthalten ausgezeichnete wissenschaftliche und medizinische Informationen. Und, wenn Sie, die Leserin, der Leser, mehr zu diesem Thema wissen möchte, empfehle ich Ihnen sehr, diese Bücher gründlich zu studieren.

Als ehemalige Psychotherapeutin und Frau, die seit fast 60 Jahren intensiv mit Frauengruppen arbeitet, kenne ich viele der in diesen Büchern erwähnten Beobachtungen und habe festgestellt, dass diese Bücher viele meiner Beobachtungen stützen.

Nach Brizendine wurden möglichen Unterschieden in der Neuroanatomie der Männer und Frauen bis in die 1990er Jahre hinein wenig Beachtung geschenkt. Gewiss, ich hatte in den späten 1970er und Anfang der 1980er Jahre festgestellt, dass die wichtigsten Theorien in der Psychologie auf Untersuchungen basierten, die an Männern, von Männern und für Männer gemacht wurden. (Könnte dies Absicht gewesen sein?)

Nach Brizendine gab es in den frühen 1990er Jahren aufgrund neuer wissenschaftlicher Werkzeuge immer mehr Dokumentationen darüber, dass die Unterschiede zwischen männlichen und weiblichen Gehirnen nicht nur struktureller, sondern auch chemischer, genetischer, hormoneller und funktioneller Art sind. Diese Unterschiede sind nicht nur interessant, sie sind von höchster Bedeutung bezüglich der Art und Weise, wie Frauen und Männer denken, fühlen und handeln.

Wenn wir verstehen, dass Männer und Frauen *in ihren Gehirnen* unterschiedlich auf Konflikt und Stress reagieren, horchen wir auf. Nach Brizendine belegt diese neue Erkenntnis, dass Männer und Frauen zur Problemlösung und Sprachverarbeitung unterschiedliche Gehirnbereiche und Schaltungen benutzen. Sie benutzen sogar unterschiedliche Areale zum Erleben und Abspeichern ihrer Emotionen.

Nach meiner Beobachtung sind Frauen die „Erinnerungsbanken" für die Familien und die meisten Beziehungen. Sie scheinen ein Elefantengedächtnis für die winzigsten Einzelheiten emotional aufgeladener Erfahrungen zu haben, an die sich Männer vielleicht gar nicht mehr erinnern. Als ich Paartherapie machte, war ich immer davon fasziniert, die unterschiedlichen Berichte über eine größere Auseinandersetzung zu hören.

- Nach Brizendine werden diese Unterschiede von der Struktur und der Chemie des Gehirns verursacht.

Es ist spannend herauszufinden, dass die so oft verteufelten Hormone der Frauen („Sie hat mal wieder ihre Tage", „Es ist mal wieder so weit" etc.) der Grund dafür sind, warum sich das weibliche Gehirn früher entwickelt als das männliche und warum sich auch die Querverbindungen des weiblichen Gehirns früh entwickeln.

Ich glaube nicht – wie manche in der Vergangenheit glaubten –, dass Anatomie das Schicksal bestimmt. Brizendine unterstützt diese Überzeugung und weist auf Untersuchungen hin, die belegen, dass Männer, die sich mehr in der Kindererziehung einbringen, im Allgemeinen mehr Querverbindungen im Gehirn entwickeln als jene, die nicht für Kinder sorgen. Wir können unsere Gehirnstruktur verändern je nach dem, wie wir unser Gehirn benutzen, und wir können auch die Art und Weise verändern, wie wir auf unsere Hormone reagieren und wir können wahrscheinlich sogar unsere Hormonproduktion beeinflussen. Wie mein Freund, der große Wissenschaftler, Künstler und Schriftsteller Frederick Franck zu betonen pflegte, ist es unsere Aufgabe, trotz aller Widrigkeiten so menschlich (human!) wie möglich zu werden und unser Leben nicht nur aus unseren archaischen Gehirnarealen und der Gnade unserer Hormone heraus zu leben. Nach Brizendine haben Männer einen zweieinhalbfach größeren Gehirnbereich für den Sexualtrieb sowie größere Gehirnzentren für Aktion und Aggression. Sie führt weiter aus, dass sich die Art der Informationsverarbeitung bei weiblichen und männlichen Gehirnen dahingehend unterscheidet, wie sie mit Anreizen umgehen und sogar darauf, wie sie hören und sehen. Weibliche Gehirne unterscheiden sich von den männlichen sogar darin, wie sie spüren, was in anderen Menschen vor sich geht.

Nach Brizendine besitzen Frauen 11% mehr Neuronen in den Gehirnarealen für Sprache und Hören, und der Hypocampus, das Zentrum für Emotionen und Sinngebung, ist in weiblichen Gehirnen größer. Stellen Sie sich nur vor, was das für das Verständnis in Beziehungen bedeutet. Sie erläutert auch, dass Frauen eine größere Neuronenkapazität für Sprache und das Erspüren der Gefühle anderer haben. Wie spannend ist es sich vorzustellen, welch größere Möglichkeiten es in diesen Bereichen geben könnte, wenn sie wertgeschätzt und entwickelt würden!

- Sind Frauen wirklich weiterhin bereit, ihre Macht an Menschen abzugeben, die ein überentwickeltes Gehirn für den Sexualtrieb, für Testosteron, Aktion und Aggression haben?
- Wollen Frauen diesem Ungleichgewicht wirklich nacheifern?
- Sind Frauen bereit, sich ihren Anteil daran anzuschauen, dass sie den Männer in ihrem Leben helfen (und sie darin unterstützen), diese Gehirnbereiche auf Kosten anderer Bereiche übermäßig zu entwickeln, die bei einer positiveren Evolution der Menschheit nützlich sein könnten?
- Vielleicht hatte der alte Maori Tahunga recht, als er sagte: „Männer sind nicht schlecht – sie sind nur unterentwickelt." Welche Verantwortung haben Frauen für das männliche „Unterentwickeltsein" und wie können Frauen die Männer einladen, zu wachsen und sich zu verändern?

Laut Brizendine hat das weibliche Gehirn erstaunliche Fähigkeiten für verbale Gewandtheit, die Fähigkeit für tiefe emotionale Verbindungen mit anderen, das fast unheimliche Talent, in Menschen zu „lesen" und Konflikte zu entschärfen. Wenn wir uns vorstellen, dass, laut Brizendine, diese Kompetenzen zur natürlichen Ausstattung von Frauen gehören!

All das Obige klingt ziemlich gut. Und, wenn Frauen nicht versuchen, ihre neu gefundene Kraft und ihre Fähigkeiten für den Versuch aufzuwenden, wie Männer zu sein, sie in Männerspielen auszustechen und das existierende TMMS zu unterstützen, sondern diese Fähigkeiten und Kompetenzen stattdessen zum Aufbau neuer Paradigmen einsetzen, die für die gesamte Schöpfung einschließlich uns selbst benutzerfreundlich sind – wer weiß, was dann geschehen wird! Die Cherokees und andere indigene Völker haben eindeutig ein Gespür dafür, was möglich sein *könnte*. Kehren wir also zurück zu dem Thema des weiblichen Gehirns und was ich aus eigener Erfahrung beobachtet und gelernt habe.

Laut Brizendine belegen Untersuchungen, dass Frauen, bezogen auf das Körpergewicht, im Allgemeinen einen größeren Prozentsatz an Gehirngröße haben als Männer. Als ich jedoch viel mit Kindern arbeitete, zeigten Studien auch, dass Jungen im Allgemeinen größere Köpfe hatten, was manchmal schwierigere Geburten und einen höheren Druck auf das ungeformte Gehirn mit sich brachte, und dies könnte wiederum erklären, warum bei männlichen Kindern das, was wir damals diffuse Gehirnschäden nannten, häufiger auftreten als bei weiblichen.

Männer und Frauen neigen auch dazu, anders zu denken. Frauen sind weniger in unbegründete, abstrakte Konzepte verliebt, die nichts mit dem Leben zu tun haben. Obwohl Frauen sich für gewisse Aspekte einiger Konzepte begeistern und leicht damit umgehen können, sind sie für Frauen weniger interessant als für Männer. Frauen sind weniger fasziniert davon, mit abgehobenen Konzepten, die nicht sehr praktisch sind, zu spielen und zu jonglieren.

- Frauen scheinen mehr Verbindungen zwischen der rechten und der linken Gehirnhälfte zu besitzen, und diese Tatsache bietet unbegrenzte Möglichkeiten für mehr Gleichgewicht und mehr Flexibilität.

Außerdem gibt es beim weiblichen Gehirn noch weitere Unterschiede. Vor Jahren nahm ich als Vortragende auf einer Konferenz zum Thema Männer und Frauen in Nordkalifornien teil. Ich war eine der Rednerinnen und am Ende sollte es eine Diskussionsrunde geben. Deshalb hatte ich geplant, zu jedem Vortrag zu gehen und sorgfältig zuzuhören.

Einer der Redner war ein wunderbarer, sanfter und brillanter Hispanoamerikaner. Er war Neurophysiologe. Als er seine Forschungsergebnisse präsentierte, erwähnte er unter anderem, dass die linke Gehirnhälfte, der er den logischen/rationalen Teil des Gehirns zuschrieb, sich schneller zu entwickeln schien als die rechte. Für ihn war diese Entwicklung eine gute Sache und eine positive Evolution. Ich war fasziniert von dieser Idee und fand, dass sie meine Beobachtung bezüglich eines dominanten WMS untermauerte, bei dem der Fokus auf der Logik/Vernunft und nicht auf dem Emotionalen, Intuitiven lag, und dass die Kultur Ersteres und nicht Letzteres förderte. Ich war begeistert von seinen Forschungsergebnissen, die meine eigenen Beobachtungen hinsichtlich eines Übergewichts der entkörperlichten Ideen des WMS in unserer Kultur stützten. *Und,* er sagte, diese würde tatsächlich unser Gehirn *physisch beeinflussen.*

Aus seiner Sicht berichtete er wissenschaftlich und objektiv über den natürlichen Evolutionsprozess des Gehirns. In diesem „natürlichen Prozess" überhole die logische, rationale, lineare, mechanische Gehirnseite die emotionalere, intuitive, gefühlsmäßige. So weit ich mich erinnere, hielt er das für positiv und als Teil der Evolution.

In meinen Ohren klang es sofort nach einem *systemischen* Thema und als ein Hinweis darauf, in welche Schräglage wir in einem System geraten waren, das vom WMS und seinen Denkprozessen dominiert wurde. Natürlich fiel uns nicht auf, dass fast alle – wenn nicht gar alle – Gehirnforschungen damals an männlichen Gehirnen gemacht wurden, und dass die Ergebnisse dann auf die gesamte Bevölkerung übertragen wurden. Standard war zu jener Zeit das männliche Gehirn. Erst seit Kurzem beginnen wir zu erkennen, dass es wesentliche Unterschiede zwischen dem männlichen und dem weiblichen Gehirn gibt.

Ich fand es spannend und beängstigend, dass die Entwicklung unseres Gehirns beeinflusst werden kann von den Überzeugungen, Glaubenssätzen und Praktiken der Gesellschaft. Waren Männer für diese Veränderungen anfälliger als Frauen? Und würden sich die Gehirne von Frauen verändern, wenn sie mehr in die WMS/TMMS-Kultur verstrickt sind? Ich hoffte, dass dem nicht so sei. Wir brauchen vielleicht die Funktionsweise des weiblichen Gehirns, um zurück ins Gleichgewicht zu kommen.

Max Freedom Long, ein für mich sehr interessanter Mann, der mit den alten hawaiischen Kahunas lebte, tief von ihnen beeindruckt war und sie studierte, machte einige interessante Postulate über die Art und Weise, wie unser menschliches Gehirn und unser Wesen funktionieren.

Er postulierte – ähnlich wie und doch ganz anders als Sigmund Freud – dass wir drei Selbst haben: 1. Ein Bewusstes Selbst, das dem Bewusstsein ähnelt und unser tagtägliches Handeln lenkt, und sich im Grunde mit unserem Leben auf der materiellen Ebene befasst. Dieses Selbst lenkt unser konkretes Denken und Tun. Es hat kein Gefühl und kein Gedächtnis. 2. Unser Niedrigeres Selbst, in dem wir Erinnerungen, Gefühle, Emotionen, all das Unsichtbare und Unbekannte speichern und das dem Freud'schen „Es" ähnelt und auch wiederum nicht. Aufgrund meiner früheren Ausbildung in Psychologie hatte ich mir das „Es" immer als sprudelnder, überkochender Kessel vorgestellt. 3. Sodann das Höhere Selbst, ein Konzept, das dem Freud'schen Überego ganz und gar nicht ähnelt. Für Max Freedom Long ist das der Ort, wo wir eins sind mit allem, unserem Gott, dem Grund unseres Seins, der Einheit, dem Alles-was-Ist, der Ganzheit. Dies sei, wo „wir" herkommen und dies sei, wohin wir zurückkehren, wenn wir sterben.

Was mich an seinen Forschungen und an seiner Arbeit am meisten faszinierte, war, dass das Bewusste Selbst keinen direkten Zugang zum Höheren Selbst hat. Dieser Zugang zum Höheren Selbst muss über das Niedrigere Selbst erfolgen, durch die Gefühle und Emotionen, und der Mensch durfte sich nicht davor fürchten, dieses „Es" zu durchwaten, die Emotionen, Gefühle, Erinnerungen. Diese Konzeptualisierung war spannend für mich, denn in der Leben-im-Prozess-Arbeit, die ich mache und anbiete, habe ich festgestellt, dass wir über unseren denkenden Verstand niemals heil werden können. Niemand ist je durch eine Einsicht, durch Denken oder ein Konzept heil geworden. Um das, was ich die Tiefenprozessarbeit nenne, zu tun, müssen wir loslassen, in unsere Gefühle/Emotionen eintauchen und dann führt der Tiefenprozess ein Eigenleben. Um die Lektion oder Heilung zu „kapieren", müssen wir sie zurück in unseren bewussten Verstand bringen, in Worte fassen und ihnen eine begründete, fassbare Bedeutung geben. Ich vergleiche dies mit dem Unterschied zwischen dem Versuch, sich Gott über Theologie (unseren denkenden Verstand) anzunähern, und der *Erfahrung* von Gott, die völlig anders ist.

Fahren wir jetzt fort und verbinden wir alle diese Informationen über das Gehirn und seine Prozesse miteinander, um darzustellen, wie Frauen an den erforderlichen Veränderungen in der Kultur teilnehmen und sie ermöglichen können, ohne den Wunsch zu hegen oder kaum den Wunsch zu hegen, das Ergebnis zu kontrollieren.

- Für Frauen ist es leichter, einen Zugang zu ihrem Niedrigeren Selbst zu finden, in es hinein und durch es hindurchzugehen. Sie fürchten sich nicht so vor ihren Gefühlen, vor ihren Erinnerungen (selbst ihren archaischen Erinnerungen) und vor dem Verlust ihrer mentalen Kontrolle.
- Um zu heilen, zu wachsen und sich zu verändern, sind Frauen eher bereit, ihr gesamtes Selbst einzubeziehen und zu benutzen. Auf einer bestimmten Ebene ist ihnen bewusst – selbst wenn sie versuchen, anders zu sein –, dass ihre Illusion von Kontrolle genau das ist: eine Illusion. Frauen haben natürlich dieser Illusion manchmal geglaubt. Schließlich sind sie überall davon umgeben. Doch irgendwo, tief in ihrem Inneren, wissen sie, dass es da etwas anderes gibt, mehr gibt.

Als ein weltberühmter Hellseher einmal zu mir sagte, „Männer haben keine eigene Spiritualität. Sie brauchen Frauen, um einen Zugang dazu zu finden", war ich traurig. Und nach meiner Erfahrung bei der Arbeit sowohl mit Männern als auch Frauen in der Leben-im-Prozess- und Tiefenprozessarbeit fällt es Frauen leichter, durch ihr „Niedrigeres Selbst" zu gehen, in ihren Tiefenprozess einzusteigen und das Einssein zu erfahren. Und selbst wenn es für Männer schwieriger ist: Wenn es ihnen gelingt, ihr Denken und ihre entkörperlichten Konzepte loszulassen, können auch sie einen Zugang zu ihrem spirituellen Selbst erlangen. Aus meiner Sicht haben Frauen auf diesem Gebiet sehr viel zu geben.

N. Frauen sind ihren Stammeswurzeln näher und fühlen sich damit wohler

Bei meiner jahrelangen Leben-im-Pozess-Arbeit habe ich nicht nur Einzelpersonen bei ihrer Heilungsarbeit geholfen, sondern konzentrierte mich auch immer mehr auf Familien, Organisationen, Gemeinschaften, Gesellschaften und Nationen, und in letzter Zeit befasse ich mich mit der ganzen Menschheit und dem Planeten Erde. Gelegentlich kommt es mir ein bisschen viel vor. Und, indem ich meinem Prozess vertraue, immer nur einen Schritt nach dem anderen mache und dann den nächsten richtigen Schritt, haben sich meine Arbeit und meine Wahrnehmung organisch entfaltet. Indem ich dem Prozess vertraue, vertraue ich darauf, dass alle meine Erfahrungen mich dahin bringen werden, wo ich sein soll. Es ist alles eine Sache von Teilnehmen und Vertrauen. Und, indem ich meine Arbeit mache, fällt mir beides immer leichter.

Selbst als ich nicht um meine indigenen Wurzeln wusste, waren sie – unbewusst – wichtig für mich. Ein Großteil meiner Arbeit und die Art und Weise, wie sie sich entwickelt hat, sind unbewusst aus diesen Wurzeln entsprungen.

Wenn ich also sehe, wie wir als Planet darum kämpfen, ein Paradigma zu finden, das für uns alle passt, bin ich nicht überrascht zu entdecken, dass einige der notwendigen Antworten vielleicht schon unter uns sind. Diese Antworten liegen in der Weisheit und dem Wissen der noch überlebenden eingeborenen Kulturen und im Innern der Frauen auf diesem Planeten. Zum Beispiel gab es in Neuseeland vor langer Zeit eine Gruppe von Menschen, die sich aus drei Rassen zusammensetzte: die Waitaha, die „in Harmonie mit dem Land, miteinander und mit dem Schöpfer" lebten. Einige überlebten und die meisten wurden von jenen, die in Kriegskanus kamen, abgeschlachtet. Als sie angegriffen wurden, leisteten sie keinen Widerstand. Sie hinterließen jedoch Lehren, die, so sagten sie, wieder auftauchen sollten, wenn die Zeit „richtig" war, für jene, die später kamen. Es gibt viele Beweise dieser frühen Weisheit in Tibet, bei den amerikanischen Indianern, den australischen Aborigine, den Waitaha und anderen, und sie steht uns immer noch zur Verfügung. Diese Weisheit liegt nicht in den Dingen und statischen Konzepten der materiellen Ebene, sie liegt in der Weisheit des Lebensprozesses. Und, nach meiner Erfahrung sind Frauen besser in der Lage, diese Informationen aufzunehmen, zu verstehen und sich persönlich mit ihrem Sein darauf zu beziehen. Und sie scheinen auch durchaus fähig zu sein, an der Entfaltung dieser Weisheit in unserer Welt teilzunehmen.

Auf diesem Weg tendieren Frauen dazu, sich für die Umwelt und die Bewahrung der Schöpfung einzusetzen, und haben auch auf diesen Gebieten Einzigartiges beizutragen.

O. Leben im Gleichgewicht

* Zu guter Letzt: Frauen sind sehr interessiert daran zu lernen, wie man im Gleichgewicht lebt, und sind auf diesem Gebiet sehr weise.
* Frauen können schon immer mehrere Dinge gleichzeitig tun (Multitaskerinnen!) und haben diese Fähigkeit zu einer hohen Kunst entwickelt.

Da Frauen heute einflussreiche Positionen in der Arbeitswelt einnehmen, gibt es mehr Gleitzeit- und Vertretungsmodelle, Überwachung der Projekte und Aufgaben, flachere Hierarchien und Kooperationen mit weniger Betonung darauf, die Konkurrenz abzuhängen. Frauen besitzen diese Fähigkeiten und können sich eine Arbeitsweise vorstellen, die für sie selbst, für die anderen, für einander, für ihre Kinder, den Arbeitsplatz und die Erde gut ist. Wenn Frauen mehr an Einfluss gewinnen, kann ihr Bemühen um ein Leben im Gleichgewicht eine heilsame Kraft für uns alle werden.

Ich sah neulich eine Fernsehsendung über Bobbi Brown. Sie ist die Frau, die eine Kosmetikreihe auf Naturbasis entwickelt hat. Sie ist in den Augen des WMS sehr „erfolgreich" und anscheinend nicht geneigt, die Dinge so zu tun. Ihre Kosmetikserie natürlicher Farbstoffe, Lippenstifte und Make-up war wohl so erfolgreich geworden, dass sie für einige der großen Kosmetikfirmen zur Bedrohung wurde. Also machte ihr eine dieser Firmen das Angebot, sie aufzukaufen. Genau zu dem Zeitpunkt, als es Sinn gemacht hätte, ganz groß ins Geschäft einzusteigen und ihrem eigenen Unternehmen vorzustehen. Was für eine Situation!

Die Idee, aufgekauft zu werden, gefiel ihr nicht, denn sie mochte und schätzte ihre Arbeit. Und sie wollte wirklich nicht all den Stress, der mit der Führung ihrer eigenen Firma verbunden war, obwohl sie dadurch noch mehr Geld hätte verdienen können.

Sie ließ sich deshalb eine dritte Option einfallen (Frauen sind gut darin, den Dualismus zu umgehen und dritte Optionen zu erkennen). Sie *lehnte sich zurück* und führte Verhandlungen, um innerhalb des Konzerns ihren eigenen Bereich, die Kreativ-/Entwicklungssparte, zu leiten. Diese Sparte konnte sie so führen, wie sie wollte, da sie freie Hand über die kreativen Aspekte des Firmengeschäfts hatte. Dieses Arrangement bedeutete auch, dass sie außerhalb ihrer Arbeit ein Privatleben führen konnte. Sie würde immer noch viel Geld verdienen, genug, und nicht so viel, wie wenn sie ihre eigene Firma geleitet hätte, und – eine ganze Menge.

Die ganze Situation und der Prozess hörten sich für mich so sehr nach EWS, dem Entstehenden Weiblichen System, an.

Sie beschrieb, wie sie die Firma organisierte:

1. Da sie in der Modebranche tätig war, stellte sie eine Vollzeit-Maniküristin an, die im Büro arbeitete. Sie sagte, die meisten Frauen hätten gerne eine Maniküre und fänden dafür nicht die Zeit, also war dies eine gute Lösung.
2. Sie befürwortete flexible Arbeitszeiten und Kinderbetreuung, da viele Angestellten (einschließlich ihrer selbst) eine Familie hatten.
3. Für sie war es in Ordnung, von Zuhause aus zu arbeiten, und wenn es dort einen Notfall gab (was sie verstand), wurde für eine Vertretung gesorgt.

Sie errichtete eine neue Form von Arbeitsplatz, neu vom Prozess und Inhalt her. Dies ist nur ein Beispiel dafür, wie Frauen ein neues Paradigma in den Arbeitsplatz einbringen.

Es ist also ersichtlich:

- Dass Frauen, wenn sie sich selbst vertrauen, die Einsicht und Fähigkeit haben, neue Optionen zu erkennen.
- Dass Frauen Optionen leicht erkennen und ausüben können. Optionen sind Reichtum.
- Dass in einer statischen Welt Optionen der Illusion von Kontrolle weichen müssen.
- Dass Optionen und das Entwickeln von Optionen zu Gleichgewicht führen können.

Zusammenfassung von Abschnitt II

Die obigen Beispiele bieten einen kleinen Einblick in das, was Frauen einbringen können und was in der Welt von heute und in der Welt von morgen von besonderem Wert und großer Kraft sein kann. Jetzt gehen wir weiter und machen einige konkrete Vorschläge darüber, wie diese speziellen Talente eingesetzt werden können, um das Wachstum und die Entwicklung von Einzelnen, Familien, der Arbeitswelt, dem Planeten und sogar die Evolution der Menschheit zu fördern.

Natürlich werden Frauen Fehler machen. Sie werden hoffentlich aus ihren Fehlern lernen und wir können uns alle entspannen in dem Wissen, dass das, was auch immer Frauen tun, unmöglich schlimmer sein kann als die ausgedehnten Umwege, die die Menschheit in der Vergangenheit bei ihrem Versuch machte, auf diesem Planeten zu wachsen und sich zu entfalten. Wir werden sehen: Es wird die Möglichkeit geben, dass sich die Dinge wirklich bessern.

Ich habe nur *einige* der speziellen Talente aufgegriffen, die Frauen in unsere Welt einbringen können. Wir kennen uns bereits mit der Geburt und Erziehung von Kindern aus und dies ist sozusagen nur die Spitze des Eisbergs von all dem, was allein und speziell Frauen beitragen können, und was in seiner reinen und kraftvollen Form nicht bekannt, nicht wertgeschätzt und nicht erlaubt wurde. Doch wie gut ist es, auch nur kurz das zu skizzieren, was Frauen einzubringen haben, um uns allen ein stärkeres Gefühl für das, was möglich sein könnte, zu geben. Im Prozess des immer stärker werdenden Vertrauens der Frauen zu sich selbst und der immer tieferen Erforschung dieser Talente wird sich Weiteres offenbaren.

Lassen Sie uns deshalb dieses Buch damit beenden, dass wir ein bisschen träumen – uns unsere Visionen und Fantasien ausmalen – und uns dem noch Unbekannten öffnen.

Die Fäden verknüpfen und die Zukunft einleiten

EINFÜHRUNG

Die fortdauernde Versklavung der Frauen ist das dunkelste Kapitel in der Geschichte der Menschheit.

Elizabeth Stanton (1815 – 1902)

Frauen stellen die Hälfte der Weltbevölkerung, leisten fast zwei Drittel der Arbeitsstunden, erhalten ein Zehntel des Einkommens und besitzen weniger als ein Hundertstel des Eigentums auf der Welt.

Bericht der Vereinten Nationen, 1980

Wer einmal für eine Weile mit dem Thema Frauen und Landschaft gelebt hat, stellt fest, dass sie untrennbar mit den Vorstellungen von Frieden, Spiritualität und Gemeinschaft verbunden sind. Als Frauen müssen wir lernen, Anführerinnen in der Gesellschaft zu werden, nicht nur um unserer selbst, sondern um aller Menschen willen. Wir müssen unsere Verwandtschaft mit der Umwelt für kommende Generationen unterstützen und beschützen.

China Galland

Ich möchte nochmals betonen, dass wir niemals wissen, was die Zukunft bringt. Doch können wir sicher sein, dass die Welt anders sein könnte, wenn Frauen bereit wären, für ihre Wahrnehmungen, ihr Wissen und ihre Weisheit einzutreten, wenn sie nicht versuchen würden, wie Männer zu sein oder es in einer von Männern definierten Kultur zu „schaffen"; wenn sie sich für all ihre größere Weisheit öffnen und mit erneuter Klarheit und Balance erkennen würden, was sich entfalten wird.

In diesem Abschnitt werden wir uns Visionen ausmalen und ein bisschen träumen und gleichzeitig wachsam sein gegenüber den alten, vom WMS dominierten Tendenzen zu Vorhersage und Kontrolle.

Es ist nicht möglich zu wissen, wie eine Welt aussehen würde, wenn Frauen als Gleichberechtigte voll am Prozess von allem, was wir als Kultur tun, teilnehmen, weil das in unserer jetzigen Welt noch nie geschehen ist. Wenn wir Unterschiede schätzen und nicht davon ausgehen, irgend eine Gruppe kennt oder weiß die Antworten, und wenn wir darauf vertrauen, dass wir sicherlich etwas entwickeln werden, was für alle durchführbarer, heilsamer und sinnvoller ist, wenn jede/r beiträgt, was sie/er kann.

Offen gesagt haben wir heute eine Gelegenheit, wie wir sie in der Menschheitsgeschichte noch nie hatten. Wir besitzen außerdem ein breites Spektrum an Wissen und an Erfahrungen darüber, was wir falsch gemacht haben, und an Lektionen, auf die wir aufbauen können. Niemals zuvor in der Geschichte der Menschheit verfügten wir über so gute Mittel, um das, was wir tun und getan haben, aus globaler Sicht zu betrachten.

In unserer Verrücktheit als Menschheit liegt die Chance einer neuen Realität für uns alle verborgen. *Falls* wir offen sind. *Falls* wir dazu bereit sind. *Falls* wir den Mut haben. *Falls* wir die Vision haben. Entscheidend für uns Frauen ist, dass wir *teilnehmen,* dass wir einfordern, mit unseren Stimmen und unseren Ansichten gehört zu werden, und dass wir stark, offen, flexibel und wahrhaftig sind. So einfach ist das.

In diesem Kapitel komme ich auf einige der in Abschnitt I besprochenen Symptome zurück und werfe einen kurzen Blick darauf, was und wie die starken Eigenschaften sind, die ich bei Frauen beobachtet habe, die gewachsen sind und ihre innere Arbeit zur Entfaltung ihres vollen Potenzials tun – Eigenschaften, die zum Ganzen beitragen werden.

Natürlich dürfen wir alle nicht vergessen, dass die Zukunft immer ein sich entfaltender, unbekannter Prozess ist, dessen Elemente ständig wechseln und sich verändern. Doch ich glaube, wir haben gesehen, wie sich die Welt entwickelte, als Frauen unterdrückt, geknechtet und nicht gehört wurden, und als Frauen ihr eigenes, innewohnendes Wissen und ihre Erfahrungen unterdrückten, verwarfen und nicht darauf hörten. Wenigstens wissen wir nun endlich, dass es die Möglichkeit für etwas anderes gibt.

Was könnte also geschehen, wenn Frauen aufstehen und ihren Beitrag leisten im Hinblick auf:

A. Diskriminierung

Frauen standen bei Menschenrechtsthemen immer an vorderster Front. Sie haben Diskriminierung gekannt und erfahren. Es war nicht gut für sie. In ihrem tiefsten Inneren wissen sie, dass Diskriminierung für niemanden gut sein kann, weder für den Unterdrücker noch für die Unterdrückten.

Da Frauen unterdrückt werden und wurden, kennen sie die Auswirkungen von Unterdrückung. Die Vorgehensweise im WMS wäre, dass Frauen sich bemühten, die Rolle des Unterdrückers einzunehmen, da sie diese als die „bessere" Position sähen. Die Realität ist, dass Frauen weder Opfer noch Täter sein müssen oder wollen.

Doch Frauen tendieren auch dazu, die Dinge in ihrem Ganzen zu sehen. Wenn wir unsere Welt ganzheitlich betrachten und an einen Gott oder Prozess glauben, der uns alle erschuf, sind wir logischerweise alle gleich: alle Menschen, die Tiere, die Steine, die Bäume. Wer kann sagen, eine Spezies oder eine Erscheinung dieser Spezies sei wichtiger als irgendeine andere?

Frauen wissen sehr gut, dass beim Diskriminierungsspiel alle verlieren. Wie werden sie es anders machen? Wer weiß es?

• Es wird verschiedene Herangehensweisen geben *und* die von den Frauen erfahrene Unterdrückung wird u. a. darüber entscheiden, wie Frauen die Welt sehen.

Die Neigung der Frauen, im Kontext zu leben, fördert die Möglichkeit, dass sie Unterschiede wertschätzen. Unterschiede sind keine Bedrohung und brauchen nicht, wie im WMS/TMMS, unterdrückt zu werden. Unterschiede bieten Optionen, bieten neue Möglichkeiten und neue Gelegenheiten zu wachsen, wenn wir bereit sind, sie zu ergreifen. Die meisten indigenen Menschen glauben, dass jedes Volk, jede Gruppe einige Puzzleteile besitzt. Niemand hat alle Stücke. Wir müssen alle Teile kennenlernen und auf alle Teile hören, wenn wir versuchen, unser Wissen und unsere Erkenntnisse als Gleichberechtigte zusammenzutragen, damit wir ein besseres Verständnis des Ganzen haben. Was wäre auf diesem Planeten geschehen, wenn die Eroberer jedes für sie neue Land mit der Einstellung betreten hätten, seine Bewohner seien Menschen, die ihnen mehr über das Ganze beibringen könnten und seien ihnen gleichwertig?

Aufgrund der weiblichen Fähigkeit, im Kontext zu leben, wissen Frauen eher darum, dass wir alle miteinander verbunden sind und einander brauchen. Die weibliche Wirklichkeit ist einfach so. Wenn wir ganzheitlich denken, stellen sich unterschiedliche Optionen als Möglichkeiten statt als Bedrohungen dar und wir nehmen sie als solche wahr und respektieren sie. Nicht alle Frauen sind für diese Art von Leichtigkeit im Umgang mit Unterschieden bereit und in einem EWS gibt es zunehmend mehr Möglichkeiten, Unterschiede zu schätzen und zu suchen. Diese Wertschätzung begegnet Rassismus auf indirekte Art und Frauen können aufgrund ihrer Bereitschaft, Unterschiede anzunehmen und wertzuschätzen, etwas Positives zum Ganzen beitragen.

B. Politik

Frauen, die klar sind, sind nicht so sehr bereit, sich auf ein Spiel um die Dinge, auf die es letztlich ankommt, einzulassen. Sie haben gelernt, bei diesen Spielen mitzuspielen, und Menschen, die in ihrem Leben ehrlich sein wollen, möchten ihre kostbare Zeit nicht mit „Dummheiten" verschwenden und dabei die wichtigen Dinge ignorieren. Frauen sind eher praktisch veranlagt und besitzen große praktische Fertigkeiten. Diese Fähigkeit lässt wenig Zeit und Kraft für Dinge wie abstrakte, bedeutungslose Spielereien, abgehobene Konzepte oder Belanglosigkeiten. Wenn Frauen klarer werden, möchten sie ihre Zeit einfach nicht mit Albernheiten verplempern. (Es sei denn, sie spielen tatsächlich. Dann ist Herumalbern wunderbar!)

Im Wörterbuch finden sich unter dem Stichwort Politik die Wörter „verschlagen" und „machiavellistisch". In einem gesünderen System wird es keine Politik mehr geben, wie wir sie entwickelt haben und kennen. Interessanterweise zeigt sich eine gewisse Ähnlichkeit in der Art und Weise, wie die (US-amerikanische) „Demokratie" errichtet wurde und wie Frauen von Natur aus handeln. Frauen reden gern. Frauen bereden gerne, wirken heilend und beleuchten gerne jeden Aspekt eines Themas und kommen dann zu einem Einvernehmen, dem bis zu einem gewissen Grad alle zustimmen können. Dies wurde ursprünglich als die Aufgabe des Repräsentantenhauses und insbesondere des Senats angesehen. Diese Vorgehensweise und Bedeutung haben sich verändert.

- Frauen sind bereit zuzuhören, sie versuchen zu verstehen und eine andere Perspektive zu erkennen. Und sie sind bereit, sich für diesen Prozess Zeit zu nehmen.

- Dies sind die Kompetenzen, die sie sich als Frauen angeeignet haben, und diese Kompetenzen könnten den politischen Prozess verändern, den Prozess verwandeln oder das, was wir als Politik kennen, vollständig abschaffen.
- Natürlich haben Frauen das WMS/TMMS gut gelernt. Und, ich beziehe mich hier auf das, was Frauen einbringen können, wenn sie wertgeschätzt und gehört werden, und wenn sie ihrem Wissen und den einzigartigen Fähigkeiten, die sie besitzen, vertrauen.

C. Religion

Alle heute existierenden großen Religionen der Welt – die offenbarten Religionen – wurden von Männern begründet. Fast alle, wenn nicht sogar alle dieser „offenbarten" Religionen gingen anfangs von der von ihren Gründern formulierten Prämisse der Gleichheit zwischen den Geschlechtern und einem Platz für die Macht jedes/jeder Einzelnen aus. Später wurden die meisten Religionen von Männern übernommen und wurden dann rassistisch und sexistisch. Bei den meisten Kriegen, die von den Religionen geführt wurden, schien es eher um Macht, Kontrolle, Materialismus und Herrschaft zu gehen als um Spiritualität. Religion spielte eine wesentliche Rolle bei Kolonialisierung, Herrschaft und Kontrolle, bei Rassismus und Sexismus.

Was muss das tiefe innere Wissen der Frauen über Spiritualität zu diesem Symptom beitragen? Ich habe oft gesagt, dass die Leben-im-Prozess-Heilungsarbeit, die ich mache und anbiete, weit zurückgeht in eine Zeit vor den offenbarten Religionen, als wir noch aus unserem Einssein mit dem Schöpfer und dem „Allen-was-Ist" heraus lebten. Wie bereits erwähnt, sagte ein berühmter Hellseher einmal, Männer (zumindest das, was aus Männern geworden ist!) hätten keinen direkten Zugang zur Spiritualität, und sie seien auf Frauen angewiesen, um in Verbindung zur Spiritualität zu kommen. Ich sage noch immer, dass mein Tiefenprozess meine Spiritualität ist, wenn ich eins bin mit Gott, mit dem, was Max Freedom Long als das Höhere Selbst bezeichnete.

- Männer im Allgemeinen haben die Fähigkeit verloren, ihre Gefühle und Emotionen wertzuschätzen und in Berührung mit ihnen – ihren Türen zu ihrem Höheren Selbst – zu sein. Frauen haben diese Fähigkeit behalten, obwohl sie

sie manchmal abwerteten. Und, Leitungsbahnen im Gehirn können wieder aktiviert werden.

Wie könnten Religion/Spiritualität beeinflusst werden, wenn Frauen ihr inneres Wissen akzeptieren würden? Ich hatte das Privileg, eine hawaiische Unabhängigkeitsgruppe kennenzulernen, die ihre eigene Form von Regierung zu entwickeln versuchte. Die Gruppe hatte entschieden, dass Akua (der Schöpfer, der Grund unseres Seins, die Einheit, die kein Mensch ist oder vielleicht nicht menschlich) im Zentrum des „Regierens" stehen sollte. Die Ältesten, jene Männer und Frauen, die Akua näher waren, länger gelebt hatten, mehr Erfahrung hatten und mehr wussten, würden *zusammen* den Kopf der Regierung bilden. Die Makua, die Erwachsenen, würden dann die Regierungsgeschäfte erledigen und die Keiki, die Kinder, wären die Beine und würden das Laufen übernehmen. Hier bildete sich eine andere Art der Regierung, eine indigene Gruppe mit vielen Frauen und Männern, die gleichberechtigt miteinander arbeiteten. Ich sah dort eine Schönheit und Weisheit, die atemberaubend waren. Es war ein auf Respekt und Prozess aufgebautes Modell, das sich völlig von allen Geschäftsordnungen, die ich jemals gesehen hatte, unterschied, und es funktionierte. Es funktionierte wunderbar, bis das WMS/TMM-System darauf aufmerksam wurde. Während ich sein Entstehen beobachtete, war es ein Prozess, bei dem kaum jemand eine klare Vorstellung davon hatte, wie es sein „sollte".

• Frauen als Menschen, die an Prozess glauben, können dadurch einen Beitrag leisten, den sich jene, die an eine statische Welt glauben und nur eine solche kennen, nicht vorstellen können.

D. Wirtschaft

Die Iren hatten, bevor die Briten in ihr Land kamen, die Wirtschaftsphilosophie, dass alle im Land genug haben sollten und dass niemand reich sein *müsse*.

Wie der US-amerikanische Richter Brandeis sagte: „Man kann eine Konzentration von Reichtum oder eine Demokratie haben. Beides zusammen geht nicht."

- Wussten Sie, dass die Superreichen die instabilste Kraft der US-amerikanischen Wirtschaft geworden sind und dass alle danach streben, zum oberen 1 % zu gehören? (Eine statistisch unmögliche Möglichkeit)?
- Wie kam es dazu, dass wir als Spezies die „Notwendigkeit" einer Konzentration von Reichtum als Realität akzeptiert haben?
- Ich habe schon zuvor gesagt, dass keine menschliche Ordnung, die auf Wirtschaft basiert, jemals die Bedürfnisse der Menschen, des Planeten und all seiner Bewohner erfüllen kann.
- Ich bin gespannt darauf, wie die Frauen sich organisieren werden, wenn sie in ihre Kraft kommen und eine Welt entwickeln, die mehr im Gleichgewicht ist.

E. Denken

- Ganz eindeutig wurde unser Denken durch das WMS/TMM-System stark beeinträchtigt.

Es scheint allgemein bekannt zu sein, dass wir nur einen kleinen Teil unserer Gehirnkapazität nutzen. Wir erkennen außerdem, dass wir aufgrund der Werte und Annahmen der Wissenschaft der TMMS-Kultur die logischen/rationalen Teile des linken Gehirns überentwickelt und die intuitiven, nichtlinearen Teile unseres Gehirns zu wenig entwickelt haben und ihnen auch nicht vertrauen. Wir haben das übereinstimmende Denken betont und dem abweichenden Denken zu wenig Bedeutung beigemessen. Wir haben unsere Kinder glauben gemacht, dass es eine gute Denkweise gibt, die logisch und rational ist, und dass andere Denkweisen entweder nicht gut sind, nicht existieren sollten oder überhaupt nicht existieren. Menschen mit Legasthenie, die gleichzeitig viele unterschiedliche Perspektiven wahrnehmen können, erhalten die Botschaft, etwas sei falsch mit ihnen, und sie werden isoliert. In einer indigenen Kultur werden sie in ihrer Einzigartigkeit, wie wir alle, als besonderes Geschenk des Schöpfers angesehen, das unserem Universum eine weitere Dimension schenkt.

Der *Prozess* des Denkens wird in der TMMS-Kultur ignoriert und es wird mehr Wert auf das Auswendiglernen von Fakten gelegt als auf die Kreativität des Nicht-Wissens und des Offenseins für Möglichkeiten.

Wenig Beachtung wird auf die Entwicklung der Verbindung der beiden Gehirnhälften gelegt, was unser Potenzial zum Lösen von Problemen um das Hundertfache erhöhen würde und nicht nur das, *was* wir denken, sondern auch *wie* wir denken, verändern könnte.

Und wir haben sehr wenig unternommen, um das Intuitive zu entwickeln, den Zugang zu anderen Bereichen des Seins oder die Informationen aus Gefühlen, Emotionen, Erinnerungen und Fantasien. Es ist, als wären wir mit einem Fuß am Boden festgenagelt und würden mit dem anderen Fuß im Kreis gehen, ohne vorwärts zu kommen.

- Wer weiß, was wir tun könnten, wenn wir in einem System mit einer wissenschaftlichen Weltsicht leben würden, die an alle Bereiche von Realität glaubt und mehr Teile unseres Gehirns nützt?

Frauen haben zur Erkundung unserer Gehirne viel beizutragen und auch dazu, wie wir sie auf eine Art und Weise nutzen können, die über die jetzt praktizierte Weise des Aufbaus einer Welt hinausgeht, bei der abgehobene, abstrakte Konzepte benutzt werden und der Reichtum all unserer Erfahrungen, das Bekannte und Unbekannte, das Sichtbare und Unsichtbare geleugnet werden.

- Es ist schwer, der schmerzhaften Tyrannei des Denkprozesses des Alkoholikers zuzuschauen und zuzuhören, die in der heutigen Kultur zunehmend die Norm ist.
- Frauen können mehrere Dinge gleichzeitig tun. Sie denken mehrdimensional. Wie wird diese vielfältig variable Art zu handeln unsere Denkweise über das Denken verändern und die Art und Weise, wie wir die Aufgaben anpacken, die in der Kultur erledigt werden müssen, wenn wir uns von einer eher lineareren Vorgehensweise entfernen?

F. Gesundheit und Wohlbefinden

Frauen hatten schon immer ein großes Interesse an Gesundheit und Wohlbefinden und waren, historisch gesehen, immer in den Heilberufen tätig. In der Vergangenheit engagierten sie sich meistens für das, was heutzutage als die nicht-traditionellen Formen der Medizin bezeichnet werden. In jüngerer Zeit fühlen sie sich von der Form der westlichen, akademischen, allopathischen Medizin angezogen und bewegen sich in dieser Sphäre; sie ist verfügbar und dort liegen Geld und Macht.

Doch bei meiner Arbeit mit verschiedenen Ärztinnen habe ich festgestellt, dass sie im Laufe der Zeit weniger schulmedizinisch behandeln als zu Beginn. Wenn sie sich in ihrem Beruf mehr etabliert haben, nehmen viele von ihnen alternative Heilungsmethoden in ihre Praxis auf, insbesondere dann, wenn sie aus den etablierten, heilenden Institutionen aussteigen. Nach meiner Erfahrung bewegen sich diese Frauen mehr zu dem hin, was innerhalb einer großen Reihe von Methoden und Glaubenssystemen funktioniert, wobei sie mit diesen Alternativmethoden ganz anders umgehen als einige der „aufgeschlossenen", „alternativen", männlichen Ärzte, die neue Ideen in das allopathische Modell zu zwängen versuchen oder diese neuen Ansätze wie Kopfhäute der Gefangenen am Gürtel tragen.

Wenn ich mit Medizinerinnen spreche, stimmen sie unabhängig von ihren eigenen, persönlichen Bedürfnissen und Erwartungen darin überein, dass 1. alle einen Zugang zur Gesundheitsfürsorge haben sollten, 2. alle Menschen die von ihnen gewünschte Art medizinischer Behandlung haben sollten, 3. es kein Einparteiensystem im Gesundheitswesen geben sollte und 4. das Ziel der Heilkünste nicht darin liegt, reich zu werden – obwohl es nett ist, Geld zu haben –, sondern darin, Heilung und Ganzheit zu fördern.

Die meisten Frauen fühlen sich, auf einer gewissen Ebene, mit den Prinzipien der mechanistischen Wissenschaft unwohl und sind sich einig, dass der menschliche Körper, ja der Mensch selbst, keine Maschine ist und nicht als solche behandelt werden sollte. Es scheint Frauen so viel leichter zu fallen, sich dem Körper als einem Prozess zu nähern.

Frauen stimmen auch darin überein, dass Heilung nicht statisch und kein Ereignis ist, genauso wenig wie Krankheit. Es sind beides Prozesse und die Person, die geheilt werden muss, muss an dem Prozess voll teilnehmen.

• Deshalb würde, wer Prozess kennt und versteht – wenn er/sie die Wahl hätte – Gesundheit und Krankheit prozesshaft angehen und sie als Prozesse verstehen.

Da Frauen außerdem mehr am Kontext orientiert sind und sich mit dem Suchtprozess weniger wohl fühlen, sind sie vielleicht eher bereit, Krankheit und Heilung mit anderen Augen zu sehen. Sie sind vielleicht bereit anzuerkennen, dass viele der von ihnen behandelten Krankheiten, Herzkrankheiten, Fettleibigkeit, hoher Blutdruck, Leberprobleme, Lungenkrebs, durch Suchtkrankheiten aller Art verursacht sein könnten. Sie wären vielleicht außerdem eher bereit, sich den Kontext anzusehen, in dem diese gewaltige Industrie existiert, um zu erkennen, wie viele dieser Krankheiten verbunden sind mit Umweltverschmutzung, ihrer Verwandtschaft mit der mechanistischen Wissenschaft und einer kapitalistischen Wirtschafts- und Gesellschaftsstruktur. Wenn sie dies alles zu erkennen beginnen, werden sie nach anderen Optionen suchen.

- Jede/r kann von Geld und Macht verführt werden, und wenn die betreffende Person mehr als Person respektiert wird, verschafft ihr das Raum, um in Verbindung mit dem zu kommen, was für *sie/ihn wirklich* wichtig ist.
- Fragen Sie irgendeine Mutter, ob der militärisch/industrielle Komplex wichtiger ist als ihre eigene Gesundheit oder die ihres Kindes. Und wenn wir die Freiheit hätten, diese Frage zu stellen, würde uns die Antwort vielleicht überraschen.
- Nochmals, mein Standpunkt ist der, dass wir nie vorhersagen können, wie sich die Dinge verändern werden, wenn Frauen sich selbst vertrauen und respektieren. Und wenn das passiert, können wir, so glaube ich, das Risiko eingehen, dass Frauen eine andere Sichtweise einbringen werden.
- Wohlbefinden unterscheidet sich von Krankheitsbekämpfung und die meisten Frauen wissen das.

G. Erziehung und Bildung

Fast alle Menschen, die sich in dieser Kultur als ohnmächtig erleben, sind zutiefst davon überzeugt, dass Bildung der Ausweg aus ihrer Diskriminierung ist. Sie unterwerfen sich deshalb einer Bildung, die in Form und Ablauf ihrem tiefsten Wissen, ihrer Erfahrung und ihren Überzeugungen vielleicht völlig fremd ist. Vielleicht fordert diese Bildung sogar von ihnen, ihr eigenes inneres Wissen aufzugeben, um die Belohnungen zu erhalten. Oder sie werden aufgefordert, ihre Art des Denkens, Fühlens und Glaubens zu verändern, um dazuzugehören.

• Und, dieses uralte Wissen ist immer noch da, irgendwo.

Wenn Frauen ihr Wissen und ihre Weisheit erschließen, werden sie sich daran erinnern, dass Bildung ein Prozess ist und keine einmalige Sache, und dass Bildung für jedes Kind anders ist. Sie werden sich daran erinnern, dass sich die Dinge am besten lernen lassen, wenn sie mit Erfahrungen verbunden sind. Und sie glauben, dass die wichtigste Bildung darin liegt, lernen zu wollen, und dass dann alles möglich ist. Angesichts dessen, was sie – dank ihrer Weisheit – über Neugierde und Prozess wissen, glauben und erfahren, werden sie, wenn man sie nur gewähren lässt und nicht an das System und seine Überzeugungen und Methoden bindet, Erziehung einfach ganz anders angehen.

Mein Freund, ein Aborigine-Ältester, erzählte mir, dass in seiner Kultur die alten Frauen die Kindererziehung von dem Zeitpunkt an übernahmen, als das Kind noch im Mutterleib war: Sie sprachen mit ihm. Gleich nach der Geburt der Kinder sprachen sie weiter mit ihnen und zeigten ihnen die Dinge ihrer Welt. Er behauptete, dass die Kinder im Alter von fünf Jahren einen Bildungsstand besaßen, der einem Doktortitel entsprach. Ihre Bildung umfasste das Praktische, das Spirituelle und das, wofür sie verantwortlich waren – eine Erziehung, die vielen unserer Kinder heutzutage fehlt.

Wenn Frauen die Möglichkeiten hätten, eine Bildung zu entwickeln, die Kindern helfen würde, ihre tiefe Weisheit zu erschließen und eine Kultur aufzubauen, die die Erde und die darauf lebenden Geschöpfe nicht vergewaltigt, wie würde sie aussehen? Würden die alten Frauen andere Wege einschlagen als die, die wir heute gehen, wenn wir unsere Kinder darauf vorbereiten, ein System weiter auszubauen und zu entwerfen, das Süchte zu seinem Überleben erfordert und seine Bewohner und die Erde unserer/ihrer vollen Potenziale beraubt?

• Würden Frauen ihre angeborene Weisheit und Fähigkeiten einsetzen, um die Dinge anders zu machen?
• Vielleicht stehen wir kurz vor der Möglichkeit, genau diesen Prozess geschehen zu sehen.

- Frauen sind nahe daran, eine Veränderung bzw. Veränderungen herbeizuführen. Ich weiß nicht, welche das sein werden, und ich sage voraus, dass es viele Lösungen und viele Umwege geben wird.
- Veränderungen sind bereits im Gange; wir wissen vielleicht nicht, welche Veränderungen es sind und können die Ergebnisse erst nach einer gewissen Zeit kennen.
- Und wenigstens wird mit dem gleichberechtigten Beitrag von Frauen, die ihrem Können und ihrer Weisheit vertrauen, etwas anders werden.
- Ich habe mich oft gefragt, wie die Geschichte der USA verlaufen wäre, wenn die Eroberer eine Cherokee-Älteste gebeten hätten, dem Erziehungs- und Bildungswesen vorzustehen.

H. Zusammenfassung

- Wenn wir ihm zuhören, hat das Leben die Eigenschaft, uns über die Begrenzungen der Vorstellungen von uns selbst hinauszuschubsen.
- Wenn wir lange genug warten und für das Unbekannte oder Unmögliche offen bleiben, haben wir vielleicht die Möglichkeit, den Sinn der schmerzhaften Augenblicke, die wir erlebten, zu erahnen. Anfangs mag der Schmerz uns seine Geheimnisse nicht zeigen wollen. Er mag für eine gewisse Zeit nicht gewillt sein, uns seine Unbekannten zu enthüllen. Vielleicht taucht das Nicht-Offensichtliche nur auf, wenn wir den Prozess durchleben und an ihm teilnehmen.
- Im Jahre 2010 waren zwanzig Prozent der US-amerikanischen Väter die Hauptbezugspersonen der Kinder.
- US-amerikanische Frauen verdienen immer häufiger mehr als ihre Ehemänner. (Aus einer Erhebung des Jahres 2010.)
- Untersuchungen zeigen: Wenn Männer sich mehr in die Kindererziehung einbringen, verändert sich ihr Gehirn.

In ihrem Buch *Das Weibliche Gehirn* liefert Louann Brizendine ein sehr interessantes Argument gegen die biologische Bestimmung des Menschen. (Auch hier lag Sigmund Freud daneben!) Sie weist darauf hin, dass schon der Prozess des Schwangerseins die Frau und ihr Gehirn während und nach der Schwangerschaft verändert, dass der Geburtsprozess selbst, das Säugen, das Berühren, der

Geruch und die Nähe zum Kind die Frau verändert. Sie betont außerdem, dass selbst Adoptiveltern, Väter und Mütter, die keine eigenen Kinder gehabt haben, sich durch regelmäßigen Kontakt mit einem Kleinkind verändern. Sie erforscht, wie sogar neurochemische Gehirnbahnen bei Frauen und Männern durch den ständigen Kontakt mit einem Baby geändert werden können. Dieser Kontakt kann tatsächlich unsere Chemie, unser Verhalten und wie wir gestrickt sind, verändern. Wir sind nicht so unveränderlich, wie wir im alten Dualismus von Veranlagung versus Erziehung geglaubt haben.

- Zu diesem Zeitpunkt in meinem Leben und beim Schreiben dieses Buches ist es sehr tröstlich und spannend zu erkennen, dass ich die Dinge nicht weiß. Dass ich nicht viel von irgendetwas weiß.

Und, wir scheinen uns in einer Zeit großen Wandels für Frauen und für die Gesellschaft und für den Planeten als Ganzes zu befinden. Ich bin überrascht und hoffnungsvoll darüber, an welchem Punkt heute unsere Kulturen in Bezug auf die Frauen auf diesem Planeten stehen.

Ich war eine engagierte Feministin der zweiten feministischen Welle und wurde dann etwas entmutigt, als es den Anschein hatte, dass Frauen entweder versuchten, mehr wie Männer zu sein – aggressiv, sogar gewalttätig, übertrieben ehrgeizig und „männlicher" als Männer – oder dass sie in die Kleinmädchenrolle schlüpften, bei der 50-jährige Frauen versuchen, den Körper einer Achtzehnjährigen zu haben und Kleidung zu tragen, die höchstens noch für eine Zwölfjährige akzeptabel ist.

War all die Arbeit der Frauenbewegung vergeblich gewesen und hatte sie nichts erreicht? So viele Frauen, einschließlich ihrer Töchter, schienen antifeministisch zu sein. Ich bin glücklich sagen zu können, dass meine Tochter eine überzeugte Feministin *und* mein Sohn ein überzeugter Feminist ist. (Vielleicht habe ich doch etwas richtig gemacht!)

War der Feminismus tot?

Im Jahre 2007 entdeckte ich dann eine Gruppe junger Frauen auf Hawaii, die sich in einem experimentellen Theaterprogramm namens *What Girls Know*

(Was Mädchen wissen) für Mädchen der Mittel- und Oberschule engagierten, und sagten, was *wir* als junge Frauen gesagt hatten. Sie hatten ein Theaterstück mit dem Titel *What Girls Know* geschrieben und produziert und was sie sagten, hörte sich für meine 75-jährigen Ohren wahr an, und meine Begeisterung für Frauen und für das, was wir tun müssen und können, wurde neu entfacht. Wie gesagt, in den Medien hatte ich darüber nicht viel gehört!

Damals machte ich eine Liste mit der Überschrift:

I. Lösungen

Hier sind die Möglichkeiten, die zu neuen Lösungen und Chancen für Frauen führen können:

Frauen

- machen Gebrauch von ihrer Stimme als Frauen
- ehren ihre natürliche Schönheit
- verändern die Welt der großen Konzerne
- erkunden Unternehmertum
- machen sich ihre Hoffnungslosigkeit zunutze
- bilden Gemeinschaften
- nehmen ihre Rolle als Mentorinnen für Mädchen und junge Frauen ernst
- nutzen ihre Adler-Perspektive
- üben ihren Einfluss aus/anerkennen ihre Macht
- stellen sich ihren Ängsten
- nehmen Elternschaft ernst
- setzen Großeltern in der Kindererziehung ein
- benutzen ihr Geld und ihren Einfluss, um etwas Wichtiges und Sinnvolles zu tun
- werden stärker und leben aus ihrer Spiritualität heraus
- üben sich in ihrer Fähigkeit, Optionen zu erkennen
- werden sich darüber klar, was sie im jeweiligen Augenblick erfüllt und schauen nicht im Außen nach der Antwort darauf
- kennen ihre Werte und was für sie wichtig und wesentlich ist

- verabschieden sich vom Zombie-Syndrom
- nutzen den Vorteil des Älterwerdens; stehen zu ihrer Weisheit; um weise zu sein, brauchen sie nicht schick zu sein
- schätzen innere und äußere Behaglichkeit
- sind nicht länger bereit, ihre Macht zu verstecken oder zu leugnen
- „sind (einfach)"

Wenn die Zivilisation in Zukunft überhaupt noch vorankommen soll, muss es mithilfe der Frauen sein, Frauen, die von ihren politischen Fesseln befreit sind, Frauen im Vollbesitz ihrer Macht, um ihren Willen in der Gesellschaft umzusetzen.

Emmeline Pankhurst, (1858–1928)

Warum brauchen Frauen denn Macht und Einfluss?
Weil Macht Freiheit bedeutet.
Macht erlaubt es uns, das für uns Wichtige so zu leisten, wie wir es am besten finden. Sie trennt die Handelnden von den Träumern.

Patti F. Mancini
Rede aus dem Jahr 1989

Dem würde ich hinzufügen:

Wenn Frauen von Macht sprechen, meinen sie nicht die Macht über jemanden. Sie meinen damit jene persönliche Macht, die daher rührt, genau zu wissen, wer sie sind und was sie anzubieten haben. Dann können sie es riskieren, dies auszudrücken und dem Prozess, der sich ergibt, zu vertrauen.

Nachdem ich Hanna Rosins ausgezeichnetes Buch *Das Ende der Männer* gelesen hatte und als ich ihre Forschungsberichte und ihre klaren Befunde über die Situation der heutigen Frauen las, dachte ich: *„Ich habe mich geirrt, als ich dachte, der Feminismus sei tot! Ich habe unserem Prozess als Frauen und als Spezies nicht vertraut. Wir haben nicht aufgehört, nach Rechten für alle Menschen zu streben, nach einem Leben in Frieden und Harmonie mit dem Planeten und mit dem Streben, ein neues Paradigma zu entwickeln, um genau dies zu erreichen. Wir sind nur ein bisschen im Zickzack gelaufen auf Wegen, die ich nie hätte vorhersagen können, was zu Ergebnissen führte, die ich ebenfalls nie hätte vorhersagen können."*

Es ist erleichternd, einen Prozess zu sehen, der größer ist als ich selbst und größer als wir alle, und der sich auf eine Weise bewegt, die ich mir an diesem Punkt des Prozesses nie hätte vorstellen können.

- Keine *bekannte* Quantität oder Qualität könnte aufregender sein!
- Also, Frauen, wir müssen aufstehen und mit uns muss gerechnet werden.
- Wir müssen unsere Stimme finden und sie benutzen.
- Wir müssen zu unseren Visionen, unserem Staunen und unserem inneren Wissen stehen und sie aussprechen.

1. Ein Blick auf das „Hinter-meinem-Mann-Stehen"

- Wir dürfen nicht zulassen, dass sich die Männer in unserem Leben zum Narren machen, wenn sie sich räuspern, ihre Hosen zurechtrücken und seichte Platitüden von sich geben wie bei den US-amerikanischen Versammlungen der Republikaner und Demokraten im Jahre 2013. (Ich danke Elizabeth Warren und Nancy Keenen, die uns weltweit zeigten, dass Frauen auf andere Weise und mit einer anderen Stimme über politische Themen reden können und nicht nur „ihren Mann" anfeuern können.)

Nachdem ich die Versammlungen der Demokraten und Republikaner im Jahr 2012 angeschaut hatte, bekam der Ausdruck „hinter-meinem-Mann-stehen" eine neue Bedeutung für mich.

Nicht, dass ich gegen das *Konzept* des Hinter-meinem-Mann-Stehens bin. Und, da gibt es gewisse Bedingungen.

Um hinter meinem Mann stehen zu können, muss er etwas tun, etwas denken oder für etwas stehen,

    a. dem ich zustimmen oder das ich zumindest unterstützen kann;

    b. das meiner moralischen/spirituellen Grundlage und meinem Glaubenssystem entspricht;

    c. das für etwas steht, was es meiner Meinung nach wert ist, dafür einzutreten und davon überzeugt zu sein;

d. von dem ich weiß, dass er fest davon überzeugt ist, und mit dem ich zumindest teilweise übereinstimme;

e. von dem auch ich zutiefst überzeugt bin, das ich gründlich untersucht habe und bei dem ich zu den gleichen Schlussfolgerungen gekommen bin.

Ich werde *nicht* hinter meinem Mann stehen, weil

a. er mein Mann ist;

b. es gut aussehen wird;

c. es von mir erwartet wird;

d. er ohne mich nicht gewinnen kann;

e. es sich so „gehört" – unabhängig von meinen Gefühlen.

Aus einem der oben aufgeführten Gründe hinter meinem Mann zu stehen hieße, mich und ihn nicht zu respektieren und gegen die spirituellen Prinzipien zu handeln, für die ich – und hoffentlich wir beide – stehen. Dies zu tun, wäre eine Beleidigung für ihn und für mich.

Außerdem halte ich es für meine Verantwortung, den Menschen in meinem Leben, die ich liebe, zu helfen, ihre Haltungen sorgfältig zu überprüfen und sie zu ermutigen, sich nicht zum Narren zu machen, und das Gleiche gilt auch für mich.

Wenn sie sich lächerlich machen wollen, so ist es ihre Entscheidung, und ich kann ihnen meine Liebe zeigen, indem ich mich dagegen entscheide, ihnen zu folgen und mich ebenfalls lächerlich zu machen. Und, ich muss ihnen liebevolle Rückmeldungen geben.

Sich so töricht zu verhalten wäre eine Beleidigung mir selbst und dem Kern meines Wesens gegenüber, ebenso wie ihnen gegenüber. Und, ich kann solche Dummheiten nicht ertragen und sie mir auch nicht leisten. Die Einstellung, sich bereitwillig einfach deshalb zum Narren zu machen, weil sich der Ehemann dafür entscheidet, mag unter der Überschrift Ehefrau zusammengefasst werden, doch ich glaube nicht, dass sie für eine Partnerin und/oder eine Lebensgefährtin maßgeblich oder angemessen ist.

Wir können einen anderen Menschen (oder Orte oder Dinge) niemals kontrollieren und wir leben heutzutage in einem System, das auf der Illusion von Kontrolle aufgebaut ist. Die Frauen von heute wollen da nicht mitmachen und müssen auf diesem Gebiet einiges verlernen. Und, sie haben gegenüber denen, die sie lieben, die Verantwortung, sie in die Realität einzuladen.

Ich habe viel von Tieren gelernt. Wir haben vier weibliche Enten, einen Gänserich und zwei Gänse. Der Gänserich hat sich entschieden, den Laden zu schmeißen. Beim Füttern verscheucht er alle außer seiner erwählten Partnerin. (Sie darf natürlich erst anfangen, wenn er zu fressen begonnen hat.) Besonders brutal ist er gegenüber der anderen Gans und auch den Enten. Er stolziert herum und stellt den lieben langen Tag seine Wichtigkeit unter Beweis. Wenn er nicht da ist, kommen all die anderen Gänse und Enten gut miteinander aus und fressen friedlich miteinander. Ich habe mich oft gefragt, was geschehen würde, wenn seine Partnerin ihm einfach sagen würde: „Benimm dich nicht wie ein Idiot. *Wir* kommen alle ganz gut miteinander aus, wenn du nicht dabei bist, und es gibt genug für uns alle."

Oder der Pfau und die Henne, die ich früher einmal besaß. Der Pfau verbrachte viel Zeit damit, herumzustolzieren und sich wichtig zu machen. Gelegentlich schlug er ein Rad und brüstete sich. Verlor er die Henne aus den Augen, stolzierte er herum und schrie mit durchdringender Stimme. Als dies zum ersten Mal geschah, rannte ich aus dem Haus, um nachzusehen, was los war. Ich dachte, es ginge ihnen an den Kragen. Der Pfau war leicht zu finden. Er machte ja jede Menge Krach. Doch die Henne konnte ich lange nicht finden. Ich fürchtete das Schlimmste, da ich in den Bergen lebte. Nach langem Suchen fand ich sie. Sie hatte sich in der Garage versteckt. Ich setzte mich erleichtert neben sie hin und wir saßen eine Weile zusammen, während er immer weiter schrie. Ich sprach mit ihr.

„Kannst du ihn nicht hören? Er hört sich panisch an."

Sie pickte ruhig in der Garage herum. Seine Rufe wurden immer panischer. Schließlich – ich glaubte einen kleinen Seufzer gehört zu haben – spazierte sie hinaus.

Ich verließ die Garage und murmelte vor mich hin: „Ja, manchmal brauchen wir alle eine Auszeit von all dem eitlen Getue."

Ich hatte die Männer im amerikanischen Kongress vor Augen und wie oft und wie lang sie herumstolzieren und schreien. Ich fragte mich, was geschehen würde, wenn ihr Ehefrauen, ihre Freundinnen (falls sie welche haben) oder sogar ihre Mütter sie beiseite nähmen und sagen würden: „Weißt du eigentlich, wie albern du aussiehst? Hör auf mit deinem Imponiergehabe und Geschrei, sonst verstecke ich mich in der Garage." Wie oft tolerieren Frauen verrückte Verhaltensweisen und benennen sie sich selbst und anderen gegenüber nicht als das, was sie sind?

Hier ein weiteres Beispiel von Frauen, die ihren Mund nicht aufmachten, als ein Mann sich lächerlich machte und vollständig aus dem WMS heraus handelte, während er gleichzeitig seine Offenheit beteuerte.

2. Der Sexismus blüht und gedeiht

Ich schaute mir kürzlich eine Fernsehsendung an, bei der vier einflussreiche Frauen von einem Moderator interviewt wurden. Es ging darum, auf ein von einer anderen Frau geschriebenes Buch einzugehen und es zu besprechen. Ich bemerkte, dass die Frauen, die er als „einflussreich" bezeichnete, außerdem einen sehr angenehmen Anblick boten und dass die Kamera lange auf der einen Frau verweilte, die nach den kulturellen Standards wohl die attraktivste war (zufällig war sie ein Model). Alle Frauen waren erfolgreich und aufgrund ihrer Begabungen anerkannt.

Zu Beginn seiner Interviews sagte er zu dem Model: „Fangen wir mit Ihnen an. Sie sind die Wohlhabendste!"

Was für ein gutes Beispiel dafür, was in dem von Männern entwickelten System, bei dem viele Frauen mitmachen, falsch läuft.

1. Einflussreiche Frauen werden gegeneinander ausgespielt.
2. *Das höchste Einkommen* wird als wichtigstes Kriterium dafür genommen, welche als Erste interviewt wird.
3. Die nach kulturellen Standards am „perfektesten" aussehende Frau wird als Erste ausgewählt: Frauen werden nach männlichen Wertmaßstäben zum Objekt gemacht.

Die Informationen waren – mehr oder weniger – interessant. Der *Prozess* war archaisch.

Nicht eine der Frauen sagte etwas über den Prozess. Der gesamte Fokus lag auf mehreren Dingen: 1. auf dem Inhalt und 2. lief die Sendung eindeutig gemäß dem vorherrschenden männlichen Paradigma ab, das a) Frauen gegenei-nander ausspielt, b) Frauen gemäß männlicher Wertvorstellungen zum Objekt macht, c) den Prozess gar nicht wahrnimmt, d) den männlichen Gastgeber als Zentrum der Macht betont und e) die Bereitschaft demonstriert, mit der diese nach gängigen kulturellen Standards erfolgreichen Frauen bei der üblichen Vor-gehensweise des herrschenden Systems mitmachen.

Das Problem, das ich hier sehe, ist, dass nicht eine der Frauen die Art und Weise, wie sie vorgeführt wurden, zu verändern versuchte oder sich laut dazu äußerte. Und leider waren anscheinend die meisten von ihnen so in das gegen-wärtige Paradigma eingebunden, dass sie sich nicht bewusst waren, dass da et-was falsch lief.

Ich könnte endlos von diesem Interview erzählen. Jede Frau hatte etwas Be-deutsames über ihr Wissen und ihre Erfahrungen zu sagen *und* der *Prozess,* wie der Moderator an diese Informationen kam, war ein hervorragendes Beispiel für ein System, das von Männern dieser Kultur entwickelt wurde und einfach nicht funktioniert.

Ich war mir im Klaren, dass er keine Ahnung hatte, was er tat und warum er es tat. Und selbst wenn er eine leise Ahnung davon gehabt hätte, wäre er davon überzeugt gewesen, dass seine Vorgehensweise die „richtige" sei.

Mir fiel etwas Ähnliches auf, als ich in eine Buchhandlung in Neuseeland ging, um „herauszufinden, wie die neuseeländischen Feministinnen ticken". Ich stellte fest, dass das herrschende System auch in den Feministinnen am Werk war. Die Ladenbesitzerin sagte mir: „Es gibt keine Frauen, die einfach nur über Frauenthemen schreiben." (Wie in den 1960er bis Anfang der 1980er Jahre)." Die einzigen Bücher über Feminismus waren anscheinend *akademische* Bücher, basierend auf *wissenschaftlichen* Studien über Frauen. Die Feministinnen die-ser Epoche waren den Idealen und Prozessen des herrschenden Systems erlegen.

Beide, der Moderator der Talkshow und die Schriften der Frauen waren also Beute des dominanten Systems (WMS-TMMS-Patriarchat) und hatten es den Frauen übergestülpt. Und, wie die Gänse und Enten, machten sie einfach mit.

Ich habe festgestellt, dass falls und wenn Frauen an diesem Punkt der Ge-schichte überhaupt Gehör finden wollen, sie all die Qualifikationen besitzen müs-sen, die in dem dysfunktionalen System geschätzt werden. Sie müssen mächtigen Unternehmen vorstehen, sie müssen sehr erfolgreich sein (z. B. große Mengen

Geld verdienen oder verdient haben), sie müssen Absolventen „wichtiger" Universitäten sein, nach männlichen und kulturellen Standards ein angenehmes Äußeres besitzen und schließlich gewillt sein, sich nach diesen Kriterien zu richten.

Ich erinnere mich an eine meiner Freundinnen, eine sehr intelligente Ärztin, die sich entschied, berühmt zu werden. Sie ließ sich komplett umstylen und wurde nach dem Maßstab der derzeitigen Kultur glamourös. So, wie sie war, war sie nicht „gut genug". Sie sah hinterher großartig aus und nicht annähernd so wie die Frauen, die sie mit ihrer Botschaft erreichen wollte.

Ich bin jetzt auf Hawaii und sah vor einigen Tagen den Liederwettbewerb zwischen den Oberschulklassen der Kamehameha-Schule. Als Teil der Zwischeneinlage trat eine Kapuna auf (eine Älteste, die in ihren Achtzigern war), die die Rolle einer Tutu (Großmutter) spielte. Es gab viele Kommentare darüber, wie *schön* sie aussah. Es hat mit der Kultur zu tun. Im Fernsehen des amerikanischen Festlands habe ich so etwas nie gesehen.

Hier noch ein Beispiel dafür, wie Frauen in dieser Kultur sein können und was sie anders machen könnten: Ich machte meinen Abschluss nicht an einem berühmten College der amerikanischen Ostküste, bin eine alte Frau ohne Make-up, bin ein bisschen übergewichtig und kleide mich nach Lust und Laune. Meine Businessgarderobe habe ich schon lange weggegeben. Ich besitze zwei Doktortitel, einen habe ich mir verdient, der andere ist ehrenhalber. Ich stehe zwei internationalen Firmen vor, die beide nach unseren Begriffen sehr erfolgreich sind. Wir verdienen nicht mehr Geld als wir brauchen und wollen auch nicht mehr verdienen. Wir wollen jedoch in der Lage sein, für die Menschen, denen wir dienen, hilfreich zu sein; wir haben offene und kollegiale Arbeitsbeziehungen mit unserer und für unsere Verwaltung, unserem Personal und den Menschen, denen wir dienen; wir wollen respektvoll und achtsam mit dem Land leben; den Menschen, denen wir dienen, helfen zu heilen; die Gebäude und das Land, auf dem wir leben, heilen und dafür Sorge tragen; wir wollen allen Beteiligten helfen zu heilen, zu wachsen und zu lernen; den spirituellen Weg und das Wachstum jedes Einzelnen unterstützen und auf gesunde Weise leben und arbeiten. Ich glaube sogar, diese beiden Firmen sind außerordentlich erfolgreich und wir machen eine Menge Fehler – aus denen wir lernen. Für uns ist es viel wichtiger, unseren Überzeugungen und Seelen gegenüber wahrhaftig zu sein, als Geld zu scheffeln. Und, diese Einstellung scheint zu funktionieren und Geld als Nebenprodukt abzuwerfen. Das Ziel ist, jede Person darin zu unterstützen, sie selbst zu sein und zu werden, was sie werden kann. Es ist leicht. Genügend Geld wird folgen.

- Der Moderator würde wohl nicht zustimmen, dass wir „erfolgreich" sind.

Dieses Buch wird uns also hoffentlich helfen zu erkennen, dass das, worin wir leben und wie wir leben, einfach nur ein System, eine Weltsicht, ein Paradigma von Überzeugungen ist, und nicht die *Realität*. Und wir müssen uns vorstellen, dass es andere Weisen gibt, auf diesem Planeten zu leben, und dass wir uns in einer Zeit befinden, in der Frauen und Indigene (die Menschen am „Rand") wohl am besten in der Lage sind, den Prozess sich eröffnender Lebensformen für uns alle zu unterstützen.

Eine Frau aus der Gruppe, die ich in Australien begleitete, sagte neulich so etwas wie: „Ich dachte, ihr drei wärt die Gescheiten." – Sie sprach zu einigen Frauen, die sie als Untergruppe innerhalb der Gruppe sah. Sie hatte sich natürlich zur Gruppe der Nicht-so-Gescheiten gezählt, weil sie Dinge nicht wie „die Gescheiten" wahrnimmt und nicht wie sie denkt.

Ich verbrachte einige Zeit mit dem Thema, dass es in einem anderen Paradigma als des gegenwärtig herrschenden keine „Dummen" gäbe. Es gibt einfach unterschiedliche Arten des Wahrnehmens und Denkens und es geht uns als Gruppe und als Menschheit viel besser, wenn wir die Teilnahme und die Beiträge aus allen Perspektiven haben und Unterschiede wertschätzen. Wir verlieren eine Menge an Informationen und Kreativität, wenn wir glauben, eine Art des Wahrnehmens und Denkens sei besser als eine andere.

3. Was Frauen tun müssen

- Frauen müssen sich mit Menschen umgeben, die sie konfrontieren, wenn sie aus der Spur kommen, und die sie genug lieben, um ihr mittelmäßiges Selbst nicht zu akzeptieren.
- Und, sie müssen teilnehmen, teilnehmen, teilnehmen – und sich zurückziehen, wenn sie sich sammeln und zu ihrem Mittelpunkt zurückfinden müssen, und dann wieder nach außen gehen.

- Frauen müssen hinter ihrer Weisheit stehen und sich für noch größere Weisheit öffnen, indem sie bis zu ihrem letzten Atemzug voll an ihrem Lebensprozess teilnehmen.

Denn es steht viel Arbeit an für Frauen, und diese wird nicht getan, wenn sie sie nicht machen. Den Beweis dafür haben sie gesehen.

Als Frank Fools Crow, der große spirituelle Führer der Lakota Sioux Nation mir damals in den 1970er Jahren sagte: „Es wird eine lange Zeit in Frieden und Wohlstand kommen, und sie wird eingeleitet von den Frauen", bewahrte ich diese Botschaft in meinem Herzen auf und versuchte, mich in die Bedeutung dieser Worte hineinzuleben. Ich glaube, heute habe ich ein klareres Verständnis für das, was er meinte.

LETZTLICH IST ES DAS, WAS WIR VERWERFEN UND LEUGNEN, WAS UNS UND UNSERE WELT ENTSTELLT – NICHT *WER* WIR SIND, *WAS* WIR ERLEBEN ODER *WAS* WIR SIND. ES WIRD VIELE WEGE GEBEN, DIE UNS DAHIN FÜHREN, WAS WIR ALS MENSCHHEIT UND ALS PERSON WERDEN KÖNNEN. ALLES, WAS WIR TUN MÜSSEN, IST, OFFEN UND EHRLICH ZU SEIN UND SICHER ZU SEIN, DASS WIR AN UNSEREM WEG TEILNEHMEN – ALLES ANDERE WIRD KOMMEN, WIE ES KOMMEN SOLL.

Es liegt in der Natur dessen, was zu tun ist, dass wir Frauen und die anderen *nicht* wissen müssen, wohin wir dabei gehen oder wie wir dorthin gelangen. Dieses Nichtwissen ist die Natur unseres Lebens in einem offenen System. Anzunehmen, wir wüssten es, und dann zu versuchen, dahin zu kommen, hieße, im alten Paradigma steckenzubleiben.

Es ist leicht, im alten Paradigma festzustecken. Wir alle tun das. Es ist uns wohlbekannt. Und, wir alle brauchen Hilfe, um die alte Konstellation überholter Annahmen und Verhaltensweisen erkennen zu können, die uns unbewusst durchdringen und festhalten. Im Prozess, uns selbst von unseren alten Gepflogenheiten zu befreien, müssen wir gewahr werden, wenn wir in alte Muster zurückfallen, die uns keine guten Dienste mehr leisten.

Um voranzukommen, brauchen wir soviel Input, wie wir nur finden können, und dies aus einer großen Vielfalt von Ansichten. Wir können uns nicht auf die Illusion verlassen, dass das Fachwissen und die Kenntnisse im gegenwärtigen dominanten System von großer Hilfe sein werden. Wir dürfen nicht vergessen: Wenn unsere Kultur uns einredet, wir könnten etwas nicht sein und/oder etwas nicht tun, ist dies eine der besten Einladungen, die wir erhalten können, dysfunktional zu sein. Wir wollen uns nicht nur das Recht verdienen, Workaholics zu sein und an hohem Blutdruck und Burnout zu sterben – so sieht die Einladung des jetzigen dominanten Paradigmas aus.

Wir wollen Freiheit für alle – Menschen, Pflanzen, Tiere –, damit unser Planet zu dem wird, was wir sein können.

4. Von Harriet Tubman lernen

Dr. Maulana Karenga, Erfinder der Pan-African Holiday, Kwanzaa, Professor und Abteilungsleiter des Africana Studienprogramms der California State University, Long Beach, hat sich intensiv mit dem Leben von Harriet Tubman beschäftigt.

In einem Artikel unter dem Titel *Hearing Thunder with Harriet Tubman: Reaping the Harvests of History,* veröffentlicht in der Los Angeles Sentinel (3. August 2012), sagt Karenga Folgendes:

Woher kommt dies (der Wunsch nach Freiheit)? Er fiel nicht vom Himmel. Er wuchs nicht aus dem Boden. Er wurde nicht vom Meer angeschwemmt. Er kommt aus unserem Inneren und aus den gesellschaftlichen Umständen, unter denen wir leben.

Ihre Mutter und ihr Vater wollten das Beste für sie. Wie stellen wir uns Freiheit in einer unfreien Situation vor? Wie machen wir das? In unserem Inneren gibt es diese Würde, dieses uns innewohnende Gefühl unseres Werts, das uns aufruft, frei zu sein. Wir werden frei geboren. Es sind andere, die uns versklaven, und wir müssen gegen alle Arten von Versklavung ankämpfen, um unsere Freiheit zu erreichen und zu bewahren.

Karenga fährt fort:

Unser Volk hat kulturelle Gebräuche, wie wir uns in Würde auf dieser Welt bewegen. Es sind afrikanische Gebräuche.

1. *Wir dürfen unsere Unterdrücker nicht unsere Lehrer werden lassen.*

2. *Wir müssen unseren Unterdrücker und Sklavenhalter zur Rechenschaft ziehen. Das heißt, wir müssen Reparationen einfordern und dafür kämpfen. Reparationen sind die Wiedergutmachung einer schweren und schmerzlichen Verletzung und diese Verletzung ist der Völkermord durch Versklavung und Segregation und deren Folgen. Dafür ist Verschiedenes notwendig:*

a. *Öffentlicher Dialog – damit die Leute nicht weiter leugnen können, was sie taten und was Afrikanern angetan wurde.*

b. *Öffentliches Eingeständnis dieser schweren und schmerzlichen Rechtsverletzung als Genozid, als einen moralisch ungeheuerlichen Akt von Völkermord.*

c. *Öffentliche Entschuldigung – für das, was wir als Völkermord bezeichnen.*

d. *Eine Entschädigung auf vielfältige Weise, z. B. Geld, Rückgabe von Land, kostenlose Bildung; dies alles muss innerhalb der Gemeinschaft besprochen und gesellschaftlich diskutiert werden.*

e. *Korrigierende Verfahrensweisen und Strukturen, damit dies nicht wieder geschieht, was notwendigerweise das Ringen um eine radikale Umstrukturierung der Gesellschaft erfordert.*

Wir müssen uns damit auseinandersetzen und unser Schweigen brechen, was Muslimen angetan wird.

Wir müssen uns an unsere Rolle als moralische und gesellschaftliche Vorreiter, deren Kämpfe den Bereich der Freiheit in diesem Land erweitert haben, erinnern und sie wieder einnehmen.

Wir können nicht weiter schweigen, wenn andere Menschen leiden.

Wir können nicht weiter schweigen, wenn andere leiden, weil wir unseren Präsidenten oder Amerikas selbstgefällige Vorstellung von sich selbst verletzen könnten.

Die moralische Qualität jeder Gesellschaft basiert darauf, wie wir die behandeln, die am verletzlichsten und am meisten gefährdet sind, z. B. die Armen und wenig Einflussreichen, die Kranken, Kinder und Älteren, Behinderte, den Fremden.

Harriet Tubman ist jede von uns und wir alle sind Harriet Tubman. Sie steht als ein Beispiel für alle Frauen, dem zu vertrauen, was wir in unserem Innern wissen, und es zu leben. Als sie die Freiheit für sich gewann, war sie nicht auf die in der gegenwärtigen Kultur übliche Weise selbstzentriert. Sie kehrte um und reichte jenen die Hand, die der Hilfe und Unterstützung bedurften, damit auch sie das erreichten, was sie erreicht hatte – sie selbst zu sein und frei.

Ich danke Dr. Karenga, dass er mir erlaubte, seine inspirierenden und hilfreichen Worte über Harriet Tubman wiederzugeben. Hinzufügen möchte ich, dass wir der herrschenden Kultur nicht gestatten dürfen, unser Lehrer zu sein, noch dürfen wir es ihr/ihnen erlauben, uns zu definieren. Alles, was er und Harriet Tubman für ihre schwarzen Brüder und Schwestern taten und aussprachen, müssen wir Frauen für uns alle aussprechen und tun.

5. Offene und geschlossene Systeme

Einführung

Als Hilfe auf diesem Weg können wir uns einige der Eigenschaften offener und geschlossener Systeme betrachten. Im Allgemeinen finden sich offene Systeme häufiger in der Natur. Das Konzept geschlossener Systeme wurde von der mechanistischen Wissenschaft entwickelt und nicht von der natürlichen Schöpfung, die wir um uns sehen und erleben. Unsere Kultur schätzt und schätzte geschlossene Systeme und versucht, sie in allen Bereichen des Lebens zu errichten.

Frauen kommen mit offenen Systemen besser klar und sind ihnen gegenüber toleranter. Diese Fähigkeit kann bei den anstehenden Veränderungen unerlässlich sein.

Nachstehend einige Eigenschaften offener und geschlossener Systeme.

Ich entschuldige mich, dass sie dualistisch dargestellt sind. Vielleicht müssen wir es anfangs so machen, damit wir uns die dritte Option vorstellen können.

Die Liste ist lang und dennoch hoffe ich, dass wir nicht die Augen verschließen, sondern sehen, dass es andere Wege gibt, wenn wir die Unterschiede in uns einsickern lassen. Frauen haben ein ihnen innewohnendes Wissen um offene Systeme.

Beispiele offener und geschlossener Systeme

Offenes System	Geschlossenes System
Unterschiede werden respektiert und sind willkommen	Unterschiede sind eine Bedrohung und müssen eliminiert werden
Aufrichtigkeit und Ehrlichkeit werden geschätzt	Der Schutz des Systems und seiner Annahmen ist wichtiger als Aufrichtigkeit und Ehrlichkeit
Ist offen, die Dinge anzusprechen	Diskussionen werden als Angriff gesehen
Unterschiede sind eine Möglichkeit für neues Lernen	Unterschiede sind eine Bedrohung und/oder existieren nicht
Meinungen werden als Meinungen geäußert	Meinungen werden als Tatsache geäußert
Wenig Toleranz für Dysfunktion in jeder und jedem – sucht nach einem besseren Miteinander für alle	Hohe Toleranz für Dysfunktion, wenn diese dem geschlossenen System entspricht
Versucht, mit Ängsten umzugehen	Basiert auf Angst
Schätzt das Durcharbeiten von Groll und Kummer	Hält an Groll und Kummer fest
Schätzt persönliches Wachstum und Veränderung	Fürchtet und vermeidet Veränderung
Schätzt Neuerungen	Hält am Alten fest – „streng traditionell"
Ist bereit, „Regeln" zu überprüfen	Hält an starren Regeln fest und glaubt, wenn sie befolgt werden, wäre alles in Ordnung
Prüft bei Konflikten die eigene Verantwortung	Auge um Auge – beschuldigt den anderen

Sucht nach Optionen	Will Rache
Entscheidungen werden in einem Prozess getroffen, der Kopf, Intuition, Herz und das ganze Selbst umfasst	Entscheidungen werden (offensichtlich) mit dem Kopf getroffen (starker unbewusster Faktor); großes Vertrauen in das Bewusste
Respektiert das wachsende Bewusstwerden und ist bestrebt, das Unbewusste ins Bewusstsein zu bringen	Kümmert sich nicht um Bewusstwerden, sondern eher um die Faktoren, die einen Einfluss haben könnten; fürchtet das Unbewusste, versucht es zu kontrollieren oder zu ignorieren
Unbewusstes und Bewusstes arbeiten zusammen	Ein hohes Maß an (unerkanntem) unbewusstem Verhalten
Schätzt Individualität und Zusammenarbeit	Schätzt Konformität
Sammelt Informationen und kommt zum Wissen über Emotionen, Körper und das ganze Gehirn	Trifft Entscheidungen über den Verstand und sammelt Informationen, um diese Entscheidungen zu unterstützen; verwirft die Informationen, wenn sie die Entscheidung nicht unterstützen
Mehrdeutigkeit = aufregende Möglichkeit	Mehrdeutigkeit = Furcht
Das Unbekannte vertrauensvoll erwartend	Angst vor dem Unbekannten
Hat Vertrauen in den Prozess	Leugnet die Existenz von Prozess
Neugierig: „Wenn ihr nicht werdet wie die Kinder, werdet ihr nicht in das Himmelreich kommen"; nimmt dies ernst	Glaubt, die benötigten Antworten schon zu haben

Unbegrenzte Wahlmöglichkeiten	Keine Wahlmöglichkeiten
Begünstigt Lebendig-Sein	Begünstigt Vorsicht und geistigen Tod
Ermutigt zur Teilnahme, zum Engagement	Ermutigt zu Passivität gegenüber der „Autorität"
Regeln sind Richtlinien	Regeln werden nicht hinterfragt
Begierig, neue Kulturen kennenzulernen	Möchte alles zerstören, was ihm nicht gleicht
Bekämpft Rigidität	Fühlt sich wohl mit starren und einengenden Regeln und Benehmen
Weiß, dass wir teilnehmen, jedoch nicht viel kontrollieren können	Basiert auf der Illusion von Kontrolle
Unbekanntes ist eine Chance	Furcht vor dem Unbekannten
Voller Vertrauen	Vertrauen basiert auf starrer Kontrolle
Basiert auf dem Prozess der Natur	Basiert auf der Kontrolle der Natur
Versucht, mit der Natur zu leben	Beutet die Natur aus
Weiß, dass Dualismen (wie diese Liste) ein Entweder-oder-Denken errichten, bei dem gewöhnlich keine Wahl „gut" ist; fokussiert auf die Kraft von Prozess	Bricht Ganzes in Teilstücke auf, um zu kontrollieren – und errichtet Dualismen
Ist natürlich für die Menschen und die Natur	Ist künstlich für Mensch und Natur
Ist offen dafür, sich neu zu organisieren	Rigides Festhalten am Status quo
Durchlässig	Undurchlässig

Respektiert Familienwerte – ist flexibel für unterschiedliche Familien; schätzt es, dass Familienwerte nicht gleich sein müssen	Starre Familienwerte – isolierend und ausschließend; richtige und alleinige Familienwerte

Zusammenfassung

Das *Ideal* einer Demokratie war das Ideal eines offenen Systems. Im Laufe der Zeit kam es leider dazu, dass Demokratie zum Synonym für Kapitalismus und Materialismus wurde. Das war nicht immer so. Die Ideale des Konzepts einer Demokratie basierten ursprünglich auf der Philosophie der einheimischen Völker der USA und wie sie sich selbst regieren. Als es darum ging, eine Gesellschaftsordnung zu errichten und umzusetzen, griffen unsere Gründer*väter* auf das zurück, was sie bereits kannten, und das war eine Mischung aus Patriarchat, presbyterianischer Verfassung und dem englischen Regierungssystem. Keiner dieser Ansätze ist wirklich vereinbar mit dem Ideal einer Demokratie und definitiv nicht das, was die Urvölker Amerikas (besonders die Cherokee) praktiziert hatten. Außerdem wurde der Gedanke, eine unterschiedliche Gruppe von Menschen zusammenzubringen, um dadurch den Vorteil unterschiedlicher Kulturen und Weltsichten zu haben, nicht einmal in Erwägung gezogen.

Frauen und die größeren Themen

Doch eine neue, umfassendere Art von Demokratie hat vielleicht immer noch etwas anzubieten. Wie würden klarsichtige Frauen vorgehen? Ein spannender Gedanke, nicht war?

Es ist, als wäre das Universum ein riesiges Puzzle und jede von uns ein Puzzleteilchen. Wenn wir uns weigern, unsere Talente zu nutzen, wenn wir uns weigern, so voll und ganz die Person zu sein, die wir sein könnten, dann ist es so, als hätte das Universum ein Loch. Wir Frauen müssen die Verantwortung für das Loch übernehmen, das jede von uns in unserem Universum geschaffen hat, und es so gut wie wir können ausfüllen. Und wir sind auch nicht nur die „Teilchen" dieses Puzzles. Der *Prozess,* wie wir das Ganze entwickeln, ist ebenso wichtig oder noch wichtiger.

- Aufgrund des Systems, das wir geschaffen haben und an dem wir weiterhin teilnehmen, gibt es eine Menge Löcher im Universum. Wir müssen aufstehen und diese Löcher mit einem lebendigen Prozess füllen.
- Wahrscheinlich *besitzen* Frauen nicht die Lösung dafür, wie wir den Weg verändern können, den die Menschheit in den vergangenen 2.000 Jahren gegangen ist. Und, es besteht durchaus die Möglichkeit, dass wir dadurch, wer wir von Natur aus als Frauen sind, und durch die Art und Weise, wie wir die Dinge angehen und tun, womöglich eine völlig andere Gesellschaft aufbauen – wenn wir uns dafür entscheiden.
- Wie ich bereits sagte: „FRAUEN *HABEN* WAHRSCHEINLICH NICHT DIE ANTWORT. ES KANN SEIN, DASS WIR ZUSAMMEN MIT DER GESAMTEN SCHÖPFUNG DER PROZESS DER ANTWORT *SIND.*"
- Als Frauen haben wir die Rolle übernommen, innerhalb der uns zugewiesenen Begrenzungen zu überleben und zu gedeihen, anstatt die Verantwortung zu übernehmen, die Gesellschaft auf der Basis großen Wissens und tiefer Weisheit, die wir während der langen Ewigkeit unserer Unterwerfung und Unterdrückung gewonnen haben, zu gestalten und zu bestimmen.
- Es ist Zeit, dass wir agieren und nicht so viel unserer Kräfte in das Reagieren stecken. Offensichtlich haben wir uns täuschen lassen und dann insgeheim zur Entwicklung der Situation beigetragen, in der sich die Menschheit heute befindet.
- Um durchzuhalten, haben wir abgewartet und gezögert. In unserer Passivität haben wir die Männer aufgefordert, die Bühne und die Verantwortung zu übernehmen, uns zu sagen, was wir denken (und wie wir überhaupt denken!), wie wir fühlen und handeln sollen. Wir haben uns nicht von unserer spirituellen Weisheit leiten lassen, wenn sie im Widerspruch stand zu dem, was unsere Kulturen uns sagten.
- Wie die Iren haben die Frauen sich eher assimiliert als zur Wehr zu gesetzt, denn sie dachten, Anpassung oder Eroberung seien die einzigen Optionen, die ihnen zur Verfügung stehen, und erobern war ihnen auf einer tiefen Ebene zuwider. In diesem passiven Anpassen verloren Frauen ihre Identität, ihre

tiefe, hart verdiente Weisheit und ihre spirituelle Basis. Frauen haben – wofür sie einen hohen Preis zahlten – das dualistische Denken akzeptiert, sich angepasst und abgewartet in der Hoffnung, nicht verantwortlich gemacht zu werden für das, was aus der Menschheit und der westlichen Kultur geworden ist. Jetzt können Frauen erkennen, dass ihre dritte Option volles Partizipieren sein kann.

- Doch nun haben wir als Menschen einen Punkt erreicht, wo wir alle teilnehmen und kreativ sein müssen, um der Menschheit willen. Unsere Passivität und Ausdauer haben uns viel gelehrt. Unsere Samen wurden tief in die Furchen unseres Leidens gelegt und jetzt ist es Zeit, jenes Wissen und jene Weisheit anzuwenden, um eine Menschheit und eine Erde zu schaffen, die den Schöpfer, die gesamte Schöpfung ehrt und in Harmonie mit sich, mit allen anderen und der Schöpfung lebt.

- Die Samen des Wissens, um diese Weisheit hervorzubringen, wurden tief in unsere DNA eingepflanzt, gehegt und genetzt, und nun ist die Zeit gekommen, die Pflanze aus der fruchtbaren Erde unseres kollektiven Seins sprießen und voll erblühen zu lassen.

- Ja, wir können Kinder gebären und nähren, und wir haben diese Rolle akzeptiert und erfüllen sie gut.

- Und jetzt ist die Zeit gekommen, da die Weisheit, die vom Beobachten, Warten, Zuhören, Lernen und Heilen kommt, notwendig ist, die Menschen und den Planeten zu retten.

- Sind wir bereit, aufzustehen, unsere Stimme zu erheben und wie der Diamant, der nur unter großer Hitze und großem Druck entsteht, zu wagen, die Juwelen an Weisheit zu teilen, die wir während der jahrhundertelangen Entwicklung unserer Spezies hervorbrachten?

- Ich glaube, wir sind dazu bereit.

- Ich glaube, jetzt ist die Zeit.

- Wir können die Gespenster hinter uns lassen.

Wir Frauen, die wir unsere Wut durchgearbeitet haben und nun klarer sehen, wollen die Zukunft der Menschheit nicht „bestimmen". Allerdings wollen wir unsere eigene Zukunft als Frauen in der Hand haben, und wir wollen reife, intelligente, klare Männer, die ihre Zukunft als Männer gestalten. *Und, zusam-*

men, wollen wir miteinander und mit der gesamten Schöpfung daran arbeiten, eine Kultur zu schaffen, die besser ist und besser funktioniert als alles, was wir bis jetzt auf diesem Planeten erlebt haben.

Wir wollen den Fehler, den vergangene Generationen gemacht haben, nicht wiederholen. Wir wollen nicht über die Männer herrschen und keine Zukunft ohne sie oder trotz ihrer schaffen. Wir wollen im Idealfall die Evolution dessen fördern, was wir als Spezies in Beziehung zu allen anderen Spezies auf diesem Planeten und in Zusammenarbeit mit der Natur selbst sind.

Wir brauchen nicht zu dominieren. Wir brauchen nicht zu kontrollieren. Wir brauchen nicht alles zu wissen. Noch erwarten wir das von den Männern. Als klarsichtige Frauen wissen wir: Je mehr verschiedene Sichtweisen beteiligt sind und auch verschiedene Teile der Menschheit und der gesamten Schöpfung teilnehmen, desto besser wird es für alle sein.

Wie ich also anfangs sagte: In Wahrheit ging es bei der Frauenbewegung nie um Frauenthemen. Es war sicherer und weniger bedrohlich für andere und akzeptabler für sie (und für uns!), dass wir uns für eine Weile auf Frauen- und Kinderthemen konzentrierten. Und, dieser Fokus war eindeutig notwendig, um voranzukommen. Doch leider konnten diese Belange dann von der dominanten Kultur auch leichter abgetan werden. In Wahrheit ging es bei Frauenthemen immer um etwas viel, viel Größeres, und das ist auch heute noch so.

Die Sorge um die *Menschen*rechte, die Sorge um die ganze Schöpfung und die Rechte der gesamten Schöpfung – einschließlich der Männer – sind immer unsere Anliegen gewesen. Auf heilsame und kraftvolle Weise mit der gesamten Schöpfung zu leben – dem Sichtbaren und dem Unsichtbaren – war immer schon und ist auch heute unser Anliegen. Beziehungen und das Spirituelle im weitesten Sinne des Wortes standen immer im Zentrum unseres Seins.

Doch wir fühlten uns nie stark genug und waren persönlich und kollektiv nicht in der Lage, für das einzutreten, was unserem Wissen nach das Wichtigste für uns alle ist.

Es ist, als müssten wir zum ersten Mal in unserem Leben einen spektakulären Kuchen für eine nur einmal im Leben stattfindende Feier backen, und wir haben nur die Hälfte der Zutaten und keine Ahnung, was die anderen Zutaten sein könnten. Wir haben kein Rezept dafür, wie sie miteinander vermischt werden müssen und in welcher Reihenfolge, und unsere Backform ist zu klein, sodass die kostbaren Zutaten überlaufen werden, und die Männern bestehen darauf, *sie* wüssten, wie man es macht. Obwohl sie, soviel wir wissen, noch nie zuvor einen guten Kuchen gebacken haben, zögern wir, einen Schritt nach vorne zu machen und das Wissen anzuwenden, dass wir während all der Jahrhunderte des Backens gewonnen haben. Lassen wir die Männer lieber einen weiteren Misserfolg landen als an den Herd zu treten? Ich glaube nicht.

• Jetzt ist es an der Zeit, dass Frauen ihren Platz einnehmen und ein Universum schaffen, dass lebendig, gesund und für die gesamte Schöpfung hilfreich ist.
• Wir Frauen sind bereit, eine neue Seinsweise auf diesem Planeten zu gebären.

Abschließend

So stellt sich nun die Frage: „Haben wir es schon geschafft?" Die Antwort ist ein lautes „Nein". Wir haben es noch nicht geschafft als Einzelne. Wir haben es noch nicht geschafft als Frauenbewegung. Und wir haben es auch noch nicht geschafft als Spezies. Und, wir werden auch nie „ankommen", weil alles ein Prozess ist, einschließlich des sich entfaltenden Prozesses der Menschheit. Es ist, wie es ist.

Beispielsweise befinden wir uns gegenwärtig in einer weiteren Phase der Frauenbewegung. In dieser „Phase" praktizieren Frauen im Allgemeinen immer noch eine gewisse „kulturelle Konformität", was darauf hinweist, dass wir immer noch einen Weg vor uns haben, bis wir wirklich nicht mehr vom herrschenden System kontrolliert werden.

Es gibt eine Uniform für die erfolgreiche Frau von heute (welche die Medien propagiert und unterstützt). Dieser Dresscode wird von den „erfolgreichen Frauen" akzeptiert und angenommen: Die erfolgreiche Frau trägt ein unauffälliges, doch schickes Kostüm mit einer weicheren, „weiblicher aussehenden" Seidenbluse. Sie trägt Seidenstrümpfe und hohe Absätze. Ihr Haar ist perfekt frisiert und gestylt und ein bisschen länger als das ihrer Vorgängerinnen. Ihre Augenbrauen sind perfekt gezupft, ihr Make-up untadelig. Um in der Kultur erfolgreich zu sein, kleidet sie sich als *Businessfrau.* (Ganz gleich, ob sie aus der Politik oder der Wirtschaft kommt – gibt es da einen Unterschied?) Sie verkörpert die angestrebte Norm der herrschenden Kultur. Bei allem ihr zustehenden Respekt – und ich respektiere sie durchaus! – ist sie die Nancy Pelosi nach ihrem Makeover.

Wir haben also immer noch das Gefühl, uns verändern und uns dem Business des dominanten Systems anpassen zu müssen, um erfolgreich zu sein. Und ganz gleich, wie gut wir mitspielen, wir werden (meist negativ) von jenem Spiel beeinflusst.

Neben dem Bedürfnis, in der Kultur erfolgreich auszusehen, gibt es noch ein weiteres Merkmal der Feministinnen dieser Phase, das angesprochen werden muss.

Wie zuvor erwähnt, habe ich beobachtet, dass es unter „erfolgreichen" Frauen zunehmend das Mantra gibt: „Wir wollen nicht, dass man uns als Frau sieht. Wir wollen, dass unsere Talente und Fähigkeiten als geschlechtslos wahrgenommen werden. Wir wollen, dass andere (Männer) gender-blind sind."

Einige von uns sind alt genug, um sich daran zu erinnern, und wir werden heute ständig daran erinnert, welch gute Dienste diese Methode den schwarzen Amerikanern leistete, die von den anderen „Farbblindheit" einforderten. Was für eine subtile Weise, uns selbst kleinzumachen!

Das heutige „feministische Mantra" lautet: „Wähle die Person, die den Job am besten machen kann, unabhängig vom Geschlecht." Das hört sich so, so gut an und ist eine komplette Verleugnung dessen, was wir als Frauen als besondere und einzigartige Fähigkeit einbringen, und was in der heutigen Welt so entscheidend ist. Diese Gleichmacherei ist außerdem eine subtile Art zu sagen: „Lasst uns alle wie weiße Männer sein."

All das oben Gesagte ist ein starkes Indiz dafür, dass die Frauen von heute, unsere Führerinnen und die Frauenbewegung auf dieser Stufe der Bewusstheit feststecken und Veränderungen herbeiführen und weitergehen müssen. Es ist unvermeidlich, dass wir als Personen und als Bewegung zeitweilige Phasen durchmachen werden, in denen es nicht mehr weitergeht. Und wir brauchen einander, um uns wieder in Bewegung zu setzen.

Stellen wir jetzt nochmals die Fragen, mit denen wir diesen letzten Abschnitt begannen.

- Die Frage taucht auf: „Haben wir es schon geschafft?" Und die Antwort ist ein lautes „Nein".
- Wir haben es noch nicht geschafft, weder als Einzelne noch als Frauenbewegung und auch nicht als Spezies. Und, wir werden es auch nie geschafft haben,

weil alles Leben ein Prozess ist, einschließlich des sich entfaltenden Menschheitsprozesses. Genauso ist es.

Es stellt sich eine weitere Frage.

- Haben wir als Frauen Fortschritte gemacht?
- Ja, das haben wir, enorme Fortschritte.
- Insgesamt befinden sich Frauen heute vermutlich am besten Platz, den sie in der Geschichte dieser Spezies auf diesem Planeten jemals hatten.
- Wir Frauen sind, im Allgemeinen, stärker und selbstbewusster was unseren rechtmäßigen Platz auf diesem Planeten anbelangt, als wir es jemals waren. Wir sind uns der großen Veränderungen, die auf systemischer und planetarer Ebene notwendig sind, viel mehr bewusst.
- Und, wir haben das Ziel noch nicht erreicht. Tatsächlich befinden wir uns in einer neuen Phase des Feminismus.

Genauso, wie es oft leider schwierig ist, einen Schritt zurückzutreten, um zu erkennen, dass wir als Individuum an einem bestimmten Wachstumspunkt stehen, ist es noch schwieriger, zurückzutreten und zu erkennen, dass sich eine Bewegung in einem bestimmten Stadium befindet, *wenn wir noch mitten drin sind.*

- Angesichts dieser Schwierigkeit ist es gut, Älteste zu haben, die nicht so sehr in das „Tun" eingebunden sind und sich auf das „Sehen" konzentrieren können.
- Wir haben große Fortschritte als Frauen gemacht und kommen voran, und wir haben noch eine Wegstrecke vor uns, um den Platz einzunehmen, den wir einnehmen müssen, um uns selbst, unsere Kultur und unsere Erde in eine lange Ära des Friedens und Wohlstands zu führen.
- Und, wir können diesen Punkt erreichen, wenn wir gewillt sind, unsere individuelle Arbeit und unsere kollektive Arbeit zu tun, um dahin zu kommen.
- Was wäre, wenn der Dresscode für Erfolg der wäre, sich bequem und leger zu kleiden und somit alle Frauen – uns selbst eingeschlossen – zu verkörpern, und nicht zu versuchen, wie die erfolgreiche Geschäftsfrau der dominanten Kultur zu erscheinen, zu handeln und zu sein?

- Jeder Schritt, den wir in Richtung Freiheit des Ausdrucks und des Seins-wer-wir-Sind unternehmen, bringt uns der Möglichkeit eines großen kulturellen Wandels näher.
- Warum wollen die, die führen, nicht so aussehen wie die, die sie vertreten wollen?
- Früher zogen die Hawaiianer freitags immer Aloha-Hemden und Mumus (lockere, fließende Kleider) an, um zu entspannen. Dieses Statement war wichtig – einmal pro Woche.
- Wenn wir viele Jahre Frieden und Wohlstand wollen, ist kein Schritt zu klein und kein Schritt zu groß, um sie herbeizuführen. *Und,* wir dürfen nie die Tücke und Macht der von uns geschaffenen Kultur unterschätzen. Um weiterzukommen, müssen wir unser Bewusstsein dafür schärfen, wie sie sich in alles, was wir denken und tun, einschleicht.
- Wir brauchen den Beitrag aus den unterschiedlichsten Quellen, um unsere blinden Flecken zu erkennen.
- In einer gesunden Gesellschaft gibt es vielleicht keinen Grund zu leugnen, dass wir älter werden oder dass alle versuchen, gleich auszusehen. Die Unterschiede, die im Prozess des Lebens existieren, könnten akzeptiert und wertgeschätzt werden.

Es gibt unendlich viele Beispiele. Und, es gibt unendlich viele Möglichkeiten. So ist das Leben in einem offenen System.

POSTSKRIPTUM

Was die Männer anbelangt

Dieses Buch ist nicht über Männer. Es ist nicht für Männer. Es ist nicht gegen Männer. Es bezieht sich nicht auf Männer und nicht auf das Patriarchat. Ich habe versucht, darüber zu schreiben, was Frauen anzubieten haben, ohne sie mit Männern zu vergleichen. Ich fand es gelegentlich schwierig, nicht wenigstens einige Vergleiche anzustellen. Zum Leidwesen für uns alle ist uns die Ausrichtung auf Männer und auf das Patriarchat auf einer unbewussten, prä-zellulären Ebene so sehr in Fleisch und Blut übergegangen, dass sich Vergleiche und Bezüge trotz all meiner/unserer Bemühungen manchmal einschleichen. *Und,* dies ist ein Buch für und über Frauen und über ihre Rolle, die Menschheit in ein neues Paradigma zu führen.

Sind Männer überholt? Definitiv nicht. Jedes System, das wir schaffen, ist stärker, wenn alle daran beteiligt sind, sich einbringen und aktiv teilnehmen. Es gibt jedoch viele Aspekte (es sind vielleicht sogar die meisten oder alle) des alten, patriarchalen Modells, dessen Verhaltensweisen, Überzeugungen, Annahmen, Einstellungen und sogar Bewusstseinslagen aussterben müssen, wie die Dinosaurier.

Der Macho, der sich und alles andere aus dem Blickwinkel einer engen, hierarchischen, beherrschenden Weltsicht definiert, ist vermutlich überholt. Der „starke", gefühllose, distanzierte, unbeteiligte Versorger ist es vermutlich. Der selbstzentrierte und aus einem Suchtmodell heraus agierende Faulpelz ist es vermutlich auch.

In ihrem Buch *Das Ende der Männer* gelingt es der Autorin Hanna Rosin erstaunlich gut, ohne Urteil über die Verschiebungen zu berichten, die weltweit bei den Rollen und den Verhaltensweisen von Männern (und Frauen) stattfinden.

In Übereinstimmung mit ihrem Bericht habe ich einige zusätzliche Beobachtungen darüber beizufügen, was gegenwärtig mit den Männern in bestimmten Situationen geschieht.

Seit einigen Jahren beobachte ich, dass es in den indianischen Reservaten, die mir nahestehen, kulturelle Veränderungen gibt. Interessanterweise habe ich beobachtet, dass Veränderungen, die zunächst in Randgruppen wie den indianischen Reservaten und in Ghettos stattfinden, später auch in der allgemeinen Kultur und auf größeren Ebenen erfolgen.

Zum Beispiel haben Männer in den Reservaten (und in den Ghettos) immer weniger eine Rolle. Sie gehen nicht mehr auf die Jagd, um Nahrung für ihre Familien zu beschaffen, sie gehen nicht mehr auf Raubzüge (das ist illegal) und sie haben, im besten Sinne des Wortes, keine Vorbildfunktion mehr. Die Frauen (als Überlebenskünstlerinnen) haben sich dem herrschenden System besser angepasst. Im Allgemeinen verlassen sie das Reservat, machen eine Ausbildung, schaffen es, eine Arbeit zu finden und ihre Familien, einschließlich der Männer, zu unterstützen. Die Männer können keine Arbeit finden, fangen an zu trinken, sitzen herum, führen sich als Machos auf, erzählen Geschichten und haben ihre Spielzeuge.

Im Allgemeinen sind die Männer verloren. Sie fügen sich nicht in die herrschende Kultur ein und wollen dies auch nicht. Und sie haben einfach keine Rolle, so wie es Hanna Rosin über Männer in der vorherrschenden Kultur berichtet.

Wenn außerdem die Medien und Politiker vermelden, wir hätten keine Mittelschicht mehr oder sie würde schrumpfen, so trifft dies nach meiner Beobachtung viel eher auf die männliche Mittelschicht als auf die weibliche Mittelschicht zu. Ich habe noch keine Statistiken darüber gesehen und glaube, wenn es dafür ein Interesse gäbe, würden wir erkennen, dass mehr ledige oder allein erziehende Frauen in die Mittelschicht aufsteigen. Diesen Wandel veranschaulichte Hanna Rosin gut am Beispiel von Apothekerinnen. Wenn in der herrschenden Kultur ein Mann nicht vermögend ist – und das heißt meistens, dass er Vermögen geerbt hat – oder wenn er nicht irgendeinem kapitalistischen Geschäft nachgeht, existiert er nicht oder ist nicht wichtig. Die Frauen jedoch, insbesondere die hart arbeitenden Frauen der Minoritäten, scheinen nach oben hin mobiler zu sein.

Die Männer stecken in Schwierigkeiten und wir Frauen werden sie, so glaube ich, nicht davor bewahren können, die für sie anstehende innere Arbeit zu tun, um sich zu verändern. Sie müssen das Patriarchat/die TMMS-Kultur hinter sich lassen, die vorgibt, sie seien von Natur aus überlegen, allwissend und alles verstehend. Und wenn sie etwas nicht verstehen, dann existiert „dieses Etwas" per Definition nicht. Eine solche Einstellung zur Welt begrenzt natürlich stark alle neuen Informationen, die jegliche Ebene des Miteinanders durchdringen.

Es ist sehr schwer, diese tief verwurzelten Illusionen aufzugeben. Und sie aufzugeben ist und wird für die Männer sicherlich schwieriger sein als für die Frauen.

Von außen gesehen sieht es vielleicht so aus, als seien die Männer in der günstigeren Position – und vielleicht waren und sind sie es auch. Sich selbst als das herrschende Geschlecht zu sehen, sich selbst, alle und alles andere zu definieren, die gottgegebene Macht in Händen zu halten und die Welt nach eigenem Gutdünken und den eigenen Überzeugungen zu regieren und zu entwickeln, kann ziemlich berauschend sein. Es hört sich alles gut an.

Doch trotz allem, was sie an Macht und Einfluss im Patriarchat gewonnen haben, wie viel haben sie dafür an spirituellem und an seelischem Heilen und Wachsen verloren? War es das wert, wenn Männer dabei das Materielle/Physische überentwickelten und in ihrer persönlichen und spirituellen Entwicklung steckenblieben?

Als der Maori-Älteste sagte, die Männer seien in ihrer Entwicklung fünftausend Jahre zurück, waren dann das Beherrschen, das Bestimmen und Kontrollieren das alles wert? Und zu welchem Preis? Wir beginnen jetzt zu erkennen, dass der Preis sehr hoch war.

Wie Rosin beobachtete, scheinen Männer sich mehr und mehr für ihre Spielzeuge zu interessieren und sich immer weniger dafür einzusetzen, eine gesunde Gesellschaft für alle zu entwickeln. Sie glauben mehr und mehr ihrer illusionären/abstrakten Welt und ihren archaischen Denk- und Glaubenssystemen.

- Was steht für die Männer als Nächstes an?
- Was für eine spannende Frage! Was für eine spannende Zeit für sie.
- Was für eine Riesenchance, sich selbst neu zu definieren mit all der Erfahrung dessen, was nicht so gut funktioniert hat für sie, für Frauen, für die Schöpfung!
- Werden die Männer es auf sich nehmen, ihre innere Arbeit zu tun und aus ihren Fehlern zu lernen, so wie die Frauen es machen?
- Werden Männer die Gelegenheit ergreifen und sich in ihrer eigenen Evolution als Menschen weiterentwickeln, um offener zu werden und mehr ins Gleichgewicht zu kommen und ihr Potenzial voll auszuschöpfen?

Es gibt vielleicht einige Männer, die bereit sind, dieses Buch zu lesen, weil sie Teil der Lösung sein wollen. Und, sie werden für sich alleine sorgen müssen bei ihrem Versuch, ihr Denken, ihre Überzeugungen, ihre Weltsicht und ihr Verhalten zu verändern. Dieses Buch könnte hilfreich sein für Männer, wenn und falls sie bereit sind, die folgenden Dinge beiseite zu schieben: ihren antrainierten Egoismus, ihre Überheblichkeit, ihre Überzeugung, alles zu wissen, zu verstehen und zu definieren, ihre Selbstzentriertheit, ihre Motivation, ihren Sexismus und ihre Überzeugung, das von ihnen mit all unserer Hilfe geschaffene System sei die Realität. Sie möchten es vielleicht besonders dann lesen und in sich aufnehmen, wenn sie eine leise Ahnung davon haben, wie destruktiv das dominante System für Männer selbst und für die ganze Schöpfung ist. Viele Männer wissen, dass dieses System sie körperlich, geistig und seelisch tötet – und es ist tatsächlich ein Furcht einflößender Prozess, die Annahme „von Natur aus überlegen zu sein, alles wissen und zu verstehen" aufzugeben sowie die Illusion aufzugeben, alles kontrollieren zu können.

Wer dachte, die sexuelle Revolution sei etwas gewesen, der warte nur ab, bis sich diese Revolution in den nächsten tausend Jahren vollzieht!

Aus meiner Sicht sind Männer weiterhin sehr daran interessiert, „im Recht" zu sein. Was ist die Beziehung zwischen Testosteron und „im Recht" zu sein? Frauen wollen gehört werden. Männer wollen im Recht sein. Für jemanden, der immer im Recht sein muss, ist es so schwer, irgendetwas zu lernen.

Dieses neue Paradigma ist eine große Angelegenheit, und aufgrund der Art und Weise, wie wir Frauen beschaffen sind und der uns innewohnenden Ganzheit, die wir als Frauen anstreben, *muss* die gesamte Schöpfung darin eingeschlossen werden. Dies bedeutet meiner Meinung nach, dass die meisten Frauen zustimmen würden, dass sie sich am wohlsten fühlen würden mit einem System, das die besten Beiträge der Frauen und die besten Beiträge der Männer enthält in einem Kontext, in dem beide gleichberechtigt sind, ihre Potenziale erreichen können und respektiert werden. Ich glaube außerdem, dass das neue Paradigma die Ehrfurcht vor und die Fürsorge für die ganze Schöpfung sowie eine Entwicklung hin zur Ganzheit in einem Ausmaß umfassen wird, wie wir es auf dieser Erde noch nie gekannt haben, außer vielleicht bei einigen indigenen Kulturen wie der Waitaha.

- Diese Ganzheit wird und muss uns alle einschließen und das heißt, auch die Männer und die ganze Natur.

Wir Frauen haben bewiesen, dass fortwährendes Wachstum und fortwähren-
der Wandel möglich sind, intellektuell, psychisch, emotional und spirituell. Ich
glaube, die meisten von uns wünschen sich und hoffen darauf, dass die andere
Hälfte der Spezies an Bord kommt und ihre innere Arbeit tut. Ich bin sicher, dass
die Frauen dieses Wachstum und diese Veränderung unterstützen würden. Wobei wir als Frauen uns sehr darüber im Klaren sind, dass wir es nicht für sie tun
können und dürfen. Die Männer müssen ihren eigenen Weg finden, aufbauend
auf ihrer Erkenntnis, dass das, was sie für die Menschheit auf diesem Planeten
entwickelt und aufgebaut haben, nicht so gut gelaufen ist.

Angesichts der Erfahrung aus Jahrhunderten von Unterdrückung in unserer
DNA werden wir hoffentlich nicht unterdrücken wollen. Und wir müssen respektieren, dass wir die Männer aus dem Loch, das sie für sich selbst gegraben
haben, nicht befreien können, so sehr wir uns das auch wünschten. Wir wissen,
wie sich der Versuch anfühlt, ein gutes Leben in einem Loch zu führen, und das
wünschen wir niemandem.

Zum jetzigen Zeitpunkt in der Geschichte tauschen Männer ihren Platz mit
den Frauen. Es ist zu hoffen, dass die Frauen keine Unterwerfung und Unterwürfigkeit verlangen. Und es ist zu hoffen, dass Frauen aufgrund ihrer Geschichte
von Unterdrückung und Fremdbestimmung nicht dem alten Unterdrückungsmodell folgen, wenn sie Macht und Einfluss gewinnen. Die heutigen Frauen sind
anscheinend einfach zu sehr damit beschäftigt, sich selbst und eine neue Gesellschaft zu definieren, als dass sie es übernehmen wollen, ihre männlichen Gegenüber zu definieren. Es gibt zunehmend die Haltung: „Ich bin hier beschäftigt.
Ihr müsst selbst für euch sorgen, euch selbst definieren und euch ein neues Modell für den Mann der Zukunft schaffen, weil das nicht meine Aufgabe ist. Ich
werde mit euch arbeiten, wenn ihr euch kennenlernen und neue Wege finden
wollt und die Veränderung *sein* wollt, die möglich ist. Und, ich habe kein Interesse daran, Männern das anzutun, was sie den Frauen in der zurückliegenden
Geschichte der Menschheit angetan haben und sie aus meiner Perspektive zu definieren." Partner/Kollegen: Ja. Kontrollierend, dominierend, bestimmend: Kein
Interesse. Es gibt einfach zu viele andere, aufregende Möglichkeiten, meine Zeit
zu verbringen. Ihr seid nun am Zug.

Euer altes Selbst beginnt derzeit ziemlich veraltet auszusehen. Was ihr zu-
künftig tut, hängt von euch ab. Wir sind einer Welt müde, die beherrscht ist von

Testosteron, Sex und Machtmissbrauch in Form von Kontrolle. Die Dinosaurier mussten gehen, als sie sich nicht anpassen konnten.

Wir sind nicht gewillt, Dinosaurier zu sein. Wir partizipieren an einer neuen Seinsweise auf diesem Planeten. Wollt ihr als partizipierende Partner mitmachen?

Noch sind wir interessiert an den Männern, die Frauen zu Objekten machen und sie kontrollieren wollen, und die den Beitrag von Frauen als irrelevant für den Aufbau einer umfassenden, erfüllten Gesellschaft abtun. Ihr könnt euch mit euren Pornoheften und euren Spielzeugen in eure „Männerhöhlen" zurückziehen, bis ihr bereit seid, an der Entwicklung einer neuen Phase menschlicher Evolution und des Lebens auf diesem Planeten teilzunehmen.

Wir Frauen würden wirklich gerne etwas Neues miteinander entwickeln. Es gibt genügend Platz für alle. Vergessen wir es nicht: In allen Offenbarungsreligionen, wie beispielsweise dem Islam und dem Christentum, galt anfangs ganz selbstverständlich die Gleichberechtigung von Frau und Mann. Erst als die Menschen anfingen, die Lehren zu interpretieren und zu verdrehen, kamen Sexismus und Rassismus ins Spiel. Wir Frauen können nur hoffen, dass die Männer ein anderes Paradigma lernen können, so wie wir.

Brizendine weist darauf hin, dass manche glauben, das Gehirn könne ebenso wie andere Körperteile durch Training verändert werden. Wenn wir andere Teile des Gehirns nutzen, können vielleicht andere und mehr Querverbindungen, wie zwischen der rechten und der linken Gehirnhälfte, wachsen.

Wir sehen, dass Menschen mit Macht und Einfluss weniger Veranlassung und Motivation haben, das Neue zu erkunden als die Unterdrückten, und dass sie vielleicht weniger motiviert sind. Es ist so hoffnungsvoll zu wissen, dass wir mit dem, was wir haben, arbeiten und darauf aufbauen können.

Zusammenfassend gesagt wird es vermutlich für Männer schwieriger sein als für Frauen, die Überzeugungen, „Vorteile", Annahmen, Muster und Verfahrensweisen des alten TMMS/patriarchalen Paradigmas abzuschütteln. *Und,* es ist möglich. Ich beobachte dies bei einigen Männern.

Ich kenne viele ältere Männer, die seit geraumer Zeit realisiert haben, dass das alte Paradigma, in dem sie Götter sein sollten und alles wissen und verstehen sollten, und das auf der Illusion von Kontrolle und Materialismus aufgebaut wurde, sie an Körper, Geist und Seele zerstört. Diese Männer versuchen, ausgewogener und erfüllter zu werden und ich liebe und lobe sie dafür.

Vor Kurzem machte ich eine spannenden Erfahrung, als ich einige junge Frauen und Männer Anfang Zwanzig kennenlernte, die in einer Gesellschaft aufwachsen, in der die alten Werte, Glaubenssätze und Abläufe des patriarchalen TMM-Systems nicht funktionieren, und *diese jungen Menschen sind anders!* Sie wollen mit jenem alten Paradigma nichts zu tun haben und versuchen, neue Wege für sich zu finden.

Meine Erfahrung sagt mir, dass Männer anders sein können und anders sein und leben wollen. Ich hoffe sehr, dass sie ihre innere Arbeit tun werden und wir sind alle hier, um sie darin zu unterstützen, einen neuen Weg zu finden.

Also, ja, ihr Männer, ihr habt unsere Liebe und unsere Unterstützung, und wir können und werden es nicht für euch tun. Wir hoffen nur, dass ihr nicht fünftausend Jahre dazu braucht. Und, wie die Geschichte zeigt, sind wir Menschen manchmal langsame Lerner.

VORGESCHLAGENE LESELISTE UND LITERATURVERZEICHNIS

Auden, W. H. *W.H. Auden Collected Poems.* Abdruck-Erlaubnis von Random House/Penguin Random House LLC.

Berman, Morris. *The Reenchantment of the World.* Ithaca: Cornell University Press, 1981.

Wiederverzauberung der Welt; Reinbek bei Hamburg, Rowohlt -TB 7941, 1985.

Bobby. Dir. Emilio Estevez. *The Weinstein Co.,* 2006.

Brandeis, Justice Lois. Richter am US Supreme Court von 1916 – 1939.

Brizendine, Louann. *The Female Brain.* New York, Broadway Books, 2006; *Das weibliche Gehirn;* Hoffmann und Campe Verlag, Hamburg, 2007.

Burke, Edmond. 1729 – 1797, irischer Staatsmann.

Dillard, Irving. *Mr. Justice Brandeis, Great American.* 1941.

Ensler, Eve. *"Fracking is a Feminist Issue".* Ms. Magazine, Ausgabe Frühjahr 2013.

Fools Crow, Frank. Persönliche Gespräche. Bücher über Frank Fools Crow: *Fools Crow Wisdom and Power* von Thomas E. Mails, Council Oak Books, 1995, *Fools Crow* von Thomas E. Mails, Bison Books, 1990. *Fools Crow* von Thomas E. Mails.

Franck, Frederick. *Art as a Way: A Return to the Spiritual Roots.* Crossroad Pub. Co. 1981.

Franck, Frederick. *The Zen of Seeing/Drawing as Meditation.* Vintage Press, 1973. *Zen in der Kunst des Sehens.* Heinrich Hugendubel Verlag 1998.

Franck, Frederick: *To be Human Against all Odds.* Asian Humanities Press, 1991.

Franck, Frederick. *Zen Seeing, Zen Drawing: Mediation in Action.* New York, Bantam Books 1993.

French, Marilyn. *From Eve to Dawn, A History of Women in the World, Volume I: From Prehistory to the First Millenium.* New York: Feminist Press, City University of New York, 2008.

French, Marilyn. *From Eve to Dawn, a History of Women in the World, Volume II: Masculine Mystique: From Feudalism to the French Revolution.* New York, Feminist Press, City University of New York, 2008.

French, Marilyn. *From Eve to Dawn, A History of Women in the World, Vol. III: Infernos and Paradises, The Triumph of Capitalism in the 19th Century.* New York, Feminist Press, City University of New York, 2008.

French, Marilyn. *From Eve to Dawn, A History of Women in the World, Volume IV: Revolutions and Struggles for Justice in the 20th Century.* New York, Feminist Press, City University of New York, 2008.

Galland, China. *A Bond Betwenn Women.* Riverhead Trade 1999.

Harman, Willis. *Global Mind Change: The Promise of the 21st Century.* San Francisco, Berrett-Koehler Publishers Inc. und Institute of Noetic Sciences, Sausalita, CA., 1998.

Henning, Denise K. "Yes My Daughters, We are Cherokee Women". *Making Space for Indigenous Feminism.* Herausgegeben von Joyce Green, 2007.

Heywood, Leslie u. Jennifer Drake. Herausg. *Third Wave Feminism: Being Feminist, Doing Feminism.* Minneapolis: University of Minnesota Press, 1997.

Jackson, Norman. Indigener amerikanischer Pfarrer, Lehrer am Eden Seminary, St. Louis.

Jensen, Derrick. *A Culture of Make Believe.* White River Jct.: Chelsea Green Publishing, 2004.

Jensen, Derrick. *A Language Older than Words.* White River Jct.: Chelsea Green Publishing, 2004.

Jensen, Derrick. *Deep Green Resistance: Strategy to Save the Planet.* Seven Stories Press. 2011.

Jensen, Derrick. Herausg. *Earth at Risk: Building a Resistence Movement to Save the Planet,* Oakland PM Press, 2013.

Jensen, Derrick. *Endgame, Vol. 1: The Problem of Civilisation.* Seven Stories Press, 2006.

Jensen, Derrick. *Endgame, Vol. 2: Resistance.* Seven Stories Press, 2006.

Jewtuschenko, Jewgenji. *Ausgewählte Gedichte.* Diogenes Verlag 1972.

Judd, Ashley. "Ashley Judd Slaps Media in the Face for Speculation Over her 'Puffy' Appearance." *The Daily Beast,* April 9, 2012.

Karenga, Maulana. 1941 – . Professor und Vorsizender der Africana Studies, California State University Long Beach, Gründer der Kwanzaa Holiday.

Kennedy, Robert F. US Oberstaatsanwalt 1961–1964, „*Profile in Courage, Make Gentle the Life of This World: The Vision of Robert F. Kennedy.* Broadway Books, 1999.

Kennedy, Robert F. Rede: University of Georgia Law School, 1961.

Kierkegaard, Søren. Fear and Trembling and Sickness Unto Death. Princeton: Princeton University Press, 2013. *Die Krankheit zum Tode, Furcht und Zittern, Die Wiederholung, Der Begriff der Angst,* Herausg. Hermann Diem, DTV, 2005.

Kierkegaard, Søren. *Purity of Heart is to Will One Thing.* Feather Trail Press, 2009.

Kierkegaard Søren. *Works of Love.* Harper Perennial Modern Classics, 2009.

Kinloch, Patricia J. Talking *Health But Doing Sickness.* Wellington: Victoria University Press, 1985.

Long, Max Freedom. *The Huna Code in Religions.* Huna Reserach Pub., 1965.

Long, Max Freedom. *Growing into Light.* Kessinger Publishing. LLC 2006.

Long, Max Freedom. *Secret Science Behind Miracles.* Los Angeles, Kosmon Press, 1948. *Geheimes Wissen hinter Wundern, Die Entdeckung der Huna-Lehre,* Schirner Verlag 2013.

Long, Max Freedom. *What Jesus taught in Secret.* Devorss & Co., 1983. *Die verborgene Lehre Jesu: Eine Huna-Interpretation der Vier Evangelien.* Schirner Verlag 2004.

Mancini, Patti F. „The Politics of Power". *Vital Speeches of the Day,* Vol. 55, 15. Aug. 1989): S.657

Marx, Karl. *Ausgewählte Briefe, 1843-1895,* Berlin Dietz Verlag 1953.

Norbert-Hodge, Helena. *Ancient Futures.* San Francisco: Sierra Club Books, 1991.

Obama, Barack. *The Audacity of Hope.* Crown, 2006. *Hoffnung wagen: Gedanken zur Rückbesinnung auf den American Dream,* Riemann Verlag, 2008.

Pankhurst, Emmeline. Britische Aktivistin für das Frauenwahlrecht. 1858–1928.

Redfern, Catherine. *Reclaiming the F Word: The New Feminist Movement.* England: Zed Books, London 2010.

Rich, Adrienne. *On Lies, Secrets and Silence.* W.W. Norton & Co., 1995.

Rodgers, Richard & Oscar Hammerstein: Musical "South Pacific", 1949.

Roosevelt, Eleanor. *You Learn by Living: Eleven Keys For A More Fulfilling Life.* Harper & Row, 1960.

Rosin, Hanna. *The End of Men.* New York: Penguin Group, 2012. *Das Ende der Männer: und der Aufstieg der Frauen.* Berlin Verlag, 2013.

Sandberg, Sheryl. *Lean In.* New York, Alfred A. Knopf, 2013. *Frauen und der Wille zum Erfolg,* Ullstein Taschenbuch, 2015.

Schaef, Anne Wilson und Diane Fassel. *The Addictive Organization.* New York, HarperCollins, 1988. *Suchtsystem Arbeitsplatz,* DTV Verlag, 1994.

Schaef, Anne Wilson. *Becoming a Hollow Bone: Responding to the Call of Our Ancestral Blood.* San Franciso: Council Oak Books LLC, 2014.

Schaef, Anne Wilson. *Beyond Therapy, Beyond Science.* New York: HarperCollins, 1992. *Mein Weg zur Heilung, Jenseits von Wissenschaft und Therapie,* DTV, 1995

Schaef, Anne Wilson. *Co-dependence: Misunderstood – Mistreated.* New York, HarperCollins, 1986. *Co-Abhängigkeit: Die Sucht hinter der Sucht;* Heyne Verlag, 2002.

Schaef, Anne Wilson. *Escape from Intimacy.* New York: Harper Collins, 1989. *Flucht vor der Nähe,* DTV 1992.

Schaef, Anne Wilson. *Laugh! I Thought I'd Die (If I Didn't). Daily Meditations on Healing Through Humour.* New York. Ballentine Books, 1990.

Schaef, Anne Wilson. *Living in Process.* New York: Wellspring/Ballantine, 1999, *Leben im Prozess – Wahrheiten den Weg der Seele zu leben;* Vollenweider Verlag, 2004.

Schaef, Anne Wilson. *Meditations for Living in Balance.* San Francisco, Harper San Francisco 2000. *Jeden Tag ein bisschen Zeit für dich.* Knaur Verlag, 2001.

Schaef, Anne Wilson. *Meditations for People Who (May) Worry Too Much.* New York: Wellspring/Ballantine, 1996. *Denk dich frei,* Heyne Verlag, 1998.

Schaef, Anne Wilson. *Meditations for Women Who Do Too Much.* New York: HarperCollins, 1990. *Nimm Dir Zeit Für Dich Selbst – Tägliche Meditationen für Frauen, die zu viel Arbeiten.* Heyne Verlag, 2005.

Schaef, Anne Wilson. *Native Wisdom for White Minds.* New York: Random House, 1995. *Weisheiten der Urvölker für Westliche Köpfe.* Vollenweider Verlag, 2007.

Schaef, Anne Wilson. *When Society Becomes an Addict.* New York: HarperCollins, 1987. *Im Zeitalter der Sucht,* DTV, 1993.

Schaef, Anne Wilson. *Women's Reality.* Minneapolis: Winston Press, 1981. *Weibliche Wirklichkeit,* Heyne Verlag, 1996.

Demnächst:

Schaef, Anne Wilson. *Journey Toward Total Societal Transformation: Simple Truths for Profound Change.*

Schaef, Anne Wilson. *Tales of the Klamath River.*

Schulz, Mona Lisa. *The New Feminine Brain: Developing Your Intuitive Genius.* New York, Free Press, 2005.

Sivaraska, Sula. *Conflict, Culture, Change: Engaged Buddhism in a Globalizing World.* Boston, Wisdom Publications, 2005.

Stanton, Elizabeth. Aktivistin und Leitfigur der frühen Frauenbewegung. *History of Women's Suffrage, Solitude of Self.*

Streitmatter, Roger, Herausg. *Empty Without You: The Intimate Letters of Eleanor Roosevelt.* Decapo Press, 2000.

Studdert Kennedy, George Ankatell. *Rhymes.* London: Hodder & Stoughton, 1929.

Treff, Erinn Michèle. Leitende Sozialarbeiterin, Tim Horton Children's Foundation.

Tubman, Harriet, 1822-1913. Freiheitskämpferin und Spionin der US Nordstaaten

Tyler, Alexander. Schottischer Geschichtsprofessor. Schreibweise des Namens umstritten.

Williamson, Marianne. *A Return to Love.* New York. HarperCollins, 1992. *Rückkehr zur Liebe,* Goldmann Verlag 1993.

KONTAKTINFORMATIONEN FÜR ANNE WILSON SCHAEF UND DIE LEBEN-IM-PROZESS-ARBEIT

USA:

Wilson Schaef Associates
PO Box 990
Boulder, Montana 59632
USA
Tel. 001 406 225 9171
E-Mail: wsa@gte.net
Web: www.annewilsonschaef.com
Web: www.livinginprocess.com
Blog: annewilsonschaef.wordpress.com
Facebook: Anne Wilson Schaef
Twitter@AnneWSchaef

Europa:

Michaela Bögner
Tel. 0211 925 24 75
www.livinginprocess.com
www.livinginprocess.de